普通高等教育“十一五”国家级规划教材

情报学基础教程

（第三版）

叶 鹰 主编

科学出版社
北 京

内 容 简 介

这是为学习情报学的大学生、研究生及科技情报、社科情报、图书情报工作人员编写的一本通用基础教材，内容覆盖情报理论与方法、情报管理与服务各相关领域，在统一的定量化情报学理论和方法基础上简明扼要地阐述情报信息源、情报组织、情报检索、情报分析、情报技术、用户服务等情报学核心分支的基本知识和新近发展。

本教材适合作为大学生、研究生教材和专业培训教材或教学参考书，也可供同等学力人员申请硕士学位者学习参考。

图书在版编目（CIP）数据

情报学基础教程 / 叶鹰主编. —3 版. —北京：科学出版社，2018.11
普通高等教育“十一五”国家级规划教材
ISBN 978-7-03-058406-9
Ⅰ. ①情…　Ⅱ. ①叶…　Ⅲ. ①情报学-高等学校-教材　Ⅳ. ①G250.2
中国版本图书馆CIP数据核字（2018）第 171404 号

责任编辑：王京苏 / 责任校对：张怡君
责任印制：赵　博 / 封面设计：蓝正设计

科 学 出 版 社 出版
北京东黄城根北街 16 号
邮政编码：100717
http://www.sciencep.com
北京富资园科技发展有限公司印刷
科学出版社发行　各地新华书店经销
*
2006 年 11 月第一版　开本：787×1092　1/16
2012 年 10 月第二版　印张：23 1/4
2018 年 11 月第三版　字数：557 000
2026 年 1 月第八次印刷
定价：65.00 元
（如有印装质量问题，我社负责调换）

第三版前言

《情报学基础教程》作为情报学教学单位的教学用书和教学参考书，先后于 2006 年出版第一版、2012 年修订第二版，并得到使用单位的欢迎和肯定，承蒙学界关注和出版社厚爱，现决定推出第三版。

这次修订仍延续理论联系实际、贯通学科基础与学科前沿的总体原则，适当强化教学逻辑。

各章修订思路如下。

第 1 章阐述情报学经验规律，旨在确立情报学的科学基础，内容以布拉德福定律、洛特卡定律、齐夫定律三大定态定律和文献增长律、文献老化律两类动态规律为主体，并依据国际前沿进展更新统一机理。

第 2 章阐述情报学基础理论，是对情报学作为一门独立学科的理论解释，考虑到作为一门学科的教程必须有概念逻辑和体系结构，因而在介绍国内外代表性情报学基础理论的基础上，侧重对情报学理论体系概念的基础进行梳理，把情报学理论建立在量化 DIKW 概念链的基础上。

第 3 章阐述情报学方法论，根据研究型教学的需要重新改写，侧重从宏观层面阐明情报学方法论体系，既为后续各章中的具体应用方法奠定统一的方法论基础，又为各章中微观层面的具体方法展开预留阐述空间。

第 4 章阐述情报信息源，作为情报工作和情报学研究的客观基础，修订版进行了改写和扩充。

从第 5 章到第 10 章，依次阐述情报组织、情报检索、情报分析、情报技术、用户行为与情报服务、情报教育，它们构成情报学各实体分支的主要内容，也是情报学核心课程的教学内容，本次修订侧重简明扼要地阐明其知识内容和研究动向，并全新改写了第 9 章。

第 11 章到第 12 章阐述行业情报和当代情报学发展，其中在本次修订中另辟新章专述行业情报，旨在为研究型情报学教学提供更多素材，并大幅扩充当代情报学发展内容，以展示情报学发展前景，同时，强化对大数据情报学的适当关注，也构成本次修订的另一特点。

修订和增改各章在阐明情报学基础知识的同时，力图展示情报学研究与发展。尽管各章内容相对独立，但保持了理论内核严谨一致，并通过探索引导面向前沿研究。作为情报学基础或情报学概论的教材，也期望能为后续专门课程的学习奠定坚实基础。

希望第三版继续保持把公认知识内容与独立专门研究相结合的特色，体现情报学理论知识与情报工作实践创新的有机交融，为普及和传播情报学知识贡献力量。

目　　录

第1章

情报学经验规律

本章提要

本章概述布拉德福定律、洛特卡定律、齐夫定律三大定态规律和文献增长律、文献老化律两类动态规律，并引介这些规律的统一机理。

主要知识点

1. 布拉德福定律、洛特卡定律、齐夫定律三大定态规律。
2. 文献增长律、文献老化律两类动态规律。
3. 情报学经验规律的统一机理。

经验规律是学科赖以建立的基石，也是定量化研究的起点。情报学在经验规律方面已有一定积累，其基础主要由下列信息计量规律（Rousseau，2010）奠定。考虑到已有专门的文献计量学或信息计量学教程（王崇德，1990；丁学东，1993；邱均平，2001），本基础教材仅略为引导，以利后续专门学习。

1.1 布拉德福定律

布拉德福定律是描述专业论文在期刊中分布情况的经验规律的定律，由英国著名文献学家布拉德福（S.C.Bradford，1878—1948）于1934年提出。

1.1.1 基础数据和规律表述

布拉德福毕业于英国伦敦大学，所学专业是化学，1922年获科学博士学位，但他热爱图书馆工作和图书馆事业，1925~1937年曾长期担任英国南肯辛顿科学图书馆馆长。在工作中他发现一个学科的专业论文常分散发表在各种期刊上，于是他以应用地球物理学和润滑专业为实例，研究了期刊论文分布的情况，提出了一个描述文献分散的经验定律。布拉德福采集的1929~1932年应用地球物理学原始数据如表1-1所示。

表 1-1 布拉德福原始数据

期刊数	相关论文数	累积期刊数	累积论文数
1	93	1	93
1	86	2	179
1	56	3	235
1	48	4	283
1	46	5	329
1	35	6	364
1	28	7	392
1	20	8	412
1	17	9	429
4	16	13	493
1	15	14	508
5	14	19	578
1	12	20	590
2	11	22	612
5	10	27	662
3	9	30	689
8	8	38	753
7	7	45	802
11	6	56	868
12	5	68	928
17	4	85	996
23	3	108	1 065
49	2	157	1 163
169	1	326	1 332

资料来源：Bradford（1950）；Garfield（1980）

如果将以上数据分成 3 个区域，则得出：

分区	期刊数	相关论文数	每刊年载相关论文数
c	9（n_c）	429	>4
1	59（n_1）	499	1~4
2	258（n_2）	404	1

则近似有：

$$n_c : n_1 : n_2 = 1 : a : a^2 \left(a \approx 5\right)$$

显然这只是一条近似规律。

用文字表述就是：如果将期刊按其刊载某专业论文数量的多寡以递减顺序排列，则可分出一个核心区和相继的几个领域，当每区刊载的论文量相等时，核心期刊数 n_c 和外围一区期刊数 n_1、外围二区期刊数 n_2 成 $n_c : n_1 : n_2 = 1 : a : a^2$ 关系。其中 a 称为布拉德福常数。

若以累积期刊数 n 或其对数为横坐标、累积相关论文数 R（n）为纵坐标，一般可做出如图 1-1 所示的分布曲线。

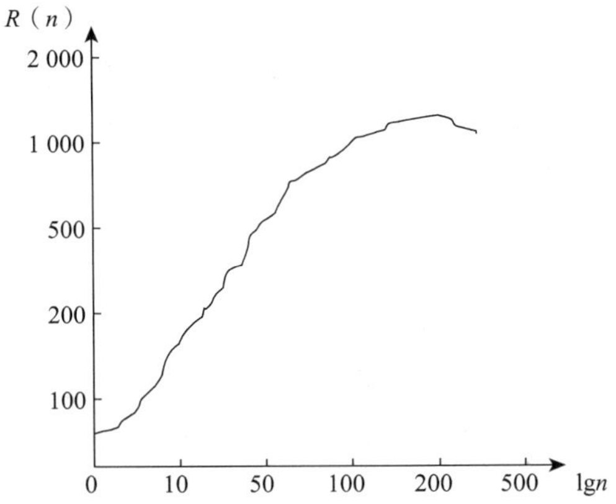

图 1-1　布拉德福分布曲线示意

后来布鲁克斯（B. C. Brookes，1990—1991）用公式将该曲线对应的布拉德福定律表述为

$$R(n)=\begin{cases}\alpha n^{\beta},1\leqslant n\leqslant n_c\\ k\lg(n/s)(n_c\leqslant n\leqslant N)\end{cases} \tag{1-1}$$

其中，$R(n)$ 为相关论文累积数；N 为期刊总数；n 为期刊等级排序后的序号；α 为 n=1 对应的 $R(n)$；β，k，s 为参数。曲线右上端的弯折称为格鲁斯下降（Gross drop）。

1.1.2　改进和扩展

布拉德福 1934 年提出上述经验规律后，并未引起人们注意。1948 年，其专著《文献学》（*Documentation*）出版，在第九章中全文收录了 1934 年的发现，才引起另一位英国文献学家维克利（B. C. Vickery）的重视。维克利对其进行研究后，将外围区扩展到多个区域，并首次用“布拉德福分散定律”命名这一经验规律：

把期刊按照刊载某学科相关论文的数量排列，可得到专门登载该学科论文的核心区期刊和若干外围区期刊，当各区所含该学科相关论文相等时，各区期刊数可表述为

$$n_c:n_1:n_2:\cdots=1:a:a^2:\cdots(a>1) \tag{1-2}$$

其中，a 为布拉德福常数。将其进行改进（现称维克利推论）则有

$$n_c:(n_c+n_1):(n_c+n_1+n_2):\cdots=1:b:b^2:\cdots(b>1) \tag{1-3}$$

其中，b 为维克利系数。

1977 年，苏联情报学家斯莫里科夫（И. А. Смольков）对布鲁克斯的公式描述进行研究后，提出用一个统一的方程来表述布拉德福定律：

$$R(n)=K\lg\left(q_1n+q_2\mathrm{e}^{-\beta n}\right) \tag{1-4}$$

其中，K，β，q_1，q_2 为参数。

1.1.3 应用提示

布拉德福定律的主要用途是确定核心期刊，以指导期刊订购和期刊利用，并由此扩展到核心馆藏维护、核心检索工具选择等。有人认为布拉德福定律可以看作是社会科学中普遍存在的“二八律”的一种表现：20%的核心期刊上刊载了80%的相关论文。

此外，布拉德福定律也应用于考察专著的分布等；上海交通大学王国龙等通过对《科学引文索引》（*Science Citation Index*，SCI）和《社会科学引文索引》（*Social Science Citation Index*，SSCI）引用期刊的研究，发现影响因子（impact factor，IF）的分布也符合布拉德福定律（王国龙和李佩，2003；王国龙，2004）。

1.2 洛特卡定律

洛特卡（A. J. Lotka，1880—1949）定律是描述作者与论文数量之间关系的经验规律，由美国统计学家洛特卡于1926年提出（Lotka，1926）。

1.2.1 基础数据和规律表述

洛特卡出生在波兰，曾留学法国、德国、英国，后在美国工作，出任过美国统计学会理事长。他的原创性研究是对物理学和化学两大学科中科学家发表论文的情况进行的统计分析（statistical）。对于物理学，他使用德国奥尔巴赫（Aürbach）《物理学史一览表》（*Geschichtstafeln der Physik*，1910年）的人名索引（index），对其中全部1 325位作者进行统计分析，依次列出发表1篇、2篇和多篇论文的作者数；对于化学，他采用《化学文摘》（*Chemical Abstracts*，1907~1917年）11年累积索引中的姓氏以A、B开头的6 891位作者进行了统计，分别列出发表1篇、2篇、3篇直至346篇论文的作者数。结果发现物理学1 325位作者中，发表1篇论文的为784人，占59.2%；化学A字母姓氏作者1 543人，发表1篇论文的为890人，占57.7%；B字母姓氏作者5 348人，写1篇论文的为3 101人，占57.98%。于是他提出作者的百分比分布（科学生产率的频率分布）应符合如下公式：

$$f(x)=\frac{c}{x^a} \tag{1-5}$$

其中，$f(x)$为发表x篇论文的作者占作者总数的频率（百分比）；常数$a>1$（经验研究表明$1.8<a<3.8$，估计浮动范围$1.5<a<4$）。上式取对数为

$$\log f(x)=-a\log x+\log c \tag{1-6}$$

故以$\log f(x)$为纵坐标、$\log x$为横坐标作图应是一斜率为$-a$、截距为$\log c$的直线（本书log表示计算时取常用对数，表示分析时取自然对数）。

洛特卡的原始数据中，Aürbach数据部分见表1-2（其中计算百分比是根据洛特卡平方反比律算得）。

表 1-2　洛特卡原始数据片段

论文数	统计数据			作图数据	
	撰写人数	实际百分比	计算百分比	数据点个数	斜率
1	784	59.17%	60.79%	13	−2.041 1
2	204	15.40%	15.20%	14	−2.053 3
3	127	9.58%	6.75%	15	−2.018 2
4	50	3.77%	3.80%	16	−2.025 5
5	33	2.49%	2.43%	17	−2.021 0
6	28	2.11%	1.69%	18	−2.095 3
7	19	1.43%	1.24%	19	−2.138 5
8	19	1.43%	0.95%	20	−2.078 6
9	6	0.45%	0.75%	21	−2.072 6
10	7	0.53%	0.61%	22	−1.988 7
11	6	0.45%	0.50%	23	−1.998 9
12	7	0.53%	0.42%	24	−1.994 6
13	4	0.30%	0.36%	25	−1.975 4
14	4	0.30%	0.31%	26	−1.949 0
15	5	0.38%	0.27%	27	−1.848 5
…	…	…	…	…	…

资料来源：邱均平（1988）

基于这些数据绘制的 $\log f(x) \sim \log x$ 直线如图 1-2 所示。

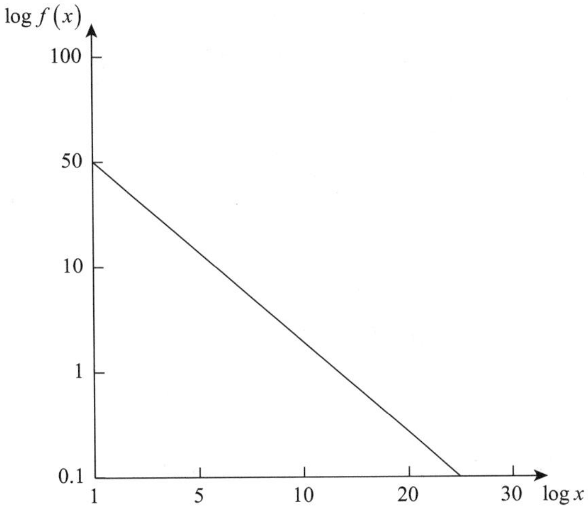

图 1-2　洛特卡分布曲线示意

既然大部分数据点（尤其是前 13~25 个点）获得的斜率都接近−2，故洛特卡定律近似平方反比律：

$$f(x) = \frac{c}{x^2} \tag{1-7}$$

其中，c 为常数。

由于$1=\sum_{n=1}^{\infty}f(n)=\sum_{n=1}^{\infty}\frac{c}{n^2}=c\frac{\pi^2}{6}$，故$c=\frac{6}{\pi^2}\approx 60.79\%$，$f(1)=\frac{c}{1^2}=c$，进而有

$$f(2)=\frac{c}{2^2}=\frac{f(1)}{2^2} \quad (1\text{-}8)$$

……

$$f(n)=\frac{c}{n^2}=\frac{f(1)}{n^2} \quad (1\text{-}9)$$

也就是说，发表1篇论文的作者约占作者总数的60.79%，发表2篇论文的作者是发表1篇论文作者数量的1/4，……发表n篇论文的作者是发表1篇论文作者数量的$1/n^2$。

洛特卡定律描述了作者人数与其发表论文量之间的关系，首次揭示了作者与发表论文数量之间存在的定量规律。后经研究，发现物理学等学科领域的作者与论文之间的关系基本符合平方反比律，而生物、工程、计算机等领域则不符合平方反比关系。一般来说，人文学科、社会学科中，a 值将变大；规模较大、科研合作程度较高的学科中，a 值会变小。

1.2.2 改进和扩展

虽然洛特卡定律早在1926年就提出，但是直到1949年才被称为“洛特卡定律”。后来，不少学者深入探讨了洛特卡定律的形成机理和改善表达，著名科学家普赖斯（D. Price）就在洛特卡定律基础上进一步研究了科学家人数和科学论文数量之间的关联，在《小科学，大科学》一书中提出了“普赖斯定律”：科学家总数是杰出科学家人数的平方（或者说杰出科学家人数是科学家总数的平方根）。普赖斯定律的另一定量表达是杰出科学家发表了全部科学论文的50%。

设$n_{\max}$为杰出科学家中最高产作者发表论文数；m 为杰出科学家中最低产作者发表论文数；R 为杰出科学家人数与全体科学家总数之比，普赖斯还推导出以下两式：

$$m=0.749\sqrt{n_{\max}} \quad (1\text{-}10)$$

$$R=0.812/\sqrt{n_{\max}} \quad (1\text{-}11)$$

也就是说，杰出科学家中最低产作者发表论文数是最高产作者发表论文数平方根的0.749倍；杰出科学家人数与全体科学家总数之比是杰出科学家中最高产作者发表论文数平方根倒数的0.812倍。

比利时著名信息计量学家艾格进一步把洛特卡定律作为一般幂律分布，将其发展成为整个信息计量学的基础，建立了洛特卡信息计量学（Egghe，2005），具有较高理论价值。

1.2.3 应用提示

洛特卡定律主要用于研究“科学生产率”，可用于预测发表不同篇数论文的作者数量和特定学科的论文总量，或根据特定领域作者数量估计该领域相关科学论文数量等。

为合理评价洛特卡定律的适用性，美国情报学家科尔（R. C. Coile）于1997年提出

用 K-S（Kolmogorov-Smirnov）检验法对其进行鉴定，其步骤如下所述。

（1）设 A 为统计的作者总数，计算 K-S 值：K-S=$1.63/\sqrt{A}$。

（2）计算最大偏差值 D：$D=\mathrm{Max}|F0(x)-Sn(x)|$；其中 $F0(x)$ 为累积作者频率理论值，$Sn(x)$ 为累积作者频率观察值。

（3）比较 D 与 K-S：若 D<K-S，则抽样分布符合洛特卡定律；若 D>K-S，则抽样分布不符合洛特卡定律。

科尔用该方法检测了洛特卡《物理学史一览表》和《化学文摘》的原始数据，发现《物理学史一览表》的数据符合洛特卡定律，而《化学文摘》的数据则不完全符合洛特卡定律。科尔还用该方法对美国国会图书馆的 MARC（machine readable cataloging，机读目录格式）作者统计数据和伊利诺伊大学图书馆学院卡片目录作者统计数据进行了检验，结果发现美国国会图书馆的 MARC 作者统计数据不符合洛特卡定律，而伊利诺伊大学图书馆学院卡片目录作者统计数据则完全符合洛特卡定律。K-S 检验法从此成为检验洛特卡定律适用性的有效方法。

国内也有不少洛特卡定律研究成果，如福建农林大学张贤澳围绕洛特卡定律发表过多篇论文（刘婧，2004），并出版有专著《广义洛特卡定律——估计、推论及其在管理中的应用》，可供参考。

1.3 齐夫定律

齐夫定律是描述文献中用词（words）与其出现频次之间关系的经验规律，由齐夫（G. K. Zipf）于 1935 年提出，是一条与语言学密切相关的文献学规律，因而也成为计量语言学的基础定律之一。

1.3.1 基础数据和规律表述

1935 年，哈佛大学语言学教授齐夫统计了乔伊斯（J. Joice）的中篇小说《尤利西斯》（*Ulysses*）中使用的29 899个词汇，按使用频率（词频）排列成序，并对应编定词级——使用频率最高的词汇的词级为 1，以此类推，则词级和词频的乘积接近于常数。他的统计数据如表 1-3 所示。

表 1-3 齐夫定律原始数据

词级 r	词频 F	词级 r×词频 F
10	2 653	26 530
20	1 311	26 220
30	926	27 780
40	717	28 680
50	556	27 800
100	256	25 600
200	133	26 600

续表

词级 r	词频 F	词级 r×词频 F
300	84	25 200
400	62	24 800
500	50	25 000
1 000	26	26 000
2 000	12	24 000
3 000	8	24 000
4 000	6	24 000
5 000	5	25 000
10 000	2	20 000
20 000	1	20 000
29 899	1	29 899

资料来源：Zipf（1972）；Garfield（1980）

表 1-3 中的词频 F 是绝对频数（频次），若采用相对频数（频率）$f=F/N$，N 为文章所含词汇总量，则以 $\lg f \sim \lg r$ 作图为一直线，如图 1-3 所示。

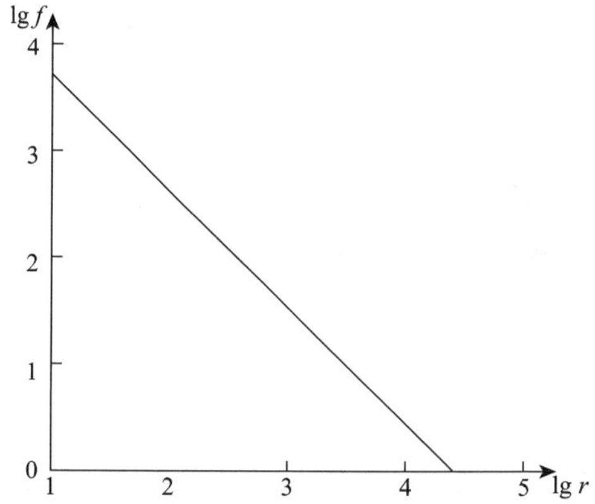

图 1-3　齐夫分布示意图

齐夫在 1949 年出版的《人类行为与最省力法则》（*Human Behavior and the Principle of Least Effort*）专著中，系统地将他的发现整理为一条规律。

设有一篇含有 N 个词的文献（$N \geqslant 5\,000$），用自然数 1，2，3，…给文献中的词编级，出现频次最高的为 1，其次为 2，直到 r（$r<N$），则高频词的频率 f 与词级 r 的乘积是一个常数。

$$fr = c \tag{1-12}$$

其中，$1<c=C/N<\infty$，$Nc=C$ 亦为常数，这就是齐夫定律。齐夫本人用最省力法则作为该定律的机理——使用频率高的词实际价值不大，只是传递起来省力，因此词频与词级的乘积基本稳定在一个常数水平。

1.3.2 改进和扩展

1936 年，美国语言学家朱斯（M. Joos）提出含两个参数的齐夫公式。

$$fr^b = c \tag{1-13}$$

这是双参数词频分布律，其中 $b>0$，$c>0$。当 $b=1$ 时，等价于齐夫单参数公式。

1952 年，美籍法裔数学家曼德布罗（B. Mandelbrot）运用信息论原理和概率论方法研究了词频分布规律，结合其独创的分形学说重新解释了齐夫定律，提出了三参数词频分布律。

$$f(r+a)^b = c \tag{1-14}$$

其中，$0 \leqslant a<1$，$b>0$，$c>0$。该公式当 $a=0$ 时，就是朱斯双参数公式；当 $a=0$，$b=1$ 时，就是齐夫单参数公式，因而三参数公式具有更广的普适性，成为排序频次分布的一般形式。

但以上改善均针对高频词，低频词的分布规律是由英国学者布斯（A. D. Booth）首先导出的。

设出现 1 次的词数量为 I_1，出现 n 次的词数量为 I_n，则低频词满足式（1-15）。

$$\frac{I_n}{I_1} = \frac{2}{n(n+1)} \tag{1-15}$$

式（1-15）也称为齐夫第二定律，式（1-12）相应称为齐夫第一定律。

1.3.3 应用提示

齐夫定律主要可用于指导文献标引、词表编制和情报检索等，尤其是在自动标引（automatic indexing）中具有应用价值，因为使用频率太高的词和使用频率太低的词都没有多少检索意义，故应当使用词频适中、词义强健的词作为标引词和检索词。

1.4 文献增长律

文献增长律是描述文献信息量随时间而不断增加的一组经验规律，主要有以下模型。

1.4.1 指数曲线

早在 1949 年，普赖斯就发现“十年一叠的《英国皇家学会哲学汇刊》靠墙竟堆成了一条完美的指数曲线”。1950 年，他发表了第一篇关于“指数增长”的论文。随后，他对 1665 年《哲学汇刊》创刊以来世界科学杂志的增长数据、《化学文摘》《生物学文摘》《科学文摘》等摘录的期刊论文数量进行了统计，在 1961 年正式出版的《巴比伦以来的科学》中，系统地提出了科技文献按指数规律增长的经验规律。

设 t 时间的文献信息数量为 $Q=F(t)$，则

$$Q = F(t) = a\mathrm{e}^{bt} = a\exp(bt) \tag{1-16}$$

其中，$a>0$ 为条件常数，代表 $t=0$ 时刻的 Q；$b>0$ 为时间常数，代表持续增长率；e 为自然对数底（≈2.718）；t 通常以年计算。

支持文献指数增长规律的部分数据参见表 1-4。

表 1-4 世界期刊增长数据

时间	期刊种数
18 世纪 50 年代	10
19 世纪	100
19 世纪 50 年代	1 000
20 世纪	10 000
20 世纪 50 年代	50 000
21 世纪	100 000

资料来源：多种信息渠道汇总估计

参照表 1-4 数据，以公元年代作为横坐标时间 t，以期刊数作为纵坐标文献量 $F(t)$，做成如图 1-4 所示曲线，即普赖斯曲线。

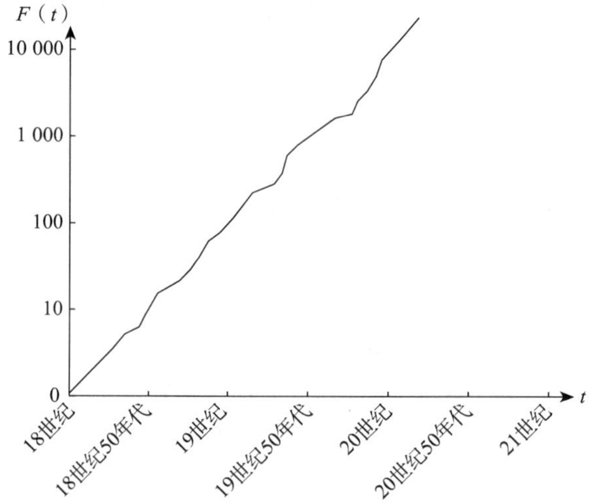

图 1-4 普赖斯曲线示意图

按照指数增长律，如果初始文献量 a=1 000（件），b=10%，则：

10 年后文献量 $F(10)$=1 000exp（0.1×10）=2 718（件）

100 年后文献量 $F(100)$=1 000exp（0.1×100）=22 026 466（件）

因此，有“信息爆炸”之说。然而，实际上文献信息的增长是有限的，这表明指数增长律只是一条近似规律，故产生以下改进模型。

1.4.2 逻辑曲线

苏联科学学家纳里莫夫（В. Налимов）等在仔细研究指数增长律后，发现文献增长是分阶段进行的，在经过一段急剧增长过程后，会有一段缓慢增长，并有最终上限，也就是说指数曲线会变为逻辑曲线（一种生长曲线），其数学模型为

$$Q = F(t) = \frac{k}{1 + ae^{-bt}} = \frac{k}{1 + a\exp(-bt)} \quad (1\text{-}17)$$

其中，k 为最大上界即 $t\to\infty$ 时的文献累积量。其形状如图 1-5 所示。

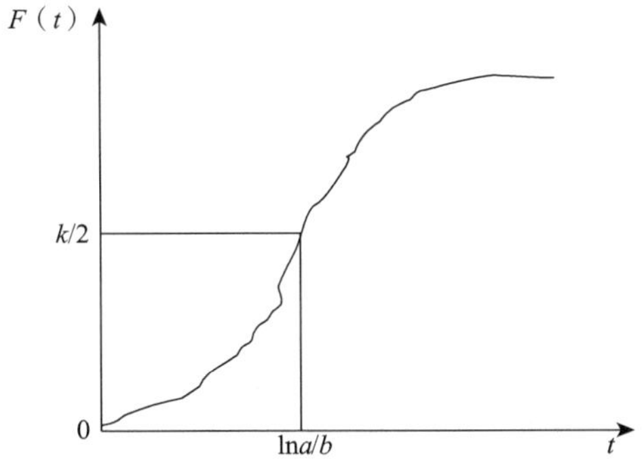

图 1-5 逻辑曲线示意图

逻辑曲线模型表明文献增长存在一个最大上界，这也不符合发展实际，因而也只是一条近似规律。

1.4.3 勒歇尔模型

美国科学史家和情报学家勒歇尔（N. Rescher）1978 年在《科学的进步》一书中引进文献质量等级指标 $\lambda\in[0, 1]$，将 Price 指数增长定律改进为

$$F(t)=\left(ae^{bt}\right)^{\lambda} \tag{1-18}$$

并约定：$\lambda=1\rightarrow$常规文献

$\lambda=3/4\rightarrow$有意义文献

$\lambda=1/2\rightarrow$重要文献（“重要文献是文献总数的平方根”）

$\lambda=1/4\rightarrow$非常重要文献

$\lambda=0\rightarrow$此时定义 $F(t)=\ln a+bt$，是最重要文献

勒歇尔模型延缓了重要文献增长的速率，并让最重要文献呈线性增长，改进了文献增长律，深化了对文献指数增长的认识，也引进了更多人为假设。

1.5 文献老化律

文献老化律是描述文献信息价值随时间推移而不断下降的一组经验规律，主要有以下模型。

1.5.1 负指数老化模型

与指数增长相应，著名科学学家贝尔纳（J. D. Bernal）于1958年提出负指数老化模型，后经英国著名情报学家布鲁克斯发展，其数学表述如下：

$$C(t)=ke^{-dt} \tag{1-19}$$

其中，$C(t)$ 为发表 t 年后的文献被引次数；k 为因学科而异的学科常数；d 为老化率，示意图如图 1-6 所示。

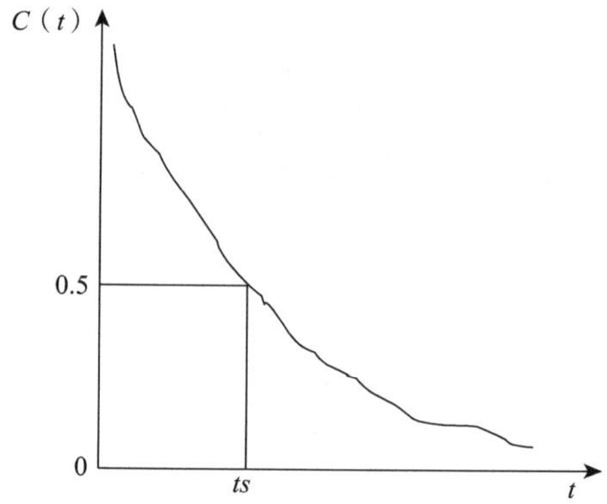

图 1-6　负指数老化曲线示意

图 1-6 中，与 $C(t)=0.5$ 相对应的时间 *ts* 称为相应学科文献的半衰期或半生期，其含义是经过 *ts* 年后已有 50%的文献不再被引用，或者说只有 50%的文献仍在被引用。

1.5.2　博顿–凯卜勒方程

美国图书馆员博顿（R. E. Burton）和物理学家凯卜勒（R. W. Kebler）合作对科技文献的老化进行研究后，于 1960 年提出如下老化方程。

$$y = 1 - \left(\frac{a}{e^{x}} + \frac{b}{e^{2x}} \right) \tag{1-20}$$

其中，y 为经过一定时间尚在利用的文献的相对数量（$y=0.5$ 对应半生期）；x 为以 10 年为单位计量的时间，$a+b=1$ 为常数。

博顿–凯卜勒方程具体测定了一些学科的半生期，参见表 1-5。

表 1-5　一些学科文献的半生期

学科	半生期	学科	半生期
生物医学	3.0	生理学	7.2
冶金工程	3.9	化学	8.1
物理学	4.6	植物学	10.0
化学工程	4.8	数学	10.5
社会学	5.0	地质学	11.8
机械工程	5.2	地理学	16.0

资料来源：邱均平（1988）

苏联学者莫德列夫（В. М. Мотылев）仔细研究博顿–凯卜勒老化方程后，发现实际统计数据与理论计算数据在 χ^2 检验时差异显著，于是提出了如下修正公式。

$$y = 1 - \left(\frac{a}{e^{x-0.1}} + \frac{b}{e^{2x-0.2}} \right) \tag{1-21}$$

并用下式计算半生期：

$$x_s = 10 \times \left[\ln\left(a + \sqrt{a^2 + 2b} \right) + 0.1 \right] \tag{1-22}$$

这些成果对深化文献老化律的研究具有重要意义。

1.6 情报学经验规律的统一模型和机理研究

上述以布拉德福定律、洛特卡定律、齐夫定律为代表的定态规律和以文献增长律、文献老化律为代表的动态规律为情报学的建立和发展提供了量化支撑，直接衍生出信息计量学分支。然而，对于这些经验规律，至今仍缺乏公认的统一理论认识，对其统一模型和内在机理的研究仍在深化，这里概述一些具有代表性的成果，为进一步研究探索提供线索。

1.6.1 代表性探索

20 世纪中叶以来，众多学者对文献计量经验规律的理论机理进行过多种探索，其中最具代表性的学者有莱姆库勒（F. F. Leimkuhler）、费尔桑（R. A. Fairthorne）、布鲁克斯、曼德布罗、波克斯坦（A. Bookstein）、艾格（L. Egghe）、鲁索（R. Rousseau）等。

1967 年莱姆库勒首先关注布拉德福定律的理论解释，用统计学方法导出布氏定律符合如下形式的分布［现通称莱姆库勒分布（Leimkuhler，1967）］。

$$F(x) = a\ln(1 + bx) \tag{1-23}$$

其中，$F(x)$ 为布拉德福累积分布函数；a 和 b 为常数。

1969 年费尔桑首次把布拉德福-齐夫-曼德布罗分布与洛特卡的频率分布联系起来，合并为同一分布体系加以研究，为布-洛-齐分布系的统一研究做了开拓性探索（Fairthorne，1969）。

1977 年，布鲁克斯以布拉德福定律为基础，探讨用复合分布描述各种信息计量分布，建立了混合泊松分布模型（Brookes，1977）：

$$f(r) = \frac{k}{r!}\mathrm{e}^{-m} \cdot \sum_{s=r}^{\infty} \frac{m^s}{s!} \tag{1-24}$$

其中，r=1，2，3，…，m>0 是按最大等级法定义的级；$f(r)$ 为第 r 级源（source）所产生项（item）的分布。该模型 1985 年被石克（H. S. Sichel）发展为复杂的三参数混合泊松分布 GIGP（generalized inverse Gaussian-Poisson）模型（Sichel，1985）。

1990 年波克斯坦在《美国情报学会会志》上发表两篇一组以 informetric distributions 作为主标题的论文（Bookstein，1990），论证了莱姆库勒分布、布拉德福定律、洛特卡定律和齐夫定律的两两关联，从数学上推导出具有普遍性的负幂分布（Newman，2005），并讨论了其稳健性。

1990~1995 年，艾格和鲁索合作基于“成功产生成功”原理对信息生产过程（informatin production process，IPP）进行了系统的逻辑建构和数学建模，阐明了以源–项（sources-items）结构为基础的信息计量分布体系（Egghe，2005；Egghe and Rousseau，1990，1995，1996；Rousseau，1990，1992）。

这些代表性探索为情报学经验规律的统一模型和机理研究奠定了良好基础，开拓了建立统一理论的努力方向。

1.6.2 新探索

进入 21 世纪后，西班牙学者白伦-莫莱诺（R. Bailón-Moreno）等用七条原理导出了一个统一的信息计量经验规律模型（Bailón-Moreno et al.，2005），其中较多人为假设。随后，叶鹰和鲁索合作提议只需一个简单函数即可自然导致以波动-扩散方程组表述的统一信息计量机理（Ye and Rousseau，2010；Ye，2011）。该简单函数为

$$f(x,t)=c(x+d)^{-\alpha}\,\mathrm{e}^{kt} \tag{1-25}$$

其中，c 和 d 为参数；α 为洛特卡指数；k 为常数；x 为空间型尺度频次变量；t 为时间。

尺度频次分布密度 $f(x)$ 可通过排序变换 $x\to r, x\in[1,N]\to r\in[1,T]$ 转换为排序频次分布密度 $g(r)$，它们对应的累积分布函数分别是 $F(x)$ 和 $G(r)$。$f(x, t)$ 对应的排序密度函数 $g(r, t)$ 为

$$g(r,t)=p(r+q)^{-\beta}\,\mathrm{e}^{\lambda t} \tag{1-26}$$

其中，p 和 q 为参数；β 为齐夫指数；λ 为常数；r 为空间型排序频次变量；t 为时间。

式（1-25）和式（1-26）具有相同的数学结构形式，它们都是波动-扩散方程组的基本解（Ye and Rousseau，2010；Ye，2011），构成理解信息计量机理的核心函数。

证明其符合波动-扩散方程组的简单过程如下所述。

$$\frac{\partial^2 f}{\partial x^2}-\frac{1}{c^2}\frac{\partial^2 f}{\partial t^2}=\left[\frac{\beta(\beta+1)}{(x+q)^2}-\frac{\alpha^2}{c^2}\right]f(x,t)=a(x)f(x,t) \tag{1-27}$$

$$\frac{\partial^2 f}{\partial x^2}-\frac{1}{d^2}\frac{\partial f}{\partial t}=\left[\frac{\beta(\beta+1)}{(x+q)^2}-\frac{\alpha}{d^2}\right]f(x,t)=b(x)f(x,t) \tag{1-28}$$

设

$$a(x)=\frac{\beta(\beta+1)}{(x+q)^2}-\frac{\alpha^2}{c^2} \tag{1-29}$$

$$b(x)=\frac{\beta(\beta+1)}{(x+q)^2}-\frac{\alpha}{d^2} \tag{1-30}$$

知其满足波动-扩散方程组：

$$\frac{\partial^2 f}{\partial x^2}-\frac{1}{c^2}\frac{\partial^2 f}{\partial t^2}=a(x)f(x,t) \tag{1-31}$$

$$\frac{\partial^2 f}{\partial x^2}-\frac{1}{d^2}\frac{\partial f}{\partial t}=b(x)f(x,t) \tag{1-32}$$

结合艾格的洛特卡信息计量学方法（Egghe，2005；Egghe and Rousseau，2012），有如下定理。

定理：若 $\alpha>0$ 且 $\alpha\neq 1$，尺度变量 x 经排序变换 $x\in[1,N]\to r\in[1,T]$ 转换为排序变量 r 后，尺度频次分布密度（漂移洛特卡函数）：

$$f(x)=c(x+d)^{-\alpha} \tag{1-33}$$

将变换成排序频次分布密度（漂移排序函数）

$$g(r)=p(r+q)^{-\beta}-d \tag{1-34}$$

两式只差一个常数因子 d，其中 N 为源密度的最大项；T 为源总数；c、d、p、q 皆为常数。

证明：证明的基础是洛特卡信息计量学中排序变量 r 与尺度函数 $f(x)$ 的基本关系（Egghe，2005）：

$$r=g^{-1}(x)=\int_X^N f(t)\mathrm{d}t \tag{1-35}$$

$$f(x)=-\frac{1}{g'\left(g^{-1}(x)\right)} \tag{1-36}$$

式（1-32）按式（1-35）排序变换 $x\in[1,N]\to r\in[1,T]$ 后得到：

$$r=\int_X^N c(t+d)^{-\alpha}\,\mathrm{d}t=\frac{c}{1-\alpha}\left[(N+d)^{1-\alpha}-(x+d)^{1-\alpha}\right] \tag{1-37}$$

逆向求 x 为

$$\begin{aligned}x=g(r)&=\left(\frac{\alpha-1}{c}r+\frac{1}{(N+d)^{\alpha-1}}\right)^{\frac{1}{1-\alpha}}-d=\left[\frac{c(N+d)^{\alpha-1}}{(\alpha-1)(N+d)^{\alpha-1}r+c}\right]^{\frac{1}{\alpha-1}}-d\\&=\frac{\left(\dfrac{c}{\alpha-1}\right)^{\frac{1}{\alpha-1}}}{\left[r+\dfrac{c(N+d)^{1-\alpha}}{\alpha-1}\right]^{\frac{1}{\alpha-1}}}-d\end{aligned} \tag{1-38}$$

令

$$p=\left(\frac{c}{\alpha-1}\right)^{\frac{1}{\alpha-1}} \tag{1-39}$$

$$q=\frac{c}{\alpha-1}(N+d)^{1-\alpha} \tag{1-40}$$

$$\beta=\frac{1}{\alpha-1} \tag{1-41}$$

于是得到式（1-34），将式（1-33）代入式（1-36）求得：

$$\begin{aligned}f(x)&=-\frac{1}{g'\left(g^{-1}(x)\right)}=-\frac{1}{-\beta p\left[\left(\dfrac{p}{x+d}\right)^{1/\beta}-q+q\right]^{-(\beta+1)}}\\&=\frac{\dfrac{1}{\beta p}p^{\frac{\beta+1}{\beta}}}{(x+d)^{\frac{\beta+1}{\beta}}}\end{aligned} \tag{1-42}$$

令

$$c=\frac{1}{\beta p}p^{\frac{\beta+1}{\beta}} \quad (1\text{-}43)$$

$$\alpha=\frac{\beta+1}{\beta} \quad (1\text{-}44)$$

即还原为式（1-33），即为所证。

同理可证以下两推论。

推论 1 若排序变换区间为 $x\in[1,\infty]\to r\in[0,T]$，则式（1-34）为排序频次幂函数

$$g(r)=br^{-\beta}-d \quad (1\text{-}45)$$

推论 2 若 α=1，则排序变换 $x\in[1,N]\to r\in[1,T]$ 把式（1-33）变换为排序频次指数函数

$$g(r)=p\mathrm{e}^{-qr}-d \quad (1\text{-}46)$$

其中，$\infty>d\geqslant 0$；$p>1$；$\infty>q>0$，皆为常数。

尺度分布和排序分布的数学形式一致性也可简单解析如下。

对式（1-33）求导有

$$\frac{\mathrm{d}f(x)}{\mathrm{d}x}=-\frac{c}{\alpha+1}(x+d)^{-(\alpha+1)}=-\frac{f(x)}{\alpha+1}(x+d)^{-1} \quad (1\text{-}47)$$

即

$$\frac{\mathrm{d}f(x)}{f(x)}=-\left(\frac{1}{\alpha+1}\right)\frac{\mathrm{d}x}{x+d} \quad (1\text{-}48)$$

令 1/（α+1）=k，等式两边从 1 到 r 积分得

$$\int_1^r\frac{\mathrm{d}f(x)}{f(x)}=-k\int_1^r\frac{\mathrm{d}x}{x+d} \quad (1\text{-}49)$$

该过程把尺度变量转换为排序变量，结果为

$$\frac{f(r)}{f(1)}=\frac{(1+d)^k}{(r+d)^k} \quad (1\text{-}50)$$

令 $p=f(1)(1+q)^k$ 和 q=d，正是曼德布罗分布：

$$f(r)=p(r+q)^{-k} \quad (1\text{-}51)$$

该过程表明尺度分布和排序分布、尺度变量和排序变量相互关联，如果 k=1，则从 0 到 r 对密度函数 f（x）的积分导致的累积分布函数 F（x）正好也是一种累积排序分布：

$$F(x)=\int_0^r f(x)\mathrm{d}x=\int_0^r c(x+d)^{-1}\mathrm{d}x=c\ln(r/d+1) \quad (1\text{-}52)$$

从 1 到 r 的积分结果则为

$$F(x)=\int_1^r(x)\mathrm{d}x=\int_1^r c(x+d)^{-1}\mathrm{d}x=c\ln[(r+d)/(1+d)] \quad (1\text{-}53)$$

此即 Bradford-Brookes 型（r->x）分布和莱姆库勒型（x->r）分布。

而曼德布罗型密度函数 g（r）的累积排序分布 G（r）在积分区间 $r\in[1,r]$ 和

$r\in[0,r]$（注意不能到∞）的结果为（$\beta\neq1$）

$$G(r)=\int_1^r p(r+q)^{-\beta}\,\mathrm{d}r=\frac{p}{1-\beta}\left[(r+q)^{1-\beta}-(1+q)^{1-\beta}\right] \tag{1-54}$$

$$G(r)=\int_0^r p(r+q)^{-\beta}\,\mathrm{d}r=\frac{p}{1-\beta}\left[(r+q)^{1-\beta}-q^{1-\beta}\right] \tag{1-55}$$

这可称为 Zipf-Mandelbrot 型分布，属于广义的莱姆库勒函数（Rousseau，1988）。

如果 β=1，则以上积分产生莱姆库勒型分布：

$$G(r)=\int_1^r p(r+q)^{-1}\,\mathrm{d}r=p\ln\left[(r+q)/(1+q)\right] \tag{1-56}$$

$$G(r)=\int_0^r p(r+q)^{-1}\,\mathrm{d}r=p\ln(1+r/q) \tag{1-57}$$

这样，略去时间的空间型分布在不同条件下可生成布拉德福定律、洛特卡定律、齐夫定律以及莱姆库勒型和曼德布罗型分布，如表 1-6 所示。

表 1-6　统一模型中的典型空间型分布

x 或 r	α 或 β	d 或 q	信息计量规律	数学形式
x：尺度分布	$\alpha\neq1$	$d\neq0$	Shifted Lotka-type	$f(x)=c(x+d)^{-\alpha}$
	$\alpha=1$	$d\neq0$	Bradford-Brookes Type	$F(x)=c\ln\left[(x+d)/(1+d)\right]$ $F(x)=c\ln(1+x/d)$
	$\alpha\sim2$	$d=0$	洛特卡定律	$f(x)=cx^{-a}$
r：排序分布	$\beta\neq1$	$q\neq0$	Zipf-Mandelbrot Generalized Leimkuhler	$g(r)=p(r+q)^{-\beta}$ $G(r)=\frac{p}{1-\beta}\left[(r+q)^{1-\beta}-(1+q)^{1-\beta}\right]$ $G(r)=\frac{p}{1-\beta}\left[(r+q)^{1-\beta}-q^{1-\beta}\right]$
	$\beta=1$	$q\neq0$	莱姆库勒分布	$G(r)=p\ln\left[(r+q)/(1+q)\right]$ $G(r)=p\ln(1+r/q)$
	$\beta=1$	$q=0$	齐夫定律	$g(r)=pr^{-1}$

若只考虑时间分布，用式（1-27）~式（1-28）得

$$\frac{\mathrm{d}^2 f}{\mathrm{d}t^2}-\frac{c^2}{d^2}\frac{\mathrm{d}f}{\mathrm{d}t}=c^2(b-a)f(t) \tag{1-58}$$

由于 a（x）=a 和 b（x）=b，故这里 a、b 为常数。

式（1-58）的特征方程是 $r^2-\left(c^2/d^2\right)r-c^2(b-a)=0$（注意这里 r 表示 root，不是上述尺度–排序变换中的 rank），其解为 $r_{1,2}=\left[\left(c^2/d^2\right)\pm\sqrt{\left(c^4/d^4\right)+4c^2(b-a)}\right]/2$，故式（1-54）的通解为

$$f(t)=c_1\mathrm{e}^{r_1 t}+c_2\mathrm{e}^{-r_2 t} \tag{1-59}$$

依据式（1-59），可得典型的时间型分布如表 1-7 所示。

表 1-7 统一模型中的典型空间型分布

r1，r2	c1，c2	分布规律	数学形式
r1，r2>0	c1，c2≠0	Avramescu-type	$f(t)=c_1e^{r_1t}+c_2e^{-r_2t}$
r1>0 r2=0	c2≠0	Exponential-type	$f(t)=c_1e^{r_1t}+c_2$
	c2=0	Price-type （growth）	$f(t)=c_1e^{r_1t}$
r1=0 r2>0	c1≠0	Negative Exponentail-type	$f(t)=c_1+c_2e^{-r_2t}$
	c1=0	Bernal-Brookes Type （ageing）	$f(t)=c_2e^{-r_2t}$

由此可见，情报学经验规律的统一模型可用一个简单函数在波动–扩散方程组约束下的时空行为来理解。信息传播之所以符合波动–扩散方程组，其机理应是信息同时通过载波和扩散模式传播；而波动方程或扩散方程是不少自然现象的机理表述，因而信息传播也符合自然机理。固然这不是对本章所述经验规律的机理之唯一可行的解释，但却是最简单的一种解释，希望为深入研究提供参考。

对情报学经验规律的统一模型和机理的研究仍在动态发展中，这是一个值得继续深入探索的理论方向。

习题和思考题

1. 按照布拉德福定律，设布拉德福常数为 5，当核心期刊数量为 20 种时，外围一区和外围二区期刊数量各是多少？

2. 按照洛特卡定律，当某领域中写 6 篇文献的作者数量为 1 000 人时，该领域中写 1 篇文献的作者数是多少？估计该领域中作者总量约是多少？

3. 如果齐夫定律 $Q(t)=a\exp(bt)$ 成立，一个初始文献量 $Q(0)=100$ 的学术领域，当常数 $b=1$ 时，估计 10 年后文献量 $Q(10)$ 将达到多少？

参 考 文 献

丁学东. 1993. 文献计量学基础[M]. 北京：北京大学出版社.

刘婧. 2004. 文献作者分布规律研究——对近十年来国内洛特卡定律、普赖斯定律研究成果综述[J]. 情报科学， 22（1）：123-128.

邱均平. 1988. 文献计量学[M]. 北京：科学技术文献出版社.

邱均平. 2001. 信息计量学[M]. 武汉：武汉大学出版社.

王崇德. 1990. 文献计量学教程[M]. 天津：南开大学出版社.

王国龙. 2004. SSCI 源期刊概述[J]. 中国索引，（2）：20-25.

王国龙，李佩. 2003. SCI 源期刊与 JCR[J]. 上海交通大学学报，（S1）：287-300.

Bailón-Moreno R，Jurado-Alamda E，Ruiz-Baños R. 2005. The unified scientometric model. Fractality and transfractality [J]. Scientometrics，63（2）：231-257.

Bookstein A. 1990. lnformetric distributions[J]. Journal of the American Society for Information Science，41（5）：368-386.

Bradford S C. 1950. Documentation [M]. Washington：Public Affairs Press.

Brookes B C. 1977. Theory of Bradford's law [J]. Journal of Documentation，33（3）：180-209.

Egghe L. 2005. Power Laws in the Information Production Process：Lotkaian Informetrics[M]. New York：Academic Press.

Egghe L，Rousseau R. 1990. Introduction to Informetrics [M]. Amsterdam：Elsevier.

Egghe L，Rousseau R. 1995. Generalized success-breeds-success principle leading to time-dependent informetric distributions [J]. Journal of the American Society for Information Science，46（6）：426-445.

Egghe L，Rousseau R. 1996. Stochastic processes determined by a general success-breeds-success principle [J]. Mathematical and Computer Modelling，23（4）：93-104.

Egghe L，Rousseau R. 2003. Size-frequency and rank-frequency relations，power laws and exponentials：a unified approach [J]. Progress in Natural Science，13（6）：478-480.

Egghe L，Rousseau R. 2012. Theory and practice of the shifted Lotka function [J]. Scientometrics，91（1）：295-301.

Fairthorne R. 1969. Empirical hyperbolic distributions （Bradford-Zipf-Mandelbrot） for bibliometric description and prediction [J]. Journal of Documentation，25（4）：319-343.

Garfield E. 1980. Bradford's law and related statistical patterns [J]. Current Contents，（19）：5-12.

Leimkuhler F F. 1967. The Bradford distribution [J]. Journal of Documentation，23（3）：197-207.

Lotka J A. 1926. The frequency distribution of scientific productivity [J]. Journal of Washington Academy Sciences，16（1~2）：217-223.

Mandelbrot B B. 1982. The Fractal Geometry of Nature [M]. San Francisco：W. H. Freeman Co.

Newman M E J. 2005. Power laws，Pareto distributions and Zipf's law [J]. Contemporary Physics，46（5）：323-351.

Price D J，de Solla. 1976. A general theory of bibliometrics and other cumulative advantage distribution [J]. Journal of the American Society for Information Science，27（5）：292-306.

Rousseau R. 1988. Lotka's law and its Leimkuhler representation [J]. Library Science with a Slant to Documentation and Information Studies，25：150-178.

Rousseau R. 1990. Relations between continuous versions of bibliometric laws [J]. Journal of the American Society for Information Science，41（3）：197-203.

Rousseau R. 1992. Category theory and informetrics：information production processes [J]. Scientometrics，25（1）：77-87.

Rousseau R. 2010. Informetric Laws[M]. 3rd ed. Boca Raton：CRC Press.

Sichel H S. 1985. A bibliometric distribution which really works [J]. Journal of the American Society for Information Science，36（5）：314-321.

Ye F Y. 2011. A Theoretical approach to the unification of informetric models by wave-heat equations [J]. Journal of the American Society for Information Science and Technology，62（6）：1208-1211.

Ye F Y. 2014. A progress on the shifted power function for modeling informetric laws [J]. Malaysian Journal of Library and Information Science，19（1）：1-15.

Ye Y，Rousseau R. 2010. A unified model for informetrics based on the wave and heat equations [J]. arXiv:1008.2067v1 [physics.soc-ph]，http://arxiv.org/abs/1008.2067.

Zipf G K. 1972. Hsuman Bebavior and the Principle of Least Effort [M]. New York：Hafner.

第2章

情报学基础理论

本章提要

本章概述国内外代表性情报学基础理论，并在量化DIKW概念链基础上建立情报学基础理论内核。

主要知识点

1. 布鲁克斯的知识基础论、约维茨的决策系统论和米哈依洛夫的科学交流论等国外代表性情报学基础理论。

2. 以卢太宏的规范论、王崇德的原理论和严怡民等的栈理论为代表的国内情报学基础理论。

3. 建立在量化DIKW概念链基础上的情报学基础理论。

情报学基础理论是对情报学的基本理解和总体认识，涉及情报学的概念系统、理论原则和体系结构等学科架构问题。由于至今没有一个公认的完美理论，本章在简介国内外代表性情报学理论基础上以量化DIKW概念链为基础建立情报学基础理论内核。

2.1 国外代表性情报学基础理论

本书选择布鲁克斯的知识基础论、约维茨的决策系统论和米哈依洛夫（A. И. Михайлов，1905—1988）的科学交流论作为国外情报学基础理论的代表，概述其要点。

2.1.1 布鲁克斯的知识基础论

早在1967年，英国情报学家布鲁克斯就提出了一个用准数学形式表示的情报与知识关系的基本方程式。

$$K[S]+\Delta I=K[S+\Delta S] \tag{2-1}$$

其中，$K[S]$为原有知识结构；ΔI 为吸收的情报量；$K[S+\Delta S]$为新的知识结构。这一方程说明吸收情报使原有知识结构发生改变，形成了新的知识结构。因此，布鲁克斯将情报定义为“使人原有的知识结构发生变化的那一小部分知识”。布鲁克斯方程式（2-1）直观地描述了情报的知识作用机理，认为情报学的主要理论问题就是研究这一方程。

1980~1981 年，布鲁克斯进一步发展了自己的理论①，在四篇关于“情报学基础”的系列论文中（Brookes，1980a，1980b，1980c，1981），他以英国哲学家波普尔（K.Popper）的“三个世界”哲学理论为基础，用“知识基础”论作为情报学基础理论，确立了情报学中的知识学派，并发展了等级排序原理和对数透视原理等量化原理，具有创新意义。

按照波普尔哲学，“世界 1”是客观物质世界，“世界 2”是主观精神世界，“世界 3”是客观知识世界。布鲁克斯认为，自然科学家探索“世界 1”，并将他们获得的知识存于“世界 3”；社会科学家研究“世界 2”及“世界 2”与“世界 1”的相互作用，也将他们获得的知识存于“世界 3”；图书情报学家则研究“世界 2”与“世界 3”的相互作用，并对“世界 3”中记录的知识进行组织和利用。而且，图书情报学家获得的知识也将存于“世界 3”中成为人类知识的一部分，这正是情报学研究的意义所在。这样，情报学研究内容和研究意义就得到解释。

对客观知识进行组织和研究是布鲁克斯情报学理论的核心思想。布鲁克斯认为，用现有分类法、索引法对文献的分类（classification）、标引都不是在组织知识而是在组织文献，组织知识应是对文献中的逻辑内容进行分析，找出人们进行创造和思考的相互影响与相互关联结点，像地图一样标示出来，形成“知识地图”，才能真正揭示知识的有机结构。

等级排序原理的基本思想是认为等级排序及其分布在社会科学中具有普适性，即任何事物都具有分级分层结构，知识和文献也不例外。由此可以定性解释布拉德福定律、洛特卡定律和齐夫定律。

对数透视原理来源于心理学中的韦伯（E. H. Weber）-费希纳（G. H. Fechner）定律，其基本思想是客观现实世界的现象增量反映到主观神经（大脑）系统中的感觉是对数增量。将透视原理运用于情报学，如果对象的观察长度（Z）与从观察者到被观察对象之间的物理距离（X）成反比，即 $Z=k/X$，k 是比例常数，则获得的主观认识距离是 $\log X$。由此可以考虑时间对数变换分析、空间对数变换分析、学科对数变换分析等。

布鲁克斯情报学理论是具有哲学基础的一种理论，它强调情报学的逻辑性和定量化，是一种较全面的情报学基础理论。但按照布鲁克斯的理论，新知识（NK）由已有知识（K）加上新增信息（$\mathrm{d}I$）构成，而从逻辑上我们只能说新知识由已有知识加上新增知识（$\mathrm{d}K$）构成，故布鲁克斯理论也存在逻辑缺陷。

2.1.2 约维茨的决策系统论

美国情报学家约维茨（M. C. Yovits）等从决策论出发对一般情报系统进行研究后

---

① 内容介绍参考 Brookes（1980a，1980c，1981），综合严怡民等（1996）。

提出了一种独特的情报学理论，认为“情报是对于决策具有价值的数据资料”，并通过分析情报在决策过程中的功能，提出情报学的研究对象是“广义情报系统”（Yovits and Kleyle，1993）。

在“广义情报系统”（generalized information system）中，情报获取与传递机构向决策者提供情报，决策者利用情报进行最佳决策，并在执行中将其转化为可观察的数据资料，这些数据资料通过外部或内部反馈再次进入情报获取与传递机构。决策者可利用反馈情报评价和改善决策，从而形成一个可以不断优化的运行系统。这一“决策系统”理论对情报学的定量化研究和情报经济学研究具有较大影响，形成情报学中的决策学派。

约维茨等提出的“广义情报系统”模型如图 2-1 所示①。

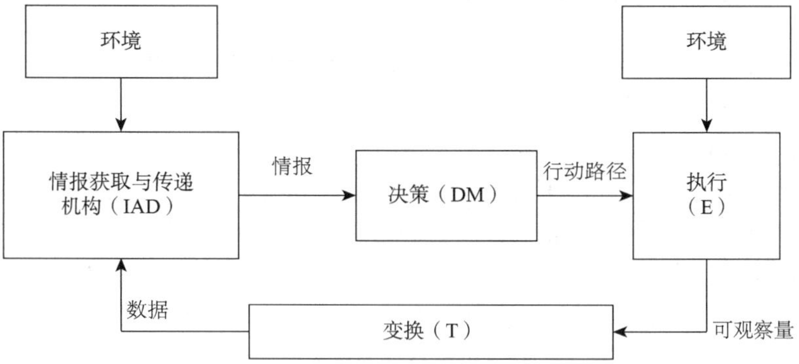

图 2-1　约维茨广义情报系统模型

该模型以接收情报后的决策为中心，利用情报产生的效果，观察其对人类行为的影响，再据以确定情报过程的各种变量和参数，形成研究情报及其效率、情报效用和价值的一种新视角和新方法，具有创新意义。

由于约维茨将情报定义为对于决策具有价值的数据，所以在计算情报量的基本测度时，要考虑情报与决策的相互作用，把情报量与选择恰当行动路径时具有的不定性联系起来。若决策者对于选择行动路径完全不定，则决策状态的情报量为零；反之，则情报量最多。因此，约维茨用决策者选择某一行动路径概率均方差作为情报量的基本测度，并用均值的平方把方差归一化，即 t_0 时刻决策状态的情报量为

$$I(t_0)=\text{概率均方差}/[\text{概率均值}]^2$$

在给定的数据集 D 和时刻 t_1，决策者的情报量 QI 为

$$\mathrm{QI}(D,t_1)=I(t_1)-I(t_0) \quad (2\text{-}2)$$

式（2-3）与移项后的式（2-1）类似：

$$\Delta I=K[S+\Delta S]-K[S] \quad (2\text{-}3)$$

但是必须注意，约维茨和布鲁克斯对于情报的定义和理解不一样：约维茨的情报是“对于决策具有价值的数据”，而布鲁克斯的情报则是“使人原有的知识结构发生变化的那一小部分知识”。

① 内容介绍参考 Yovits 和 Kleyle（1993），综合邹志仁（1987）。

约维茨在上述模型基础上还进一步定义了决策效率、情报价值和效率等量化概念（concepts），从而可以实现计算机仿真，故在实证性研究方面优于布鲁克斯的“知识地图”学说。

1988 年，美国学者德本斯（A. Debons）等在《情报学科：一种综合观》（Debons et al，1988）中曾提出另一种系统模型理论，他们主张情报学是研究情报系统结构的学科，认为情报系统的结构、功能及其对社会、文化的影响构成情报学的主要研究内容。德本斯等的理论与约维茨理论的主要区别是其理论强调对情报系统的研究应在知识系统的大背景下进行，情报系统只是知识系统的子系统。

2.1.3 米哈依洛夫的科学交流论

米哈依洛夫的情报学理论主要反映在 1976 年出版的《科学交流与情报学》中，认为情报学是研究科学交流的学科①。

米哈依洛夫的立论基础是科学交流，他认为“人类社会中提供、传递和获取科学情报的种种过程是科学赖以存在和发展的基本机制，这些过程的总和称为科学交流”（米哈依洛夫，1980）。为深入研究，米哈依洛夫将科学交流过程区分为“正式交流”过程和“非正式交流”过程。“正式交流”是通过科学文献系统进行的传递交流，也称间接交流；“非正式交流”是依靠人际交往、私人通信等进行的传递交流，也称直接交流。科学情报交流系统就是由正式交流和非正式交流综合构成，如图 2-2 所示。

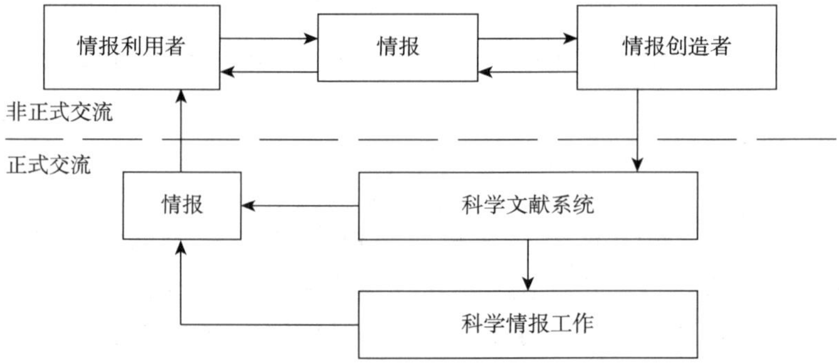

图 2-2 米哈依洛夫科学情报交流模型

正式交流的优点是可检索、可核实和可引用，缺点是有滞后性，包括四种代表性的情报传递模式。

（1）多向主动传递：主要是指情报机构对情报进行整理后传递给事先没有确定的接收者。

（2）单向主动传递：主要是指情报机构根据用户需求对情报进行整理后传递给确定的接收者。

（3）多向被动传递：主要是指情报机构面向社会公开的阅览和借阅服务。

① 内容介绍参考米哈依洛夫（1980），综合王崇德（1994）。

（4）单向被动传递：主要是指情报机构开展的情报咨询服务。

非正式交流的优点是高效、快速、简便，缺点是难以复核，一般通过“无形的集体”（即“看不见的学院”）、情报交换小组、私人电讯和会谈等实现。

交流学派在发展中还提出了不少有特色的专门模式，如物理学模式、生物学模式、社会学模式等，并与传递学交织发展。

1. 物理学模式

物理学模式由阿乌拉梅斯库（A.Avramescü）于 1973 年提出，他认为科技情报在用户间的扩散与热量在固体中的扩散相似，于是用类似热扩散的物理方程来描述情报交流，基于傅里叶冷却定律：

$$q=-\lambda \bullet \mathrm{grad}\mu \qquad (2\text{-}4)$$

其中，q 代表热流量；$\mathrm{grad}\mu$ 代表温度梯度；λ 代表导热系数。

可导出：

$$\frac{\partial u}{\partial t}=\alpha \bullet \frac{\partial^2 u}{\partial x^2} \qquad (2\text{-}5)$$

其中，u 为情报势函数——表示用户对情报需求的程度；α 为扩散率；t、x 分别为时间和空间。

2. 生物学模式

生物学模式由美国情报学家哥夫曼（W. Goffman）于 1977 年提出，主要思想是将情报交流类比为疾病传递。设主动发送情报的总人数为 N，接受情报的人数为 n，t 为时间，α 为间接人际交流系数，β 为直接人际交流系数，则哥夫曼生物学模式的数学模型为

$$\frac{\partial n}{\partial t}=\alpha(N-n)+\beta \bullet n(N-n) \qquad (2\text{-}6)$$

其中，（$N-n$）是未接收到情报的人数。

3. 社会学模式

社会学模式由英国情报学家维克利于 1987 年提出，他假设情报源 S 发出的情报为 M（S），经情报工作者加工处理后的情报产品为 M（R），当 M（R）中特定情报 I 与情报用户会合时，具有知识结构 K（1）的情报用户就吸收情报 I，使自己的知识结构跃迁到 K（2），如图 2-3 所示。

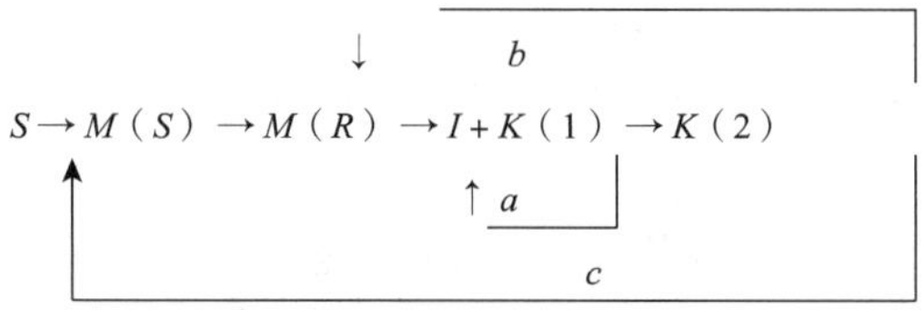

图 2-3　情报传递的社会学模式

其中，a、b、c 为反馈环节；a 反馈是吸收信息产生 K（1）知识结构后对信息提出的新要求；b 反馈是具有 K（2）知识结构后对情报处理和情报产品提出的新要求；c 反馈是具有 K（2）知识结构后对情报源提出的新要求。

实际上，交流论的历史还可上溯到美国情报学家萨拉塞维奇（T. Saracevic）1970 年出版的论文集《情报科学导论》（*Introduction to Information Science*）。萨拉塞维奇认为情报学是研究人类交流的科学，并提出了将情报学区分为理论情报学和应用情报学的观点，但系统性欠佳。

2.2 国内代表性情报学基础理论

本书选择卢太宏（1987）的规范论、王崇德（1994）的原理论和严怡民等（1996）的栈理论作为国内情报学基础理论的代表，概述于下。

2.2.1 卢太宏的规范论

卢太宏 1987 年在《情报学报》上发表“情报科学的三个研究规范”一文（卢太宏，1987），提出了自己独特的情报学基础理论，认为面向情报源的 S 规范、面向传递过程的 C 规范和面向用户的 U 规范是情报学的主要研究内容。该理论具有一定创新意义。

SCU 规范论以解决问题的思路把情报学研究分为研究情报源的 S 规范、研究传递过程的 C 规范和研究用户的 U 规范，S 规范、C 规范和 U 规范分别具有不同的轴向原则、问题域、研究对象、研究基点和目标，同时又存在迁移互补关系。

规范论的优点是 S 规范、C 规范和 U 规范都“内生”于情报学，突出了情报工作和情报学的研究重点；缺点是没有建立量化系统，它问世后迄今未获得进一步的发展。

2.2.2 王崇德的原理论

在 1992 年出版的《情报科学原理》和 1994 年出版的《情报学引论》中，王崇德提出以相似原理、耗散结构原理、马太效应、最小努力原则、随机过程原理等作为情报科学原理，并据此构造情报学理论体系（王崇德，1994）。

相似原理主要通过分析相似要素来判断相似程度，可用于解释情报检索等。王崇德还用其解释布拉德福定律、洛特卡定律、齐夫定律，但略显勉强。

耗散结构原理主要是借用普里高津耗散结构理论来解释文献的有序管理。

马太效应是借用《新约全书·马太福音》的典故来解释“核心”现象，可以定性说明布拉德福定律、洛特卡定律的形成机理。

最小努力原则借用齐夫的原创思想，可对齐夫定律、“思维经济”观和缩略语现象等进行解释。

随机过程原理可为文献统计和情报计量研究提供理论基础。

王崇德的原理具有宏观参考意义，但大多数原理都是“外生”的借用原理，在体系上缺乏内在逻辑，结构过于松散。

2.2.3　严怡民等的栈理论

武汉大学严怡民教授与文岳雄、马费成、丰成君等合作对情报学基础理论进行了长期研究，曾针对情报产生、组织、传递、利用提出过作用于“情报流螺旋环”四环节的超越创造原理、相关序化原理、量子传递原理、内耗补给原理等。代表其理论创新的信息栈理论则集成在 1996 年出版的《现代情报学理论》（严怡民等，1996）中（严怡民等，1996；马费成和宋恩梅，2002）。

所谓信息栈（W），是指信息从信息发送者（S）向信息接收者（R）流动过程中所经过的环节，即人或人工系统，如出版机构、传递机构等，在信息栈概念下，信息交流模式如图 2-4 所示。

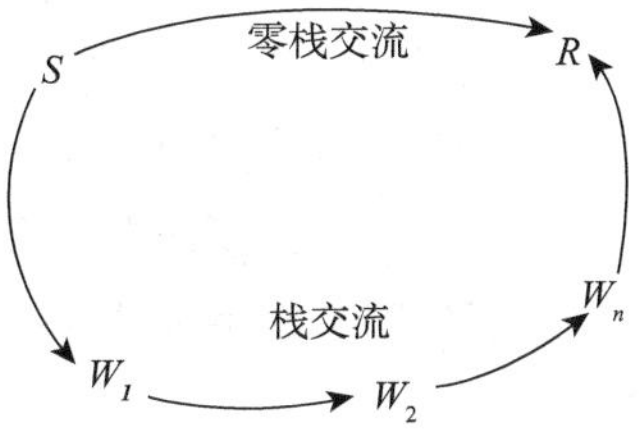

图 2-4　信息交流的栈模式

S 与 R 之间的交流称为零栈交流（即直接交流），其余有信息栈参与的交流统称栈交流（即间接交流）。信息栈可分为时间栈和空间栈，时间栈包括实现信息延时传递的图书馆、档案馆、博物馆、文献中心等；空间栈包括实现信息远距传递的新闻出版、广播电视、邮政系统等。无论时间栈还是空间栈，都是从 S 或前栈获取信息，加以转换、处理后，向 R 或后栈传递信息。

栈理论的优点是可以把通常用户认为的信息源逐级追溯到信息生产者，并将图书情报机构视为与新闻传媒机构等相互平等的信息流节点，可望突破学科界限展开研究；缺点也是没有量化支持，只是一种模式假说。

2.3　DIKW 概念链及其量化

成熟学科的理论结构体现为具有严格定义的基本概念以及用这些概念建构的独特理论体系，因此，情报学基础理论首先需要澄清情报概念以及与之相关的信息概念等专门术语及其关系。

可是，信息究竟是什么？迄今为止还没有一个公认的定义。虽然中国古诗中即有“梦断美人沉信息，目穿长路倚楼台”（南唐李中《暮春怀故人》）、“不乞隋珠与和璧，只乞乡关新信息”（南宋李清照《上枢密韩肖胄诗》）等佳句，但这只是文学性描述而非科学性论断。按照香农（C. E. Shannon）在其经典论著《通信的数学理论》中的原始定义（Shannon and Weaver，1949）：“信息是用来消除不确定性的东西。”而控制论创始人维纳（N. Wienner，1894-1964）在其名著《人有人的用处》中也给出一个经典定义：“信息这个名称的内容就是我们对外界进行调节并使我们的调节为外界所了解时而与外界交换来的东西。”现在，不仅信息科技各分支可以对信息取不同定义，从科学技术、社会科学等角度也可以各有其说，在《中国大百科全书》中就可见一斑：《自动控制与系统工程》卷中定义信息为“符号、信号或消息所包含的内容，用来消除对客观事物认识的不确定性”，而《新闻出版》卷中则定义信息为“事物运动状态的陈述，物与物、物与人、人与人之间的传输特征”，最后还是《哲学》卷归纳得较为完善，“关于信息概念，在科学界尚无统一的、精确的定义。在哲学界……有 4 种观点：①信息是精神实体的特性；②信息是物质的普遍属性；③信息是与物质和精神并列的第三种存在；④信息是物质载体与意识成分的特殊结合”。因此，情报学研究需要自行解决有关概念问题进而考虑情报学基础理论涉及的概念系统、理论原则和体系结构等学科架构问题。

在可能借鉴的概念系统中，DIKW 模型是一个可以参考的体系（Rowley，2007）。该模型可溯源于 1948 年诺贝尔文学奖得主托马斯·艾略特（Thomas S. Eliot，1888—1965）一首名为《岩石》（*The Rock*）的诗，其首段问及“我们丢失在知识中的智慧何在？我们丢失在信息中的知识何在？”（Where is the wisdom we have lost in knowledge? Where is the knowledge we have lost in information?）。克利夫兰（H. Cleveland）1982 年在《未来学家》杂志中发表文章“信息即资源”，创制 DIKW 原型，后经泽勒尼（M. Zeleny）等扩展，2007 年由劳利（J. Rowley）强调集成为 DIKW 层级模型（或称知识金字塔），构成一个关于数据 D、信息 I、知识 K 和智慧 W 的定性层级结构，如图 2-5 所示。

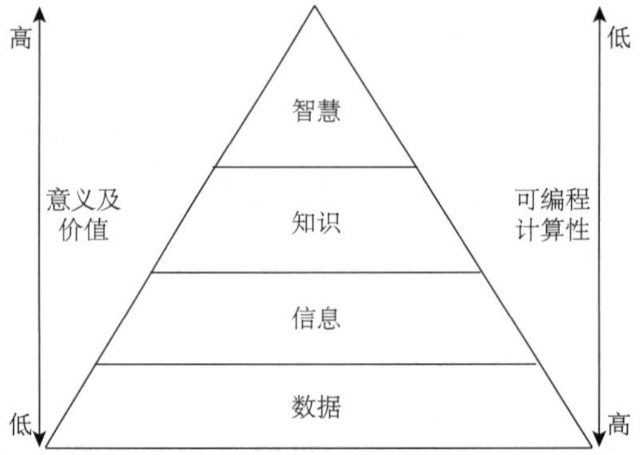

图 2-5　DIKW 层级模型

虽然对该模型的内涵和意义表征仍存在争议（Frické, 2009），但 DIKW 模型构成的概念体系却有逻辑合理性：数据是一种基础信息，信息经过处理提炼可构成知识，知识的应用彰显智慧。而情报是活化的知识（钱学森，1983）或从信息中分析出的具有价值的信息。依此概念逻辑，也为了便于科学合理地进行量化，将图 2-5 线性展开成如图 2-6 所示概念链（Ye，2016）。

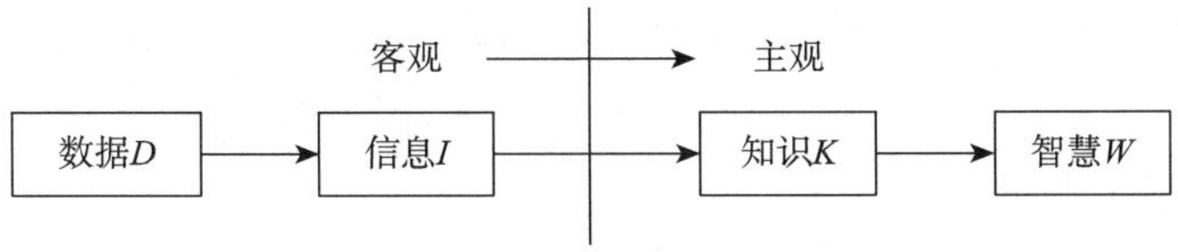

图 2-6　DIKW 概念链

引进中间变量物理信息 i 和主观信息 J，可将 DIKW 概念链的量化逻辑表述为：客观数据 D 经输入传递系统成为物理信息 i；物理信息 i 经社会传递，转化为可接收的客观信息 I；可接收的客观信息 I 经主体吸收，转化为带有主体价值判断的主观信息 J；主观信息 J 经结构化体系化成为知识 K；知识 K 的综合运用构成智慧 W。这是一条经历了由客观到主观的传递链，按布鲁克斯的观点，D 和 I 属于物理空间（客观），K 和 W 属于认识空间（主观），从 D 到 I 的过程在客观范畴内进行，从 K 到 W 在主观范畴内进行，I 和 K 之间经历了从客观到主观的转化（价值判断）。

严谨的定量关系首先可参照香农信息论把物理信息定义为数据 D 的对数

$$i = \mathrm{d}\log D \tag{2-7}$$

从物理信息 i 到经社会传递后的客观信息 I 之间需要经过传递系统，在传递过程中，客观信息 I 的运动服从波动–扩散方程组。若将传递过程的累积信息压缩率设为 p、信息损失率设为 q，则 I 与 i 之间的关系简化为 $I=pqi$。令 $pq=b$ 作为信息传递系数，即有

$$I = bi \tag{2-8}$$

从客观信息 I 到主观信息 J 间的转化是概念链定量化的关键环节。根据对数透视原理，从客观到主观需经对数转换，同时，为描述主体价值判断，引进价值系数 $v\in[0,1]$（恰好匹配勒歇尔模型），形成如下关系式。

$$J = \log I^{v} = v\log I \tag{2-9}$$

这一主观信息 J，正是情报。虽然每个人可以面对同样的客观信息，但每个人的知识基础和思维能力不同，因此接收客观信息后转换获得的主观信息不一样，这就是相同信息输入而情报因人而异的原因。因此，我们可以把情报直接定义为主观信息。

在主观信息 J 进一步转化为知识 K 的过程中，采用分析信息学（叶鹰，1999）的合理假说：有价值的信息才会使知识增加，单位信息增量产生的单位知识增量应与有价值信息量（主观信息量）成正比，即

$$\frac{\mathrm{d}K}{\mathrm{d}I} = kJ = k\ln I^{v} \tag{2-10}$$

其中，k 为信息的知识转化系数。因此，知识 K 是主观信息 J 对信息 I 的积分：

$$K = k\int J\mathrm{d}I = k\int v\ln I\mathrm{d}I = kvI\left(\ln I - 1\right) + K_0 \tag{2-11}$$

其中，K_0 为积分常数，代表原有的知识。

式（2-11）调整后即得与布鲁克斯基本方程形式完全相同的方程：

$$K = K_0 + \Delta K\ ;\quad \Delta K = kvI\left(\ln I - 1\right) \tag{2-12}$$

这里的 $\Delta K = kvI\left(\ln I - 1\right)$ 就是增加的知识，这一推导过程给出了布鲁克斯基本方程的机理解释。

这样，无论是把情报视为活化的知识还是有价值的信息，情报都位于主观范畴。知识在数量上是数据的对数之对数，这为数据海量却知识稀缺提供了直观解释：数据量级为 10^{10} 时，生成的知识量级仅为 1。

智慧概念比较特殊，对于没有公认定义，可吸取符号主义智能观，在确认智能体是具有一定知识储备的功能体基础上，引进智能体的知识矩阵，用智能度来描述：将智能体 j 所具有的智能知识用一系列独立的知识向量或数组表示，让知识位在同一系统中保持恒定，如按序化、推理、学习、进化、反馈、应变、协同等排列并取知识值 $a_{ik} \in [0,1]$，形成智能体 j 的知识向量：

$$\boldsymbol{A}_j = (a_{i1}, a_{i2}, a_{i3}, a_{i4}, a_{i5}, a_{i6}, a_{i7}, a_{i8} \cdots) \tag{2-13}$$

定义其知识矩阵为

$$\boldsymbol{K}_j = \boldsymbol{A}_j^{\mathrm{T}} \boldsymbol{A}_j = (\boldsymbol{r}_{ik}) \tag{2-14}$$

这是一个对称方阵，$r_{ik} = \sum_j a_{ij} a_{jk}$ 可称智识关联系数。智慧 W 用智能度或智能级（intelligent grade）量化为

$$\boldsymbol{W}_j = \mathrm{tr}(\boldsymbol{K}_j) \tag{2-15}$$

由于矩阵理论在数学处理上非常成熟，故式（2-13）~式（2-15）可以为分析研究智能体的智能行为提供便利。

关联系数的大小决定了智能体某项智能的强弱。智能体的差异也取决于关联系数。例如，设相对于 5 个特征位（序化、推理、应变、学习、反馈）的两个智能体 1 和 2 的特征向量分别为 $\boldsymbol{A}_1$=（0.8，0.7，0.5，0.3，0.6）和 $\boldsymbol{A}_2$=（0.8，0.9，1.0，0.7，0.6），则其智能特征矩阵分别为

$$\boldsymbol{I}_1 = \begin{pmatrix} 0.64 & 0.56 & 0.40 & 0.24 & 0.48 \\ 0.56 & 0.49 & 0.35 & 0.21 & 0.42 \\ 0.40 & 0.35 & 0.25 & 0.15 & 0.30 \\ 0.24 & 0.21 & 0.15 & 0.09 & 0.18 \\ 0.48 & 0.42 & 0.30 & 0.18 & 0.36 \end{pmatrix} \tag{2-16}$$

$$\boldsymbol{I}_2 = \begin{pmatrix} 0.64 & 0.72 & 0.80 & 0.56 & 0.48 \\ 0.72 & 0.81 & 0.90 & 0.63 & 0.54 \\ 0.80 & 0.90 & 1.00 & 0.70 & 0.60 \\ 0.56 & 0.63 & 0.70 & 0.49 & 0.42 \\ 0.48 & 0.54 & 0.60 & 0.42 & 0.36 \end{pmatrix} \tag{2-17}$$

$IG_2 = \mathrm{tr}(I_1) = 1.83$，$IG_2 = \mathrm{tr}(I_2) = 3.30$。显然，智能体 2 的智能度高于智能体 1。各特征之间相互作用越强的智能体，表现出的智能越高。因此，智能体特征矩阵中的关联系数决定了智能体的总体智能性质，具有技术应用价值。

知识与智慧的关系确如一句哲言：智慧不是知识，但能运化知识；知识不是智慧，但能彰显智慧。

这样，通过把 DIKW 模型与对数透视原理相结合并将香农信息论与布鲁克斯情报学

思想相贯通，就有了 DIKW 概念链的完整定量表述。该分析模型不仅把定性的 DIKW 模型改进为定量的分析理论，还揭示了信息从数据到知识及智能的生成与转化过程，适合用作情报学的基础概念。

在 DIKW 概念链基础上，还有两个通行的概念需要说明和界定：一是文献，二是信息资源。

提到文献，总会联想到载体，因而可把文献 D 定义为载体化的信息。我国国家标准的定义是“文献是记录有知识的一切载体”（《文献著录总则》GB3792.1-83），所以载体化是文献的特征。

至于“信息资源 R”，则可视为载体化的信息或有价值的信息，由于载体化的信息是“文献 D”、有价值的信息是“情报 J”，于是“信息资源 R”等于“文献 D”与“情报 J”的并集。

$$R = D \cup J \tag{2-18}$$

因此，信息 I、情报 J、知识 K、文献 D 的逻辑关系如图 2-7 所示。

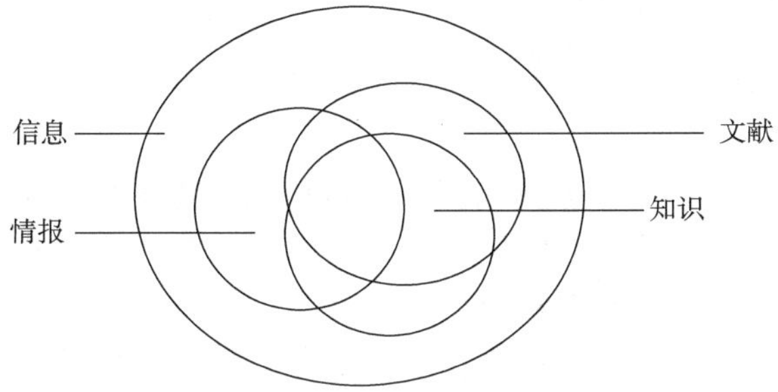

图 2-7　信息、情报、文献、知识概念关系示意

至于数据，可以作为信息的构造单元之一，信息密度本身就是由有序数据构成。于是，嵌入情报后的 DIKW 概念序列如图 2-8 所示。

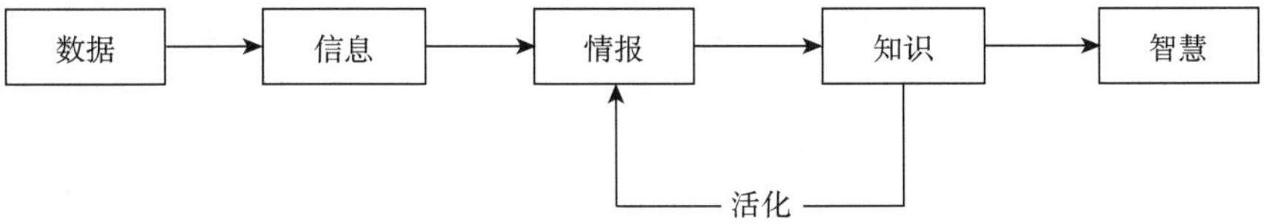

图 2-8　数据、信息、情报、知识、智慧概念序列

该序列兼容钱学森“情报是活化的知识”的观点（钱学森，1983），也兼容其他定性模型（郑彦宁和化柏林，2011），如图 2-9 所示。

图 2-9　数据、信息、情报转化模型

在上述概念体系基础上，可以有效地定义情报学并解释情报学与信息论和信息科学之间的差异。

按照 ISO1979 年的定义，“情报学就是对情报的功能、结构、传递的研究和情报系统管理的研究”（严怡民，1994），亦即情报学是研究情报过程及其规律的科学。情报过程包括情报的产生、收集、管理、检索、分析和传递等环节，因此也可以说情报学是研究情报的产生、收集、管理、检索、分析和传递利用的一门科学。由于情报过程是社会现象，因而情报学是一门社会科学。

信息论是关于信息的本质和传输规律的科学理论，是研究信息的计量、发送、传递、交换、接收和存储的基础理论学科。

信息科学也以信息为主要研究对象，但以信息的运动规律和应用方法为主要研究内容，以计算机等技术为主要研究工具，以扩展人类的信息功能为主要目标。覆盖信息论、信号分析、信息处理、知识表示、决策控制、数据通信、模式识别等理论与方法，是有关信息研究的学科群的总称。

情报学关注的重点是情报（有效信息或主观信息）的运动，其研究内容与信息论的研究内容有交叉，二者都是信息科学的不同子集。由于情报学的研究对象和研究内容均有独特性，所以情报学具有独立价值。

2.3.1 概念属性

为区别运用以上各概念，这里概括其各有特色的关键属性如下。

（1）数据的基本属性：①数值性，数据都具有数值或可以表示成数值，这是数据的第一特性；②单元性，每个数据都是独立单元。

（2）信息的基本属性：①传递不增性，传递过程只会使信息衰减而不会使信息增加（信息不增律）；②可压缩性，信息可以压缩，这是信息压缩技术的基础。

（3）情报的基本属性：①效用性，情报必有效用，这是情报区别于一般信息和公有知识的特点，故作为情报的第一特性；②主观性，情报需要由特定的人接收才有相应价值，这也是情报不同于信息和知识的属性。

（4）知识的基本属性：①结构性，知识具有结构，这样才能被不同的人所共识和理解，也是知识客观性的表征；②符号性，知识常用语言符号（文字）或专业符号表达。

（5）文献的基本属性：①载体性，文献离不开载体，没有载体就没有文献，文献与载体不可分割，这是文献的第一特性；②自序性，文献具有自然成序的性质，类似耗散结构的自组织状态，这一性质使文献常自相配套和互补。

与信息、文献等相应的数字信息、电子文献等除具有信息、文献等的基本属性外，还具有易复制性和快速传递性等电子化特性。

2.3.2 理论模型与情报学基本原理

参考香农信息论和钟义信基于一般信息论建立的信息科学理论框架（钟义信，1996），可以将信息从产生到利用的各个阶段分解整合为如图 2-10 所示环节。

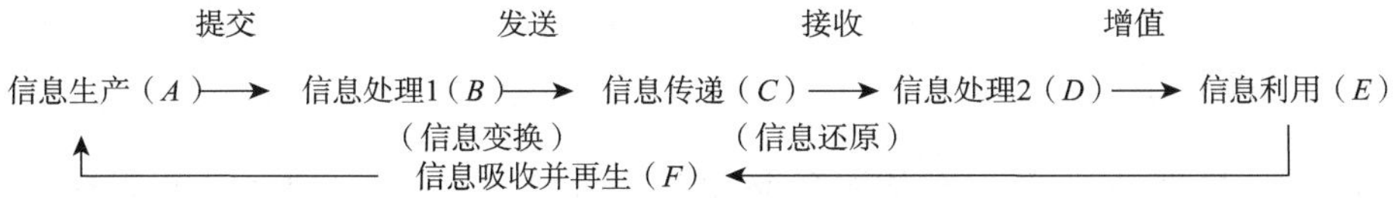

图 2-10　一般信息系统的定性模型

其中，信息处理 1 和信息处理 2 两环节的差异在于：信息处理 1 主要是对信息进行编辑、变换、压缩、编码等技术处理使之便于传递，而信息处理 2 则主要是对信息进行获取、还原（反变换）、解压、解码、存贮与检索等技术处理使之便于利用。信息吸收并再生则构成一般信息系统的反馈环节。值得注意的是，信息不增律仅对信息传递（*C*）环节有效。

每个环节所关注的问题各有侧重：在信息生产（*A*）环节，关键是要保证生产信息的数量和质量；在信息处理 1（*B*）环节，重点是要研究信息浓缩（information consolidation）和信息传递的预处理；在信息传递（*C*）环节，关键是要保证传递信息不失真；在信息处理 2（*D*）环节，重点是要解决信息还原和使信息在利用前增值；在信息利用（*E*）环节，主要是要提高信息的利用率和效用；在信息吸收并再生（*F*）环节，重点则应放在提高信息的知识转化率方面。

用 I_A、I_B、I_C、I_D、I_E、I_F 分别表示上述 *A*、*B*、*C*、*D*、*E*、*F* 各环节的信息量，则相应信息系统定量信息流图如图 2-11 所示。

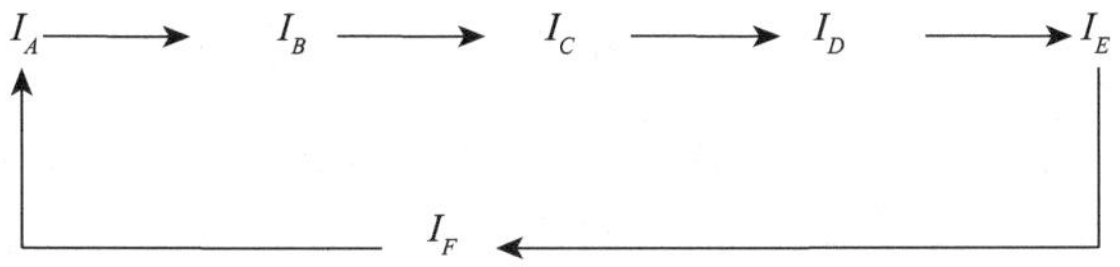

图 2-11　一般信息系统定量信息流图

设 *A*—*B* 环节的信息压缩率为 p，*B*—*C*—*D* 环节的信息损失率为 q，*D*—*E* 环节的信息增值率为 r，则

$$I_E = rI_D = qrI_C = qrI_B = pqrI_A \tag{2-19}$$

式（2-19）决定了各环节信息量之间的线性量值关系，由于 *C* 环节以 *B* 环节为起点，故可取 $I_B = I_C$，*B*—*C*—*D* 环节因信息不增律的作用使信息不会增加，损失的信息集中在 *D* 环节表现出来，故有 $I_D = qI_C$。

信息在信息传递环节的运动用信息密度函数测量符合波动-扩散方程组式（1-31）和式（1-32），于是情报学就有了从概念到过程的量化分析理论。

2.4　情报学基本原理和体系结构

情报学的原理性构造也值得探讨，这里略为导引。

2.4.1 情报学基本原理

2007 年，马费成提出有六条原理是情报学（信息科学）的基本原理（马费成，2007）：离散分布原理、相关性原理、有序性原理、情报交流获取的省力原理、小世界原理、对数透视原理，同年梁战平先生新增了隐藏原理、重组原理、转化原理、可视化原理，构成支撑情报学学科发展和指导情报研究（information research）活动的情报学十大基本原理（梁战平，2007）。

结合新兴的数据科学，有序性原理、相关性原理、重组转化原理、离散分布原理、对数透视原理和最小努力原理可以作为数据科学和情报学的共同原理（叶鹰和马费成，2015）。

（1）有序性原理：数据、信息、知识中存在自然有序性，人为加工后的数据、信息、知识则存在人工有序性，维持自然有序性和人工有序性并尽量极小化其差异是信息处理和信息工作的基本原则。

（2）相关性原理：数据、信息、知识之间存在相互关联（相关性），在数据、信息、知识的传输和处理过程中应尽量维护这些关联的稳定性，才不会破坏建立在相关性基础上的因果性。

（3）重组转化原理：数据、信息、知识都可以进行重新排列组合，转化出全新的结构形态，这是获取情报的方式之一，也是创造知识的基础。

（4）离散分布原理：数据、信息、知识都会以离散形式广泛分布在不同的时间区域和空间载体中，进行数据和信息的收集、检索、分析等应关注其离散分布。

（5）对数透视原理：实验心理学证明人类感官系统对外界物理刺激的反应遵循对数机制：设 R 是外界物理刺激量，S 是由物理刺激引起的人的感觉量，则 $S = k\log R$，k 为参数。英国学者布鲁克斯将其应用于信息学科并提出“对数透视原理”（logrithmic perspective）——主体在获取和接收客体信息时也遵循对数机制式（2-9）。

（6）最小努力原理：人们总是趋向于采取简单、方便、快捷、易用的手段来获取和利用数据、信息、知识，即期望以最小努力（最小付出或最小成本）获取最大回报，这是人类信息行为的一般规律。

武夷山等在《情报学报》2014 年第 5 期卷首语“情报学的‘三原法’”中强调任何情报学者在研究和工作实践中，都要有“原理意识”：一是用基本原理来指导实践；二是若在实践中发现了与原理相矛盾的东西，就要考虑如何修正原理；三是若在实践中发现了已有原理未能解释的新现象，就要考虑如何构建新的基本原理。由于上述原理基本能解释情报学现象，所以这些原理将会在综合了数据科学的情报学中延续。

2.4.2 情报学体系结构

以概念序列“信息（I）、情报（J）、知识（K）”和信息传递环节“信源（S）、传递（C）、信宿（R）”作为框架，展开情报学研究，可得情报学体系结构框架，如图 2-12 所示。

K	（K，S）	（K，C）	（K，R）
J	（J，S）	（J，C）	（J，R）
I	（I，S）	（I，C）	（I，R）
	S	C	R

图 2-12　情报学体系结构框架

这是一个以情报传递研究（J，C）为中心的体系架构，表示了情报学研究将涉及信息（I）、情报（J）、知识（K）三个层面，并同时考虑信源（S）、传递（C）、信宿（R）三个环节。其中每个“方格”均代表了一个特定研究域，如（I，S）代表信源研究，（K，C）代表知识传递研究，等等。

因此，情报学体系可以概括为“一个核心、三个层面、三个环节”。一个核心即情报传递（J，C）；三个层面即信息（I）、情报（J）、知识（K）；三个环节即信源（S）、传递（C）、信宿（R）。这一框架可以兼容其他情报学理论体系（柯平，2004）。

若将信源解释为包含信息资源、情报资源和知识资源三层面，而把信息资源做基础性理解、情报资源做当前实用性理解、知识资源做理想性理解，则以上三个层面分别对应基础层、实用层和理想层，三环节展开后如图 2-13 所示。基础与理想在实用中得到汇聚和统一，这正是情报学所关注的层面。正是由于具有三层对应关联，所以信息组织、情报组织、知识组织或信息管理、情报管理、知识管理（knowledge management，KM）可相互借鉴。

理想层：知识资源　→　知识传递　→　知识服务

↓　↓　↓　↓

实用层：情报资源　→　情报传递　→　情报服务

↑　↑　↑　↑

基础层：信息资源　→　信息传递　→　信息服务

图 2-13　情报学的三层逻辑结构

情报学基础理论的核心围绕“情报资源–情报传递–情报服务”一个“轴心”形成，情报组织和情报检索可以分别促进情报传递和情报服务，情报技术和情报分析（information analysis）等则为所有环节提供支撑。在理论情报学和应用情报学划分下，以上按结构分布并按应用区分相结合可构成以下情报学体系（图 2-14）。

- 情报学
  - 理论情报学
    - 情报学基础理论
    - 情报学方法论
  - 应用情报学
    - 按结构分布
      - 情报组织
      - 情报检索
      - 情报分析
      - 情报技术
      - 等等
    - 按应用区分
      - 学术领域
        - 科技情报学
        - 社科情报学
        - 专利情报学等
      - 非学术领域
        - 企业情报学
        - 军事情报学
        - 等等

图 2-14　情报学学科体系

本书结构即按该体系展开并侧重学术领域应用。上述情报学基础理论框架同时也为情报学确立了三条原则。

第一原则（本体论原则）：情报资源是基础，体现了情报学的本体论。“情报资源是基础”包括了“文献是基础”“书刊是基础”等命题，因此，可以涵盖“文献基础说”。

第二原则（认识论原则）：情报传递是关键，体现了情报学的认识论。对情报学和情报工作而言，“信息交流”“知识交流”过于宽泛，“科学交流”又过于狭隘，“情报交流=情报传递”才命中其要害，故可将“信息交流论”“知识交流论”“科学交流论”等归并为情报传递。

第三原则（价值论原则）：情报服务是目的，体现了情报学的价值论。情报工作的意义，最终通过情报服务体现出来。因此，“情报服务是目的”体现了情报工作的价值目标。

“情报资源是基础”“情报传递是关键”“情报服务是目的”三原则相结合，形成情报学和情报工作中的指导原则。在情报学各研究分支中，也存在下述特定的指导性原则。

1. 情报组织

情报组织研究探讨的主要内容是情报资源的收集、整序等组织整理问题，也就是传统分类、编目、主题、标引等领域及其扩展研究，是通过采用分类、主题等专门方法，将大量的、分散的、无序的情报资源经过整序、优化，形成一个便于有效利用的系统的过程。由于信息资源数字化和网络化发展，情报组织的方式方法也在进化，但需要考虑的理论原则不变。

（1）规范原则：情报组织是操作性基础工作，没有规范就没有意义。

（2）有序原则：情报组织的简明目标就是要让情报资源等变得有序适用，对于自成体系的情报资源不应人为破坏其有序结构，对于无序的情报资源应进行人工整序。

2. 情报检索

情报检索面对的首要问题是情报检索的理论与方法。

在情报检索理论方面，经典的情报检索模型，如布尔检索模型、向量检索模型、概率检索模型等的检索机理研究已经完成，人们正向自然语言情报检索、并行情报检索、多媒体网络信息检索等方向挺进，尤其是随着 20 世纪 90 年代后期 Internet 上 Web 的普及，世界五大联机检索系统（DIALOG、Questel-ORBIT、ESA-IRS、STN、OCLC FirstSearch）纷纷实现 Web 化，将情报检索带进一个全新的时代，以搜索引擎为代表的现代 Web 化检索技术应运而生，又使情报检索与情报技术更加紧密地联系在一起。

对于机检而言，检索策略是实现检索的关键，迄今为止，作为设计检索策略必不可少的技术，布尔逻辑运算还没有任何其他逻辑运算可以替代；而围绕以最小投入提高查全率（recall factor）和查准率（也称适中率，pertinency factor 或 percision）为目标的检索策略研究则一直是努力的方向。

情报检索应该考虑的理论原则。

（1）便捷原则：情报检索的研究目标之一是便捷，包括操作简便和实现快捷。

（2）实证原则：用同一检索策略在同一检索系统的同一时间区段应检出相同结果，体现实证科学特征。

3. 情报分析

情报分析（也称情报研究）是综合利用情报检索、情报技术等对情报资源进行的深入研究，优秀的情报分析报告或情报研究报告既是情报资源和情报技术的集成体现，又是提供情报服务的情报产品。在情报分析研究中，值得关注以下理论原则。

（1）信息保真原则。信息保真原则就是在情报分析或情报研究中要保持信息内容不失真。情报分析或情报研究是开发和利用信息资源的一项研究活动，在这一活动中，确保在所有加工和传递过程中信息不失真是首要原则。一旦信息失真，系统再精密的分析研究都将失去意义，只有在保持原始信息不失真的前提下对信息进行分析研究，产生的结果才有情报意义。

（2）信息增值原则。信息增值原则就是通过情报分析或情报研究要使信息价值得到增加。情报研究的最终成果是形成新的增值的情报产品，无论是一种思想或建议，还是若干方案或报告，都是在原始信息价值基础上增加了附加值，使之具有了特定的情报功能或社会经济效益，也就是通过情报分析或情报研究使信息得到了增值，这样，从事情报分析或情报研究工作才有意义。

（3）信息集成原则。信息集成原则就是要在情报分析或情报研究中整合各种信息。情报分析或情报研究并非简单信息传递，而是面对众多可选择的信息进行综合判断；不仅需要分析研究单一信息，还需要将各种信息汇集起来通过分析研究获得整体创新认识，也就是需要进行信息集成。通过信息集成，各种各样的信息得到过滤提取、去伪存真、浓缩增值，最终形成优质的情报分析或情报研究结果。

信息保真、信息增值、信息集成三原则相辅相成，共同构成情报分析或情报研究的基本原则。信息保真是信息增值和信息集成的前提，信息增值是信息保真和信息集成的目的，信息集成是信息保真和信息增值的汇合。基于这三个原则，可以发展具体分析研究方法。

4. 情报技术

运用智能科技的思想和方法来开发研究情报技术是未来情报技术的重点发展方向。一些高新技术，如人工智能、知识工程等一旦应用于情报领域，必将产生独特新颖的成果，尤其是在诸如自动标引、自动文摘（abstract）、机器翻译等正在蓬勃发展的智能信息处理领域。

情报技术和智能情报技术共同面对的中心问题是如何综合利用现代计算机技术、网络技术、通信技术来改善信息资源易用性、提高信息资源利用率和促进信息资源再生产，目前值得关注的主要研究重点包括网络信息处理技术、智能搜索引擎技术、信息挖掘技术等。值得考虑的理论原则有以下几点。

（1）先进性原则：研究、利用的情报技术应具有先进性，否则不必发展。

（2）安全性原则：研究、利用情报技术应保证信息安全、系统安全，否则适得其反。

除上述理论原则外，根据情报工作实践（刘昭东等，1995）提炼的中国情报工作实践原则也应在所有情报工作环节得到重视和推广。

（1）“广快精准”原则：这是从中国科技情报工作实践总结出的四字原则，简明扼要。

（2）省力方便原则：这是广大情报用户对情报工作提出的要求，合情合理。

总之，情报学基础理论奠定情报学研究的基石并为各领域提供指导思想，构成情报学的基础研究。

2.4.3 情报学相关学科

当代情报学的主要相邻学科和相关学科格局如图 2-15 所示。

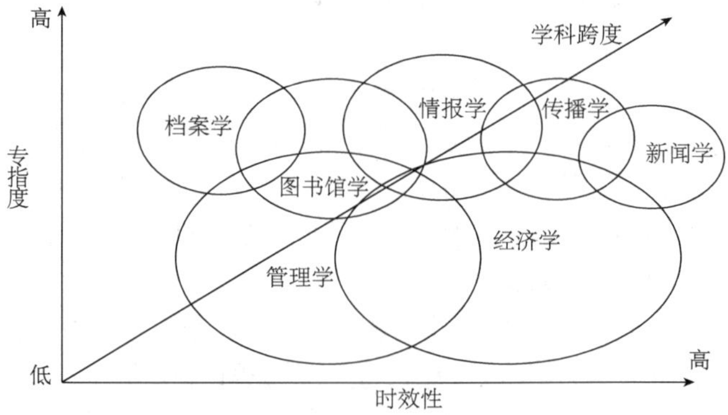

图 2-15　情报学主要相邻学科示意图

图 2-15 表达出了图书馆学、情报学、档案学等作为信息管理学科群的紧密关系，情报学与图书馆学的交叉、情报学与传播学的交叉、情报学在管理学支持下与经济学的交叉以及以上学科的组合交叉，构成了情报学与主要相邻学科之间的“科生态”。在图书情报档案学科群内，情报学有科技倾向，档案学有人文倾向，图书馆学有社科倾向，图书馆学、情报学、档案学三者的关系颇似社科、科技、人文的映射；图书情报档案学科群与新闻传播学科群的差异体现在前者更关注永恒而后者更关注流行；值得注意的是情报学与经济学和管理学的交叉，可能构成以上学科群中具有活力的学科“生长点”，情报经济学等的发展已经表明了这一点。当然，学科格局和布局也受制于学术环境和社会体制。

情报学的生命力在很大程度上还取决于其服务科技和社会的活力：对于重要科技动态或重大社会事项，如果情报学“有情不报”，则失去存在意义；反之，“有情必报”，则情报学就能在学科群中展示价值。

21 世纪以来，数据科学的兴起也涉及与情报学的关系（Agarwal and Dhar，2014），新颖的数据科学高速推进，以信息为基础的情报学（信息科学）稳步发展，其技术方法相通。在这个数据和信息激增而知识增进缓慢的时代，面向知识发现是包括数据科学和情报学在内的所有科学的真谛。因此，数据科学与情报学（信息科学）相互交融具有合理性，有利于促进知识的进步和发展。

更进一步，数据（D）、信息（I）和知识（K）是 DIK 学科群的共同基础，其内涵可用三个“三位一体”总括：数据、信息、知识在概念层面的“三位一体”，计算技术、数学方法、专业知识在技术层面的“三位一体”，人、技术、数据在社会层面的“三位一体”。三个“三位一体”相结合，体现情报学（信息科学）、数据科学和知识科学的统一。

此外，量子信息科学的发展也可能重建信息科学的物理学基础，可望促成情报学获得意想不到的发展。

本章勾勒的情报学基础理论尽管并非尽善尽美，但可为学习和理解情报学提供必要的理论支撑，也可为将来学习和研究者留下发展开拓空间。

习题和思考题

1. 试讨论不采用 DIKW 概念体系确立情报学的可能性。
2. 试比较布鲁克斯理论和米哈依洛夫理论的差异。
3. 试析数据科学与情报学的关系。

参考文献

柯平. 2004. 当代情报学理论体系的建构[J]. 情报学报，23（3）：377-384.

梁战平. 2001. 情报学的新发展[J]. 情报学报，20（2）：130-135.
梁战平. 2003. 情报学若干问题辨析[J]. 情报理论与实践，26（3）：193-198.
梁战平. 2007. 我国科技情报研究的探索与发展[J]. 情报探索，（7）：3-7.
梁战平，梁建. 2005. 新世纪情报学学科发展趋势探析[J]. 情报理论与实践，28（3）：225-229.
刘昭东，陈久庚，韩莉，等. 1995. 信息工作理论与实践[M]. 北京：科学技术文献出版社.
卢太宏. 1987. 情报科学的三个研究规范[J]. 情报学报，6（1）：19-22.
马费成. 2007. 论情报学的基本原理及理论体系构建[J]. 情报学报，26（1）：3-13.
马费成，宋恩梅. 2002. 信息管理学基础[M]. 武汉：武汉大学出版社.
米哈依洛夫 A. 1980. 科学交流与情报学[M]. 徐新民，等译. 北京：科学技术文献出版社.
钱学森. 1983. 科技情报工作的科学技术[J]. 情报理论与实践，6（6）：3-10.
王崇德. 1994. 情报学引论[M]. 天津：天津大学出版社.
维纳 N. 1978. 人有人的用处[M]. 陈步译. 北京：商务印书馆.
严怡民. 1994. 情报学概论[M]. 武汉：武汉大学出版社.
严怡民，等. 1996. 现代情报学理论[M]. 武汉：武汉大学出版社.
叶鹰. 1999. 信息科技基础理论的分析建构[J]. 情报学报，18（2）：160-166.
叶鹰. 2010. 科学化图书情报学探索[M]. 北京：国家图书馆出版社.
叶鹰，马费成. 2015. 数据科学兴起及其与信息科学的关联[J]. 情报学报，34（6）：575-580.
郑彦宁，化柏林. 2011. 数据、信息、知识与情报转化关系的探讨[J]. 情报理论与实践，34（7）：1-4.
钟义信. 1996. 信息科学原理[M]. 北京：北京邮电大学出版社.
邹志仁. 1987. 情报学基础[M]. 南京：南京大学出版社.
Agarwal R，Dhar V. 2014. Big data，data science，and analytics：the opportunity and challenge for IS research [J]. Information Systems Research，25（3）：443-448.
Brookes B C. 1975. The Fundamental Equation of Information Science. In Research on the Theoretical Basis of Information[M]. Moscow：International Federation for Documentation.
Brookes B C. 1980a. The foundations of information science. Part I philosophical aspects[J]. Journal of Information Science，2（3~4）：125-133.
Brookes B C. 1980b. The foundations of information science. Part II quantitative aspects：classes of things and the challenge of human individuality[J]. Journal of Information Science，2（5）：209-221.
Brookes B C. 1980c. The foundations of information science. Part III quantitative aspects：objective maps and subjective landscapes[J]. Journal of Information Science，2（6）：269-275.
Brookes B C. 1981. The foundations of information science. Part IV information science：the changing paradigms[J]. Journal of Information Science，3（1）：3-12.
Debons A，Horne E，Cronenweth S. 1988. Information Science：An Integrated View[M]. Boston：G K Hall & Co.
Frické M. 2009. The knowledge pyramid：a critique of the DIKW hierarchy[J]. Journal of Information Science，35（2）：131-142.
Rowley J. 2007. The wisdom hierarchy：representations of the DIKW hierarchy[J]. Journal of Information Science，33（2）：163-180.

Shannon C E，Weaver W. 1949. The Mathematical Theory of Communication [M]. Urbana：The University of Illinois Press.

Ye F Y. 2016. Measuring knowledge：a quantitative approach to knowledge theory [J]. International Journal of Data Science and Analysis，2（2）：32-35.

Yovits M C，Kleyle R M. 1993. The average decision maker and its properities utilizing the generalized information system model[J]. Journal of the American Society for Information Science，44（6）：352-363.

第3章

情报学方法论

本章提要

本章在科学研究方法论基础上阐明情报学方法论的体系结构和方法类型，在概述学术研究程式、方法体系、研究规范常识的同时，强调可用于情报学中的通用方法和特色方法。

主要知识点

1. 学术研究程式、方法体系、研究规范常识。
2. 哲学方法、逻辑方法、数学方法等通用方法要点。
3. 引文分析法和德尔菲法等特色方法要点。

方法论（methodology）是关于认识世界和改造世界的方法的理论（《中国大百科全书·哲学卷》，1987 年），是有关方法的性能、评价、应用、开发、结构体系及规律性的知识体系。方法论在层次上有哲学方法论、一般科学方法论、具体科学方法论之分。哲学方法论是关于认识世界、改造世界、探索实现主观世界与客观世界相一致的最一般的方法理论；一般科学方法论是研究各门具体学科，从各门学科中抽取出来的科学方法，带有一定普遍意义，适用于各个科学门类的方法理论，主要包括观察实验法、数学方法、历史研究法、类比法、归纳法、演绎法、系统方法、比较法等；具体科学方法论是指研究某一具体学科，涉及某一具体领域的方法理论，三者之间的关系是相互依存、相互影响、相互补充的关系。

情报学方法论是关于情报学方法及其应用体系的理论，主要研究情报学认识活动中所运用的所有研究方法的结构、功能与特点，阐述这些方法的应用、发展规律和方向，以及各种方法之间的相互联系。情报学作为一门由社会科学和自然科学交叉而成的综合性学科，其方法论除了专门方法之外，还运用大量一般科学方法，总体上受哲学方法的宏观指导。

本章在概述研究方法的一般理论基础上，从通用方法和特色方法两个角度对情报学方法论进行引导（王崇德，1988；包昌火，1990；卢泰宏，1998；朱庆华，2004；李怀祖，2004；芮杏文和戚昌滋，1985）。

3.1　研究方法总论：研究程式与学术规范

研究方法是对学术研究过程中所采用的方式方法和程式规范的总称。

近代以来首先对学术一词进行过明确定义的是梁启超先生，他在 1911 年刊发的“学与术”一文（今存于《饮冰室合集》第 3 册）中指出：“学也者，观察事物而发明其真理者也；术也者，取所发明之真理而致诸用者也。”进而形成“学者术之体，术者学之用”之说。当今学术研究，泛指探究事物道理系统的智力工作。

而凡进行学术研究，则必需研究方法支撑。保证研究方法得以运用的前提，是学术研究要遵循学术研究程式，而维持学术研究程式的条件，是要求学者遵守学术规范（杨玉圣和张保生，2004；叶继元等，2005）。

3.1.1　学术研究程式

在学术研究中，研究程式具有决定作用。学术研究的总体程式可用 2S2R 模型展示，如图 3-1 所示。

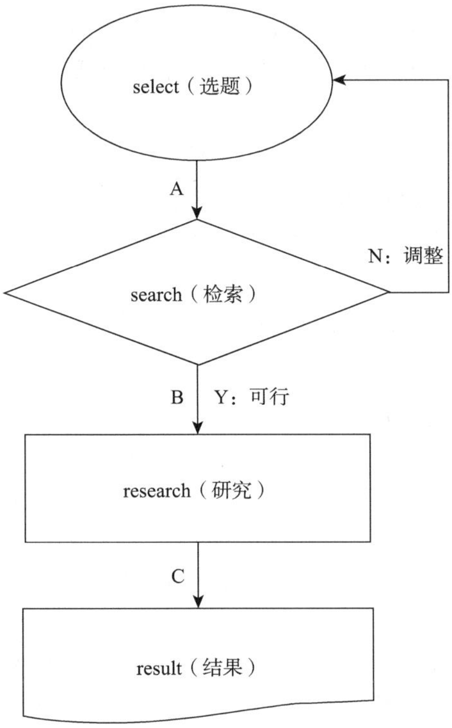

图 3-1　学术研究程式（2S2R 模型）

2S2R 是取英文 selected topic （subject）、search、research、result 四词字头简称。

在图 3-1 中，从选题到检索的环节为 A，从检索到研究的环节为 B，从研究到结果的环节为 C。A、B、C 三环节分别对应不同的产出：A 环节产生综述或述评；B 环节产生开题报告、可行性报告或申请报告；C 环节产生研究论文、学位论文、研究报告、专利等。由此可见学术研究程式的严谨性。

在上述学术研究程式中，B 环节是学术研究中非常重要的一环，构成研究设计的核心，具体可分解为以下三步。

1）界定研究问题

界定研究问题是进行研究的基础和起点，正如爱因斯坦所说，“提出一个问题往往比解决一个问题更重要”。在确定的研究领域中，如何明确研究问题，既要依靠经验积累，又要依靠情报检索——这里给出的建议是：由研究问题形成的检索策略在任何单一数据库中检索出的文献量以十篇左右为宜。因为如果一个数据库的相关文献就达数十篇甚或上百篇，则所有相关文献很可能成千上万，表明研究已成熟从而选题需修改。

2）提出研究假设

明确问题之后，为了解决问题，就需要提出各种方案、假说，以便检验实际情形与假设情形之间的偏差（deviation）。对于定量研究，设定研究假设 H_0 和置信度（真值落在允许偏差幅度即置信区间内的概率，常用 95%或 99%），选取统计量 u，计算实际 u 并与其理论值 u_α 比较（α 为显著度，$\alpha\leqslant0.01$ 对应置信度 99%；$\alpha\leqslant0.05$ 对应置信度 95%），若$|u|<u_\alpha$就肯定研究假设 H_0，若$|u|\geqslant u_\alpha$则否定研究假设 H_0。

3）选择研究方法

要对研究假设进行理论和实践双重论证与检验，就需要研究方法。一般需用适当的方法开展研究，才能有效检验研究假设并回答研究问题。

方法选择归根结底需要考虑：①用什么方法解决什么问题；②方法应与问题相适应；③新方法需要证明。

这样，面对研究问题，选择适合的研究方法，并用研究方法解决研究问题，就是学术研究的一般程式。

3.1.2 研究方法体系

科学研究方法可以从多种角度划分，如演绎方法与归纳方法、定量方法与定性方法、分析方法与综合方法、通用方法与专用方法、理论方法与实证方法等。

按照演绎传统和归纳传统形成的研究方法二分体系可简要概括如图 3-2 所示。

当今自然科学研究和社会科学研究多用实证归纳方法，实验方法适合自然科学，非实验方法适合社会科学。情报学属于社会科学，在情报学研究中，定量研究常用无干扰实证，而定性研究则多用有干扰实证。

研究方法也可采用通用、半通用（通用–专用）、专用三分体系划分，如图 3-3 所示。

- 研究方法
  - 理论（演绎）方法
    - 逻辑方法
      - 形式逻辑
      - 数学逻辑
    - 数学方法
      - 数学分析
      - 统计分析
  - 实证（归纳）方法
    - 非实验方法
      - 无干扰实证
        - 数据分析
        - 文本分析
      - 有干扰实证
        - 问卷调查
        - 实地调研
    - 实验方法
      - 观察实验（自然实验）
      - 设计实验（人工实验）

图 3-2　研究方法二分体系

- 研究方法
  - 通用方法
    - 哲学方法：系统论、信息论、控制论
    - 逻辑方法：形式逻辑、数理逻辑
    - 数学方法：数学分析、统计分析、运筹优化等
  - 通用–专用方法（半通用方法）
    - 计算机辅助法
    - 观察–实验法
    - 调查–实证法
  - 专用方法
    - 科学技术专用方法：望远镜、显微镜、光谱法、滴定法等
    - 社会科学专用方法：管理十八法、创造技法等
    - 人文学科专用方法：记谱法、十八描等

图 3-3　研究方法三分体系

每种具体方法均可在方法体系中找到适当的定位。方法的划分也可以有多种角度，如二分法也可分为定性方法和定量方法两类方法。哲学方法、逻辑方法、比较方法等偏重定性，而数学分析法、数据分析法、统计分析法等则属于定量方法。后面叙述的方法兼用多种划分，每种方法均应在其适用条件和适用范围内使用。当今情报学研究虽然定性与定量兼顾、理论与实证并重，但总体导向上具有量化和实证趋向，因而在研究方法选择上多采用通用或半通用的定量实证方法，也用具有本学科特色的引文分析法等。具有图书情报特色的方法引文分析法由加菲尔德（E. Garfield）创立并发扬光大（Garfield，1979），不仅是图书情报学的“独门秘技”，还已成为影响各学科的重要

方法。值得一提的是，方法多种多样，却没有一种万能的能解决一切问题的方法。

采用定性研究方法进行的研究是定性研究，采用定量研究方法进行的研究是定量研究。定性研究从事物的内在规定性来研究事物，通常以普遍承认的公理、一套演绎逻辑和大量的历史事实为基础，依据事物的本质属性描述、阐释所研究的事物。定量研究则从能用数量表示的资料或信息出发，通常按统计法则收集数据，进行量化处理、检验和分析，进而揭示事物间存在的量化关联并阐明现象。

参考陈向明在《质的研究方法与社会科学研究》（陈向明，2000）中对质的研究与量的研究进行比较，把定量研究和定性研究的方法论特征概括如表 3-1。

表 3-1 定量研究和定性研究的方法论特征

比较项	定量研究	定性研究
知识特点	客观量化	主观质化
价值判断	不影响结论	影响结论
研究目的	寻求普遍共识	寻求特殊原因
研究问题	研究前认定	研究中产生
取样特点	统计性抽样	目的性抽样
实现方式	计算分析	语言描述
分析框架	事先设定	逐步形成
信度、效度	可重复、证实	不可重复、证伪
理论假设	研究前形成	研究后形成
成文方式	客观表述	主观描述

从表 3-1 可见，定性研究与定量研究的确有很多不同，如着眼点不同，定性研究着重事物质的方面，定量研究着重事物量的方面；又如依据不同，定量研究依据的主要是调查得到的数据资料，定性研究的依据则是大量历史事实和生活经验材料；再如方式方法不同，定量研究主要运用统计分析、定量模型等方法，定性研究则主要运用逻辑推理、定性比较等方法。总体而言，定量研究较为客观，但需要特定的量化测度并关注统计分析和实证检验；定性研究则较为主观，需要触及事物的本质特性并关注证伪判定，这需要依据一定的理论和经验。值得指出的是，国内对定性研究与定量研究的理解异于国际通行含义，故学界特用质性研究与量化研究以区别，尽管英译名称一致。这里统一用定性研究与定量研究，但强调定性研究有两个不同的层次：一是没有或缺乏数量分析的纯定性研究，结论往往具有概括性和较浓的思辨色彩；二是建立在定量分析的基础上的、更高层次的定性研究，结论往往更加可靠。

在实际研究尤其是社会科学研究中，定性研究与定量研究常需配合使用。在进行定量研究之前，研究者可借助定性研究确定所要研究的现象的性质；在进行定量研究过程中，研究者也可借助定性研究确定现象发生质变的数量界限和引起质变的原因。定性研究是定量研究的基础和指南，但只有同时运用定量研究，才能在精确定量的根据下准确定性。因此，本教程倡导质性研究需要量化支持，而量化研究需有质性判断，并适度强化实证。

图书情报学方法论属于社会科学方法论，而属于“文科”的社会科学中有些学者以为不必定量，甚或以当代西方社会科学对过度量化的反思为由，以中国长于思辨、容忍模糊的文化传统拒定量研究于千里之外（尚未浸染量化，即论过度定量）。实则西方定性是建立在定量传统基础上的定性，中国量化远未及格，切不可矫枉过正，而宜取定性定量方法并重之方略。

在图书情报学中，对适用和不适用的定性或定量研究方法可以有直观判别。

1）适用的研究方法

除普遍适用的不完全归纳方法外，适用的分析方法主要有逻辑分析法、统计分析法、引文分析法等，其中逻辑分析法是语言文字推理的根基，统计分析法是数据信息量化分析的依托，引文分析法则是图书情报学为科学界贡献的独特方法。

2）不适用的研究方法

鉴于图书情报学的研究对象多为文献、数据、信息、知识等，以及相关的人物事物，明显不适用的研究方法是针对微观世界的以显微镜、电子显微镜等为工具的研究方法和针对宏观世界的以望远镜、射电望远镜等为工具的研究方法。有的研究方法需要精巧的研究设计，因而在图书情报学研究中的应用需要格外小心，如广泛应用于管理学的系统动力学、结构方程法等，应明确其运用条件。

3.1.3 学术规范概要

学术规范是学术界共同约定并共同遵守的规则，可分为实体规范和形式规范两大类。实体规范侧重约束内容和方法，形式规范侧重约束形式和格式。

1. 实体规范

实体规范要求学术研究尊重学术传统、维护学术道德，从源头上防止并杜绝抄袭、剽窃等学术不端行为，以创造坚持学术真理、保护学术自由的学术文化氛围。为此，除通过规范化的研究程序和研究方法来保证实现上述目标，国家和行政部门也制定有维护学术规范的规章，它们具有一定的强制约束性。

在国外，德国马普学会 1997 年 11 月发布（2000 年 11 月修订）有《科学不端事件处理规程》（*Rules of Procedure in Cases of Suspected Scientific Misconduct*）；美国白宫科技政策办公室（The White House Office of Science and Technology Policy，OSTP）2000 年 12 月发布有《处理研究不端的联邦政策》（*Federal Policy on Research Misconduct*），英国 2004 年 9 月发布有《科学家通用伦理守则》（*Universal Ethical Code for Scientists*），日本学术会议 2006 年 10 月发布有《科学不端及其防止办法》（*Scientific Misconduct and Its Prevention*）等。

在国内，教育部社会科学委员会 2004 年 6 月 22 日第一次全体会议讨论通过七章二十五条《高等学校哲学社会科学研究学术规范（试行）》；2004 年中国科学院学部主席团会议通过了《中国科学院院士违背科学道德行为处理办法》，是中国最高学术团体规范科学家行为的重要举措；2005 年 4 月，国家自然科学基金委员会监督委员会出台

《对科学基金资助工作中不端行为的处理办法（试行）》；2006 年 11 月 7 日，科学技术部发布了《国家科技计划实施中科研不端行为处理办法（试行）》；2007 年 1 月 16 日中国科协七届三次常委会议审议通过四章二十八条《科技工作者科学道德规范（试行）》等。2009 年 3 月 19 日，教育部发出《关于严肃处理高等学校学术不端行为的通知》，2015 年 12 月 2 日，中国科协、教育部、科技部、卫生计生委、中国科学院、中国工程院、国家自然科学基金会七部门联合印发了《发表学术论文“五不准”》的通知，进一步严格了学术规范。此外，各大学和研究机构也制定有各种自治规章。

2. *形式规范*

形式规范主要作用于学术成果的表现形式和格式上，常见的学术成果表现形式有学术论文（包括期刊论文、会议论文、学位论文）、学术专著、研究报告、专利说明书等，其中共通的格式规范是论著格式规范和引文标注格式。

1）论著格式规范

学术论文通常依次由标题、署名、摘要及关键词、引论、主论、结论、致谢、参考文献等几部分构成。通常中文学术论文结构如下：

标题
作者
摘要及关键词
引论（引言）
主论：方法论；结果、分析与讨论等
结论（小结）
致谢
参考文献

英文学术论文结构亦然：

title
author（s）
abstract with keywords
introduction
main contents：methodology；results，analysis and discussion
conclusion
acknowledgements
references

其中标题、作者、摘要及关键词是论文的头，引论、主论、结论是论文的体，致谢和参考文献是论文的脚，它们共同构成论文的完整结构，缺一不可。

摘要有信息型摘要、报道性摘要和结构性摘要三大类别，信息型摘要通常要求包含论文主体部分的 I（introduction）、M（method）、R（result）、D（discussion）四大要素，报道性摘要通常用于综述性论文，结构性摘要目前常用于医学、生物医学等专业领域。关键词通常选择 3~6 个实词作为论文的检索标识。

引论、主论、结论是论文的主体部分。

引论中需要说明选题背景、意义、研究目的等，一般也包括对选题的前人研究成果进行简要综述（期刊论文、会议论文略简，学位论文略详，通常是文献综述的浓缩），由此引出研究内容。

主论是学术论文的主体，结构因不同学科、不同论题、不同风格而变化，通常科技论文包含研究方法说明、材料或数据解释、分析和讨论等环节。对于情报学实证论文，主论部分常采用方法论、结果与分析（results and analysis）或结果与讨论（results and discussion）这样的结构。方法论部分通常包括对具体方法（methods）和基础数据（data）的说明等，结果和分析讨论部分可根据内容需要组织，亦可按结果（results）、分析与讨论（analysis and discussion）等排列。图或表是展示结果的重要方式，每个图表都应编序号并取名、分别形成图底或表头。正是主论部分从内容到形式均存在差异才导致了千差万别的学术论文的产生。

结论部分是对研究结果的总结或小结，通常是对主论研究成果的集中概括，也可包含建议。

致谢是对支持或协助研究的个人或团体表示感谢，参考文献则需按引文标注格式列写。

学术专著与学术论文在形式上的差异主要体现在篇幅长短和主论部分——专著可按编（book Ⅰ，book Ⅱ，book Ⅲ，…）、章（chapter 1，chapter 2，chapter 3，…）、节（1.1，1.2，1.3，…）层次展开成长篇大论，而论文一般分节撰写、长短不一。专著中的图表可按章编码。如今，学位论文尤其是博士学位论文也有专著化倾向。

同样，学术专著也在逐步形成一定的写作格式，专家们写作著作甚至教科书时常常共同遵循。常见的基本格式如下：

书名

作者

绪言（序）

内容提要

目录（目次）

引论

正文（常分章、节写作）

后记（跋）

附录

参考文献

索引

研究报告的形式类似学术论文，专利说明书（及其他申请文件）则有专门的格式要求（须一平和沈兆南，1986）。

2）引文格式规范

国际引文标注格式主要有哈佛制（Harvard style）和温哥华制（Vancouver style），此外还有牛津制（Oxford style）和芝加哥制（Chicago style）等。

哈佛制是在参考他人成果处的正文中用圆括号注出所引用文献的作者和出版年，然后在文后参考文献列表中按照作者字顺列出所引文献的详细信息，也称著者-出版年制。哈佛制的优点是无论文章多长，总能很快按照作者字顺找到对应参考文献，故特别适合学位论文、学术专著采用；其缺点是圆括号引文标注要占正文篇幅。农学、生物、地学、天文、考古、人类学、语言学、教育学、心理学、政治学等学科的期刊多用哈佛制。

温哥华制是在文中参考他人成果处用上角标标出数字序号[1]，[2]，[3]，…，然后在文后参考文献中对应列出[1]，[2]，[3]，…的详细信息，也称顺序-编码制。温哥华制的优点是简洁精确，故特别适合简明扼要的期刊论文、学术通讯采用；其缺点是文章很长时修改或查对参考文献不方便。现多用于科技期刊中，尤其是数学、物理、化学、工程、计算机科学、医药卫生等学科。

牛津制是用脚注、尾注或页边注对文中提及的概念、术语、专有词汇等的解释或引用他人成果进行专门说明，又称注释制。当使用脚注、尾注时，使用阿拉伯数字①，②，③，…顺序编码；使用页边注时无须编码。牛津制起源于对名词术语的渊源进行解释，具有深厚的人文传统，故多用于人文学术论著，特别是文、史、哲论著。

芝加哥制是牛津制和哈佛制的混合体制，它同时允许注释制和著者-出版年制两种格式并存（http://www.chicagomanualofstyle.org/home.html）。凡文中有需要解释或说明处，可用脚注或尾注具体说明；然后在文章最后以参考文献或参考书目的形式对所引文献加以汇总，按字顺（或加分类）排列，便于查检。由于注释的形式比较灵活，可以容纳更多的说明性内容，而文后参考文献体现学术严谨性，因而特别适合对资料引证要求很严的论著采用，这是芝加哥制在历史学论著中始终占据统治地位的原因，也是芝加哥大学倡导将其用于学位论文的理由。

我国2015年也发布了最新的国家标准GB/T7714-2015《信息与文献　参考文献著录规则》，该规则参考国际标准 ISO/DIS690 Documentation—Bibliographic References—Contents，Form and Structure 制定，已于2016年1月1日起实施。按此标准并结合2006年修订的《中国学术期刊（光盘版）检索与评价数据规范》，常见学术文献类型的引用格式如下：

（1）期刊论文引用格式。

[序号]作者姓名. 论文题名. 刊名（外刊可缩写）[类型标识 J（任选）]，发表年，卷（期）：起-讫页

其中外刊缩写规则参考国际标准①：

ISO4-1972（E）（《文献工作——期刊刊名缩写的国际规则》）

IS0833-1974（E）（《文献工作——国际期刊名缩写词表》）

---

① 缩写主要规则：第一，以截短为原则，省略词尾一串字母（至少2个），截短后的缩写词一般以辅音结尾（少数已成习惯的例外，如 Science 缩作 Sci.）；第二，一般不缩成单字母（缩成3、4个字母较多），但 ISO/R833 中允许的例外（如 Journal 缩为 J.）；第三，一般省略虚词，除非有助于还原和避免混淆（如 Annalen der Physik 缩为 Ann.der Phys.，而 Annales de physique 缩为 Ann. De Phys.）；第四，一般原词序不变；第五，单音节词、5个字母或少于5个字母的词（如 Acta）一般不缩写；刊名为单个词汇时一般不缩写。

IS0832-1975（E）（《文献工作——题录——典型词缩写》）

（2）图书专著引用格式。

[序号]著者姓名. 书名[类型标识 M（任选）]. 出版地：出版社，出版年. 参考页

（3）文献集合中的析出文献引用格式。

[序号]析出文献责任者. 析出文献题名[类型标识 A（任选）]. 见（In）：原文献责任者. 原文献题名. 版本. 出版地：出版社，出版年. 页码

（4）专利引用格式。

[序号]专利申请者. 专利题名[类型标识 P（任选）]. 专利国别：专利号，出版日期

（5）技术标准引用格式。

[序号]标准责任者. 标准题名[类型标识 S（任选）]. 标准国别：标准号，发布日期

（6）研究报告引用格式。

[序号]报告责任者. 报告题名[类型标识 R（任选）]. 报告号或报告机构，报告年

（7）学位论文引用格式。

[序号]责任者. 论文题名[类型标识 D（任选）]. 学位授予机构，学位授予年

（8）网络文献引用格式。

[序号]责任者. 网络文献题名[类型标识 OL（任选）]. 电子文献出处或可获得地址，引用日期

我国科技期刊目前大多采用顺序-编码制（温哥华制），学术论著则多用著者-出版年制（哈佛制）。其中作者或责任者姓名一律采用姓在前、名在后形式。

引文体制形式并不影响论著学术内容，采用何种体制完全可以尊重不同学科的不同学术传统（何朝晖，2005）。

3.2　通用方法概要

哲学方法、逻辑方法和数学方法均为可用于情报学研究的通用方法，这里引介如下。

3.2.1　哲学方法

在哲学方法中，具有实用价值的主要是“老三论”—— 系统论、控制论和信息论。按照三论的英文第一字母，也合称 SCI 论，它们都是 20 世纪 40 年代后形成的具有较强科学背景的哲学性理论方法。“老三论”与纯粹抽象的哲学思维方法的差异是具有科学方法的某些可操作特征。

1. 系统论

以系统（system）、要素（element）、结构（structure）、功能（function）、环境（environment）为核心概念，一般系统论给出的系统定义是由若干要素以一定结构形式构成的具有某种功能的有机整体。其中：①系统是有相互作用的元素的综合体，即由两个或两个以上的要素组成的具有整体功能和综合行为的统一集合体。②要素是系统中原

子系统即基本组成部分，必须两个以上的要素构成的系统才有意义。③结构是系统内部各要素之间相互联系和相互作用的方式。它表现为各要素在时间和空间上的组合形式，简单地说，系统的结构是系统内部要素的秩序。④功能是系统在与外部环境相互联系和相互作用过程中所具有的行为、能力和功效，是系统对外的表现。

系统论的基本思想，是把所研究和处理的对象当作一个系统，分析系统的结构和功能，研究系统、要素、环境三者的相互关系和变动的规律性，并优化系统。系统论认为，整体性、要素关联性、层次结构性、动态平衡性、时序性等是所有系统的共同的基本特征。任何系统内的要素都相互关联并具有层次结构，并维持系统动态平衡。这些特征既是系统所具有的核心思想，又是系统方法的理论原则，因此系统论不但是反映客观世界的哲学理论，而且成为一般科学方法论（苗东升，1990；汪应洛，1998）。

系统论的核心理论原则主要是整体性原则、结构功能原则和最优化原则。

（1）整体性原则。系统整体功能并非其结构要素的简单加和，通常整体功能大于结构要素之和。

（2）结构功能原则。结构决定功能包括：①要素不变时，结构决定功能；②同一结构可能有多种功能；③结构、要素都不同却可以呈现相同的功能。

（3）最优化原则，系统目标是通过改变要素和结构使系统功能最佳。

设 S，E，T，F，V 分别代表系统（system）、要素（element）、结构（structure）、功能（function）、环境（environment），则一个系统及其发展 D 可用如下基本模型描述：

$$S=\{E;T,F|V\} \tag{3-1}$$

$$F=E\times S \tag{3-2}$$

$$D=\mathrm{opt}\{S;V\} \tag{3-3}$$

其中，×表示结合；opt 表示优化。式（3-1）是整体性原则的体现，式（3-2）则体现结构功能原则，式（3-3）表达了最优化原则。

2. 控制论

控制论一词的英文为 cybernetics，源自希腊语，原意为掌舵术，包含了调节、操纵、管理、指挥、监督等多方面的含义。1948 年，著名科学家维纳出版了《控制论，或关于在动物和机器中控制和通信的科学》，标志控制论正式诞生。创始人维纳在该书的副标题上明确标示，控制论是“关于在动物和机器中控制和通信的科学”。控制论的研究对象是控制系统，这类系统的特点是其要根据周围环境的某些变化来决定和调整自己的运动，而系统与环境之间及系统内部的通信信息的传递，是实现系统目的的基础。控制论的另一位主要创始人艾什比（W. B. Ashby）在《控制论导论》一书中也说：“控制论本质上是研究机能和动态的。”因此，控制论是揭示不同系统的共同控制规律的理论（钱学森和宋健，1980，1981）。

控制论最重要的基本概念是系统、信息、控制及反馈。其他还有规划、适应、目的、稳定性、可靠性、最优化、模型、算法等概念。其中核心概念是控制和反馈，控制是通过信息的传输、变换、加工、处理来实现的，反馈则对系统的控制和稳定起着决定性的作用。结合系统论的系统概念和信息论的信息概念，控制论就成为研究控制系统的理论。

反馈原则被维纳称为控制论的“灵魂”，有了反馈，控制才能有效进行，才可能对控制过程做定向性校正；有了反馈，控制才既是一个目的明确、有方向性的过程，又是一个不断调整的动态过程。

经典控制系统根据有无反馈回路区分为开环控制系统和闭环控制系统两大类。前者是预先计算出可以达到预定目标的、外加的控制作用，然后把它加在该系统上，其结构简单，但出现干扰或给定值有所改变时，系统的输出量将偏离目标值。后者引入反馈装置，不断比较实际输出与期望输出，用减小其差值来调整和操纵系统。现代控制论的核心则是最优控制。

最优控制是指在控制中实现某一性能指标最优而不是使任何性能指标均最优，系统的变量只能在一定范围内变化，不能超出一定的允许值范围。以最优控制理论为核心的现代控制论所研究的控制系统通常可用矢量常微分方程表述为描述被控对象动态行为的动力学模型：

$$\left.\begin{aligned} &\frac{\overrightarrow{\mathrm{d}x}}{\mathrm{d}t}=\vec{f}\left(t,\vec{x},\vec{u}\right) \\ &\vec{x}\left(t_0\right)=\vec{x}_0 \\ &\vec{J}\left(\vec{u}(\bullet)\right)=\vec{K}\left(\vec{x}\left(t_z\right),t_z\right)+\int_{t_0}^{t_z}\vec{L}\left(\vec{x}(t),\vec{u}(t),t\right)\mathrm{d}t \end{aligned}\right\} \qquad (3\text{-}4)$$

其中，$\vec{x}\in\overrightarrow{R^n}$ 是状态；$\vec{u}\in\overrightarrow{R^m}$ 是控制；$\vec{f}(\cdots)$ 是定义在 $[0,\infty)\times\overrightarrow{R^n}\times\overrightarrow{R^m}$ 中某区域内的连续矢值函数；$\vec{J}\left(\vec{u}(\bullet)\right)\in\overrightarrow{R^1}$ 是依赖于控制函数 $\vec{u}(t)$ 的性能指标泛函；$\vec{x}_0\in\overrightarrow{R^n}$ 是初始状态。将每个分段连续控制函数 $\vec{u}(t)$ 代入后，式（3-1）的初值问题具有唯一解。

控制论的方法论意义就是把研究对象看作控制系统，分析它的信息流程、反馈机制和控制原理，寻找使系统达到最佳状态的途径。

3. 信息论

如第 2 章所述，学术界对信息概念的认识至今未统一。从技术角度看，信息可被界定为由信息源（如自然界、人类社会等）发出的被使用者接受和理解的各种消息、数据或信号，具有传递价值、可压缩处理、共享时不减量（这是信息与物质和能量的主要区别）等特征。从本体论角度讲，信息是标志事物存在及其关系的属性。从认识论角度看，信息是认识主体接收到的，可以消除对事物认识不确定性的东西。香农正是在认识论意义上提出了信息量的数学表述并在信息、信道容量等概念基础上建立了信息论。

作为信息论基本模型的通信系统基本模型如图 3-4 所示。

A：信源　⟶　C：信道　⟶　E：信宿

↑

N：噪声

图 3-4　通信系统基本模型

于是信源、信道、信宿和噪声构成了信息论研究的基本对象。信息论研究就从这一简单模型出发，可扩展为图 3-5 所示的常见电讯系统模型。

A：信源 → B：编码/调制 → C：信道 → D：译码/解调 → E：信宿

↑

N：噪声

图 3-5 电讯系统模型

经典信息论（也称香农信息论或狭义信息论）就是基于对信息量、信源、信道、噪声等的研究，揭示各种编码和解码规律，从而形成以数学方法研究通信中信息传输和变换规律的理论。

信息量是信息论中量度信息多少的基本物理量，它从量上反映具有确定概率的事件发生时所传递的信息。其逻辑起点是把事件 a_i 的自信息 $I(a_i)$ 定义为

$$I(a_i) = -\log_b P(a_i) \tag{3-5}$$

信息量的度量单位取决于对数底 b，当 b 分别为 2、e、10 时，信息量单位分别叫作比特（bit）、纳特（nat）和哈特（hart）。1nat=1.44bit，1hart=3.32bit。由于数字电子技术采用二进制，故对数常用 2 为底，书写时省略。由于信息的量度与它所代表的事件的随机性或各事件发生的概率有关，当事件发生的概率大时，有关此事件的消息排队事件发生的不确定程度就小，则包含的信息量就小；反之则大。因此，信息论用统计热力学中熵的概念建立起对信息的量度。

信息熵定义为

$$H(X) = -\sum_{i=1}^{n} P(a_i)\log P(a_i) = -\sum_{i=1}^{n} P_i \log_b P_i = I(P) \tag{3-6}$$

信息熵 $H(X)$ 是信源整体的平均不定度，而 $I(P)$ 表示的信息是从信宿角度代表收到信息后消除不定性的程度，也就是获得新消息的量，所以信息只在信源发出的信息熵被信宿收到后才有意义。在排除干扰的理想情况下，信源发出的信号与信宿接收的信号一一对应，故 $H(X)$ 与 $I(P)$ 二者相等。

信息量所表示的是体系的有序度、组织结构程度、复杂性、特异性或进化发展程度。这是熵（无序度、不定度、混乱度）的矛盾对立面，即负熵。信息熵具有非负性、确定性、递增性、可加性、扩展性等性质。

互信息（mutual information）是另一有用的信息度量，是指两个事件集合之间的相关性。两个事件 X 和 Y 的平均互信息定义为

$$I(X;Y) = H(X) - H(X|Y) = H(Y) - H(Y|X) = H(X) + H(Y) - H(XY) \tag{3-7}$$

其中，$H(XY)$ 是共有熵（joint entropy），其定义为

$$H(XY) = -\sum p(x,y)\log p(x,y) \tag{3-8}$$

对于互信息，有数据处理定理，也称信息不增律，是说对连续信道当输入变量为 X、输出变量为 Y 时，若对 Y 再进行处理使之成 Z，则有

$$I(X;Z) \leqslant I(X;Y) \tag{3-9}$$

信道容量 C 则定义为

$$C=\max_{P(x)}\{I(X;Y)\} \tag{3-10}$$

计量单位为比特/符号或纳特/符号。一般也把信道单位时间平均传输最大信息量 $C_t=C/t$（单位：比特/秒）直接称为信道容量。

信道编码的基本定理是：信道容量 C 是信道中可靠通信的最大信息传输率。对于限带高斯白噪声加性连续信道，有香农公式成立：

$$C=W\log\left(1+\frac{P_s}{P_n}\right) \tag{3-11}$$

其中，W 为带宽；P_s 和 P_n 分别为信号平均受限功率和噪声功率。信息传输定理则揭示：当信息传输率 $R\leqslant C$ 时，总可以找到使错误概率任意小的信息传输编码。

重要定理还有香农三定理等，此即狭义信息论或经典信息论的主要研究内容（Cover and Thomas，1991；傅祖芸，2001）：包括在信息测度、信道容量、信息率失真函数等概念基础上建立的香农三定理、信源编码、信道编码等理论。

信息论的一般方法论意义在于：任何系统，一旦能转换为图 3-4 或图 3-5 模式，就可以仿照信息论模型进行处理（钟义信，1996），而情报学中情报传输恰好如此，因而信息论成为“老三论”中与情报学关系最密切的方法论，可为研究问题提供思想框架。

此外，还有所谓“新三论”——突变论、协同论、耗散结构论，它们分别起源于数学、物理、化学，具有更多科学方法论属性，故不列入哲学方法。

3.2.2　逻辑方法

逻辑方法是以逻辑规律为指导，根据事实材料，形成概念，做出判断，进行推理，进而构成理论体系的方法，包括形式逻辑、数理逻辑和辩证逻辑等。

逻辑方法历史悠久，从中国古代《墨经》等经典可见逻辑思辨，古代印度也有因明学研究语言推理论证，但真正把逻辑发展成为形式推理方法应归功于西方：古希腊人德谟克里特写了《论逻辑》开始归纳法研究，亚里士多德在《工具论》和《形而上学》中系统研究了演绎推理和逻辑规律；文艺复兴前后，培根的《新工具》建立了归纳逻辑，笛卡儿的《方法论》完善了演绎法，莱布尼兹则提出了数理逻辑的基本思想，衍生出以形式逻辑为基础、演绎逻辑和归纳逻辑并重的现代逻辑大观园。正是形式逻辑构筑了现代科学的根基，缺乏形式逻辑应是科学没有产生在古代中国的主要原因。

1. 演绎法

形式逻辑以概念（通常用实词表达）为起点，经由判断实现推理，成就演绎法。

古希腊人把最简单的判断归纳为四种类型：全称肯定判断（A），全称否定判断（E），特称肯定判断（I），特称否定判断（O），设 S 代表主项，P 代表谓项，形式逻辑的四种基本判断就是：

SAP：全称肯定判断

SEP：全称否定判断

SIP：特称肯定判断

SOP：特称否定判断

并发现了如图 3-6 所示的对当关系。

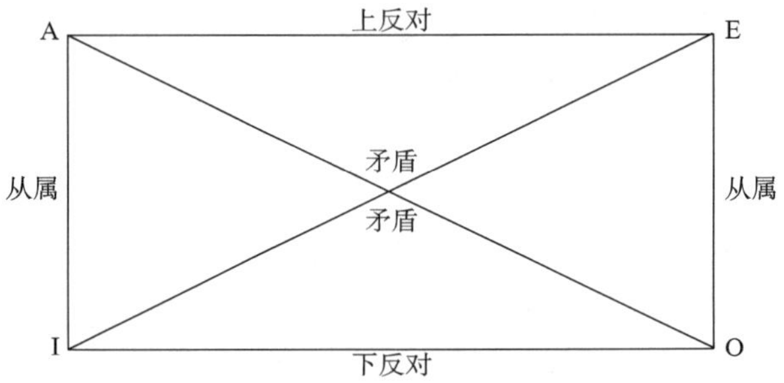

图 3-6 对当关系

在对当关系中，上（大）反对关系是指 A、E 不可同时为真，但可同时为假；下（小）反对关系是指 I、O 不可同时为假，但可同时为真；矛盾关系是指 A、O 之间或 I、E 之间既不可同时为真，也不可同时为假；从属关系是指全称真则特称真、特称假则全称假。

以对当关系直接推理为基础，亚里士多德研究出著名的三段论间接推理，引入符号∨、∧、¬、→、←分别表示或、与、非、若……则（推得）、只要……就，即可将三段论四格公式写成“（大前提）∧（小前提）→结论”形式：

$$\text{第一格（审判格）：}(MXP)\wedge(SYM)\to SZP \tag{3-12}$$

$$\text{第二格（区别格）：}(PXM)\wedge(SYM)\to SZP \tag{3-13}$$

$$\text{第三格（例证格）：}(MXP)\wedge(MYS)\to SZP \tag{3-14}$$

$$\text{第四格：}(PXM)\wedge(MYS)\to SZP \tag{3-15}$$

其中，M 为中项，X、Y、Z 可用 A、E、I、O 中任一形式，故共有 64 种具体形式。但因第一格要求大前提是全称判断、小前提是肯定判断，第二格要求大前提是全称判断，两前提中有一个是否定判断，第三格要求小前提是肯定判断、结论是特称判断，第四格要求两前提中有一个是肯定判断，故受真值传递所限每格只有 6 个有效式，因而共有 24 种有效式。这就是著名的三段论四格 24 有效式的来历。

其他间接推理，有假言推理、选言推理等，现用小写字母直接代表一个判断，表述如下。

【假言推理】前提中有一个假言判断，并且根据假言判断前后件之间的关系而推出结论的推理。依据假言推理前提条件的不同，分为充分条件假言推理、必要条件假言推理和充分必要条件假言推理。

（1）充分条件假言推理是一个前提为充分条件假言判断，另一个前提和结论为直言判断的假言推理，它有两个正确式：肯定前件式和否定后件式。

肯定前件式的公式为：若 p 则 q；p，所以 q。符号形式为

$$((p\to q)\wedge p)\to q \tag{3-16}$$

否定后件式的公式为：若 p 则 q；非 q；所以非 p。符号形式为

$$((p \to q) \wedge \neg q) \to \neg p \tag{3-17}$$

充分条件假言推理的规则有两条：①肯定前件就要肯定后件，否定后件就要否定前件；②否定前件不能否定后件，肯定后件不能肯定前件。

（2）必要条件假言推理是一个前提为必要条件假言判断，另一个前提和结论为直言判断的假言推理。它也有两个正确式：否定前件式和肯定后件式。

否定前件式的公式为：只有 p，才 q；非 p，所以非 q。符号形式为

$$((p \leftarrow q) \wedge \neg p) \to \neg q \tag{3-18}$$

肯定后件式的公式为：只有 p，才 q；q，所以 p。符号形式为

$$((p \leftarrow q) \wedge q) \to p \tag{3-19}$$

必要条件假言推理的规则也有两条：①否定前件就要否定后件，肯定后件就要肯定前件；②肯定前件不能肯定后件，否定后件不能否定前件。

当同时满足充分条件假言推理和必要条件假言推理时，就是充要条件假言推理。此时，式（3-16）~式（3-18）同时成立。

【选言推理】前提中有一个是选言判断，并根据选言判断选言支间的关系而推出结论的推理。选言推理可分为不相容的选言推理和相容的选言推理两种。

不相容选言推理是前提中有一个不相容选言判断的选言推理。有两个正确的形式。

（1）肯定否定式：通过肯定不相容选言判断中一个选言支，从而否定其他选言支的推理形式。其公式为：或者 p，或者 q；p，所以非 q。符号形式为

$$((p \vee q) \wedge p) \to \neg q \tag{3-20}$$

（2）否定肯定式：通过否定不相容选言判断中其余的选言支，从而肯定另一个选言支的推理形式。其公式为：或者 p，或者 q；非 p，所以 q。符号形式为

$$((p \vee q) \wedge \neg p) \to q \tag{3-21}$$

由于选言支之间不相容，只能有一个选言支是真的，所以，它有两条规则：①肯定一个选言支，就要否定其余的选言支；②否定其余的选言支，就要肯定另一个选言支。

相容选言推理是前提中有一个相容选言判断的选言推理。只有一种正确的形式，即否定肯定式。其公式为：或者 p，或者 q；非 p，所以 q。符号形式同式（3-20）。

相容选言推理不能有肯定否定式，因为相容选言判断的选言支可以同时是真的，肯定其中一个选言支，并不必然否定另外的选言支。

相容选言推理也有两条规则：①否定一部分选言支，就要肯定另一部分选言支；②肯定一部分选言支，不能否定另一部分选言支。

假言推理和选言推理联用，可以产生多重复合判断推理。

【假言选言推理】

构成式：$$(p \to r) \wedge (q \to r) \wedge (p \vee q) \to r \tag{3-22}$$

破坏式：$$(p \to q) \wedge (p \to r) \wedge (\neg q \vee \neg r) \to \neg p \tag{3-23}$$

【假言联言推理】

$$((p \to r) \wedge (q \to s)) \to ((p \vee q) \to (r \vee s)) \tag{3-24}$$

以上形式逻辑在经典逻辑中称为命题演算，此外还有谓词演算和进一步发展的集合论、模型论、递归论、证明论等数理逻辑以及以多值逻辑、模态逻辑为代表的非经典逻辑等现代逻辑分支，构成蔚为大观的演绎逻辑体系。

2. 归纳法

归纳法分为完全归纳法和不完全归纳法两类，完全归纳法只是穷举归纳法和数学归纳法，不完全归纳法包括简单枚举归纳法、穆勒五法、类比法等。

归纳法在科学研究和学术发展中具有重要作用，包括：①提供假说。简单枚举归纳法、类比法在科学发现和技术发明中都有着重要作用。②证明假说和理论。数学归纳法在这方面具有突出作用。③确定假说的置信度。基于概率统计方法的量的归纳法对确定假说的置信度起着决定性作用。

完全归纳法中的数学归纳法操作流程为：若要证明含整数 k 的公式 $f(k)=0$ 成立，先验证 k 等于初始值（如 $k=1$）时公式成立，然后假设 $k=n$ 时公式成立，再证明 $k=n+1$ 时公式亦成立，则公式对所有整数皆成立。

不完全归纳法中的穆勒五法如下所述。

【求同法】亦称契合法，是探求现象间因果联系的不完全归纳法之一。操作思路是：被研究的现象在不同场合出现，而在各个场合中只有一个情况是共同的，那么这个共同情况与被研究现象之间就有因果联系，表示如下：

场合	先行情况			被研究现象
（1）	A	B	C	a
（2）	A	D	E	a
（3）	A	F	G	a
…		…		…

所以，A 情况是 a 现象的原因。

求同法的特点是异中求同，求同除异。应用时需注意：①结论的可靠性和考察的场合数量有关，考察的场合越多，结论的可靠性越高；②有时在被研究的各个场合中，共同的因素并不止一个，因此在观察中就应当通过具体分析排除与被研究现象不相关的共同因素。

【求异法】亦称差异法，也是探求现象间因果联系的不完全归纳法之一。操作思路是：如果被研究现象出现的场合与被研究现象不出现的场合，只有一个情况是不同的，其他的情况完全相同；而两场合中唯一不同的这个情况，在被研究现象出现的场合中是存在的，在被研究现象不出现的场合中是不存在的，那么这个唯一不同的情况就是被研究现象的原因（或结果）。可表示为通式：

场合	先行情况				被研究现象
（1）	A	B	C	D	a
（2）	—	B	C	D	—
…			…		…

所以，A 是 a 的原因。

求异法是求异除同。应用时：①须注意排除除了一点外的其他一切差异因素，如果相比较两个场合还有其他差异因素未被发觉，结论就会有误差；②应注意两个场合唯一不同的情况是被考察现象的全部原因还是部分原因，如果只是部分原因，则不能完全判定。

【求同求异并用法】又称契合差异并用法，是结合求同法和求异法来探求现象间的因果联系的不完全归纳法：如果在被研究现象出现的一组场合（正面场合）中，只有一个唯一的共同情况；在被研究现象不出现的另一组场合（反面场合）中，没有这个情况，那么，这个差异情况就是被研究现象的原因。可表示为：

场合		先行情况				被研究现象
正面场合	1	A	B	C	D	a
	2	A	D	E	F	a
	3	A	F	G	H	a
…			…			…
反面场合	1	—	B	C	D	—
	2	—	M	N	O	—
	3	—	P	Q	R	—
…				…		…

所以，A 情况是 a 现象的原因（或结果）。

运用求同求异并用法包括三个步骤：第一步，把被考察现象出现的正面场合加以比较，发现只有一个共同的情况，由此根据求同法确定 A 和 a 有因果联系；第二步，把被研究现象不出现的反面场合加以比较，发现 A 情况不出现是唯一共同的，由此又根据求同法确定 A 的不存在与 a 的不存在有因果联系；第三步，比较正反两组场合，发现有 A 就有 a，无 A 就无 a，由此根据求异法得出结论：A 和 a 有因果联系。由于这种确定因果联系的方法，两次应用了求同法，一次应用了求异法，是求同法和求异法的结合，所以被称作求同求异并用法。但需要注意的是不可把求同求异并用法与求同法和求异法的相继应用混为一谈。因为不论在正面场合中还是在反面场合中，除了有无 A 情况这一差别外，其他的情况也不完全相同，在每一场合，不能单用求异法。应用时还需注意：①正反两组事例的组成场合越多，结论的可靠程度就越高；②所选择的负事例组的各个场合，应与正事例组各场合在客观类属关系上相近。

【共变法】用作探求现象间的因果联系的不完全归纳法之一：在其他条件不变的情况下，如果某一现象发生变化，另一现象也随之发生相应变化，那么，前一现象就是后一现象的原因。可表示为：

场合	先行情况	被研究现象
1	A1 B C	a1
2	A2 B C	a2
3	A3 B C	a3
…	…	…

所以，A 是 a 的原因。

应用时需注意：①不能只凭简单观察，来确定共变的因果关系，有时两种现象共变，但实际并无因果联系，可能二者都是另一现象引起的结果；②共变法通过两种现象之间的共变，来确定两者之间的因果联系，是以其他条件保持不变为前提的；③两种现象的共变是有一定限度的，超过这一限度，两种现象就不再有共变关系。

【剩余法】也作为探求现象间的因果联系的不完全归纳法之一。如果某一复合现象已确定是由某种复合原因引起的，把其中已确认有因果联系的部分减去，那么，剩余部分也必有因果联系。可表示为：

ABC 是复合现象 abc 的复合原因

已知 A 是 a 的原因，B 是 b 的原因

所以，C 是 c 的原因。

应用时需注意：①确知复合现象的复合原因及其部分对应关系，不能有误差，否则结论就不可靠；②复合现象剩余部分的原因，可能又是复合情况，这就要进行再分析，不能轻率地下结论。

此外，常用归纳法还有比较法和类比法。

【比较法】是确定研究对象之间有相似点或相异点的思维方法。依研究对象或不同标准，比较法可定性比较、定量比较，纵向比较、横向比较，静态比较、动态比较，宏观比较、微观比较，同类比较、异类比较以及纵横结合比较、理论与事实比较等。其中，纵向比较是将同一或同类事物在不同历史条件下的具体形态加以比较的方法，具有历史性、时间顺序性及纵深感的特点，故又名历史比较法；横向比较是将同一水平横断面上的不同事物，按照某个同一性的标准进行比较的方法；纵横结合比较，是将纵向比较和横向比较结合起来进行的方法。理论与事实相比较，则是将理论研究的结果与观察或实验获得的结果进行比较的方法。

应用比较法时，需注意两条原则。

（1）可比性原则。可比性原则是运用比较法的最基本的原则。一般说来，对任何事物，无论是同类还是异类，在进行比较时都是有条件的，即对比较对象比较的属性应该能用同一种单位或标准去衡量，比较对象应该具有共同的基础，包括时间、空间和范畴三个方面的可比性。时间可比性指所比较的对象属性必须是同期的，空间可比性指在比较时要注意国家、地区等地理位置及行业、部门的差异，范畴可比性指比较对象的属性、层次和范围应当是一致的。

（2）标准性原则。没有参考标准，或者无法进行比较，或者无法确认比较的结果，比较结果的可靠性也无法得到保证。因此，确定比较的标准是进行比较研究的重要前提。

【类比法】类比法是根据两个研究对象都具有某些属性且其中一个对象还有另一种属性，推论第二个对象也有另一种属性的逻辑方法。可表示为：

A 有属性 a、b、c，又有属性 d

B 有属性 a、b、c

所以，B 类比 A 也应有属性 d

可以按照不同的标准对类比法进行分类，如可分为简单共存类比、因果类比、对称

类比、协变类比、综合类比等类型。类比方法是以两个对象之间的类似、对象属性之间的相互联系和相互制约为基础的，但两个对象之间的类似不等于说两个对象的联系是必然的。对象属性之间不仅有相似性，还存在着差异性；对象中并存的许多属性，有些是对象的固有属性，有些是对象的偶有属性。因此，类比推理属于或然性推理，它的结论只有一定程度的可靠性。由此，要提高类比的效能和可靠性，就应做到：所依据的两个对象的共有属性，要尽可能地多；被比较的对象的共同属性是这些对象最典型的，同它们的特殊属性密切联系着的属性；所依据的两个对象的共同属性愈是本质的，共同属性与类推的属性愈是相关的愈好；被用来进行比较的属性应具有多样性（variety），并且应当是任意随机选出来的。

总之，逻辑方法在人们认识客观世界和改造客观世界的活动中，具有十分重要的作用：它既能启发人们提出科学假说、做出科学发现，又可当作思想工具，为研究提供逻辑基础，因而在情报学中也有广泛意义。

3.2.3　数学方法

数学方法是最基础的科学方法，也是应用最广的研究方法。按其本身特征，可分为以符号分析为主的数学分析法和以数值计算为主的统计分析法，以及相对独立的运筹优化、模糊数学、灰色系统方法（邓聚龙，1987）等。

1. 数学分析法

数学分析法是严格按照逻辑演绎的符号分析方法，其特征是用符号代表变量并寻求变量之间的关联，具体方法包括微分方程、积分变换、矩阵分析、几何分析等，每个分支都有系统的专门教程，这里就不再展开。

2. 统计分析法

统计分析法是建立在概率论基础上的统计分析方法，其特征是根据样本数据来估计推断总体参量，即用部分信息推断全体，属于归纳推理。使用归纳推理不一定能得出正确结论，概率论的作用就在于对这种推理进行演绎分析，充分利用所得到的信息并降低出错概率。

统计分析法的核心思想，在于先建立总体分布的理论模式，然后找出合适的特征参数，再用样本数据估计总体参数并对样本是否来自总体进行假设检验。因此，概率统计学的基本任务（task），一方面是获得样本数据，另一方面就是进行统计推断。在理论模式中位居中心地位的是正态分布，其特征参数只需均值 μ 和标准差 σ。由于大数定理与中心极限定理论证充分大数据集总会趋于正态分布，所以很多假设检验或统计推断都是在检验样本与正态总体的偏差程度。

具体方法涉及以下几条。

【参数估计】在总体分布类型已知的前提下，估计分布中所含的未知参数，分为点估计与区间估计两种。研究的问题包括估计的方法以及分析各种方法的优劣。

【假设检验】包括原假设的建立，统计量的选取及其概率分布的计算，拒绝域的确定，检验结果的可靠性，以及各种检验方法功效的比较等。

【时序分析】分析随时间变化的随机数据序列，包括建立模型、参数估计、预测等。某一个或一组变量 $y(t)$ 在一系列时刻 t_1，t_2，t_3，…，t_n （t 为自变量且 $t_1<t_2<\cdots<t_n$）所得到的离散数字组成序列集合 $y(t_1)$，$y(t_2)$，$y(t_3)$，…，$y(t_n)$，时序分析法就是将上述时间序列运用一定的数学方法使其向外延伸，以此来预计未来的变化趋势并确定预测值。具体方法包括移动平均（M）、指数平滑（S）、生长模型、包络曲线等。

【回归分析】事物发展和影响其变化的各种因素统称变量，其中引起变化的变量叫作自变量，被它影响而变化的变量叫作因变量。回归分析法就是在大量观察数据的（大于 7 组）基础上，利用统计方法建立因变量与自变量之间的回归关系函数表达式，从而对因变量进行拟合和预测的方法。当研究的因果关系只涉及因变量和一个自变量时，叫一元回归分析；而涉及因变量和两个或两个以上自变量时，叫二元或多元回归分析。根据统计数据求得的因变量和自变量之间的相关系数越大，因果关系越密切。

【多元分析】对统计资料中多个变量的分析，统称多元分析，包括主成分分析、回归分析、相关分析、聚类分析、因子分析、判别分析等。

统计分析计算比较繁杂，特别是手工操作负担较重。但随着各种计算机辅助软件工具的发展，现已有 SPSS、SAS 等软件工具包可用，因此具体计算问题已基本解决，一般用户只要掌握方法要点和学会软件操作即可。

与统计分析通过样本数据推断总体特征的思想方法不同，大数据分析实行的是就总体论总体的数据处理思路，这种绕过样本而以特定算法直接处理总体数据是大数据分析的特点。

统计分析的突出特点是应用范围非常广泛，而且随着人类对自然与社会认识的不断深化，对定量化的要求日益提高，新的应用领域不断出现，很多已发展成为独立的学科分支，如生物统计学、计量经济学、信息计量学等。

3.3 特色方法导引

情报学特色方法多为实证研究方法，这里，以引文分析法作为数据分析（data analysis）方法在情报学中应用的具体代表、以德尔菲法作为问卷调查法在情报学中应用的具体代表，附加新近提出的广义二重证据法，勾勒出情报学特色方法的大体轮廓。

3.3.1 引文分析法

如 3.1.3 节所述，凡学术文献必有参考文献。就单篇文献而言，引用别的文献作为参考文献叫施引（citing），列在参考文献中的叫被引（cited），施引文献也称引证文献或来源文献，被引文献简称引文。施引和被引涉及标题、著者、著者单位、发表期刊等各种信息，可供统计、分析与评价，以揭示施引和被引之间的数量特征和内在规律。这类基于施引和被引关系发展起来的具有情报学特色的方法就是引文分析（citation analysis）。

虽然从 20 世纪初开始就有零散的引文研究，但真正系统地奠定引文分析的是美国著名情报学家加菲尔德。1955 年，加菲尔德在 *Science* 上发表论文，提出了以引文索引来检索科技文献的创意（Garfield，1955）。1963 年，他编制的《科学引文索引》问世，1964 年起开始连续出版。1973 年推出《社会科学引文索引》，1978 年再出《艺术和人文科学引文索引》（*Arts & Humanities Citation Index*，AHCI），使 SCI/SSCI/AHCI 三大引文索引风靡世界。1979 年，引文分析专著正式出版（Garfield，1979）。下面给出简要介绍并提供深入研究所需的参考文献线索。

作为方法的引文分析既包括对引文模式的研究（类似统计分布模式），又包括对各种测度或指标的研究（类似统计特征参数）。显然，发文量（publications，简称 P）和引文量（citations，简称 C）是两个基本的测度，在此基础上，目前世界上影响较大的引文分析测度指标主要可纳入如下三大体系。

（1）ISI 体系：由加菲尔德创建的美国科学信息研究所（Institute for Scientific Information，ISI，现已并入汤森路透科技集团）使用，侧重分析期刊，最著名的指标莫过于期刊影响因子，其原始定义是：某刊 n 年度的影响因子=在 n 年度看到的该刊 $n-1$ 和 $n-2$ 两年的总引文/该刊 $n-1$ 和 $n-2$ 两年的总发文，即

$$\mathrm{IF}_n = \frac{C_{n-1} + C_{n-2}}{P_{n-1} + P_{n-2}} \tag{3-25}$$

实际上这是一种期刊所发表论文的两年平均被引率，因此后来又有五年平均的影响因子（IF_5）甚或更一般的多年影响因子。如果计算期刊的当年影响因子，就叫当年指标或即年指数（immediacy index）。同时，期刊达到 50%被引用所需的时间被定义为被引半衰期（cited half-life）。这些指标目前都保留在 ISI 集成平台 Web of Knowledge 下的数据库中，界面如图 3-7 所示。

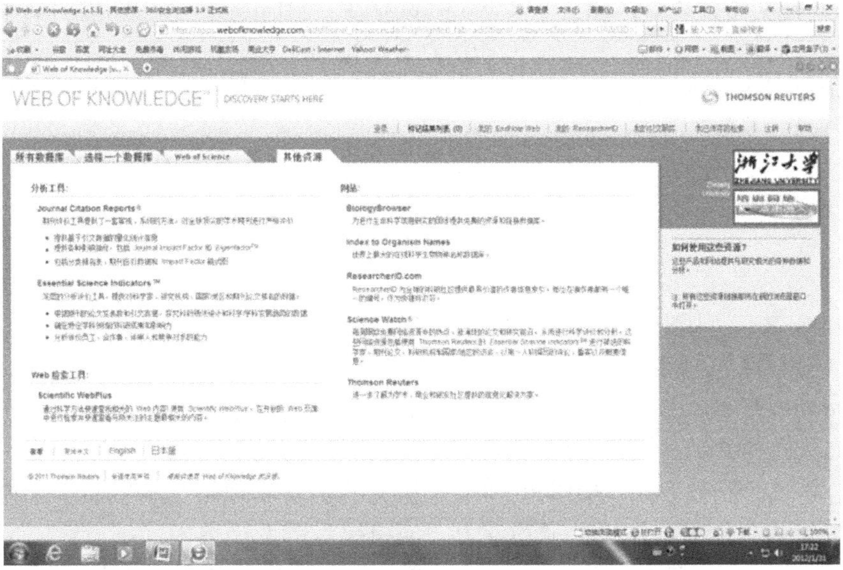

图 3-7　Web of Knowledge 平台下的数据库资源示意

其中 Web of Science（WoS）是 SCI/SSCI/AHCI 的数字化 Web 版（并集成了 ISTP/ISSHP），杂志引用报告（journal citation reports，JCR）集成了期刊统计数据，基本科学指标（essential science indicators，ESI）集成了十年累积引文数据。2008 年以来，Web of Science 中增加了新发现的 h 指数（Hirsch，2005；叶鹰等，2010），JCR 中增加了特征因子分值（eigenfactor score）和论文影响分值（article influence score）等新指标。

（2）CWTS 体系：由荷兰莱顿大学科技研究中心（Centre for Science and Technology Studies，CWTS）倡导，以 CPP（=C/P）为核心构建（Moed et al.，1995；van Raan，2005），其中特色指标是王冠指数 CI（crown indicator），定义如下：

$$\mathrm{CI}=\frac{\mathrm{CPP}}{\mathrm{FCS}_m} \tag{3-26}$$

式（3-26），FCS_m 为所测领域的平均引文。此外还有 $\mathrm{CPP/JCS}_m$ 等指标。该体系虽然近年有争议（Opthof and Leydesdorff，2010；van Raan et al.，2010），但却是发展 MNCS 等各种新测度的参照系（Waltman et al.，2011）。

（3）ISSRU 体系：由匈牙利信息科学与科学计量学研究所（Information Science and Scientometrics Research Unit，ISSRU）采用，其特色是采用相对测度（Schubert and Braun，1986，1996；Glänzel et al.，2002），而且分别用根据发文量构造的活动指数 AI 和根据引文率构造的相对引文率 RCR 作为基础参量，含义是

$$\mathrm{AI}=\frac{\mathrm{SP}_i}{\mathrm{SP}} \tag{3-27}$$

$$\mathrm{RCR}=\frac{\mathrm{MOCR}}{\mathrm{MECR}} \tag{3-28}$$

其中，SP_i 为给定领域在特定国家或地区的发文率；SP 为给定领域在全世界的发文率；MOCR 为平均观察引文率，相当于 CWTS 的 CPP；MECR 为平均期望引文率，定义为特定时间窗口同一期刊所发论文的平均引文率，相当于 CWTS 的 JCS_m 和 ISI 的多年影响因子。ISSRU 用于测评的主要参量则是相对特化指数 RSI 和相对引文影响指数 RCII，定义如下：

$$\mathrm{RSI}=\frac{\mathrm{AI}-1}{\mathrm{AI}+1}\in[-1,+1] \tag{3-29}$$

$$\mathrm{RCII}=\frac{\mathrm{RCR}-1}{\mathrm{RCR}+1}\in[-1,+1] \tag{3-30}$$

此外，ISSRU 还用归一化平均影响率 NMCR 作为类似 $\mathrm{CPP/FCS}_m$ 的测度。

除影响较大的上述测度外，近年有学者提出了 PRs 和 I3 等新测度（Leydesdorff et al.，2011；Leydesdorff and Bornmann，2011），以及在此基础上进一步发展了矩阵测度（Ye and Leydesdorff，2014）。

如今，引文分析已从单一层面的发文、引文分析发展为用于多层面、合作网、引文网等研究对象的特色方法并保持强劲活力，值得提示的发展方向如下所述。

（1）普适于微观层面（作者个人、研究小组）、中观层面（机构、期刊）和宏观

层面（国家、跨国区域）的测度指标研究。

（2）耦合（coupling）和共现（co-occurrence）研究（Rousseau，2010）。文献中的主要耦合与共现关系如图 3-8 所示，其中由于历史原因 citation coupling 现名 bibliographic coupling。

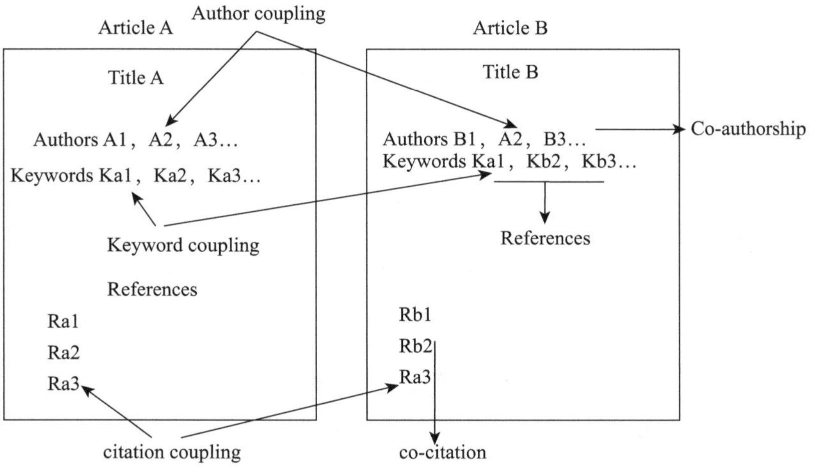

图 3-8 论文层面的耦合与共现关系

（3）引文分析与复杂网络研究（Newman，2010）等结合发展出的新方向等。

当然，也要提示引文分析的局限性：由于文献被引用只是表征其影响，不一定是其质量或重要性，因此不能说被引次数的高低肯定代表了论文质量的优劣；同时，文献引用也受语种、学科专业等因素的影响，加上名人效应和马太效应导致的偏差，很难说引文量必然体现绝对价值。因此，应正确对待引文分析。客观地说，引文分析信息能为学术研究带来参考信息，仅此而已。

3.3.2 德尔菲法

德尔菲（Delphi）是古希腊地名，起源于古希腊有关太阳神阿波罗的神话，传说中阿波罗具有预见未来的能力，而阿波罗的神庙位于德尔菲，所以该方法就被命名为德尔菲法。

德尔菲法最早出现于 20 世纪 50 年代末，是当时美国为了预测在其“遭受原子弹轰炸后，可能出现的结果”而发明的一种方法。1964 年美国兰德（RAND）公司发布《长远预测研究报告》，首次将德尔菲法用于技术预测中，以后该方法便迅速地应用于美国和其他国家以及各种领域。

德尔菲法实际上是规定程序的专家调查法，具有匿名性、反馈性和统计性三大特点。它是由调查组织者拟定调查表，按照规定程序，通过函件分别向专家组成员征询调查，专家组成员之间通过组织者的反馈材料匿名地交流意见，经过三轮征询和反馈，专家的意见逐渐集中，最后获得有统计意义的集体判断结果。

德尔菲法的实施过程一般由三轮反馈构成，在每一轮中，组织者和专家都有各自的任务，如图 3-9 所示。

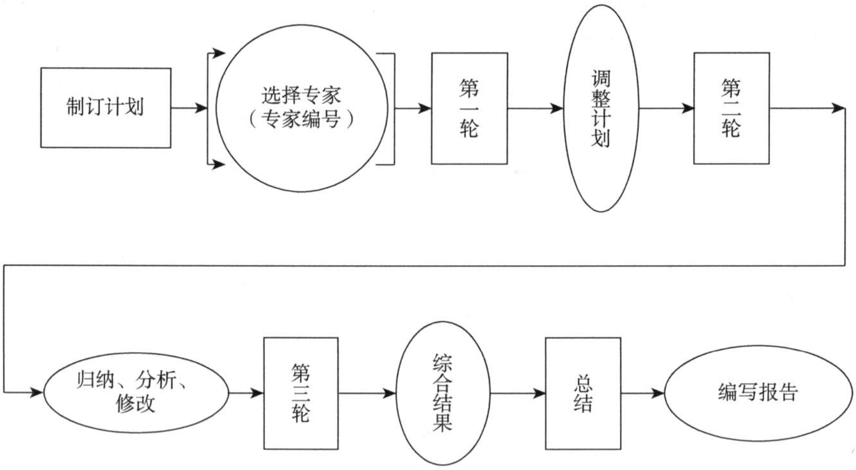

图 3-9　德尔菲法的实施程序

德尔菲法常用于预测事件的发生时间，于是至少在第二轮反馈中应把全部专家预测的时间按先后顺序排列，指出位于正中等分点的被称为中位数的时间预测值，早于中位数的四等分点处的下四分位点时间预测值和晚于中位数的四等分点处的上四分位点时间预测值。中位数的含义表示有一半专家的预测时间早于它，一半专家的预测时间晚于它。这样既有利于专家参考后调整自己的意见，又体现了德尔菲法的统计性。

用德尔菲法进行预测时，可用专家协调系数、专家权重和专家参与度三个参量来衡量结果的可靠程度。

通常，德尔菲法要求参加评估的专家人数为 20 人左右，不能少于 15 人。专家协调系数 T 设为

$$T=\frac{t_d+4t_m+t_p}{6}-t_m \tag{3-31}$$

其中，t_d、t_m、t_p 分别为下四分位、中位、上四分位预测时间，T 的绝对值越小，表明协调越好。

专家权重 P_{ij} 用来表示专家意见的权威程度，用专家发表意见时的判断依据和专家对所回答问题的熟悉程度来表征，测算公式如下：

$$P_{ij}=\frac{C_{ij}+K_{ij}}{2} \tag{3-32}$$

其中，C_{ij} 表示第 i 个专家对第 j 个问题的判断系数；K_{ij} 表示第 i 个专家对第 j 个问题的熟悉系数，具体根据专家填表数据推算。

专家参与度一般可用应答率或问卷回收率来表征。

$$\text{应答率}=\frac{\text{回收问卷份数}}{\text{问卷总份数}} \tag{3-33}$$

应答率应达 60%以上才能表明参与度良好，否则结果的可信度（confidence）将大

大降低。

若专家协调系数、专家权重及专家参与度均良好，则认为结果比较可靠。

另一种与德尔菲法截然不同的专家参与方法是头脑风暴法（brain storming），简称BS 法，即专家会议法，是用会议形式通过专家间的相互交流，激励智力碰撞，产生思想火花，使专家的意见得到集中和精化。为了为参会专家提供创造性思维环境和发言时间，头脑风暴法的参会人数以不超过 15 人为宜，时间约 60~90 分钟。参会专家的选取原则是：①如果参加者相互认识，要从同一职位（职称和级别）的人员中选取，领导人员不应参加，否则对下属人员将产生一定压力；②如果参加者互不认识，可从不同职位的人员中选取，这时成员之间会同等对待。专家参加会议应遵守如下规则：①严格限制问题范围，明确具体要求，以便注意力集中；②不能对别人的意见提出怀疑和批评，要研究任何一种设想，而不管这种设想是否适当和可行；③发言要精练，不要详细论述；④不允许参加者宣读事先准备的发言稿，提倡即席发言；⑤鼓励参加者对已经提出的设想进行改进和综合，为准备修改自己设想的人提供优先发言权；⑥支持和鼓励参加者解除思想顾虑，创造一种自由的气氛，激发参加者的积极性。

3.3.3 广义二重证据法

大约百年前，西学东渐，胡适倡导“大胆假设，小心求证”，明确任何论断要“拿证据来”，这是对欧美实证方法论的一种萃取。的确，无论定性还是定量，都需要证据。而王国维从国学传统中总结出的“二重证据法”已成为国学界公认方法：若文献证据和考古证据一致，则可定论。陈寅恪将此法扩展为：“一曰取地下之实物与纸上之遗文互相释证；二曰取异族之故书与吾国之旧籍互相补正；三曰取外来之观念，以固有之材料互相参证。”

在当今中西学术交融背景下，“二重证据法”可进一步拓展推广为“广义二重证据法”（叶鹰，2017），其含义为：凡针对同一问题获得不同来源的两类证据指向同一结论，或采用两种方法得到相同结果，或实证检验与理论推演达成统一，皆可采信。这样，定性和定量方法可互为校验，针对同一问题，如果采用定性分析获得的结论与采用定量分析获得的结论一致，则结论可信。同理，针对同一问题，采用数学推理与采用数值模拟的结果一致，或定量分析中实际数据与理论模型一致，或通过不同来源的两类证据相互印证，依照广义二重证据法原理都能成为定论。总之，广义二重证据法的思想本质是采纳两类证据，或采用两种方法，或采取两个途径皆能获得一致结论，体现整合定性方法与定量方法、统合实证检验与理论推演的双重整合原理，应是发现“相对真理”的有效途径。

此外，还有内容分析法等特色方法，将在信息分析中结合应用实例介绍。

值得特别提示的是，在当今计算机已成为通用工具的时代，善用软件可以极大地提升研究水准和提高工作效率。很多通用软件和专用软件在情报学研究中都有利用价值，如常用的统计分析软件 SPSS、MatLab 软件包、网络分析软件 UCINET 和 NWB、信息可视化软件 CiteSpace 和 VOS 等，正确使用能获得“真”与“美”并举的研究体验，达成“善”与“优”共存的研究境界，可谓比翼双翔。

习题和思考题

1. 试讨论通用方法用于情报学的有效性。
2. 试述引文分析的功用与局限。
3. 讨论广义二重证据法的核心思想。

参考文献

包昌火. 1990. 情报研究方法论[M]. 北京：科学技术文献出版社.

陈向明. 2000. 质的研究方法与社会科学研究[M]. 北京：教育科学出版社.

邓聚龙. 1987. 灰色系统基本方法[M]. 武汉：华中理工大学出版社.

傅祖芸. 2001. 信息论——基础理论与应用[M]. 北京：电子工业出版社.

何朝晖. 2005. 英语学术界的若干论著体例及其启示——对建立中文学术规范体系的思考[J]. 大学图书馆学报，23（4）：83-88.

李怀祖. 2004. 管理研究方法论[M].第 2 版. 西安：西安交通大学出版社.

卢泰宏. 1998. 信息分析[M]. 广州：中山大学出版社.

苗东升. 1990. 系统科学原理[M]. 北京：中国人民大学出版社.

钱学森，宋健. 1980. 工程控制论上册[M]. 北京：科学出版社.

钱学森，宋健. 1981. 工程控制论下册[M]. 北京：科学出版社.

芮杏文，戚昌滋. 1985. 实用创造学与方法论[M]. 北京：中国建筑工业出版社.

汪应洛. 1998. 系统工程理论方法与应用[M]. 第 2 版. 北京：高等教育出版社.

王崇德. 1988. 图书情报学方法论[M]. 北京：科学技术文献出版社.

须一平，沈兆南. 1986. 专利指南[M]. 上海：上海科学技术出版社.

杨玉圣，张保生. 2004. 学术规范导论[M]. 北京：高等教育出版社.

叶继元，等. 2005. 学术规范通论[M]. 上海：华东师范大学出版社.

叶鹰. 2017. 图书情报学中定性和定量研究方法的科学哲学基础及双重整合原理探析[J]. 中国图书馆学报，43（2）：4-12.

叶鹰，唐健辉，赵星. 2010. H 指数和 h 型指数研究[M]. 北京：科学出版社.

钟义信. 1996. 信息科学原理[M]. 北京：北京邮电大学出版社.

朱庆华. 2004. 信息分析基础、方法及应用[M]. 北京：科学出版社.

Bertalanffy V. 1987. 一般系统论：基础、发展和应用[M]. 林康义，魏宏森译. 北京：清华大学出版社.

Garfield E. 2004. 引文索引法的理论及应用[M]. 侯汉清，等译. 北京：北京图书馆出版社.

Wiener N. 1963. 控制论[M]. 第2版. 郝季仁译. 北京：科学出版社.

Cover T M，Thomas J A. 1991. Elements of Information Theory [M]. Hoboken：John Wiley & Sons.

Garfield E. 1955. Citation indexes for science [J]. Science，122：108-111.

Garfield E. 1979. Citation Indexing：Its Theory and Applications in Science，Technology，and Humanities [M]. New York：Wiley.

Glänzel W，Schubert A，Braun T. 2002. A relational charting approach to the world of basic research in twelve science fields at the end of the second millennium [J]. Scientometrics，55（3）：335-348.

Hirsch J E. 2005. An index to quantify an individual's scientific research output [J]. Proceedings of the National Academy of Sciences of the USA，102（46）：16569-16572.

Leydesdorff L，Bornmann L. 2011. Integrated impact indicators compared with impact factors：an alternative research design with policy [J]. Journal of the American Society for Information Science and Technology，62（11）：2133-2146.

Leydesdorff L，Bornmann L，Mutz R，et al. 2011.Turning the tables on citation analysis one more time：principles for comparing sets of documents[J]. Journal of the American Society for Information Science and Technology，62（7）：1370-1381.

Moed H F，Bruin R E D，Leeuwen T N V. 1995. New bibliometric tools for the assessment of national research performance：database description，overview of indicators and first applications [J]. Scientometrics，33（3）：381-422.

Newman M E J. 2010. Network：An Introduction[M]. Oxford：Oxford University Press.

Opthof T，Leydesdorff L. 2010. Caveats for the journal and field normalizations in the CWTS（"Leiden"）evaluations of research performance [J]. Journal of Informetrics，4（3）：423-430.

Rousseau R. 2010. Bibliographic coupling and co-citation as dual notions[A]. The Janus Faced Scholar：A Festschrift in Honour of Peter Ingwersen，ISSI，173-183.

Schubert A，Braun T. 1986. Relative indicators and relational charts for comparative assessment of publication output and citation impact [J]. Scientometrics，9（5~6）：281-291.

Schubert A，Braun T. 1996. Cross-field normalization of scientometric indicators [J]. Scientometrics，36（3）：311-324.

van Raan A F J. 2005. Statistical properties of bibliometric indicators：research group indicator distributions and correlations [J]. Journal of the American Society for Information Science and Technology，57（3）：408-430.

van Raan A F J，van Leeuwen T N，Visser M S，et al. 2010. Rivals for the crown：reply to opthof and leydesdorff [J]. Journal of Informetrics，4（3）：431-435.

Waltman L，van Eck N J，van Leeuwen T N，et al. 2011. Towards a new crown indicator：some theoretical considerations [J]. Journal of Informetrics，5（1）：37-47.

Ye F Y，Leydesdorff L. 2014. The "academic trace" of the performance matrix：amathematical synthesis of the h-index and the integrated impact indicator（I3）[J]. Journal of the Association for Information Science and Technology，65（4）：742-750.

第4章

情报信息源

本章提要

本章在介绍情报信息源概念的基础上，分别详述了文献情报信息源及非文献情报信息源的不同类型，并强调了开放存取信息资源的发展。

主要知识点

1. 情报信息源的划分方式及类型。
2. 十大文献情报信息源及其数字化发展。
3. 非文献情报信息源的优缺点及应用。
4. 开放存取信息资源及其发展态势。

以各种形式广泛存在的、多种多样的情报信息源，既是情报工作赖以进行的基础和保障，又是情报学研究得以进行的客体。对情报信息源的分布、性能和规律等进行研究，构成情报学研究的重要基础之一，也支撑着情报学的发展。

4.1 情报信息源概述

“情报信息源”这个概念直接译自英文“information sources”，联合国教育、科学及文化组织（United Nations Educational, Scientific and Cultural Organization, UNESCO）出版的《文献术语》将其定义为：个人为满足其信息需要而获得信息的来源。而苏联出版的《俄英情报学词典》对信息源的解释是“产生消息或为了传递而持有信息的任何系统”。结合上述两种定义可知，情报信息源既是产生原始情报信息的源泉，又是获取情报信息的渠道与载体。

情报信息源既多且广，按不同的划分标准，可将其分为不同的类型。按照情报信息源是否为文献形式，可分为文献情报信息源和非文献情报信息源（如实物样品、口头信息等）；按载体型态，可分为印刷型和非印刷型（包括缩微型、数字型等）；按应用领域，可分为学术情报信息源和非学术情报信息源；按传播方式，可分为直接情报信息源和间接情报信息源；等等。国内外学者对文献情报信息源，尤其是科技文献情报信息源的研究较全面（陈光祚，1984；沙布拉曼亚姆，1988；格罗根，1990），在数字化网络信息资源兴起后，覆盖网络信息资源的研究与评价增多（包昌火和谢新洲，2000；马费成，2004；陆宝益，2002），国外有关研究甚至申请了专利（Legall et al.，1999；Win and Belmonte，2001）。

以下分别详细介绍文献情报信息源和非文献情报信息源，其中文献情报信息源为学术情报信息源的主体，介绍时兼顾印刷型和数字型两种载体形态。

4.2 文献情报信息源

文献一词在我国最早出现于《论语·八佾》，其中，文指历史典籍，献则指贤人。国际标准化组织（International Organization for Standardization，ISO）在《文献情报术语国际标准》（ISO/DIS5217）中将文献定义为："在存储、检索、利用或传递记录信息的过程中，可作为一个单元处理的，在载体内、载体上或依附载体而存贮有信息或数据的载体。"我国颁布的《中华人民共和国国家标准：文献著录总则》（GB/T3792.1-2009）对文献的定义为："记录知识的一切载体。"由此可见，文献的基本构成要素为信息资源、记录载体、记录符号和记录方式。信息资源构成了文献的内核；记录载体是存储和利用信息资源的物质形式；记录符号是指文字、图画、图表、编码、公式、声像、电磁信息等编码内容；记录方式则是将表达内容的符号通过特定的人工操作方式让其附着于特定的载体上，是形成文献的方法和过程。

按照文献内容和信息处理程度，可将文献分为三个层次。

（1）一次文献。一次文献（primary literature）也称原始文献，是人们对自然和社会信息进行首次加工（固化）而成的记载，反映文献作者（文献生产者）在参与科学研究、生产经营、宏观管理、社会生活等各个领域的活动中产生的最原始的思想、数据、过程、结论、成果等。一次文献情报信息源的种类、出版形式和载体形态很多，人们在进行科研及技术工作时使用频率较高的十种情报来源合称为十大文献情报信息源，分别为图书、期刊、专利文献、标准文献、科技报告、学位论文、会议文献、政府出版物、产品样本、档案文献。其中图书和期刊合称普通文献，后八类统称特种文献。如今数字化电子图书、电子期刊、电子报纸、电子预印本（preprint）、开放存取电子资源等，在内容上均属一次文献范畴。一次文献构成文献情报信息源的主体，其特点是数量庞大，种类繁多，内容新颖详尽，具有原始性。

（2）二次文献。二次文献（secondary literature）也称检索文献，是指按一定方法对一次文献进行加工、整理、提炼、浓缩、标引，并按其外部特征（题名、作者等）和内容特征（分类、主题等）进行有序化处理后形成的文献形式。二次文献不是一次文献本身的汇集，而是一次文献特征的汇集，作为检索一次文献的工具，通过它们可以很方便地找到一次文献，或了解一次文献的内容。目录、书目、题录、索引、文摘等检索工具都是二次文献，其特点是客观忠实于原始文献，有独立使用价值，并具有高度浓缩性和可检索性。

（3）三次文献。三次文献（tertiary literature）也称集成文献，是利用二次文献，通过检索、筛选有关的一次文献，再加以分析、综合、加工而编写出来的第三个层次的集大成式文献，包括目录之目录、综述、教科书、百科全书、年鉴、手册、名录等工具书，以及网络版百科全书等，均属三次文献范畴。三次文献具有系统性、综合性、知识集成性特点，有利于提高利用文献中所含知识的效率。

此外，还未形成一次文献的知识信息可称为零次文献，是一种特殊形式的超前情报信息源，主要包括未正式发表的原始文献或非正式出版的文献资料，如实验记录、设计草图、论文草稿、谈话记录、会议记录和内部档案等。虽然一、二、三次文献都可以作为情报来源，但严格意义上的情报源多是一次文献，故以下按十大文献情报信息源及其数字资源分述。

4.2.1 图书

图书也称为书籍，是把记录事项按一定形式加以归纳整理、装订成册的文献，也是记录和保存知识、表达思想、传播信息的最古老、最主要的文献形式之一。

我国国家标准《文献著录总则》和《普通图书著录规则》中，称报纸、杂志等定期出版物以外的非定期出版物为图书。图书的著述方式大体可分为专著、编著、译著、汇编、类书等，使用范围各异。“著”指图书的主要观点、技术内容、素材均来自著者，严格意义上说，只有包含了著者本人的新观点、新思想、新材料和新方法的专著类图书才是一次文献，工具书则属于三次文献范畴。翻译不改变著作的文献层次，故译著中既会有一次文献（如专著），又会有三次文献（工具书）。此外，图书还可按作用分为学术专著、教科书、工具书（字典、辞典、百科全书、手册、年鉴等）等；按记录形式分为写本书、抄本书、印本书；按载体形态分为纸本图书、电子图书等。

作为一种重要的文献情报信息源，图书的特点首先体现在保存和传播知识方面。通过图书可以了解别人关于某个专门知识或学科的研究或对实践经验的系统论述。图书的成书过程较长，从写作到出版，要经过从选题到校对、从作者到编辑的多道工序及多次交互，因此图书的知识内容较其他形式的文献更成熟、更稳定、更系统、更完整。若要获得对某些学科或专题较全面、系统的了解，或对不熟悉的领域有基本的了解，阅读图书是个较好的途径。但其编辑出版周期长、传递情报的速度较慢、知识内容比期刊论文及特种文献晚且不便于随着时间的变化而更新，则是图书的缺点。

根据《2016 年中国图书出版业发展报告》①，2016 年全国图书出版量约为 50 万种，从世界范围来看，纸质图书仍占据核心地位，电子书的增速较前几年相比有所放缓，但仍处在增长阶段，包括智能手机、平板电脑和Kindle等移动设备的兴起，使人们的阅读习惯正逐渐由纸质阅读向数字阅读转移。

图书的数字化资源主要集中在各类书库网站中，可免费阅读的网站主要如下：

世界数字图书馆：http://www.wdl.org

超星读书：http://book.chaoxing.com/

① 魏玉山. 2016 年中国图书出版业发展报告. www.doc88.com/P-6476356321800.html，2017-05-20.

零点书屋：www.lingdianshuwu.com
我爱 E 书：http://www.52ebook.com
新浪读书：http://book.sina.com.cn/
易文网：www.ewen.com.cn/index.htm
白鹿书院：http://www.oklink.net/
时代书城：www.mypcera.com/book/
Kindle 推：http://www.kindlepush.com/
书伴：https://bookfere.com/
ePUBee 电子书库：cn.epubee.com/books/
书格：https://shuge.org/
云海免费电子图书馆：http://www.pdfbook.cn/
苦瓜书盘：https://kgbook.com/

商品化图书全文数据库主要如下：
方正中华数字书苑：www.apabi.cn/solution/source/b/
书生之家电子图书：http://edu.21dmedia.com/index/login.vm
Brill（博睿）电子书数据库：http://booksandjournals.brillonline.com/
Ebrary 电子图书：https://ebookcentral.proquest.com/

此外，世界数字图书馆、Google 全球图书馆（http://www.books.google.com）、CADAL 数字图书馆（http://www.cadal.zju.edu.cn）等数字图书馆均已建成并正在完善中。

图书中最具有知识价值的是经典著作——那些构成知识与文化源泉而历代传阅、经久不衰的书籍（叶鹰，2009）。经典著作是人类精神文化之源，其中汇集了前人积累的知识和思想，是读书治学的门径。

20 世纪 20 年代以来，不少大师、名家都为学生开列过一些推荐书目，如胡适推荐的国学书目 164 种和梁启超推荐的国学书目 160 种等。其中，1923 年梁启超先生据其“国学书目 160 种”浓缩成的“最低限度之必读书目”28 种颇为精辟，推荐品种覆盖了国学经、史、子、集四部精华——《四书》（算四种），《易经》《书经》《诗经》《礼记》《左传》《老子》《墨子》《庄子》《荀子》《韩非子》《战国策》《史记》《汉书》《后汉书》《三国志》《资治通鉴》《宋元明史纪事本末》《楚辞》《文选》（萧统编），《李太白集》《杜工部集》《白香山集》《韩昌黎集》《柳河东集》。

1953 年，北京图书馆经慎重考虑，推荐了我国最优秀文化遗产书目 20 种：《诗经》《楚辞》《李太白集》《杜工部集》《白香山集》《水浒传》《三国演义》《西游记》《红楼梦》《西厢记》《史记》《大唐西域记》《徐霞客游记》《论衡》《齐民要术》《梦溪笔谈》《营造法式》《东鲁王氏农书》《本草纲目》《天工开物》。1982 年，上海人民出版社胡道静先生补出 10 种：《老子》《墨子》《庄子》《孟子》《荀子》《韩非子》《孙子兵法》《春秋左氏传》《资治通鉴》《水经注》。这 30 种图书作为中国文化之代表作确有合理性，但也并非尽善尽美，如作为中国文化根基的“四书五经”就因故未被完整纳入其中。20 世纪 80 年代蔡尚思先生提出的最能代表中国文化的 40 种书籍也存在类似问题。

1997 年，清华大学教务处和人文社科学院参考校内外专家意见推出《清华大学学生应读书目（人文部分）》85 种，分中国文化、西方文化、中国文学、西方文学四类，每类约 20 种。1998 年，北京大学百年校庆时，请校内外 50 多名教授推出《北京大学学生应读书目》30 种：《周易》《诗经》《老子》《论语》《孙子兵法》《孟子》《庄子》《中国哲学简史》《科学史》《史记》《坛经》《古文观止》《中国近三百年学术史》《唐诗三百首》《宋词三百首笺注》《红楼梦》《鲁迅选集》《中国法律与中国社会》（瞿同祖著），《社会契约论》《理想国》《思想录》《纯粹理性批判》《神曲》《哈姆雷特》《约翰·克利斯朵夫》《共产党宣言》《资本论》《路德维希·费尔巴哈和德国古典哲学的终结》《毛泽东选集》《邓小平文选》。这些书品种覆盖古、今、中、外，代表性更加广泛。

考虑到学生能自由支配的时间和阅读精力，建议当今推荐书目遵循优质、适量、平衡三原则（叶鹰，2003）。

（1）质量选择上的优质原则：简称优质原则。任何推荐书目首先要精选质量上乘之作，每种书目的选择都应有理由，读者阅读每一本书都具有独特的意义或价值，也就是要以推荐有代表性的、高水平的经典著作为主，并选择精良版本。

（2）数量选择上的适量原则：简称适量原则。面向学生的推荐书目与面向专家的推荐书目应有所不同，数量上不能大而全，而应少而精。对大学生而言，应着眼于从科学技术、哲学社会科学及文学艺术等方面提高学生的修养，再结合学生能自由支配的时间和阅读精力综合考虑，推荐书目以 30~50 种为宜，并应尽可能避免与普通教学书籍重复。

（3）内容选择上的古今中外平衡原则：简称平衡原则。在优质和适量的约束下，推荐书目在内容选择上应考虑兼顾古今中外各个领域。

推荐书目既要质量优良、数量精简，又要涵盖中外、遍及古今，确实有些难。为此，在上述三原则约束下，基于对中西学术文化的整体考察，参考各学科学术史成果并结合原著鉴定，可分层次推荐经典如下。

面向文化公民的基础经典 20 种：代表东方文化的《唐诗三百首》《宋词三百首》《西游记》《三国演义》《水浒传》《红楼梦》《论语》《道德经》《坛经》《一千零一夜》；代表西方文化的《圣经故事》《希腊罗马神话》《伊索寓言》《格列佛游记》《时间机器》《哈姆莱特》《社会契约论》《西方哲学史》；增进艺术修养的《中外名画》《音乐之声》（电影）。

大学生课外阅读经典可在以上 20 种基础上增加核心经典 30 种。其中文学经典：《诗经》《楚辞》《古文观止》《神曲》《浮士德》《戈拉》；哲学经典：《形而上学》《未来形而上学导论》《逻辑哲学论》《四书章句集注》《周易》《孙子》；宗教与历史经典：《圣经》《古兰经》《般若心经》《史记》《世界简史》《历史研究》；社会科学经典：《社会契约论》《论法的精神》《就业利息和货币通论》《联合国宪章》《世界人权宣言》《共产党宣言》；科学经典：《几何原本》《物种起源》《相对论的意义》《时间简史》《黄帝内经》《天工开物》。

硕士生阅读经典再扩展 20 种，总量达到 70 种：《李太白集》《杜工部集》《西厢记》《万叶集》《伊利亚特》《奥德赛》《失乐园》《老人与海》《尚书》《文史通义》《荀子》《通书》《理想国》《新工具》《小逻辑》《结构主义》《实用主义》《本草纲目》《古今数学思想》《第三次浪潮》。

对于博士生，基于系统全面把握学术思想的考虑，阅读经典可以进一步扩展 30 种使总数达到 100 种。其中东方哲学经典：《庄子》《墨子》《韩非子》《奥义书》《善的研究》；西方哲学经典《方法谈》《纯粹现象学通论》《过程与实在》《人论》《客观知识》；经济学经典：《国富论》《经济学原理》《人口论》《经济分析基础》《经济学方法论》；管理学经典：《科学管理原理》《工业管理与一般管理》《人类动机理论》《管理决策新科学》《管理：任务、责任与实践》；政治法律经典：《政府论》《历史的地理枢纽》《拿破仑法典》《国际政治论》《国际法》；科学经典：《天体运行论》《自然哲学之数学原理》《电磁通论》《海陆的起源》《释梦》。

一个学者如能真正精读约百种有代表性的学术经典，则其学术基础立矣。

同时，版本选择也是关系阅读质量的关键要素，值得重视。优选中文版本的一般方法可参考：中国哲学经典宜选中华书局《新编诸子集成》本；西方哲学、历史、社会科学经典宜选商务印书馆《汉译世界学术名著丛书》本；中国文学名著可选人民文学出版社、上海古籍出版社、浙江古籍出版社等出版社的版本；外国文学名著宜选人民文学出版社《世界文学名著文库》和上海译文出版社《世界文学名著珍藏本》，等等。

当今学术发展已经形成众多分门别类的专深学术分支，每个学术分支都有专门的经典著作、核心期刊、特种文献等，构成独特的信息资源系统，并有专门的研究方法，要想进入学术前沿，只有掌握专业信息资源和专业研究方法才有可能，而所有推荐书目都只是希望学生能具备良好的知识与文化综合素质，以利发展和深入。不能过高估计推荐书目在当今学术系统中的价值，推荐书目的正确学术定位应是导引学者、指示门径，为其将来学术发展奠定知识基础和文化基础。

4.2.2　期刊

期刊又称连续性出版物，是一种有固定名称，有统一出版形式，每期刊载不同著者、译者、编者所撰写的论文，按一定编号顺序定期并无限期出版的文献载体。与图书相比，期刊最突出的特点是数量大、品种多、内容丰富、出版周期短、报道速度快、发行流通面广，因此能及时反映世界科技发展水平。由于期刊具有连续性的特点，因而成为反映不断发展着的学术研究的优良载体。这一特点，使期刊成为人们获取研究上的新发现、新思想、新见解、新问题的最重要来源。有些新发现、新创造、新观点、新方法在诞生之初并不是成熟的、稳定的、可靠的，它们往往不被图书接纳，却被期刊采用，这也正是期刊成为当代文献情报信息源主干的重要原因。

期刊具有数量大、品种多、内容丰富多样、传播面十分广泛等特点。由于国际上发表期刊论文的一整套制度比较成熟、规范，世界上主要检索工具也都以期刊论文为主要收录对象（约占 90%以上），因此，期刊已成为学术成就的正式记录，是科研人员发表研究成果的主要载体。据估计，会议论文中约有 35%、科技报告中约 50%、学位论文中约 20%的成果也都会经过一定程度的改写后发表在期刊上，而期刊的获取相对于其他类型的文献要容易，故期刊文献可在一定程度上弥补其他类型文献的不足。

根据功能和用途的不同，期刊也有许多类型，如学术性期刊、检索性期刊、评论性期刊、通信性期刊、数据资料性期刊、普及性期刊等。目前，除传统印刷型期刊外，以数字（电子）形式出版发行的期刊发展迅速，既有印刷型期刊的电子版，又有原生数字期刊，是互联网与出版行业发展到一定阶段的必然产物。相比传统期刊，数字期刊具有多终端、多渠道发行，覆盖更广阔地域、影响更广大人群的特点，尤其在过刊内容的利用方面也拥有传统印刷型期刊无法比拟的优势。同时，搜索技术也为数字期刊提供了良好的应用，用户可以通过标题、人名、关键词等检索，迅速找到最符合自己阅览需求的刊物和文章。此外，数字期刊更符合当今社会节能、降耗、减排的绿色环保概念，可以节省大量的森林资源、水资源、煤炭资源，为出版社节约印刷装订成本、物流运输成本、发行成本，降低滞销库存风险等。

《乌利希国际期刊指南》是一部权威的反映世界各国期刊和报纸出版信息的综合性指南，目前收录了 200 余种语言的约 15 万种期刊，覆盖 950 个学科。其中被 SCI/SSCI/AHCI 三大引文索引收录的核心期刊约占 10%，共约 1.5 万余种，可以说，SCI/SSCI/AHCI 收录期刊是最具学术影响力的学术期刊。由于英语作为国际交流语言的强势地位，SCI/SSCI/AHCI 收录期刊多为英语期刊。不过由于稿源的国际化，这些期刊确实也表征了国际主流学术，因此 SCI/SSCI/AHCI 收录期刊集中了学术研究的前沿信息，是必不可少的情报信息源。下面择要选择数十种 SCI/SSCI/AHCI 学术期刊，按“刊名，印刷本 ISSN，CBSN（中国图书进出口公司刊号，国内订购原版刊用），每年卷（期），创刊年-；SCI/SSCI/AHCI 收录标记，所归属全文数据库”格式编排如下，以引导读者认识一些常见代表性重要核心期刊。为培养情报人员识别期刊的基本功，以下刊名不提供中文翻译。

1）综合科技类

Nature，ISSN0028-0836，CBSN500C0004-A，6（52），1869-；SCI 收录刊，有独立网站 http://www.nature.com。

Science，ISSN0036-8075，CBSN500B0008，4（52），1883-；SCI 收录刊，有独立网站 http://www.sciencemag.org。

Nature 和 *Science* 是当今国际学术界最具影响力的综合性科技期刊，偏重发表热门学科或热点进展的科学研究论文和报告、评论，以独特的视角报道全球学术界各学科的新闻和事件，在生命科学界与 *Cell* 合称 CNS。此外，我国最高层次的综合性科技期刊《中国科学》（有 A，B，C，D，E 五辑，英文名称 *Science in China*，曾用拉丁名 *Scientia Sinica*），也是 SCI 收录刊。

2）数学类

American Journal of Mathematics，ISSN0002-9327，CBSN510B0006，1（6），1878-；SCI 收录刊，美国最早的数学杂志。

Annals of Mathematics，ISSN0003-486X，CBSN510B0008，2（6），1884-；SCI 收录刊。

Communicationson Pure and Applied Mathematics，ISSN0010-3640，CBSN510B0009，

1（12），1948-；SCI 收录刊。

以上仅列三种重要综合性数学期刊，数学各分支均有核心期刊。

3）物理类

Journal of Physics；SCI 收录刊，各分册为：

A. *Mathematical & General*，ISSN0305-4470，1（12），1968-

B. *Atomic，Molecular & Optical Physics*，ISSN0953-4075，CBSN538C0013，1（24），1968-

C. *Condensed Matter*，ISSN0953-8984，CBSN538C0014，1（50），1968-

D. *Applied Physics*，ISSN0022-3727，CBSN539C0001，1（50），1968-

E. *Scientific Instrument*，ISSN0022-3735，1（12），1968-

F. *Metal Physics*，ISSN0305-4608，CBSN751C0057，1（12），1971-

G. *Nuclear & Particle Physics*，ISSN0954-3899，CBSN538C0015，1（12），1975-

Nuclear Physics；SCI 收录刊，Elsevier SDOL 数据库中有数字化全文，两分册为：

A. ISSN0375-9474，CBSN538LB001-A，（12），1956-

B. ISSN0550-3213，CBSN538LB001-B，（12），1956-

Philosophical Magazine，1798-；SCI 收录刊，两分册为：

A. *Physics of Condensed Matter Structure Effects and Mechanical Properties*，ISSN0141-8610，1（6）

B. *Physics of Condensed Matter Statistical Mechanics，Electronic Optical and Magnetic Properties*，ISSN0141-8637，CBSN530C0001-B，1（12），1798-

Physical Review，1893-；SCI 收录刊，APS（*The American Physical Society*，美国物理学会）电子期刊数据库中有数字化全文，URL 为 https://journals.aps.org/，各分册为：

A. *General Physics*，ISSN1050-2947，2（12），1970-

B. *Solid sstate*，ISSN0163-1829，2（24），1970-

C. *Nuclear Physics*，ISSN0556-2813，2（12），1970-

D. *Particles and Fields*，ISSN0556-2821，2（24），1970-

E. *Statistical，Nonlinear & Soft Matter Physics*，ISSN2470-0045，CBSN530B0002-1E，2（12）

Physica；SCI 收录刊，Elsevier SDOL 数据库中有数字化全文，各分册为：

A. *Statistical Mechanics & Its Applications*，ISSN0378-4371，CBSN530LB007，（24），1975-

B. *Condensed Physics*，ISSN0921-4526，CBSN530LB008，（24），1975-

C. *Superconductivity & Its Applications*，ISSN0921-4534，CBSN530LB010，（12），1988-

D. *Nonlinear Phenomena*，ISSN0167-2789，CBSN530LB009，（24），1980-

Physics Letters；SCI 收录刊，Elsevier SDOL 数据库中有数字化全文，两分册为：

A. *General，Atomic，Molecular & Solid Physics*，ISSN0375-9601，CBSN

530LB004-A，（48），1967-

B. *Nuclear Physics & High Energy Physics*，ISSN0370-2693，CBSN530LB004-B，（12），1967-

4）化学类

Journal of the American Chemical Society（JACS），ISSN0002-7863，CBSN540B0003-1，1（51），1879-；SCI 收录刊，重要的化学学术杂志，ACS（American Chemical Society，美国化学学会）电子期刊数据库中有数字化全文，URL 为 http://pubs.acs.org。

Journal of the Chemical Society，1848-；SCI 收录刊，包括：

Dalton Transactions：Inorganic Chemistry，ISSN0300-9246，1（12），1972-

Perkin Transactions I：Organic &Bio-organic Chemistry，ISSN0300-922X，1（12），1972-

Perkin Transactions II：Physical Organic Chemistry，ISSN0300-9580，1（12），1972-

Faraday Transactions I：Physical Chemistry，ISSN0300-9599，1（12），1905-

Faraday Transactions II：Chemical Physics，ISSN0300-9238，1（12），1905-

Journal of Organic Chemistry，ISSN0022-3263，CBSN545B0002-1，1（24），1936-；SCI 收录刊，有机化学领域著名期刊，ACS 电子期刊数据库中有数字化全文，URL 为 http://pubs.acs.org。

Journal of Physical Chemistry，1896-；SCI 收录刊，ACS 电子期刊数据库中有数字化全文，URL 为 http://pubs.acs.org，分册为：

A. *Molecules，Spectroscopy，Kinetics，Environment &General theory*，ISSN1089-5639，CBSN542B0006-1A，1（51），1896-

B. *Condensed Matter，Materials，Surfaces，Interfaces &Biophysical*，ISSN1089-5647，1（51），1896-

C. *Nanomaterials，Interfaces & Hard Matter*，ISSN1932-7447，1（51），1896-

Talanta，ISSN0039-9140，CBSN546LB005，1（15），1958-；SCI 收录刊，Elsevier SDOL 数据库中有数字化全文，是国际分析化学杂志。

5）生物类

生命科学与技术是蓬勃发展的科技领域，很难全面穷尽各分支核心期刊，这里只列出围绕分子生物学的一部分。

Biochimica et Biophysica Acta（BBA），1947-；SCI 收录刊，Elsevier SDOL 数据库中有数字化全文，各分册为：

Bioenergetics，ISSN0005-2728，CBSN582LB006-A，1（12），1970-

Biomembranes，ISSN0005-2736，CBSN582LB006-G，1（12），1970-

Gene Structure and Expression，ISSN0167-4781，1（12），1970-

General Subjects，ISSN0304-4165，CBSN582LB006-B，1（12），1980-

Lipids and Lipid Metabolism，ISSN0005-2760，1（12）

Molecular and Cell Biology of Lipids，ISSN1388-1981，CBSN582LB006-F，1（12）

Molecular Basis of Disease，ISSN0925-4439，CBSN582LB006-L，1（12），1991-

Molecular Cell Research，ISSN0167-4889，CBSN582LB006-I，1（12），1982-

Proteins and Proteomics，ISSN1570-9639，CBSN582LB006-E，1（12），1967-

Protein Structure and Molecular Enzymology，ISSN0167-4838，1（12）

Reviews on Biomem Branes，ISSN0304-4157，CBSN582LB006-K，1（3），1977-

Reviews on Cancer，ISSN0304-419X，CBSN582LB006-H，2（4），1977-

International Journal of Biochemistry and Cell Biology，ISSN1357-2725，CBSN582C0051，1（12），1970-；SCI 收录刊，Elsevier SDOL 数据库中有数字化全文。

Philosophical Transactions of the Royal Society B Biological Sciences，ISSN0962-8436，CBSN580C0007，1（24），1665-；SCI 收录刊，是世界上第一种学术期刊，也是从事生物科学工作的科学家必读的刊物。

6）地学类

American Journal of Science，ISSN0002-9599，CBSN565B0001，1（10），1818-；SCI 收录刊，是美国第一种科学期刊。

Journal of Geology，ISSN0022-1376，CBSN565B0005，1（6），1893-；SCI 收录刊。

Journal of the Geological Society，ISSN0016-7649，CBSN565C0005，1（6），1845-；SCI 收录刊。

Journal of Geophysical Research-，1896-；SCI 收录刊，各分册为：

Atmospheres，ISSN2169-897X，CBSN562B0004-D/P，1（24），1978-

Biogeosciences，ISSN2169-8961，1（12）

Earth Surface，ISSN2169-9011，1（4）

Oceans，ISSN2169-9291，CBSN562B0004-C/I，1（12），1978-

Planets，ISSN2169-9100，1（12）

Solid Earth，ISSN2169-9313，CBSN562B0004-B/P，1（12），1978-

Space Physics，ISSN2169-9402，CBSN562B0004-A/I，1（12）

Lithos，ISSN0024-4937，CBSN560LB056，7（28），1968-；SCI 收录刊，Elsevier SDOL 数据库中有数字化全文，是国际矿物学、岩石学与地球化学杂志。

7）天文类

Acta Astronomica，ISSN0001-5237，CBSN550LH001，1（4），1951-；SCI 收录刊。

Astronomical Journal，ISSN1538-3881，CBSN550B0001/I，1（12），1849-；SCI 收录刊。

Astronomy and Astrophysics，ISSN0004-6361，（24），1969-；SCI 收录刊。

Astrophysical Journal，ISSN0004-637X，CBSN553B0001=1，（36），1895-；SCI 收录刊。

Icarus，ISSN0019-1035，CBSN550B0002，（18），1962-；SCI 收录刊，刊名来源

于希腊神话。

Observatory，ISSN0029-7704，CBSN551C0001，1（6），1877-；SCI 收录刊。

8）工学类

工程技术是个庞大的领域，很难全面穷尽各方面核心期刊，这里仅围绕电子信息技术选择一部分作为代表。

以 *IEE Proceedings* 和 *IEEE Transactions* 为主的系列期刊是著名的 IEE/IEEE 出版物的核心，均为 SCI 收录刊，数字化全文集中在 *IEEE/IET Electronic Library* 期刊、会议录、标准数据库中，包括：

IEE Proceedings-Communications，ISSN1350-2425，1（6）

IEE Proceedings-Control Theory and Applications，ISSN1350-2379，1（6）

IEE Proceedings-Electric Power Applications，ISSN1350-2352，1（6）

IEE Proceedings-Opoelectronics，ISSN1350-2433，1（6）

IEE Proceedings-Science Measurement and Technology，ISSN1350-2344，1（6）

IEEE Journal of Oceanic Engineering，ISSN0364-9059，1（4）

IEEE Journal of Quantum Electronics，ISSN0018-9197，CBSN730B0001JQE，1（6），1965-

IEEE Transactions on Aerospace and Electronic Systems，ISSN0018-9251，CBSN730B0001TAE/I，1（6），1965-

IEEE Transactions on Automatic Control，ISSN0018-9286，CBSN730B0001TAC，1（12），1956-

IEEE Transactions on Communications，ISSN0090-6778，CBSN730B0001TCO，1（12），1972-

IEEE Transactions on Computers，ISSN0018-9340，1（12）

IEEE Transactions on Consumer Electronics，ISSN0098-3063，CBSN730B0001TCE，1（4），1975-

IEEE Transactions on Education，ISSN0018-9359，CBSN730B0001TE，1（4），1958-

IEEE Transactions on Fuzzy Systems，ISSN1063-6706，CBSN730B0001TFS，1（6），1993-

IEEE Transactions on Image Processing，ISSN1057-7149，CBSN730B0001TIP，1（6），1992-

IEEE Transactions on Information Theory，ISSN0018-9448，CBSN730B0001TIT，1（12），1953-

IEEE Transactions on Knowledge and Data Engineering，ISSN1041-4347，1（12）

IEEE Transactions on Medical Imaging，ISSN0278-0062，CBSN730B0001TMI，1（12），1982-

IEEE Transactions on Neural Networks，ISSN1045-9227，1（12）

IEEE Transactions on Nuclear Science，ISSN0018-9499，CBSN730B0001TNS，1

（12），1954-

IEEE Transactions on Power Systems，ISSN0885-8950，CBSN730B0001TP，1（6），1986-

IEEE Transactions on Robotics and Automation，ISSN1042-296X，1（6）

IEEE Transactions on Signal Processing，ISSN1053-587X，CBSN730B0001TSP，1（6），1974-

IEEE Transactions on Software Engineering，ISSN0098-5589，1（12）

等等。

International Journal of Engineering Science，ISSN0020-7225，CBSN710C0009，1（12），1963-；SCI 收录刊，Elsevier SDOL 数据库中有数字化全文。

9）农学类

农学包括农、林、牧、渔等分支，也很难全面穷尽，仅从有关分支略选一二列出：

Journal of Agricultural Science，ISSN0021-8596，CBSN650C0004/IP，1（10），1905-；SCI 收录刊。

Journal of the American Society for Horticultural Science，ISSN0003-1062，CBSN670B0003，1（6），1903-；SCI 收录刊。

Journal of the American Veterinary Medical Association，ISSN0003-1488，CBSN693B0003，2（24），1877-；SCI 收录刊。

Journal of Animal Science，ISSN0021-8812，CBSN690B0003/P=1，1（12），1942-；SCI 收录刊，是美国研究畜牧学的主要杂志。

Journal of Forestry，ISSN0022-1201，CBSN680B0005，1（8），1902-；SCI 收录刊。

Poutry Science，ISSN0032-5791，CBSN690B0005，1（12），1908-；SCI 收录刊。

10）医学类

医药科学分支众多，各分支都有自己的核心期刊，这里只是从各分支中略选一二列出：

American Journal of the Medical Sciences，ISSN0002-9629，CBSN610B0001，2（12），1820-；SCI 收录刊。

American Journal of Medicine，ISSN0002-9343，CBSN638B0030，1（12），1910-；SCI 收录刊，Elsevier SDOL 数据库中有数字化全文。

American Journal of Surgery，ISSN0002-9610，CBSN644B0001，2（12），1890-；SCI 收录刊，Elsevier SDOL 数据库中有数字化全文。

British Medical Journal，ISSN1756-1833，CBSN610C0003/I，（51）；SCI 收录刊。

European Journal of Pediatrics，ISSN0340-6199，CBSN647E0003，1（12），1910-；SCI 收录刊。

JAMA-Journal of the American Medical Association，ISSN0098-7484，CBSN610B0010，2（48），1883-；SCI 收录刊，是美国著名医学周刊，世界上发行范围最广泛的医学杂志。

Journal of Immunology，ISSN0022-1767，CBSN631B0004，2（24），1916-；SCI 收录刊。

Lancet，ISSN0140-6736，CBSN610C0004，1（52），1823-；SCI 收录刊，这就是著名医学期刊"柳叶刀"，医学界所重视的综合性理论医学刊物。

11）政治法律类

American Journal of International Law，ISSN0002-9300，CBSN340C0570/IP，1（4），1907-；SSCI 收录刊。

American Journal of Political Science，ISSN0092-5853，CBSN310B0054，1（4），1957-；SSCI 收录刊。

British Journal of Political Science，ISSN0007-1234，CBSN310C0065，1（4），1971-；SSCI 收录刊。

12）经济管理类

Economic Journal，ISSN0013-0133，CBSN270C0003，1（8），1891-；SSCI 收录刊。

Journal of International Economics，ISSN0022-1996，CBSN270LB002，3（6），1971-；SSCI 收录刊，Elsevier SDOL 数据库中有数字化全文。

Omega-International Journal of Management Science，ISSN0305-0483，CBSN714C0004，（9），1973-；SSCI 收录刊，Elsevier SDOL 数据库中有数字化全文，是一种国际管理学杂志。

13）图书情报类

Information Processing & Management（IP&M），ISSN0306-4573，CBSN375C0005，1（6），1963-；SSCI 收录刊，Elsevier SDOL 数据库中有数字化全文。

Journal of Information Science，ISSN0165-5515，CBSN375B0049，1（6），1979-；SSCI 收录刊。

Journal of the Association for Information Science and Technology，ISSN2330-1635，CBSN375B0002，1（12），1950-；SSCI 收录刊。

14）文学艺术类

Comparative Literature，ISSN0010-4124，CBSN420B0002，1（4），1949-；AHCI 收录刊。

Journal of Aesthetics and Art Criticism，ISSN0021-8529，CBSN480B0001，1（4），1942-；AHCI 收录刊。

World Literature Today，ISSN0196-3570，CBSN420B0052，1（4），1927-；AHCI 收录刊。

15）历史文化类

Historical Journal，ISSN0018-246X，CBSN210C0002，1（4），1958-；AHCI 收录刊。

Journal of Modern History，ISSN0022-2801，CBSN210B0003，1（4），1929-；AHCI 收录刊。

Journal of Pacific History，ISSN0030-8684，CBSN210B0005，1（4），1932-；AHCI 收录刊。

16）哲学宗教类

Journal of Philosophy，ISSN0022-362X，CBSN110B0003，1（12），1904-；AHCI 收录刊。

Journal of Religion，ISSN0022-4189，CBSN490B0055，1（4），1921-；AHCI 收录刊。

Philosophy，ISSN0031-8191，CBSN110C0002，1（4），1926-；AHCI 收录刊。

此外，对于中国的人文学科和社会科学研究来说，中国人民大学的复印报刊资料系列（报刊资料选汇）是一套重要的情报资料，含期刊 145 种，共分四大系列，即专题系列刊（121 种）、文摘卡系列刊（14 种）、经济信息总汇系列刊（8 种）、综合文萃（2 种）。各个学术专题刊物均包括全文转载部分与题录索引部分。全文转载部分精选公开发行报刊上的重要论文，全文重新录入排版。期未被转载的文献，则编排为题录索引，排在正文之后，是该学科或专题的论文和有关材料篇目的定期整理、筛选、汇集，也是读者全面掌握和检索学术资料的工具。由此，形成一个有代表性的原始-检索文献系统。下面列出代表性分册。

类号	名称	每年出版期数
B1	哲学原理	12
B2	科学技术哲学	12
B3	逻辑	12
B4	心理学	12
B5	中国哲学	12
B6	外国哲学	12
B7	美学	12
B8	伦理学	12
B9	宗教	6
C1	社会科学总论	4
C4	社会学	6
C5	人口学	6
C8	新思路	4
D4	中国政治	12
D41	法学	12
D7	国际政治	12
F10	国民经济管理	12
F11	理论经济学	12
F2	农业经济研究	12
F3	产业经济	12
F51	贸易经济	12
F52	国际贸易研究	6
F7	经济史	12
F8	世界经济导刊	12

F9	旅游管理	6
G0	文化研究	6
G1	教育学	12
G4	高等教育	12
G6	新闻与传播	4
G7	档案学	4
G8	体育	12
G9	图书馆学情报学	12
H1	语言文字学	12
J1	文艺理论	12
J2	中国古代、近代文学研究	12
J3	中国现代、当代文学研究	12
J4	外国文学研究	12
J51	舞台艺术、戏曲、戏剧	12
J52	舞台艺术（音乐、舞蹈）	12
J7	造型艺术	12
J8	影视艺术	12
K1	历史学	12
K21	先秦、秦汉史	12
K22	魏晋南北朝隋唐史	12
K23	宋辽金元史	6
K24	明清史	12
K3	中国近代史	12
K4	中国现代史	12
K5	世界史	12
K9	地理	12
N1	科技管理	12
Z1	出版业	12

此外，文科学者通常也把在《中国社会科学》上发表的论文，被《中国社会科学文摘》和《新华文摘》转载或摘要收录的论文视为重要论文。

期刊是目前十大文献情报信息源中全文数字化最完善的类型，已有的期刊全文数据库多达数百种，具有代表性的如下。

【Elsevier SDOL】

Elsevier 是荷兰一家全球著名的学术期刊出版商，每年出版大量的学术图书和期刊，大部分期刊被 SCI、SSCI、EI 收录，是世界上公认的高品位学术期刊。近几年该公司将其出版的 2 500 多种期刊和 11 000 多种图书全部数字化，即 Science Direct 全文数据库，并通过网络提供服务，成为世界著名的电子期刊全文数据库之一。

除了全文数据库 Science Direct，Elsevier 于 2004 年 11 月推出二次文献数据库

Scopus，是目前全球规模最大的摘要和引文数据库。目前 Scopus 收录来自 5 000 家出版商 22 700 多种经同行评议的出版物，其中，3 600 多种提供开放获取，涵盖了 15 000 多种科学、技术、医学、社会科学及艺术和人文科学领域的研究成果，为科研人员提供追踪，成为分析和可视化研究的智能工具。

2010 年 8 月，Elsevier 公司将 Science Direct、Scopus 以及 Scirus 整合在一个集成性的检索平台，即 SciVerse 上，SciVerse Science Direct 平台上的资源分为自然科学与工程、生命科学、健康科学、社会科学与人文科学四大学科领域，涵盖了 24 个学科，包含农业和生物科学，生物化学，遗传学和分子生物学，商业、管理和财会，化学工程学，化学，计算机科学，决策科学，地球和行星学，经济学、计量经济学和金融，社会科学，能源和动力，工程和技术，环境科学，免疫学和微生物学，材料科学，数学，医学，神经系统科学，药理学，毒理学，药物学，物理学和天文学以及心理学。

【Springer Link】

Springer 出版公司是德国一家世界著名的出版公司，每年出版期刊超过 2 000 种，涵盖了自然科学、技术、工程、医学、法律、行为科学、经济学、生物学和医学等 11 个学科。Springer 出版的期刊 50%以上被 SCI 和 SSCI 收录，一些期刊在相关学科拥有较高的排名。

Springer 电子期刊数据库涵盖了 Springer 所出版的 1 400 多种期刊，也包括了原 Kluwer 出版社的全部期刊。学科涉及生物医药、商业与管理、化学、计算机科学、地球科学、经济学、教育、工程、环境、地理、历史、法学、生命科学、文学、材料科学、数学、医药卫生、药学、哲学、物理、政治学与国际关系、心理学、社会科学和统计。

最近，Springer Link 平台已开通 2005 年版权年以来的所有英文电子图书，以及 1997 年以来的三套丛书（*Lecture Notes in Computer Science*、*Lecture Notes in Mathematics*、*Lecture Notes in Physics*）的使用。该平台现提供 3 300 多种期刊、23 300 多种电子图书、6 000 多种电子丛书、850 多种参考工具书、46 000 多种实验室指南。

【IEEE/IET Electronic Library】

IEEE/IET Electronic Library 是美国电气电子工程师学会（Institute of Electrical and Electronics Engineers，IEEE）和英国工程技术学会（Institution of Engineering and Technology，IET，2006 年 3 月由英国电气工程师学会与英国企业工程师学会合并组成）所有出版物的电子版全文数据库，其权威的内容覆盖了电气电子、航空航天、计算机、通信工程、生物医学工程、机器人自动化、半导体、纳米技术、电力等各种技术领域。

IEL 数据库提供 IEEE 和 IET 出版的以下各类文献。

（1）170 余种 IEEE 和 20 余种 IET 期刊与杂志，总数达 400 多种（包括过刊及更名刊）。

（2）每年 1 200 多种 IEEE 会议录和 20 多种 IET 会议录，总量超过 17 000 卷。

（3）60 多种 VDE 会议录，超过 4 500 篇。

（4）2 600 多种 IEEE 标准（包括现行标准和存档标准）。

（5）300 多万篇全文文档，提供 1988 年以后的全文文献，部分历史文献回溯到 1872 年。

IEL 更新速度很快，一般每周更新一次，每月增加 25 000 篇最新文献。而且，每年 IEEE 还会有新的出版物加入 IEL 中去。通过 IEL 全文数据库，读者可查阅到 IEEE 和 IET 编辑出版的所有出版物的全文，包括相应的印刷型出版物的全部内容，诸如图表、曲线图、相片等，读者不仅能查阅到它们的学术论文，又能查阅未被文摘摘录的出版物目次、信息交流、新产品评说、编者的话等信息。

IEL 的搜索引擎由 IEEE XPLORE 做平台，提供的功能有：每周内容更新，所有文章、论文和标准均采用 PDF 格式，含期刊目录的直接链接，期刊目录可以浏览，可检索摘要/引文，OPAC 链接等。IEL 全文数据库也可以利用 INSPEC 数据库作为它的索引，凡 IEEE 和 IET 出版的文献，根据 INSPEC 提供的文献出处，能很方便地在 IEL 中查找到所需的全文。

【EBSCO Academic Source Complete / Business Source Complete（ASC&BSC）】

美国 EBSCO 公司是全球最大的集成数据库出版商和期刊代理商，开发了近 100 多个在线文献数据库，涉及自然科学、社会科学、人文和艺术等多种学术领域。其中两个主要全文数据库是学术期刊数据库（academic source premier，ASP）和首要商业资源库（business source premier，BSP）。学术资源数据库（academic source complete，ASC）和完全商业资源数据库（business source complete，BSC）为 ASP 和 BSP 数据库的升级版本，完全覆盖原 ASP/BSP 数据库的所有收录内容，并在全文文献收录种类和内容上做了大幅度升级与扩展。这些数据库将二次文献与一次文献捆绑在一起，为最终用户提供文献获取一体化服务，检索结果为文献的目录、文摘、全文（PDF 格式）。

学术资源数据库为综合学科参考类全文数据库。涵盖社会科学、教育、法律、医学、语言学、人文、工程技术、工商经济、信息科技、通信传播、生物科学、教育、公共管理、社会科学、历史学、计算机、科学、传播学、法律、军事、文化、健康卫生医疗、宗教与神学、生物科学、艺术、视觉传达、表演艺术、心理学、哲学、妇女研究、各国文学等学术研究领域。收录了 7 100 多本全文期刊，包括 6 100 多本同行评审期刊。除全文之外，该数据库还提供了 10 000 多本期刊的索引和摘要，出版物总计超过 11 400 本，包括专题论文、报告、会议论文等，同时它还提供了可追溯至 1865 年的 PDF 资料，全文标题的绝大部分都采用本地（可搜索）PDF 格式。

商业资源数据库收录各种重要的商业学术类期刊的索引及摘要，其中有 3 000 多种全文期刊（1 699 种为 peer-reviewed），有 1 200 种全文期刊提供可查找引文参考的功能（searchable cited references），还包括 Bernstein Financial Data 伯恩斯坦财务分析报告、EIU272 种全文出版品、8 种晨星基金股票分析出版品、AICPA 美国会计师协会出版品、Richard K. Miller & Associates 市场研究报告及 Global Insight、ICON Group International，Inc 等报告。值得注意的是，收录哈佛大学知名教授的 55 段研讨会视频（seminar video），让师生可以不出国亦可聆听国外知名教授的研讨会。此外，还收录了将近 300 篇哈佛大学的“CASE STUDY”全文。

2009 年 3 月，在中国高等教育文献保障系统（China Academic Library & Information System，CALIS）的努力与合作下，EBSCO 完成了 CALIS 联盟成员通过 Google Scholar 直接查询和获取 EBSCO 数字资源的设置。现有 CALIS EBSCO 集团用户，可以通过

Google Scholar（http://scholar.google.com/ ）直接查询和下载 EBSCO 全文。

【JSTOR】

JSTOR 全名为 Journal Storage，始于美仑基金会的数字典藏计划，是一个对过期期刊进行数字化的非营利性机构，于1995年8月成立。该机构鉴于期刊订费高涨，及过期期刊对于图书馆所造成经费及存放空间等问题，有计划地建立核心学术性过期期刊的数字化存档，以节省空间，同时提供资料检索的功能，有效提高资料使用的便利性。

近年来，JSTOR 收录期刊数量不断增加。截至 2011 年 11 月，已经有 817 家出版社参与 JSTOR 项目，收录期刊 1 482 种，收录约 716 万篇文献，合计约 4 400 万页。目前JSTOR是以政治学、经济学、哲学、历史等人文社会学科主题为中心，兼有一般科学性主题共十几个领域的代表性学术期刊的全文库。

JSTOR全文数据库以收录过期西语期刊为任务和目标，所提供的期刊绝大部分都从1卷1期开始，回溯年代最早至1665年。过刊库中的“最新期刊”多为三至五年前的期刊，这与一般定义的最新出版的期刊不同，两者之间有一段固定的时间间隔，称为推迟间隔（moving wall）。计算推迟间隔时，当前不完整的年份不计算在内。

【万方数据知识服务平台】

万方数据知识服务平台是中国科学技术信息研究所、万方数据集团公司开发的网上大型科技、商务信息平台，内容涉及自然科学和社会科学各个专业领域，集纳了涉及各个学科的期刊、学位、会议、外文期刊、外文会议等类型的学术论文、法律法规、科技成果、专利、标准和地方志。

万方的学术期刊资源文献形式为全文。内含期刊7 600余种，核心期刊3 000余种，论文总数 7 900 余万，每年增加 300 万篇，涵盖理、工、农、医、人文社科等各个专业，分为哲学政法、社会科学、经济财政、教科文艺、基础科学、医药卫生、农业科学、工业技术八大学科。期刊收录时间 1998 年至今，每周两次更新。

万方数据知识服务平台中还提供了西语期刊论文资源库，文献形式为全文。收录了1995 年以来世界各国出版的 20 900 种重要学术期刊，部分文献有少量回溯。每年增加论文约百万余篇，每月更新。

【维普期刊资源整合服务平台】

维普期刊资源整合服务平台是重庆维普资讯有限公司推出的中文科技期刊资源一站式服务平台，整合期刊文献检索、文献引证追踪、科学指标分析、高被引析出文献、搜索引擎服务五大模块，各模块之间功能互联互通、数据相互印证。

中文科技期刊数据库是维普期刊资源整合服务平台的重要组成部分（期刊文献检索模块）。目前已拥有包括港澳台地区在内 7 000 余家大型机构用户，是我国数字图书馆建设的核心资源之一，是高校图书馆文献保障系统的重要组成部分，也是科研工作者进行科技查证和科技查新的必备数据库。收录 14 200 余种国内出版的社会科学、自然科学、工程技术、农业科学、医药卫生、经济管理、教育科学和图书情报学科领域期刊，累积数据6 093余万篇，大多数期刊时间跨度为1989年至今，部分期刊回溯至1955年。

维普数据库的特点是收录期刊，尤其是科技期刊较齐全，核心期刊含量高；检索功能较完善，具有检索入口多、辅助手段丰富、查全查准率高和人工标引准确的传统优点，系统内核采用国内最先进的全文检索技术。期刊全文采用扫描方式加工，保持了全文原貌。

【中国知网】

中国知网（CNKI），始建于 1999 年 6 月，是由清华大学、清华同方发起的大型学术期刊数据库。目前，CNKI 包括中国学术期刊（网络版）、中国学术特辑全文数据库、世纪期刊、中国博士学位论文全文数据库、中国优秀硕士学位论文全文数据库、中国重要报纸全文数据库、中国重要会议论文全文数据库、中国专利全文数据库等。

中国学术期刊（网络版）是世界最大的连续动态更新的中国学术期刊全文数据库，内容覆盖自然科学、工程技术、农学、哲学、医学、人文社会科学等各个领域。目前，收录国内学术期刊 10 245 种，全文文献总量 5 756 万篇，时间回溯到 1915 年，部分期刊回溯至创刊。与维普数据库相比，CNKI 的优势是文科文献（尤其是文史哲）收录最多。

4.2.3 专利文献

专利是对技术发明给予法律保护的一种制度，专利权与商标权、工业品外观设计等一道构成工业产权，工业产权又与版权一道构成知识产权。自 1617 年英国首先建立专利制度以来，世界上主要工业国家都先后建立了专利制度。随着经济和技术的国际化，还产生了一系列与专利有关的国际条约，如专利合作条约（Patent Cooperation Treaty，PCT）、欧洲专利公约（European Patent Convention，EPC）等。

广义的专利文献是指实行专利制度的国家及国际性专利组织在审批专利过程中产生的官方文件及其出版物的总称，包括专利申请书、专利说明书、专利分类、专利公报、专利文摘、专利证书等。狭义的专利文献则仅指专利说明书、权利要求书、说明书附图、说明书摘要等。20 世纪 80 年代初，全世界有 130 多个国家建立了专利制度（包括发明证书制度），80 年代中期，全世界已通报的专利说明书累计总量已达 3 000 万件。

专利号是识别专利的独特标识，有申请专利号和授权专利号之分。英国 Derwent 公司（现已并入汤森路透集团）是收集专利文献的著名机构，其编制的双字母国别缩写加各国专利编号成为专利号的国际标准，包括：

US：美国专利

GB：英国专利

DE：德国专利

FR：法国专利

JP：日本专利

EP：欧洲专利

WO：PCT 专利

以上七类专利代表着世界工业技术水平，是重要的技术情报信息源。

专利文献是一种标准化的连续出版物，其出版规律是按月或半月、旬、周定期出版专利（局）公报，报道新公布（公开或公告、授权）的专利申请或专利目录、文摘或索引，同时出版相应的专利说明书。在专利文献的各种出版物中，专利说明书出版量最大，也是专利文献的主体，其主要作用一方面是公开技术信息，另一方面是限定专利权的范围。人们在利用专利文献时，最终要得到的就是这种全文出版的专利文件。

专利文献无论是形式上还是内容上都具有区别于其他文献类型的特殊之处。由于构成专利起码要符合新颖性、先进性和实用性三个条件，因此，专利反映的发明都是首先取得、在此之前不曾发表过的有关文献，在技术上有独到之处并对实际应用有价值。此外，专利文献还具有下列特点。

（1）详尽、实用性强。各国专利法对专利说明书内容叙述的详尽程度都有明确规定；一般要求叙述详尽、具体，以所属技术领域的普通技术人员可据说明书中所介绍的内容实施发明成果。有的企业通过了解竞争对手的专利即可大致了解其产品门类的变化和技术改进，从而拟订自己的发展对策。

（2）涉及技术领域广泛。凡可以在工业上直接应用的一切发明、改进、外观设计都可在专利文献中得到反映，从别针、纽扣等日常生活用品到尖端技术及与此相关的生产工艺、设备、材料、方法等，无所不包。

（3）专利文献集技术、法律和经济情报为一体。每一件专利说明书都记载着解决一项技术课题的技术细节，同时也包含发明所有权和权力要求范围的法律状况，这一性质使它成为保护知识产权的主要依据。从经济活动来说，通过查阅专利文献，可以找到购买许可证的对象，也可根据专利的分布情况，分析技术销售的规模、潜在市场行情、发明的经济效益和国际的竞争范围。从专利文献中可了解发明技术的实质、专利权的范围和时限，还能根据专利申请活动的情况，觉察正在开拓的新技术市场以及它对经济发展的影响。

（4）可靠性强，质量高。由于专利文献的撰写要求严格，发明说明书等有关文件的撰写大多是由受过专门训练的代理人会同发明人共同完成的，而且还需经过专利局的严格审查，在阐述技术的准确性方面超过一般科技文章。除了大多数国家对专利审查的三性要求，由于专利申请和授权后的法律保护都需要花费较大的精力和费用，大多数申请人也只会选择最有价值的发明创造去申请专利。

（5）内容新颖，出版迅速。由于各国专利法均规定申请专利的发明必须具有新颖性，大多数国家都采取了先申请制、早期公开和延迟审查制，由此发明人在完成发明构思后迅速申请专利变得至关重要，无疑加快了发明内容公开化的进程。因此专利文献成为报道新技术最快的一种情报信息源。

（6）内容详细，格式规范化。各国专利说明书基本上都是按照国际统一的格式印刷出版，著录项目都有统一的识别代码，国家名称也有统一的代号。更重要的是，专利文献均采用或标注国际专利分类号，划分发明所属技术领域，从而使人们即便不懂原文也能识别该说明书的一些特征，给查找专利文献提供了方便，使专利文献成为便于检索的、系统化的情报信息源。

（7）某些国家的专利申请书含有对期刊文献的引证，因此，可据此分析科学与技术的关联。

专利文献的上述特点，使它在传递科技信息和经济信息方面发挥着极为重要作用。据统计专利文献只占文献的 10%左右，却能提供 40%左右的新产品信息量。全世界新技术的 90%~95%是通过专利文献公布于世的。因此，专利文献成为制定科研规划、制定产品组合战略、确定工艺路线、实施技术改造的一个主要技术情报源。日本的市场战略同专利战略密切相关，不少企业每实施一项专利技术可连锁产生多项革新，他们在1956~1976 年只花 20 年时间和 60 亿美元引进国外 13 955 项专利，掌握了发达国家用 50 年时间和 200 亿美元的代价所研究发明的新技术。日本实施的专利战略在第二次世界大战后日本经济的快速崛起中所起的作用是巨大的。

专利文献也有多种载体类型。除了印刷版，缩微版、光盘版和网络版的使用都非常广泛。特别是网络版，许多国家的专利局网站都提供了本国专利的免费查询，甚至提供了专利说明书的免费阅读与下载。随着 Internet 的飞速发展，各国的专利机构纷纷上网，提供专利检索服务，从而使专利成为在网上免费传播最广的实质性科技文献。

自 1617 年英国首先建立专利制度以来，世界上主要工业国家都先后建立了专利制度。随着经济和技术的国际化，还产生了一系列与专利有关的国际条约。

（1）PCT：专利合作条约，于 1970 年通过，1978 年 1 月生效。其行政工作由世界知识产权组织（World Intellectual Property Organization，WIPO）代办。

（2）EPC：欧洲专利公约，于 1973 年由欧洲 14 国在德国慕尼黑签订，并于 1978 年正式生效。据此建立了欧洲专利局（European Patent Office，EPO），负责办理有关 EPC 的事务。

在专利文献数字化及其服务方面，影响最大的是 Clarivate Analytics 公司，其网站 URL 为 https://clarivate.com/products/derwent-world-patents-index/，实行收费服务。

网上免费专利数字资源主要如下。

（1）USTPO 美国专利数据库（https://www.uspto.gov/）。

（2）世界知识产权组织网上专利检索（http://patentscope.wipo.int）。

（3）欧洲专利局网上专利数据库（http://worldwide.espacenet.com）。

（4）加拿大知识产权局网上数据库（http://www.ic.gc.ca/eic/site/cipointernet-inter-netopic.nsf/eng/Home）。

（5）日本专利局网站专利数据库（http://www.jpo.go.jp/）等。

4.2.4 标准文献

国际标准化组织将标准定义为：经公认的权威当局批准的一个标准化的工作成果。标准由有关主管部门批准颁布，是在生产或科研活动中对产品、工程或其他技术项目的质量品种、检验方法及技术要求所做的统一规定，供人们遵守使用。标准文献则是指由这些技术标准、管理标准和在标准化过程中产生的其他具有标准的类似文件所组成的一种特定形式的技术文献体系。标准文献不仅是生产、加工、贸易等活动的直接依据，还能反映出一个国家的经济政策、技术政策、生产水平、加工工艺水平、标准化程度、自然条件、资源分布及利用等情况，对于全面了解一个国家的工农业发展、生产标准化程度，有重要的参考作用，在进行新产品开发、科学研究时更是不可或缺的参考资料，是一类重要的信息资源。

标准文献一般是指由技术标准、管理标准、工作标准及其他具有标准性质的类似文件所组成的一种特种文献体系，是一种规范性的技术文件。它是在有关方面的合作下，按照规定程序编制并经主管机构批准，以特定形式发布，供一定范围内广泛而多次使用的，包括一整套在特定活动领域内必须执行的规格、定额、规则、要求的文件。它要与现代科学技术和生产发展水平相适应，并且随着标准化对象的变化而不断补充、修订、更新换代。

标准文献也有狭义和广义之分。狭义的标准指按规定程序制定、经公认的权威机构批准的一整套在特定范围内须执行的规格、规则、技术要求等规章性文献；广义的标准是指与标准化工作有关的一切文献，包括标准形成过程中的各种档案、宣传推广标准的手册及其他出版物，揭示报道标准文献信息的目录、索引等。

标准文献具有以下特征。

（1）具有明确的适用范围和用途。标准文献是供国民经济多部门多次使用的技术文件，出版任何一项标准，首先必须明确规定其适用范围、用途及有效期限；且每级标准适用于特定的领域和部门。

（2）具有约束性。我国标准有强制性标准和推荐性标准之分。强制性标准必须贯彻执行，违反强制性标准，要依法追究法律责任；推荐性标准是以自愿使用为原则的。但当标准为政府法规引用，或用于合同契约关系时，就具有了法律约束力，就需强制执行。发生争议时，标准就会成为仲裁的依据，具有了法律功能。标准在一定条件下具有法规性质，这是其他文献所没有的。

（3）具有统一的产生过程、编排格式和叙述方法。它是有组织、有步骤地进行标准化工作的具体成果。各国标准化机构对其出版的标准文献都有一定的格式要求，这就使标准文献成为具有体裁划一、逻辑严谨、统一编号等形式特点的文献体系。

（4）具有可靠性和现实性。标准文献中所记录的信息，只能是经过严格的科学验证，精确的数学计算，并以现代科学技术的综合成果及先进经验为基础而取得的，并且要随时间不断修订、补充和废除。因此，它在科学上是可信的、技术上是可行的、经济上是合理的。

（5）具有协调性。要求不仅与同类问题有关的现行标准，而且与正在编制的标准相互配合，从而谋求技术上的协调一致。

（6）具有系统性和完整性。在现代条件下，任何一项标准，如果离开了相关的、配套的标准，都很难孤立地发挥作用。

（7）具有时效性。标准是以科学技术和先进经验的综合成果为基础而编制的，随着时间推移和科学技术水平的提高，新的技术和成果层出不穷，必然会对现行标准产生影响。为了保证标准的时效性，许多国家都对标准使用期限以及周期做了严格规定，并及时地进行修订、补充、确认、替代或废止。

标准文献类型繁多。按标准的应用范围，国外标准可分为国际标准、区域标准和国家标准三级。国内标准分成国家标准、行业标准、地方标准和企业标准四级。这四级标准的关系是，没有上级标准时，制定下级标准；发布上级标准后，下级标准即行废止。但是实施国家或行业标准的企业，国家鼓励其制定严于国家标准或行业标准的企业标准，而先进的产品质量标准往往存在于技术领先企业的企业标准之中。按标准的成熟程度，标准文献可分为强制标准、推荐标准、试行标准和标准草案；按照标准化对象，又可将标准分为技术标准、管理标准和工作标准三大类。

标准有一套独特的标号体系。就国内标准而言，不同类型的标准有不同的标准代号。

（1）强制性国家标准的代号为GB；推荐性国家标准的代号为GB/T。强制性行业标准代号，由行业汉语拼音字母构成。例如，电力行业标准代号为DL。推荐性行业标准代号为强制性行业标准代号后加“/T”。例如，推荐性医药行业标准代号为：YY/T。

（2）强制性地方标准代号为DB，加相应的行政区域代码前两位数字再加斜线。例如，北京市强制性地方标准代号为：DB11/。再加“T”组成推荐性地方标准代号。例如，湖北省推荐性地方标准代号为：DB43/T。

（3）企业产品标准代号由“企”字拼音首字母“Q”加“/”加企业代号组成。企业代号由上级主管部门规定，可以用汉语拼音字母或阿拉伯数字或者两者兼用。“Q”与“/”之间可以加上带圆括号的归口行业代号。例如，Q（HG）/HB 为广州轮胎厂企业标准代号，HG 为其归口行业，即化工的代号。

以上标准代号、发布的顺序号（阿拉伯数字）以及发布或修订的年代号（四位阿拉伯数字）三部分构成了标准编号（标准号）。例如，GB 18450-2001 为 2001 年发布的《民用黑火药》标准。

国外标准编号一般也由标准代号、发布的顺序号和发布的年代号三部分组成。但不同类型的标准形式上稍有不同。随着贸易的国际化，标准也日趋国际化。目前，世界上约有 300 个国际和区域性组织，制定标准或技术规则。其中最大的是 ISO、国际电工委员会（International Electrotechnical Commission，IEC）、国际电信联盟（International Telecommunication Union，ITU），它们颁布的标准均为国际标准。

技术标准是数字化较早的科技文献，如万方数据库中就包含有主要技术标准。国际标准和国家标准也可从相应标准网站查得。ISO 标准对应的 URL 为 http://www.iso.org。

标准文献的其他数字化资源如下所述。

（1）国家标准文献共享服务平台（http:// www.cssn.net.cn）。

（2）中国标准咨询网（http://www.china-cas.org/）。

（3）ISO（http://www.iso.org）。

（4）ANSI（https://webstore.ansi.org/）等。

4.2.5 科技报告

科技报告是对科学、技术研究结果的总结或研究进展情况的实际记录，详细记载了科研活动的全部过程，是各国政府之间、各科研机构之间、各企业集团之间进行公开和内部交流科技成果的重要情报信息源之一。

科技报告按内容可分为基础理论研究和工程技术应用两大类。按研究内容所处的阶段又可分为初期报告（primary report）、进展报告（progress report）、中间报告（interim report）和总结报告（summary report）或最终报告（final report）。按其类型可分为：技术报告书（technical report，TR），这是一种比较正式的文件，一般公开出版，如美国国家航空航天局（National Aeronautics and Space Administration，NASA）的技术报告书（NASA—TR）；技术札记（technical notes，TN），是指研究中的临时记录或小结；技术论文（technical papers，TP），是指准备在学术会议上或期刊上发表的报告；技术备忘录（technical memorandum，TM），是指供同一专业或同一机构中的少数人沟通信息用的资料，内容包括原始试验报告、有关数据及一些限制使用的文献等；通报（bulletin），是指对外公布的、内容较成熟的摘要性文件；技术译文（technical translations，TT）；等等。按发行范围或公开密级程度可分为绝密报告（top secret report）、机密报告（secret report）、秘密报告（confidential report）、非密报告（unclassified report）、解密报告（declassified report）。属于保密的科技报告大多属军事、国防工业和尖端技术成果。

科技报告包括以下信息特点。

（1）反映新的科技成果迅速。由于有专门的出版机构和发行渠道，以科技报告形式反映科研成果比这些成果在期刊上发表一般要早一年左右。

（2）内容多样化。科技报告几乎涉及整个科学、技术领域和社会科学、行为科学及部分人文科学领域。

（3）保密性。大量科技报告都与政府的研究活动、高新技术有关，使用范围控制较严。

（4）基本上都是一次文献，报道的是科技人员创造的成果和原始资料，数据详尽可靠，有较大的情报价值。

著名的*Nature*杂志在社论中曾经对科技报告做过如下的评论：“技术报告文献已成为科学事业中发展最迅速的一部分……某些狭小领域的文献述评、有关特殊实验或计算的报告，以非正式文献形式散发比以正式文献形式散发更为适宜。而且事实证明，有些技术报告对于人类掌握科学技术知识做出了重要和显著的贡献。”尽管科技报告的质量受时间限制，因保密需要以工作文件形式出现等因素影响而参差不齐，但从总体上看，一般涉及的都是最新研究课题和尖端技术，因而能充分反映一个国家的科学技术成果、动向和发展水平，是重要的文献信息源。

不同国家有自己的科技报告体系，数量最大、品种最多的是美国政府部门出版的政府报告，其中以四大报告最为著名，即行政系统的 PB 报告（publication board reports）、军事系统的 AD 报告（ASTIA document reports）、航空与宇航系统的 NASA 报告（NASA reports）、原子能和能源管理系统的 DOE 报告（department of energy reports），均归入 NTIS（http://www.ntis.gov）。

可通过国家科技图书文献中心（http://www.nstl.gov.cn/）查阅国外科技报告免费数据库，该库收录了 1978 年以来以美国四大报告为主的国外科技报告 70 多万条数据，并可提供全文传递服务。

中国的科技报告有两个途径获取：一是在万方数据库中查阅；二是通过国家科技报告服务系统（http://www.nstrs.cn/）查阅。

4.2.6 学位论文

学位论文是高等院校或研究机构的学生为取得各级学位资格，在导师指导下完成科学研究、科学实验后写作的专门论文。

学位论文的识别标志是在学位论文上往往注明授予学位级别，授予学位单位的名称，授予学位的地点、时间等。目前在国际上学位论文主要分学士、硕士、博士论文三级，质量参差不齐，其中博士、硕士论文的科技含量较高。学位论文是经过审查的原始研究成果，所探讨的问题比较专门，对问题阐述得比较详细、系统，具有一定的独创性和新颖性。学位论文的篇幅不定，内容一般从历史、背景、述评开始，详细介绍研究经过、实验记录和具体数据等成果。有价值的学位论文，尤其是博士学位论文，应能表明求取学位者对某学科的理论知识的掌握程度、概括能力和独立从事科学研究的能力，并且包括了丰富的第一手原始资料，因而是一种重要的文献情报信息源。

学位论文是一种“灰色文献”（gray literature，通常指非公开出版物），过去，由于它是非卖品，一般以打印本的形式存放在图书资料部门保存（如大学图书馆、档案馆），供读者查询，不像公开出版物那样便于广泛传播和流传，影响了流通和使用。如今，网络化、数字化让国际上学位论文的保藏和服务状况大大改善。国内外针对学位论文建立的文摘数据库（PQDD 博硕士论文文摘数据库、全国高等学校学位论文数据库）和全文型数据库（PQDD 博硕士学位论文全文数据库、万方数据知识服务平台的中国学位论文数据库、清华同方中国优秀学位论文数据库等），以及大型数字化项目等提供学位论文的网络检索，甚至网络浏览、下载学位论文全文，大大方便了学位论文的利用。

如果通过以上途径只获得学位论文的题录信息，则可以通过文献传递等方式向国内外学位论文收藏单位索取需要的论文全文。国内学位论文收藏单位主要有：高校和科研机构等硕博士培养单位的图书馆（收录本单位学位论文）；中国国家图书馆（教育部指定唯一收藏全国博士论文、博士后研究报告和海外留学生学位论文的机构）；中国科学技术信息研究所（国务院学位办指定的自然科学领域博士和硕士学位论文收藏地）；中国社会科学院文献信息中心（国务院学位办指定的社会科学博士和硕士学位论文收藏点）等。

国外学位论文收藏单位主要有：各高校和科研机构等硕博士培养单位的图书馆（收录本单位学位论文）；美国大学缩微品国际出版公司（University Microfilms Inc.，现已更名为 ProQuest），专门负责收集学位论文并加工成印刷型、缩微胶片、磁带、光盘和网络数据库，并提供利用，形成了 ProQuest Digital Dissertations（http://www.proquest.calis.edu.cn）。

国内学位论文也已数字化，重要数据库如下所述。

（1）万方数据的中国学位论文数据库（http://www.wanfangdata.com.cn）。

（2）CNKI 的中国博士学位论文全文数据库、中国优秀硕士学位论文全文数据库（http://www.cnki.net/）。

（3）CALIS（http://www.calis.edu.cn/）的学位论文库等。

4.2.7　会议文献

会议文献是指在各种国际学术学议和各国国内重要学术会议上宣读和交流的学术论文、报告及讨论记录等有关文献，正式印发的会议文献每年也有数十万篇。

会议文献的形式有会前产生的预印本、议程和发言提要、论文摘要（有相当多的会前文献不对外发行，只供与会者），有开会期间产生的开幕词、讲话、报告、讨论记录、会议决议和闭幕词及在会上散发的临时性材料等会中文献，有的会议结束后经主办单位整理发表正式的会议资料，常以会议录、汇编、论文集、报告、学术讨论报告、会议专刊为名出版，形成会后文献。会议文献没有固定的出版形式，有的刊载在学会协会的期刊上，作为专号、特辑或增刊，有些则发表在专门刊载会议录或会议论文摘要的期刊上。据统计，约 50%的会后文献以期刊的形式出版（如特辑、专辑等），也有以图书形式出版的专题会议论文集（Proceedings），还有以连续性会议文献（Conference Serial）的形式定期或不定期出版的，如丛书、丛刊等，还有些会议文献以科技报告的形式出版。此外，有的会议文献以录音带、录像带或缩微品等形式出版。

会议文献的标志是有会议名称，会议举办时间、地点和主办者。会议文献的特点是专业性和针对性强，内容新颖、水平高，出版发行较快且形式多样，传递情报比较及时，能及时反映科学技术中的新发现、新成果、新成就及学科发展趋向，且经过会议主办者审查、推荐，经过专家学者提问、讨论、评价、鉴定，再由本人修改后出版，所以也具有一定的可靠性。会议文献基本上是会议上首次公布的成果，是了解新动向、新发现的重要情报信息源，兼有直接交流和间接交流两种方式的长处，因而越来越受到人们重视。

如今会议文献也有电子版。许多会议主办者在会议结束后，甚至直接在本次会议的网站上提供会议交流文章的全文，供浏览和下载。

传统的会议文献通常以印刷形式出版，周期长，且获取不易。Internet 则为会议文献的发布和传递提供了非常便利的条件。目前互联网上存在着大量的会议文献，既有正式出版的会议录，又有一些会议预告、会议视频等，它们主要分布在以下一些网站和数据库中。

（1）ISI Proceedings（http://isiknowledge.com）。

（2）万方数据的中国学术会议论文数据库（http://www.wanfangdata.com.cn）。

（3）OCLC（http://firstsearch.oclc.org/FSIP）中也有两个会议文献库。

4.2.8　政府出版物

政府出版物是由各国政府及其所属机构制作出版，或由政府机构编辑并授权指定出版商出版的文件和资料。各国对政府出版物虽无一致定义，但大致上可分两类：一类是行政性文献（包括宪法、司法文献），如政府报告、法令、方针政策和政府公布的统计资料等；另一类是科技文献，主要指政府部门出版的科技报告、技术改革、技术政策、调查报告、科普资料等。后者在政府出版物中占有较大比重，它是了解一个国家的科学技术、各项科技政策及其演变过程等情况的重要的文献信息源。

政府出版物的形式很多，常见的有报告、公报、通报、通讯、文件汇编、会议录、统计资料、图表、地名词典、官员名录、国家机关指南、工作手册、地图集及传统的图书、期刊、小册子，也包括缩微、光盘、网络等其他载体的非书资料。

政府出版物的内容几乎无所不包，涉及人类生活的各个领域—— 既有政治、社会、经济、财政、工农业生产、教育、历史，又有自然科学和应用科学的各个领域。由于政府出版物反映政府机构的活动，反映官方的意志和观点，大部分是政府在决策和工作过程中产生的文献，政府出版物就成为了解一个国家方针、政策、科学技术和经济、生活现状的权威性官方信息来源。

如今，很多国家都设有专门机构负责办理政府出版物的出版、发行工作，并出版相应的检索工具。例如，美国参众两院、行政、司法部门及法院所认可的官方文件由美国政府出版局（U.S. Government Publishing Office，GPO）负责出版和管理。GPO 的相关内容可从以下网址检索和获取：http://www.gpo.gov/fdsys/。

随着信息技术的发展与互联网的拓展，如今世界各国都在进行电子政府建设，实现电子政务。因而公开的很多政府信息也可从网上获取，如 White House（http://www.whitehouse.gov）提供最新的美国内外政策的信息；中国政府网（http://www.gov.cn/）也于 2006 年 1 月 1 日正式开通，成为中国政府出版物的数字来源。

随着电子政务和政务信息公开的发展，非保密的政府出版物大多可通过各国政府门户网站获得。

（1）中国政府门户网站（http://www.gov.cn）。

（2）美国政府门户网站（http://www.usa.gov）。

（3）英国政府门户网站（https://www.gov.uk/）。

（4）加拿大政府门户网站（https://www.canada.ca/en.html）。

（5）澳大利亚政府门户网站（http://www.australia.gov.au）等。

4.2.9 产品样本

产品样本是厂商为向客户宣传和推销其产品而印发的介绍产品情况的文献，世界上每年有 50 万种以上。根据内容和出版情况，产品样本可视为各国厂商出版物，包括产品目录、单项产品样本、产品说明书、厂商介绍和技术座谈资料一类的厂商产品宣传和使用资料。其中产品目录介绍厂家业务范围、列出产品名称型号，并附有产品外形、规格、用途的简单介绍。单项产品样本多以活页形式印发，是对定型产品的型号、技术规格、原理性能、技术参数所做的具体介绍，也附有结构图和照片。产品说明书的内容详尽，往往还列出产品的工作原理、用途、效率、结构特点、操作规程、使用、保养和维修方法等。产品说明书和单项产品样本直观性强、数据多，是从事计划、开发、销售、外贸专业人员了解产品、掌握市场情况的重要情报信息源。两者时间性较强、使用寿命短、理论介绍比其他文献少，大多汇编成产品样本集，以书籍形式出版，冠以产品名录、产品年鉴、总览、手册、指南等名称，有的单项散发，或散见于企业、贸易性刊物中。

产品样本文献的特征主要体现在三个方面。

（1）可靠性较强。样本介绍的大多是已投产或正在行销的产品，技术已经成熟。这与专利文献所介绍的产品多属未定型、未成熟的产品有很大区别。就直观信息而言，专利文献中的产品附图只是一种技术原理示意图或产品结构原理示意图，可靠性不及产品样本的外观造型图和内部结构图。

（2）产品样本的产品和技术信息较完整。作为一种宣传材料，厂家要使客户全面了解该产品性能、特征、参数、型号，就要在样本上尽可能全面地公布有关技术情报（少数技术机密除外）和商业贸易信息，如研制背景、产品说明、特性、操作、维修、售后服务，甚至还有与其他同类产品的比较。

（3）及时性与相对新颖性。产品样本大多是在投产之际或进入市场前印制的，而且为了最快地送到客户手中往往采用现场散发的形式。

由于上述特点，产品样本就成为一种宝贵的科技情报信息源、商贸情报信息源和竞争情报（competitive intelligence）信息源。作为科技情报信息源，样本对产品及其技术从性能、用途、特征、型号、品种等多方面进行描述，有的样本还从技术开发和工程设计角度进行材料的编排和描述，这些都强化了产品样本的科技信息内涵。作为商贸情报信息源，产品样本提供了商品生产和流通的信息，如品名、产地、质量、性能、花色、品种、规格、型号、行情、服务等，以及销售代理商地址，产品销售能力和市场业绩等相关情况；而通过产品样本汇编，可以知道产品生产厂家的情况，该产品与同类产品相比的优缺点，从而推测该企业的技术实力、产品开发能力和水平、销售状况，这些又都构成了企业竞争情报的来源。

而今，Internet 上的.com 网站已构成产品样本的数字资源主渠道。

4.2.10　档案文献

《中华人民共和国档案法》对档案的定义为：过去和现在的国家机构、社会组织以及个人从事政治、军事、经济、科学、技术、文化、宗教等活动直接形成的对国家和社会有保存价值的各种文字、图表、声像等不同形式的历史记录。档案以其记录性和原始性于一体的特点区别于遗留下来的实物，又因其可靠性和稀有性区别于其他一次文献，这就使相当一部分档案在一定时间内是受到保护的，在利用上有特殊的要求和价值。

档案是在人们的社会实践活动中形成的，它的内容也反映了人们所进行的政治活动、生产活动和科学技术活动，所以档案的内容广泛、形式多样、材料来源庞杂。经过整理后它们分别成为文书档案、人事档案、会计档案、科研档案、产品档案、工程档案等；从文献形式上看，包括了信函、日记、账簿、报告、照片、地图、图样、协议书、备忘录、会议记录、契约、布告、通知、履历表等。由于档案是各个机关、组织和个人在其特定的社会活动中积累而成的文件组合体，因而其产生和存在始终与其形成单位及职能活动密切相连，形成了档案独有的“全宗”概念。“全宗”是一个独立的机关、企业在社会实践活动中形成的全部档案的总称，也是档案文献区别于其他文献的重要标志。

档案的信息价值首先体现在其凭证作用。档案是实践活动留下的记录，保存着真实的原始标志，具有无可争辩的客观性和可靠性，是查考和处理事务的真凭实据。档案的价值还在于它可以提供大量情报和知识。例如，学术部门利用历史档案研究历史发展中的问题；企业利用技术档案了解技术开发系统在科研、引进新技术、新工艺、新材料方面的情况；经济学专业人员利用会计档案了解产品生产成本、原材料价格的变化，并通过归纳、分析，预测企业活动的发展趋势和市场对企业的影响。

档案是生产建设与科学技术研究工作中用来积累经验、吸取教训和提高质量的重要文献，具有较高的利用价值，具有无可争辩的客观性和可靠性，同时也具有一定的保密性。

正在兴起的数字档案馆将成为档案文献的数字来源。研究手稿、私人通信等被称为零次文献的情报信息源也可归入档案文献。

20 世纪 90 年代后期，伴随 Internet 尤其是 Web 的高速发展和普及，数字化信息和数字图书馆风靡全球，十大文献情报信息源均逐步实现了全文数字化，由此形成的各类数字资源为方便快捷获取情报提供了高效途径。

按照2.4节所述知识、情报、信息三层结构模式，从价值论角度看十大文献情报信息源承载的学术价值及其分布特点是：①图书、标准文献、学位论文重在承载知识价值；②期刊、专利文献、科技报告、会议文献、产品样本重在承载情报价值；③政府出版物和档案文献则以特殊信息价值为档案学研究提供独特资源。研究手稿、私人通信等零次文献情报源在学术研究中也有独特价值，构成米哈依洛夫所谓的非正式交流渠道。

4.3 非文献情报信息源

非文献情报信息源虽然不常用于学术研究，但却往往是市场情报、竞争情报等的基础，故专门详述如下。

4.3.1 电子传媒情报信息源

电子信息时代，除报纸、杂志外的各种非文献电子传媒也已普及，它们具有情报源价值。

1）广播

广播是以无线电波或导线所传送的以声音为媒介来传递信息的电声广播，分无线电广播（收音机）和有线广播两大类。收音机作为情报源的优点是传播信息迅速及时，人们收听不受空间阻隔，设备条件要求比较低，携带方便。因此，受众面比较广，雅俗皆宜。但广播的传播形势比较单一，随着电视等传播媒体的普及，广播面临着众多竞争和挑战。

2）电视

电视作为大众传媒的一种，主要以传送声情并茂的图像为主。它应用电子技术对静止或活动的景物影像进行光电转换，然后将电信号传送出去，使远方的接收器重现影像。电视作为情报信息源最大的优势是能够视听兼备，而且还具有感染力和纪实性强的特点。随着电视的普及，它已成为人们最为喜闻乐见的信息传播方式之一。

3）网络

当下，网络已成为当今人们生活中不可或缺的情报信息源，人们主要通过搜索引擎、电子邮件、社交网站等媒介从网络获取信息。

（1）搜索引擎是根据一定的策略，运用特定的计算机程序从互联网上搜集信息，在对信息进行组织和处理后，为用户提供检索服务的系统。用户只需输入查询词，搜索引擎显示相关内容的信息列表。百度、谷歌、必应都是常用的搜索引擎。

（2）电子邮件是一种用户之间通过网络进行信息交换的通信方式，电子邮件用户可以通过网络、非常快速的方式与世界上任何一个角落的网络用户联系。在社交网站流行之前，Internet 上用户之间的交流大多是通过电子邮件进行的，如今，电子邮件仍是互联网最为基础的信息传播媒介之一。

（3）社交类网站是帮助人们建立社会性网络的互联网应用服务。此类网站验证了“六度分隔理论”，即人际关系网络中可以通过不超过六位中间人间接与任何人相识。早期社交网络的服务网站呈现在线社区的形式，用户通过聊天室进行交流。如今，随着智能手机的普及，较为流行的社交网站都出现对应的社交软件，如新浪微博、QQ 空间、百度贴吧、Facebook 等。与此同时，一些个性化社交软件的兴起更加满足了用户的需求，如微信、知乎等。

4.3.2　口头情报信息源

口头情报指通过个人之间的接触与面对面、电话、电视访谈、参加各种会议（报告会、展销会、观摩会、座谈会等）、讨论、报告等方式交流传播的信息。实际上是一种零星的情报源。人的大脑能存贮大量信息。当外界的信息摄入大脑后，有机体就出现了认识和记忆。这种认识，包括思考、见解、看法、观点是推动研究的最初起源，它们的形成常常缺乏完整性和系统性，因此初始阶段难以通过文献公布于世，但可以通过口头交流来了解。处在这一阶段的口头信息的特点是出现早、传递快、偶发性强。当然这种认识，有的恰如思想火花，转瞬即逝；有的经过加工整理形成文字，附载于各种文献中；有的成为长期记忆存贮于大脑之中。人类的记忆是一个巨大的情报信息源，其中一部分可通过个人采访而获得，称为口述回忆，另一部分借助耳闻口授一代代流传而保存下来，称为口碑传说（oral tradition）。

由于口头情报内容新颖、传递迅速，具备文献情报信息源所没有的一些优点，因此无论是个人口述回忆，即兴发表的评论，还是口碑资料，都是信息留存的形式，都应作为情报信息源而受到重视，在学术研究、科技活动和经济建设中有不可低估的作用。一个企业所需的信息，从各个层次的工人、用户、竞争者到管理人员，不一定都能从文献上得到，美国一些公司的档案系统就保留着口述档案供分析研究用。一些专门的经济研究部门也在搜集这类信息，如哥伦比亚大学 1975 年完成的“大陆集团”的口述档案，搜集了从最高管理者到半熟练工各个层次雇员的口述回忆。这个大学还完成了美国企业家专访计划，其中不乏一些成功的企业家。美国国家历史博物馆已经花了数年时间搜集三大产品（百事可乐、可口可乐和万宝路香烟）推销运动的口述资料。

口头情报无时不在，无处不有，这一极为丰富的情报信息源可以为一切人所享用。换言之，获取有价值的口头信息的机遇对一切人都是同等的，要从口头信息中获得较多有价值的情报，取决于信息搜集者的情报意识、观察力和判断力，以及所采用的方法。个人交流是收集口头信息最古老也是最常用的方法。米哈依洛夫在《科学交流与情报学》中曾指出，在科学、技术、设计、生产四个领域中，经过人物信息交流所获得的信息分别占所有获得信息的 40%、64%、79%和 77%。又据《情报搜集百路通》统计，80%的谈话内容都是刚刚发生或将要发生的。因此，我们应该充分利用口头信息传播的场合和途径。

口头情报信息源也有缺点：首先，信息容易失真。口头信息在传递过程中，会自觉或不自觉地变换，并对发言者传递来的信息进行语义转换，使信息失真。其次，信息保留困难。非记录性决定了口头信息是比较难以保存的。最后，信息传播范围小。虽然电话、广播、电视等现代通信工具的使用使口头信息传播的范围有所扩大，但口头信息传播由于受到时间、空间的限制，传播范围相对较小。

4.3.3 实物情报信息源

实物，包括自然实物和人工实物（人类文化的创造物，如文物、产品等），内容含着大量科技、经济、文化信息，它具有文献所不具备的如下种种优点。

（1）直观性强。以样品为例，在造型、外观、包装等方面直观、形象，通过拆卸——还原过程，可以了解其工作原理、功能、工艺情况等，看得见，摸得着，全部信息和盘托出，容易理解。而文献所传递的信息要经过对文字符号的理解、组合和思维才能吸收。有的实物可当场操作演示，其作用可马上表现出来，对技术、材料和使用的要求一般当场就可以判断出来。这比花钱买技术资料或去情报单位查资料要有独到的优势。

（2）客观性强。实物样品是具体的东西，实实在在，真实可靠，信息直达受者，不需经文字、图片等中间媒介转达，可以避免人为因素（夸大、掩饰）造成的信息扭曲和损耗。

（3）实用性强。实物是现实的商品，除了本身的信息价值外，还具有商品价值（转让）和使用价值。实物一旦不作为信息载体使用（陈列、展览），即可投入流通或作为一般物品发挥它本身的使用价值，并在使用中继续发挥其信息功能，这也是其他信息载体所不及的。

（4）综合性信息。一件实物样品可承载多种信息：技术人员可了解其工艺、技术、材料；管理人员可进一步分析制造工序和成本；市场人员可就其市场价值和销路发表意见；设计人员可以从造型、色彩、包装、设计方面得到启发。一件实物综合了多个学科、几个生产部门需要的信息。另外，实物还可通过测绘、拍照，转为文献信息存放，供以后反复研究对比，启发新思路，引导创新。

（5）通过实物采集信息，有时比购买技术、引进成套设备和专利花钱少，相对成本较低。而且见效比较快，能很快同生产挂上钩。据 1981 年年底统计，第一批引进样品 1 500 种中已有 800 种发挥了情报作用，178 种投入生产，180 种已试制样品。速度之快，花钱之少是其他信息途径不能比拟的，特别是对那些研究开发资金不足、技术落后、产品单一而又急需新产品信息的企业更为有用。

文化信息、科技信息、市场信息等都可以通过举办展览、展销、陈列、参观博物馆、样品交换等途径进行搜集和交流。

当然，实物情报信息源也有比较明显的缺陷。

（1）信息收集、传播和保管比较困难。实物载体在形式、寿命、体积、重量上各不相同，差异很大，保存、交流的条件要求也各不相同。因此，信息的收集、传播和保管相对比较困难。

（2）容易引起知识产权纠纷。外观设计信息以及具有新颖性、创造性和实用性的技术信息往往已成为专利法保护的对象，简单模仿比较容易引起知识产权纠纷。但企业如果在对实物进行分析研究的基础上，能对其进行改进和创新，绕过专利法保护的限制，仍然可以取得较好的经济和社会效益。

4.3.4　技术搜集

技术搜集是一种搜集、加工和处理非文字信息的过程。这些信息的呈现方式并不能用于人类交流。美国负责情报搜集的国家情报副总监定义了人力情报搜集、开源情报搜集及技术情报搜集三类情报搜集手段（克拉克，2015）。但是，这三种技术搜集主要关注的是文字信息，在支持现代军事行动时，要求信息必须精确、准确和及时，文字信息很少能够同时满足这三个要求。相反，许多重要的技术搜集手段，特别是图像情报和电子情报，通常能够达到这个标准。

技术搜集也叫“测量与特征情报”，包括许多特殊情报来源：声学情报、红外情报、激光情报、核情报、光学情报、雷达情报。

这些搜集手段都具有统一的主题，包括：①非文字信息搜集；②特征的搜集；③将一个特征与某个人、角色或物体联系起来，并识别出这个人、角色或物体的状态变化。

4.4　开放存取信息资源

20 世纪 90 年代以来，伴随着数字化信息盛行世界，Web2.0/Lib2.0 开放、共享的理念风靡世界，开放存取（open access，OA）如雨后春笋迅速发展，为科技学术文献信息的开放分享做出了杰出贡献。

OA，国内又称开放访问、公开获取、公开取用、开放使用、开放出版（李武，2005）等。2001 年 12 月美国开放社会研究所（Open Society Institute，OSI）在匈牙利的布达佩斯召开了一次有关 OA 的国际研讨会，并起草和发表了《布达佩斯开放存取倡议》（*Budapest Open Access Initiative*，BOAI）。BOAI 对 OA 的定义为：文献可通过公共互联网免费提供，允许任何用户阅读、下载、复制、传播、打印，搜索或者对论文的全文进行链接，建立索引，作为素材编入软件，或者对论文进行任何其他出于合法目的的使用，不受除了与互联网本身无法接触的那些障碍之外的法律或技术障碍。唯一的限制是在再生及散布时，必须提到作者的名字，并将著作权归属于作者①。对于 OA 的概念界定，还有许多，但此类情报信息源的重要特征主要是：经过版权拥有者同意后在网络中传播、访问；数字的、在线和免费的；虽然是免费获取，但有一定的机制保证其质量和学术性，因此又区别于一般可免费访问的大量网络信息。

OA 情报信息源的类型有多种，芬兰学者 Bo-Christer Björk 总结了实施同行评审的电子期刊、特定学科领域的预印本服务器、基于大学的机构仓储及作者本人的个人主页四种（Björk，2004）。简单划分就是两类：OA 期刊和 OA 仓储。

4.4.1 OA 期刊

以学术期刊为代表的 OA 学术信息资源已成为学术研究不可或缺的资源，正逐步逼近“成为学术研究主流资源”的转折点（张晓林等，2012）。OA 期刊（open access journals，OAJ）采取不向读者收取获取费用的资金模式，用户利用网络可以不受限制地访问期刊论文全文，在全球范围内呈快速发展趋势，截至 2014 年 10 月 16 日，DOAJ 即 Directory of open access journals（https://doaj.org）收录期刊达 10 037 种，我国在 DOAJ 上登记的 OAJ 共有 83 种。如果按照学科划分，我国出版的 83 种 OAJ 可以被划分为 33 个小学科（表 4-1）。根据统计，计算机科学领域出版了 12 种 OAJ；肿瘤学领域出版了六种 OAJ；一般医学领域出版了五种 OAJ；肠胃病学、数学、外科学、商业与管理学领域分别出版了四种 OAJ；出版了三种 OAJ 的学科领域包括生物学、动物学、植物学、内科学、图书情报学五个学科领域；出版了两种 OAJ 的学科领域包括教育学、心血管学、多学科、电子与核工程学、语言与文学、一般科学以及工业制造七个学科领域（刘锦宏等，2013）。

表 4-1　各学科开放获取期刊数量

学科	数量	学科	数量	学科	数量
计算机科学	12	图书情报学	3	土木工程	1
肿瘤学	6	教育学	2	农业	1
一般医学	5	心血管学	2	化学工艺	1
肠胃病学	4	多学科	2	生物化学	1
外科学	4	电子与核工程学	2	生态学	1
商业与管理	4	语言与文学	2	历史学	1
数学	4	一般科学	2	媒介与传播学	1
生物学	3	工业制造	2	儿科学	1
动物学	3	工业与民用建筑	1	社会科学	1
植物学	3	经济学	1	物理学	1
内科学	3	人类学	1	视觉艺术	1

Scopus 收录 OA 期刊 21 671 种，涉及 100 个国家；Web of Science 收录 OA 期刊 12 479 种，涉及 77 个国家。Scopus 收录 OA 期刊的 27 个学科大类和 ESI 的 22 个学科领域对药学、化学、环境、材料、物理、心理、计算机、数学和社会科学学科的设置基本一致，

① http://www.budapest openaccess initiative. org/read.

Scopus 相比 ESI 对医学和经管学科做了细分，增加了能源学、艺术与人文学科，并将化学工程从工程学领域独立出来，而 ESI 相比 Scopus 对生物学领域的分类更为精细。

OAJ 类型有两种划分方式：一是根据期刊的创办方式划分为原生型 OAJ 和转化型 OAJ，前者是指采用 OAJ 出版模式新创办的一种期刊，后者是指由传统的学术期刊转化而成的 OAJ。二是根据期刊的访问方式和访问权限划分为完全 OAJ，是指出版之后即可免费获取的期刊，如美国公共科学图书馆（Public Library of Science，PLOS）和生物医学期刊出版中心（BioMed Central，BMC）出版的系列期刊；部分 OAJ，又称复合 OAJ，指对期刊的部分内容 OA，如 Springer 的“Open Choice”，由作者自由选择论文是否开放，但需作者支付一定的费用；延迟 OAJ，是指超过预设的时间之后采用 OA 模式的期刊，如《中国图书馆学报》（曹娟，2017）。

美国、英国、荷兰和德国在高水平学术期刊出版国家排名中处于第一梯队，出版期刊占 Scopus 收录期刊的比例超过 64%，但它们出版的 OA 期刊占 Scopus 收录 OA 期刊的比例不到 25%，Web of Science 的相应比例分别为 71%和 32%。发展中国家被 Scopus 或 Web of Science 收录的期刊 OA 比例普遍较高，平均水平达 37%。中国被 Scopus 收录期刊数量全球排名第 5，仅次于美国、英国、荷兰和德国，然而其被 Scopus 收录期刊中 OA 比例仅 4.84%，远低于平均值 13.45%。中国被 Web of Science 收录期刊数量全球排名第 7，除了美国、英国、荷兰和德国 4 个学术期刊出版大国外，仅次于法国和日本，但其被 Web of Science 收录期刊中 OA 比例仅 9.09%，接近平均水平 9.79%（陈娟，2015）。

4.4.2　OA 仓储

开放仓储库，即 open access archives（或 open access repositories），是 OA——开放存取的新兴实践方式，是为了解决传统出版模式滞后，对许多在学术活动中产生的非正式信息（如工作文档、实验数据、电子演示文稿等）不能方便地加以查询利用的问题而诞生的。根据内部资源的收录范围和对外开放程度，OA 仓储可以大致分为：学科范围开放的学科 OA 仓储和机构专属的机构 OA 仓储两类。

1）学科 OA 仓储

学科 OA 仓储是按照学科领域进行组织的 OA 仓储，开放仓储库中的文献可以是电子预印本，也可以是后印本（或勘误本，postprint）。电子预印本是指还没有正式在刊物上发表的论文，一般要比印刷版论文的发表早许多。后印本则是相对预印本的另外一种电子文献形式，是指已经在期刊或其他公开出版物上发表的文献。针对电子预印本提供的服务往往汇集某个或某几个学科的电子预印本，提供论文从提交、发布、接受同行评审到免费浏览、检索、全文下载等一系列服务。最著名的就是由美国洛斯阿拉莫斯（Los Alamos）国家实验室创建、目前由康奈尔大学（Cornell University）维护和管理的 arXiv 预印本仓储服务（http://arxiv.org/）。arXiv 涵盖的电子预印本论文主题包括物理学、数学、计算机科学、非线性科学、量化生物学、量化金融和统计学等领域，其中除作者提交的论文外，还包括 *American Physical Society*、*Institute of Physics* 等 12 种电子期刊中的学术论文全文，论文作者在将论文提交 e-print arXiv 的同时，也可以将论文提交学术期刊正式发表。论文一旦在某种期刊上发表，e-print arXiv 的该论文记录中将加入正式发表期刊的有关信息。截至 2017 年，arXiv 已包含 129 万多篇预印本论文，可对其进行免费浏览和查询。

中国预印本服务系统，由中国科学技术信息研究所与国家科技图书文献中心联合建设，是一个以提供预印本文献资源服务为主要目的的实时学术交流系统。由国内预印本服务子系统和国外预印本门户子系统构成。系统的收录范围按学科分为五大类：自然科学，农业科学，医药科学，工程与技术科学，图书馆、情报、文献学。中国预印本服务系统的服务是免费的，用户无须支付费用（蔺梦华，2015）。

2）机构 OA 仓储

机构专属的开放仓储，即机构库，或者机构知识库。机构仓储汇集了某个大学、研究机构研究人员在进行学术活动中产生的各种学术信息，提供信息提交、发布、保存、浏览、检索和全文下载等服务，往往由大学、研究机构或大学图书馆、政府部门等创建和维护。

目前应用较广、系统比较成熟的免费软件如下所述。

Eprints 是英国 Southampton 大学设计的、面向研究机构学术信息的 OA 系统，它兼容 OAI 技术，使学术信息更容易被获取，目前已经有 132 家用户。

美国麻省理工学院（Massachusetts Institute of Technology，MIT）的 DSpace 学术信息机构仓储（http://dspace.mit.edu/），就可免费浏览、检索并下载麻省理工学院大多数学科研究人员提交的电子预印本、技术报告、工作文档、学位论文、会议论文及图像文件等多种学术信息。国内，如香港科技大学同样以 DSpace 创建的机构仓储（http://repository.ust.hk/dspace/）也可免费浏览、检索并下载其研究人员提交的电子预印本、技术报告、工作文档、会议论文、期刊论文及演示文稿等学术信息。

FEDORA（flexible and extensible digital object repository architecture）由弗吉尼亚大学和康奈尔大学联合开发，是面向各种研究机构和网络间互操作的数字图书馆而设计的。与 Eprints 和 DSpace 不同的是，该软件没有用户界面，但适用的文件类型也相当广泛。

eScholarship 仓储是由加利福尼亚数字图书馆和加利福尼亚大学图书馆联合主办的。eScholarship 仓储为加利福尼亚大学各学院、研究机构提供对学术成果的创作和发布的便捷管理，包括电子预印本、学术期刊、同行评审丛书及电子后印本资料。eScholarship 仓储收录的所有学术研究成果均经过了加利福尼亚大学各研究机构的严格控制和筛选（王兰敬，2008）。

所有可以 OA 的机构库汇集在 OpenDOAR（http://www.opendoar.org）。DOAR 项目是由英国诺丁汉大学和瑞典伦德大学图书馆于 2005 年 2 月共同创建的开放获取机构资源库、学科资源库目录检索系统，目前该网站已收录的 OA 机构库超过了 2 000 个。据 OpenDOAR 统计，目前中国已登记的机构知识库有 40 个。

以上所介绍的软件系统已经在实践中应用，在众多的机构 OA 仓储系统中，比较具代表性的有 Dspace in MIT 和加利福尼亚大学 eScholarship Repository。相关项目还有佛罗里达州立大学图书馆的 D-Scholarship 仓储库、美国能源部的“Information Bridge”，以及国内的浙江大学数学科学研究中心、南开大学数学研究所都在其网站上开设了预印本文库等。

本章所述属于公开情报信息源，限于教材性质，不讨论非公开情报信息源。

习题和思考题

1. 试述三次文献划分和十大文献类型之间有何关联。
2. 试述专利、标准和科技报告的各自特点。
3. 试分析开放存取信息资源的发展对学术发展可能产生的影响。

参 考 文 献

包昌火，谢新洲. 2000. 网络竞争情报源[M]. 北京：华夏出版社.

曹娟. 2017. 国内开放存取期刊研究述评[J]. 图书馆工作与研究，（2）：29-38.

陈光祚. 1984. 科技文献检索[M]. 武汉：武汉大学出版社.

陈娟. 2015. Scopus 和 WoS 收录开放获取期刊的定量研究[J]. 中国科技期刊研究，26（4）：405-413.

格罗根 D. 1990. 科技文献概论[M]. 彭桂源，徐克敏译. 北京：化学工业出版社.

克拉克 R M. 2015. 情报搜集技术[M]. 陈烨，步凡译. 北京：金城出版社.

李武. 2005. 开放存取出版的两种主要实现途径[J]. 大学图书馆学报，23（4）：58-63.

蔺梦华. 2015. 基于 OA 的开放仓储库[J]. 情报资料工作，（6）：62-64，84.

刘锦宏，王欣，徐丽芳，等. 2013. 我国开放获取期刊分布研究[J]. 科技与出版，（4）：97-100.

陆宝益. 2002. 网络信息资源的评价[J]. 情报学报，21（1）：71-76.

马费成. 2004. 信息资源开发与管理[M]. 北京：电子工业出版社.

王兰敬. 2008. OA 仓储出版模式研究[J]. 图书馆学刊，（2）：29-31.

叶鹰. 2003. 面向学生的推荐书目[J]. 图书馆杂志，22（4）：19-20.

叶鹰. 2009. 中外经典导读与欣赏——代表人类知识与文化的名著和名作精选[M]. 杭州：浙江大学出版社.

张晓林，李麟，刘细文，等. 2012. 开放获取学术信息资源：逼近“主流化”转折点[J]. 图书情报工作，56（9）：42-47.

沙布拉曼亚姆 K. 1988. 科技情报源[M]. 王季敏，高衡宝译. 北京：科学技术文献出版社.

Björk B C. 2004. Open access to scientific publications-an analysis of the barriers to change? [J]. Information Research，9（2）：1-17

Legall L C，Masli H，Kulas C J. 1999. Integrated search of electronic program guide，internet and other information resources [P]. US Patent 6005565.

Win T，Belmonte E. 2001. Distributed access management of information resources [P]. US Patent 6182142.

第5章

情报组织

本章提要

本章既阐述了传统情报组织方法，如分类组织法、主题组织法、索引文摘法及这些方法在信息资源数字化和网络化背景下的发展及应用，也阐述了元数据、关联数据、本体论和语义网等新兴情报组织技术。

主要知识点

1. 分类组织法和主题组织法方法与工具。
2. 自动分类聚类、自动标引技术要点。
3. DC 元数据核心元素。
4. 关联数据要点。
5. 语义网体系结构。

情报组织研究探讨的主要内容是情报资源的收集、整序等组织整理问题，也就是传统分类、主题、标引、编目等领域及其扩展研究，是通过采用分类、主题等专门方法，将大量的、分散的、无序的情报资源经过整序、优化，形成一个便于有效利用的系统的过程。由于信息资源数字化和网络化发展，情报组织的方式方法也在不断拓展中，出现了对自动分类、自动标引、自动索引文摘、元数据（metadata）、本体（ontology）、关联数据等的理论探索和实践。

5.1 分类组织法

5.1.1 传统分类组织工具

分类法是根据某一特定的分类体系和逻辑结构组织信息的方法。分类法历史悠久，理论发展较为完善，是目前应用最广泛的情报组织方法。分类组织法广泛地应用于文献标引、图书排架、目录组织、分类检索和浏览系统建立、检索服务等。

1. 体系分类法

体系分类法，也称等级分类法、枚举分类法等，主要是将所有的类目组成一个等级式体系结构。体系分类法是对概括文献内在特征和外表特征的概念进行逻辑分类和系统排列而构成的，主要特点是按学科、专业集中文献，并从知识分类的角度来揭示各类文献在内容上的区别和联系，提供从学科分类检索文献信息的途径（周宁，2007）。

体系分类法一般由主表、复分表（tables）、说明和类目注释、索引等部分组成。

（1）主表是体系分类法的主体，是指基本部类、基本大类、简表和详表逐级展开而形成的类目表。其中基本部类和基本大类代表着较大的学科或领域，能使人们对分类体系有一个最基本的了解；简表一般是由对基本大类所做的一、二次划分所得的类目组成，不但可以帮助使用者迅速了解分类表的概貌，还可供文献量不大的单位直接使用，而不再使用详表；详表是在基本大类或简表的基础上逐级扩展而成的，是分类法的核心和分类编目工作的实际依据。体系分类法主表类目之间的关系主要有四种，即从属关系、并列关系、交替关系与相关关系。

（2）复分表，又称附表、辅助表，是将主表中按相同标准划分某些类目而产生的一系列相同子目抽取出来，配以特定号码，单独编列成表，置于主表后或主表中的相关位置，供主表有关类目进一步细分之用。复分表按其使用范围可分为通用复分表与专类复分表。现行分类法的通用复分表主要有总论复分表、地区复分表、时代复分表、民族与种族复分表、语种复分表等类型，而专类复分表，是供分类表中某一大类或某大类中的部分类目做进一步区分用的复分表。

（3）说明和类目注释，是对类目或类名的含义、类目沿革、内容范围、分类方法、与其他类目的关系等进行补充说明的文字。体系分类法的类目注释包括类目内容注释、类目关系注释、类目沿革注释、列类依据与类目编制方法注释、分类方法注释等几种类型。

（4）索引，是一种按类名及类目相关概念名称字顺查找相应类号的辅助工具，它一般是将分类表中具有检索意义的所有类目名称、同义词、注释中出现的概念等按字顺排列，并在每一名称或概念后注明相应的类号，方便使用者按主题概念名称查找类号。索引的另外一个功能是可以将分类表中被分散的族性概念集中，从而使分类法在一定程度上具有主题法的功能。

国内外有代表性的体系分类法有《杜威十进分类法》（*Dewey Decimal Classification*，DDC）、《美国国会图书馆分类法》（*Library of Congress Classification*，LCC）、国际专利分类法（International Patent Classification，IPC）、《中国图书馆分类法》（简称《中国法》）（*Chinese Library Classification*，CLC）等。

举例 1：DDC 及其网络版

DDC 由美国图书馆学家麦维尔・杜威（Melvil Dewey）于 1873 年编制。目前全世界已有 138 个国家的 20 万余家图书馆使用 DDC 进行馆藏组织和入口提供，DDC 被翻译成约 30 种文字，包括阿拉伯文、中文、法文、希腊文、意大利文、俄文等。DDC 目前有全本和简本两个版本，都有印刷版和网络版。印刷版全本最新版为2003年7月出版的第二十二版，简称DDC22，共4卷。第一卷为DDC22版新增特色和变更说明、DDC简介和使用方法、术语表、分类法简介和术语表索引、手册、6个复分表及第21与第22版对照表；第二三卷是分类法全文，包括概要（前三级类目）和主表；第四卷为相关索引（主题字顺表）。

DDC是用传统的学科来分类，总共以10个大类（main classes）来涵盖所有的知识体系，每个大类下分10门（divisions），每门下再分10个小类（sections），称为纲。纲以下的类目逐层展开，细分为子目。DDC采用阿拉伯数字作为标记符号（少数类目采用拉丁字母或其他符号），以三位数（000～999）代表前三类类目，第三位和第四位之间用圆点隔开，号码的层次与类目的层次基本对应。

DDC的电子化和网络化一直走在世界前列，1993年DDC编辑部研制了“电子杜威”，2000年推出了网络版WebDeway。WebDewey的主表和复分表以超文本形式显示在网页上，其中主表显示内容包括了类目本身、类目注释及对应的相关索引词和美国国会图书馆标题词。WebDewey是联机计算机图书馆中心（online computer library center，OCLC）的编目与元数据服务的组成部分，由OCLC的Connexion系统提供服务，具备检索与浏览、DDC类号与《美国国会图书馆标题表》（*Library of Congress Subject Heading*，LCSH）的匹配、从映射的LCSH标题到LCSH规范档的链接等多种功能。此外，允许用户将自己的注释添加到WebDewey中。

举例2：《中图法》及其电子版和网络版

《中图法》是中华人民共和国成立后编制出版的一部具有代表性的大型综合性分类法，1971年开始编制，1975年出版第一版，1999年第四版更名为现名，2010年8月第五版由国家图书馆出版社出版，是国内文献信息机构目前使用最广泛的分类法。

《中图法》设置5个基本部类（马列主义、毛泽东思想，哲学，社会科学，自然科学，综合性图书）和22个基本大类，采用拉丁字母与阿拉伯数字相结合的混合制标记符号，此外，还采用了一些其他特殊符号作为辅助标记符号，如间隔符号“·”，总论复分符号“-”等。《中图法》的标记制度基本上采用层累制，同时采用八分法、双位制、借号法等来扩充类系与类列，共有8个通用复分表（即总论复分表，世界地区表，中国地区表，国际时代表，中国时代表，中国民族表，世界种族与民族表，通用时间、地点和环境、人员表）。

《中图法》电子版是在其第四版机读数据库基础上，由《中图法》编委会和北京丹诚软件有限责任公司共同研发，于2001年6月由北京图书馆出版社正式出版发行。其网络版于2010年3月由国家图书馆在互联网上发布，地址为http://clc.nlc.cn/，提供各类知识内容、主题词的在线浏览、互动显示和多途径检索服务等。

2. 组配分类法

体系分类法的类目是列举式的，但在实际应用中很难全面地列举所有的相关事物概念，此外，体系分类法的类目体系是单线排列的，这就限制了一个复杂的主题概念多向成类的可能性。由于上述两个原因，体系分类法不能充分满足信息组织和检索的要求，因此就产生了组配分类法。

组配分类法的构成基于概念的可分析性（analysis）和可综合性，即一个复杂的概念可以分析为多个简单的概念，反过来，多个简单的概念可以综合为一个复杂的概念。因此，我们可以将多个简单的概念标识进行组配，来表达一个复杂的主题。使用组配分类法，可以从多种角度组织和检索文献。实际上，体系分类法中所采用的某些方法，如复分表、仿分法及表示复合类目的组配符号等，已经具有组配分类法的思想。

组配分类法是指在类目之间采用分面结构，将文献的内容分析为若干个因素，从分面寻找相应的类号，然后将其排列组配成一个完整的分类号。分面是组配分类法的基本特征，所谓"面"（或称分面、组面），是指描述文献某一方面属性的一组简单概念或类目。因此，组配分类法也常被称为分面分类法或组面分类法。对同一类文献往往可以用多种属性作为分类标准来进行划分，所以可以形成多个面，为了区分不同的组面，可以采用不同的组面区分符号，通常称为分面符号。进行标引时，根据文献的特征或属性，从各个分面中摘取相应的类号标识，然后联结成一个完整的分类号来标识文献主题概念。

从组配分类法的概念可以看出，它与体系分类法的一个重要区别在于：体系分类法的分类标识是事先定义好的，固定的，不可拆分的，其中诸部分的位置不能改变；而组配分类法的分类标识是组合的，不固定的，可以拆分的，其中诸部分的位置是可以变换的，如果将组配分类号中的各段调换位置，不会改变其含义，因此可以轮排，从而达到按任何一个属性或特征集中文献和从多种角度检索文献的目的。

组配分类法通常包括分面组配分类法、组配-体系分类法两种类型。分面组配分类法是一种纯粹的组配分类法，又称完全的组配分类法，其分类表由若干分面（基本范畴）构成，一般只在比较单纯的专业范围内使用。组配-体系分类法是分面组配与体系分类相结合的方法，但以分面组配为主。它首先将知识分为基本类（基本大类和惯用类），构成分类表的主干结构；然后再对每个基本类进行分面分析，划分为若干分面。基本类可以是一个学科领域，也可以是一个主题领域，印度著名图书馆学家阮冈纳赞创制的《冒号分类法》（*Colon Classification*，CC）即为其典型代表。

组配分类法的宏观结构与体系分类法类似，一般包括分类表、标记符号、说明与注释、复分表、索引五部分，但在微观结构上差异较大。分面分析、分面引用次序、分面标记制是组配分类法的核心理论与关键技术。

分面分析，又称组面分析，是将整个知识领域和每个知识领域按其不同的属性分解为若干个不同的分面，每个分面再分为若干个亚面，每个亚面再分解为若干个更小的子面，面内列出所属各个子目以构成分类表。例如，对于"图书馆学"这个知识领域，《冒号分类法》采用"图书馆类型、馆藏文献类型、图书馆工作、地区、时代"等特征进行划分，产生五组类目，即五个组面，每个组面再用更细的标准划分为亚面，组面或亚面之间可以根据需要设立细分的类目，经过系统排列，形成一个由组面、亚面、类目等构成的分面分类体系。

分面引用次序，是指在标引时各种分面被引用（或使用、组配）的先后顺序，即类目的组配（组号）顺序。阮冈纳赞认为引用次序要按照具体性递减原则，他提出了各个领域通用的五个基本范畴，并规定其引用次序为“本体—物质—能量—空间—时间”，各大类规定了各类具体的分面引用次序，如“图书馆学”的分面引用次序为“图书馆类型—图书馆材料（文献）—图书馆活动—空间—时间”，在进行标引时，借助分面标记和分面公式固定分面的引用次序。

分面标记制度有分面标记制和回溯标记制两种。分面标记制也称分段（或多维）标记制，是用分面符号把分类号分成若干段，每一段号码代表主题的一个方面，以显示类目组配结构。其中使用的分面符号有两种形式：一种是采用数字或字母；另一种是采用标点符号。回溯标记制，又称回归标记制，是直接将分类表的类号与位于其前的组面的类号组合，表达一个复杂概念的标记制度。这种标记制度不需使用分面符号，可以通过不同组面的标记字顺位置的颠倒区分出不同的组面，显示类目的组配结构。

举例：《冒号分类法》

《冒号分类法》为印度著名图书馆学家阮冈纳赞所创制，1933 年出版第一版，体系结构为：五种基本范畴（即本体 P、物质 M、能量 E、空间 S 和时间 T 五个基本分面）、基本类［即基本大类和惯用类，前者是按习惯上的传统学科门类划分，有 4 个分区，z 综合类为第一分区类目，以小写拉丁字母表示；阿拉伯数字表示为其他学科不能包括的新兴学科，作为第二分区类目；大写拉丁字母 A~Z、△、Σ 表示传统学科类目，作为第三分区类目，第四分区为新出现的各种方法学、带有工具性质的类目，以带“（ ）”的大写或小写拉丁字母表示］、复分表（如共同复分表，时间、地理、语言区分表）。

3. 体系-组配分类法

体系-组配分类法，也称半分面分类法，是介于体系分类法和组配分类法之间的一种分类法，但更接近于体系分类法。该分类法以体系分类为主，同时大量采用分面组配的方法，包括各种通用复分表、专用复分表、类目仿分及组配符号等，并且使分类号尽量保持分段的组配形式，在详细列举类目结构的基础上，广泛采用各种组配方式。这类分类法直观性强，也有较强的文献主题概念的组配功能。《国际十进分类法》（*Universal Decimal Classification*，UDC）是其典型代表。

举例：UDC

UDC 是比利时的目录专家保尔·奥特勒（Paul Otlet）和亨利·拉封丹（Henri La Fontaine）在 DDC 基础上编制的，1905 年以法文出版第一版，此后以 20 多种语言出版了详略不同的许多版本，现有几十个国家的 10 万多个机构用它进行分类标引和检索。1977~1984 年英国标准学会用英文出版的 UDC 详本 22 册是其最新最全的版本。UDC 沿用 DDC 的基本大类结构，将人类的全部知识分为 10 大门类，每大类用一位阿拉伯数字表示。其类目按照从一般到特殊的原则逐级进行区分，形成层层展开、详细列举的等级类目体系。UDC 用阿拉伯数字作为分类号，有时也采用字母法，其类号通常每隔 3 位加一圆点，如下所示：

1 哲学、心理学

2 宗教、神学
3 社会科学……
5 数学、自然科学
6 应用科学、医学、技术
62 工程技术
621 机械工程论、核技术、电气工程、机械
621.3 电力工程
621.38 电子学

5.1.2　分类标引

分类标引是指依据特定的分类法或分类语言，赋予文献资源相应的类号而形成分类检索标识的过程。

1. 分类标引方式

依据对文献内容的揭示特点，分类标引方式通常可以分为整体标引、全面标引、重点标引、综合标引、分散标引、互见标引、分析标引等。

（1）整体标引，又称浅标引，是一种概括揭示文献基本主题内容的标引，并且只揭示文献中有检索意义的整体性主题。实际操作中，根据文献的整体内容，以相应的分类标识对该主题内容进行标引，一般只赋予 1~2 个分类号。

（2）全面标引，又称深标引，是一种对文献论及的所有主题概念，依据其各自所属的学科逐一进行标引的方式。全面标引能充分揭示文献内容，提高检全率，主要用于计算机检索系统，尤其是机检系统中学术论文、科技报告等的主题标引。

（3）重点标引，即对具有多个主题或多个主题因素的文献，只选择对本单位或本系统用户有检索和参考价值的部分内容予以标引。

（4）综合标引，是针对丛书、多卷书、论文集、会议录及连续出版物等类型的文献，以其整套（部）文献的主题为单位进行的一种整体标引方式，而不能仅以其中的一卷或一册为依据进行标引，必要时可在综合标引后对其中的文献单元分别标引。

（5）分散标引，即以丛书、多卷书等整套书中的每一种书或每一卷书为单元进行标引的方式，必要时可对已分散标引的文献作综合标引。

（6）互见标引，当一本书的内容涉及几门学科时，对其作整体标引后，再在所涉及的其他学科门类作重复整体标引，称为互见分类标引，标出的类号为互见分类号。

（7）分析标引，也称补充标引，是在整体标引基础上，进一步将文献中的部分内容析出，对其所属的学科内容进行标引的方式。

2. 分类标引步骤

分类标引须遵循一定的工作程序，基本步骤如下。

（1）选用文献分类法及确定文献分类法使用本。

（2）分类查重。

（3）文献主题分析（subject analysis），即明确分类文献的研究对象，学科或专业性质，写作目的、用途等，以便正确归类。

（4）确定文献主题。根据文献类型、检索系统性质等选定标引的主题。

（5）归类。根据文献主要主题的学科属性及其他特征，查阅分类法，找到与其相符的类目，赋予文献分类号作为分类检索标识。

（6）编制分类索书号。索书号一般由排架分类号和同类书区分号或书次号构成。

（7）分类号、索书号字段录入编目系统。

（8）分类审核，判断主题分析是否充分、主题概念提炼是否准确、归入类目是否正确、检索标识构成是否符合要求等，从而保证分类标引质量。

5.1.3 自动分类聚类

自动分类是指基于内容将对象自动分配给预定义的类别，可以分为基于词表的自动分类和基于训练集的自动分类。而自动聚类是将对象组成不同的类，使类内对象之间的相似性尽量大，而类间的相似性尽量小。聚类（clustering）不同于分类，没有预先定义好的类别。目前自动聚类的方法主要有划分聚类法、层次聚类法等。

1. 基于词表的自动分类

基于词表的自动分类是指所进行的分类处理是借助分类词表来完成的。词表法分类符合现有的文献分类体系，能够达到鸟瞰学科全貌的效果，在检索中还可以利用给定的分类号来进行扩检和缩检等工作，以提高检索的检全率和检准率。所以在实际的应用中，词表分类法使用较多，具体的实施过程如下所述。

（1）从待分类信息库中取一条欲分类记录，并取出其主题词。

（2）利用记录主题词查找主题词表，获取分类号及相应权值，当所有的主题词的分类号及权值取完后，进行类号合并与权值求和。

（3）将已取出的所有类号分析比较，取出权值最大的类号作为文献的类号。

2. 基于训练集的自动分类

基于训练集的自动分类的一般方法是：先将预先分类过的文献作为训练集，从训练集中得出分类模式，然后用导出的分类模式对其他文献加以分类。从训练集中得出分类模式的过程是一个复杂的过程，需要反复验证、不断细化，而得出分类模式的方法很多，如基于文献特征向量相关性的方法，基于神经网络（neural network）技术的方法，基于遗传算法（genetic algorithms）的方法，基于关联的方法，基于 EM（expectation maximizationg，最大期望）算法的方法，等等。

3. 划分聚类法

划分聚类法通过一个评估函数将对象集水平地分割为若干个类。对于给定的对象集

$D=\{d_1,d_2,d_3,\cdots,d_n\}$，划分聚类法的具体处理流程如下所述。

（1）确定要生成的类的数目 k。

（2）按照某种原则（可随机）生成 k 个聚类中心作为聚类的初始中心点 $S=\{s_1,s_2,s_3,\cdots,s_n\}$。

（3）对对象集中的每个待聚类对象 d_i，依次计算它与各个中心点 s_j 的相似度 $\mathrm{sim}(d_i,s_j)$；并选取具有最大的相似度的中心点 $\arg\max \mathrm{sim}(d_i,s_j)$，将 d_i 归入以其为聚类中心的类 C_j，从而得到 D 的一个聚类 $C=\{c_1,c_2,\cdots,c_k\}$。

（4）重新计算每个类的中心点。

（5）重复执行步骤（3）、（4）、（5），直至类中心点不再改变，得到稳定的聚类结果。

划分聚类法的运行速度较快，但必须事先确定 k 的取值和初始中心点，而且初始中心点的选择对最终的聚类结果有较大影响。

4. 层次聚类法

层次聚类法是指对给定的对象集进行多层次的分解，直到满足某种条件为止。层次聚类法具体分为两种：聚合聚类（agglomerative）和分裂聚类（splitting），聚合聚类采取“自底向上”的处理办法，开始时，每一个对象都组成一个单独的类，在随后的迭代过程中，把那些相互邻近的类合并成一个类，直到所有的对象组成一个类或者满足某个条件为止。分裂聚类采取“自顶向下”的处理办法，开始时，所有的对象组成一个类，在以后的迭代过程中，再把一个类分裂成几个更小的类，直到每个对象都在单独的一个类中或者满足某个条件为止。

聚合聚类在实际应用中较为常用，对于给定的文献集 $D=\{d_1,d_2,d_3,\cdots,d_i,\cdots,d_n\}$，其具体过程如下所述。

（1）将 D 中的每个文献 d_i 看作是一个具有单个成员的类 $C_i=\{d_i\}$，这些类构成了 D 的一个聚类 $C=\{c_1,c_2,c_3,\cdots,c_i,\cdots,c_n\}$。

（2）计算 C 中每对类 (C_i,C_j) 之间的相似度 $\mathrm{sim}(C_i,C_j)$。

（3）选取具有最大相似度的类对 $\arg\max \mathrm{sim}(d_i,s_j)$，并将 C_i 和 C_j 合并为一个新的类 $C_K=C_i\cup C_j$，从而构成 D 的一个新的聚类 $C=\{c_1,c_2,c_3,\cdots,c_{n-1}\}$。

（4）重复步骤（2）、（3），直到 C 中只剩下一个类或者达到一个终止条件为止。

该过程构造出一个树状结构，其中包含了类的层次信息以及所有类内和类间的相似度。聚合聚类法是最为常用的聚类方法，它能够生成层次化的嵌套类，准确度也较高。但是在每次合并出新的类时都要比较所有类之间的相似度，时间耗费比较大。

类对之间相似度的计算可以分为两步，首先计算单个文献和类之间的相似度，再计算总的相似度。假设 (C_i,C_j) 为一个类对，$C_i=\{d_i,\cdots,d_m\}$，$C_j=\{d_j,\cdots,d_n\}$，$S=\{d_i,d_j\}$ 为文献 d_i 和 d_j 之间的相似度，则有

$$\mathrm{sim}\left(C_i,C_j\right)=\sum_{i=1}^{m}\sum_{k=1}^{n}S^2\left(d_i,d_k\right) \tag{5.1}$$

5.2 主题组织法

5.2.1 传统主题组织工具

主题组织法是指直接以表示文献主题的语词作为概念标识，按字顺序列组织，并通过参照系统揭示词间关系的标引及检索文献的方法。从检索语言的角度说，主题组织法也就是主题语言，或称主题检索语言。主题组织法与分类法对于概念的分析过程是一致的，不同之处在于分类法是用号码（分类号）作为概念标识，而主题组织法是用语词作为概念标识。

依据主题的构成原理，主题组织法可分为标题法、单元词法、叙词法和关键词法几种类型。

1. 标题法

标题法是主题组织法组织系统中最早出现的一种，第一部标准的标题表 LCSH 的诞生到现在已经有一百多年的历史。标题法是用规范化了的语词来标引文献主题，并按字顺排列的方法。所谓的标题是主题标目（subject heading）的简称，它是直接表达文献主题的标识，大多是对文献内容所论及事物名称及特征的规范表达（周宁，2007），所谓规范是指在语音、词汇、语法等方面的标准化。

标题法具有以下特点。

（1）标题法用受控的语词作标识，直观地表达主题概念并对文献进行标引。

（2）标题法以字顺排列标识，提供直接的主题检索途径，有利于进行特性检索。

（3）标题法主要用参照系统来间接地显示标题所表达的主题概念之间的关系，形成语义网络，能为选用语词进行标引和检索提供一定方便。

（4）标题法按事物集中文献，而不是按学科、专业集中。因此，标题法适合于从事物出发的检索，而不适合于从学科出发的检索，即不便进行族性检索。

（5）标题法提供先组式的主题标识，标识的含义比较明确，选用标识比较容易。但是，使用不灵活，不能满足多途径检索的要求。

（6）标题法标引所用的标题不一定都是标题表所列举的现成标题，必要时可以自拟标题以表达新的或没有列出的主题概念，适应能力较强。

为了实现对同一标题下的内容加以细分以及集中同族事物等其他目的，在实践中采用了一些不同的方法，形成了标题的不同类型，也即标题法的不同类型，主要有以下几种（张琪玉，2004）。

（1）单级标题，即一个标题仅由一个名词术语构成，它可以是一个单词（称单词标题或元词标题），也可以是一个词组（terms，称词组标题或复词标题），但是都只有一级，所以称为单级标题。有些标题法系统只采用单级标题形式，优点是比较简单，缺点是专指性差，在一个标题下往往集中了太多的资料，不便检索。可以考虑多用复词标题，以增加专指度。

（2）带说明语的单级标题。例如，“期刊，物理的”“液压传动，用于机床的”，这种带说明语的单级标题在功能上相当于一个复词标题，用说明语表达复杂概念比较自由，既能表达事物的特称，又能表达事物的某个方面，可以达到较高的专指度。但是，带说明语的单级标题一般比较长，排列次序也不够明确。采用这种标题形式的标题系统比较适用于书本式检索工具，不适用于卡片式检索工具。

（3）多级标题，即由两个或两个以上的标题词采用组配符号“-”连接起来的标题形式，如“肿瘤-治疗”。组配符号后的标题称为子标题，子标题之下还可以有次子标题，次子标题之下甚至还可能有再次子标题，但是一般来说，超过三级的标题形式很少用到。各级子标题可以统称为副标题，相应的，组配符号之前的第一级标题则称为主标题。主标题用来表达主题内容的关键性概念，副标题则是对主标题的限定和说明。子标题和次子标题都必须是规范化的语词，这是区别于说明语的地方。

（4）倒置标题，即将复词标题中起限定作用的词倒置于被限定的词之后，并用逗号连接起来的标题形式。倒置标题的优点在于集中资料，缺点在于检索时难于判别从哪个词入手查找才能达到较好的检索效果。

（5）带限定词的标题。限定词一般都置于括号中，用于形式复分，或区分两个字面相同但是无法用其他方式区分的标题。

（6）混合标题系统。同时采用上述标题形式中的若干种的标题系统，其优点在于可以提高检索效率，缺点在于结构复杂，编制标题表和开发检索工具都比较困难。

LCSH 和美国国家医学图书馆的《医学主题词表》（*Medical Subject Headings*，MeSH）是美国和世界范围内使用最为广泛的标题表。我国目前有不少文献信息机构使用 LCSH 标引西语文献，医学专业的信息机构用 MeSH 标引医学与相关学科的文献。

举例：LCSH

LCSH 于 1904~1914 年发行了第一版，名称为“*Subject Headings Used in the Dictionary Catalogues of the Library of Congress*”，在第八版时改为现名，每年更新出版。目前最新的版本为 2005 年发行的第 28 版。该版包含约 27 万条标题与参照，按标题的字母顺序排列。LCC 网络版的 classification web 也可提供 LCSH 的查询。

2. 单元词法

单元词法脱胎于标题法，是为克服标题法的不足而发展起来的一种主题法类型。单元词法目前已经发展为叙词法，虽然它已经被叙词法取而代之，但是，了解它的原理、方法和性能，不仅有助于深入了解叙词法，还有助于进一步了解标题法。

单元词法是以单元词作为主题标识，通过字面组配的方式来表达文献的主题。所谓单元词，是指用来标引文献主题的、最基本的、字面上不能再分的词汇单位。例如，“情报”和“图书”就属于单元词，而“信息管理”和“主题标引”就可进一步分解为“信息”“管理”“主题”“标引”等单元词。单元词只是构成标题的组成部分，它们本身大部分不是具体的标题，若干个单元词进行组配，才能构成一个专指标识，来精确表达文献主题或进行检索。

与标题法相比较，单元词法具有以下优点：单元词表体积较小；单元词法标引专指度高；单元词法便于从不同的主题角度进行检索，检索途径较多；利用对单元词的增减，可以自由地扩大、缩小或改变检索范围。单元词法的不足之处在于：①直接性差，不适宜用于检索基本单元主题的文献；②采用字面组配方法，在字面分解和语义分解不一致时容易造成误差；③早期的单元词法未建立参照系统，无法进行相关资料的检索。

3. 叙词法

叙词，国内也经常称作主题词，是指从自然语言中精练出来的，经过规范化处理的，以基本概念为基础的表达文献主题的词和词组。

叙词法又称主题词法，是以受控的自然语言词汇作标识，通过概念组配方式表达文献主题的主题法类型。叙词法是在单元词法的基础上发展起来的，又综合了标题法、体系分类法、组配分类法等多种情报检索语言的原理和方法（张琪玉，1983，2004）。

（1）叙词法保留了单元词法单词组配的基本原理。

（2）叙词法采用了标题法对语词进行严格规范化的方法，以保证语词和主题概念的一一对应。

（3）叙词法采用了组配分类法的概念组配来代替单元词法的字面组配，此外，它还适当采用标题法的预先组配方法，以克服某些词分拆后再组配时可能产生语义失真的缺点。

（4）叙词法采用并完善了标题法的参照系统，吸取了体系分类法的基本原理来编制叙词分类索引（范畴索引）和等级索引（同族索引），采用了与关键词法类似的方法来编制叙词轮排索引，从多方面显示叙词间的相互关系，以保证准确、全面地选用叙词进行标引和检索。

可以看出，叙词法是多种情报检索语言的原理和方法的综合，体现了情报检索语言的发展趋势。同时，也就使其具有下述特点。

（1）叙词法的结构良好，词汇控制严格，可以根据标引检索系统的需要对词汇进行规范化处理。

（2）叙词法采用概念组配原理，使其避免了字面组配可能产生的概念表达误差，组配准确，标引能力强，可以准确地揭示文献的主题内容，专指度高。

（3）叙词法可以通过灵活的组配方式进行检索，检索途径多，检索效率高，检索效果良好。

（4）叙词法能同时适用于标识单元方式和文献单元方式的检索系统，既能适应手工检索的要求，又有利于发挥计算机检索系统的优越性。

叙词法是目前应用最为广泛的主题法，我国目前使用最多的叙词表是《汉语主题词表》，其他专业性词表有《教育分面叙词表》《社会科学检索词表》《军用主题词表》等。国外主题词表数量众多，如美国《国防技术信息中心词表》（*Defense Technical Information Center Thesaurus*）《国家航空航天局词表》（*National Aeronautics and Space Administration Thesaurus*）等。

举例：《汉语主题词表》

《汉语主题词表》是我国第一部大型的综合性的叙词表，由中国科学技术信息研究所和北京图书馆负责主持，1975 年编制，1980 年由科学技术文献出版社出版。1991 年自然科学部分出版了增订本，增补新词 8 221 条，删除不适用词 5 434 条。《汉语主题词表》分三卷 10 册：第一卷（2 册）为社会科学部分，第二卷（7 册）为自然科学部分，两部分均包括字顺主表、范畴索引、词族索引和英汉对照索引；第三卷为附表。全表收录主题词 108 568 个，其中正式主题词 91 158 个，非正式主题词 17 410 个，词族数 3 703 个，一级范畴数 58 个，二级 674 个，三级 1 080 个。

20 世纪八九十年代，国内外还编制了大量分类主题一体化词表，如《联合国教科文组织叙词表》《基础叙词表》，以及我国的《中国分类主题词表》《社会科学叙词表》等。就本质而言，分类主题一体化语言是一种实现了分类语言和主题语言兼容互换的系统，将分类语言的分类号和主题语言的主题词相对应，实现两者间互相转换。分类主题一体化语言包括分类号-主题词对应表和分面叙词表两种主要模式。这种词表既可用来进行分类标引，又可进行主题标引，二者的数据可以转换，可以一次标引获得两种检索标识。

4. *关键词法*

关键词法是为适应目录索引编制过程自动化的需要而产生的，它与标题法、单元词法、叙词法同属于主题组织法系统，都是以自然语言的语词作标识。但是，关键词法对语词基本上不做规范化处理，而其他三种主题法都需要对用于标引和检索的语词做严格的规范化处理。

关键词是指从文献的题目、摘要或正文中抽取出的能够表征文献主题内容的具有实质意义的语词。关键词和单元词有点类似，但是单元词需要在多个具有相同或相近意义的词中进行选择，而关键词基本上不做任何选择而保持作者用词原状。若干个关键词的组合构成一条索引款目，用以表达一篇文献的主题，在某一款目中，所有的关键词都是平等的。在整个检索系统中，全部关键词都是彼此孤立的，没有任何联系。

关键词法就是将关键词从文献中抽出，不做处理或仅做极少量的规范化处理，按字顺排列，提供给用户检索的方法。关键词法主要有以下几种类型。

1）题内关键词索引

题内关键词索引也称上下文关键词索引，是将文献题目中的关键词和非关键词都按原文的词序予以保留，使关键词与非关键词组成一条短语，每个关键词都有一次机会轮流排到作为检索词的固定位置，将处于该位置的关键词按字顺排列起来，每条款目附以文献地址。

2）题外关键词索引

题外关键词索引是将文献题目中的关键词和非关键词都按原文的词序予以保留，同时轮流地将每个关键词抽出，置于题目左方或左上方的检索词位置，并将处于该位置的关键词按字顺排列，每条款目附以文献地址。

3）双重关键词索引

双重关键词索引是题内关键词索引和题外关键词索引的结合形式，特点是具有双重标目，其中一个主标目即题外关键词，另外一个副标目即题内关键词。双重关键词便于检索，可读性也较好，但是篇幅较大，实用性不高。

4）单纯关键词索引

单纯关键词索引是将表征一篇文献主题内容的关键词全部抽出，组成一个索引款目，然后将索引款目中的每一个关键词轮流移到最前端作为检索词，并按字顺排列，每条款目后附以文献地址。这种关键词索引标引深度较大，索引篇幅较小，但是索引款目的含义不是很明确，最好是结合文摘一起使用。

5.2.2　主题标引

主题标引是指对文献的主题进行分析，客观、全面、准确地提炼主题概念，再依据特定的主题语言（词表）和标引规则，将主题概念转换成标引词，赋予文献主题标识的过程。其目的是建立主题检索系统。

GBT3860—2009《文献主题标引规则》明确规定了主题标引的步骤和标引规则，一般包括如下步骤：①查重；②选择标引方式；③进行主题分析；④将主题概念转换为主题词；⑤做好业务记录；⑥审核标引结果。具体流程如图 5-1 所示。其中关键步骤即第③和第④步，下面对之进行详述。

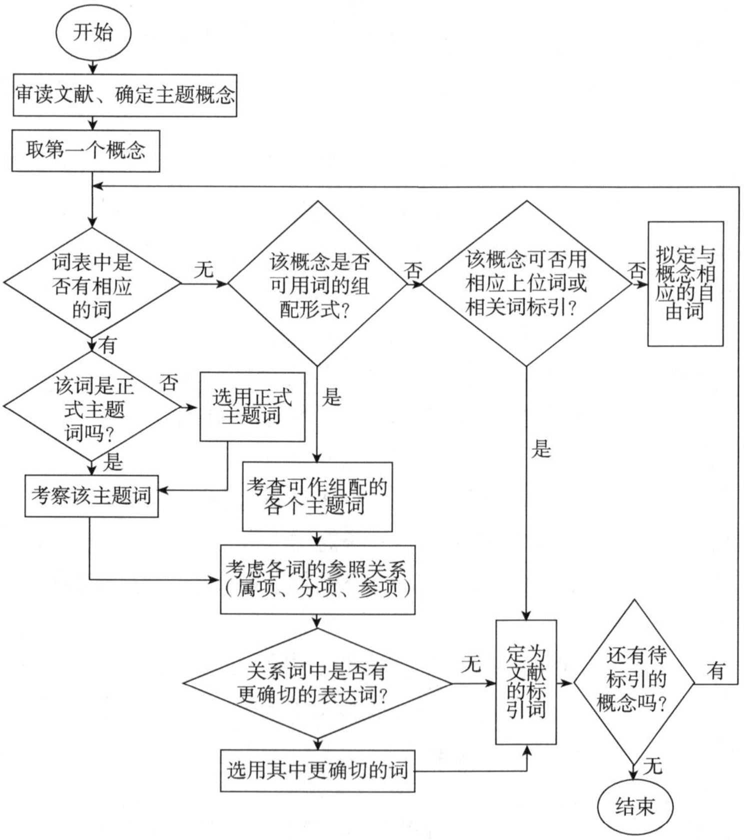

图 5-1　文献主题标引工作流程图

1）主题分析

主题分析即确定文献的主题内容，并进一步分析主题的类型、结构、构成要素及构成因素之间的关系。主题因素可归纳为五个方面：①主体因素，即研究对象等中心主题概念，能够反映主题中主要特征属性，一般具有独立检索意义；②方面因素或限定因素，即对主体因素研究方面或角度的说明或限定因素，如成分、材料、方法、过程、条件、状态、尺度、性质等；③空间因素；④时间因素；⑤文献类型因素。

主题分析主要关注主体因素和方面/限定因素这两种基本主题因素及分析的次序。首先，主体因素应该优先标引，若文献主题涉及两个及两个以上的主体因素，均需标引出来。例如，《食品营养与卫生安全导论》，标引为“食品营养”与“食品卫生”。其次，方面/限定因素虽然一般无独立检索意义，不作为轮排入口标目，但可对主题起限定作用，进一步细分主题。例如，《口述史研究方法》标引为：口述历史学—研究方法；《微机检修技术》标引为：微型计算机—检修。再次，空间、时间与文献类型因素是文献主题所反映主体因素的时空与文献类型方面的限定因素，标引时依据主题标引的规定引用次序进行。例如，《中国园林艺术小百科》标引为：园林艺术—中国—百科全书；《恽寿平牡丹图》标引为：牡丹—花卉图—中国—清代—画册。

2）将主题概念转换为主题词

将主题概念转换为主题词，即将确定的表达主题内容的概念转换为主题词表中的主题词或主题词的组配形式。选择主题词时应遵循如下规则：①必须使用词表中的正式主题词。词表中的非正式主题词不能用来标引文献，只作为入口。②必须遵循选定标引词的优先顺序。第一，选用最专指的主题词，即与文献主题概念直接相对应的主题词。第二，若没有合适的专指词，应选择最直接、最相关的若干主题词进行组配标引。第三，组配不能达到标引文献主题的要求时，应选用最直接的上位词进行标引，不得使用间接的上位词标引。第四，若上位词仍不合适，则选用最相关的主题词进行靠词标引，即选用与该主题概念关系最密切的词、近义词或反义词标引。第五，若某个主题概念具有较大的标引与检索价值，但又不能采用上述组配、靠词等标引方法，则使用增词标引，即增加新的主题词。第六，如果某主题概念的重要程度还不足作为新增词或有关专用名称，可采用自由词标引。自由词是未经规范化处理的、词表以外的自然语言词汇，自由词标引是对主题词标引的重要补充。用于编制机读检索工具的主题标引，对于文献中不能用主题词标引或组配标引准确表达的概念，应充分利用自由词进行标引。自由词的来源主要是文献题名、文摘。选用也应该概念明确、通用、简练，一经选用，应做好使用记录，以保证主题标引的一致性。

5.2.3　自动标引

1. 自动标引及其过程、方法

自动标引则是利用计算机系统给存储或检索出的文献赋予检索标志的过程，其中检索标志从机器词典中取出的称为赋词标引，而检索标志从文献中抽出的则称为抽词标引。

自动标引过程与人工标引过程相似，也要经过主题分析、查词表和将自然语言转换为情报检索语言等若干步骤。一个自动标引系统通常包括文本输入、词典、抽词、知识库、综合与转换和输出六个子系统。

（1）文本输入子系统：对文献文本进行自动标引前，必须使之转换为机器可读形式，并按一定格式加以组织。输入子系统处理的结果即将文本以数据库或文档中的记录形式存储，每个记录中包括供标引用的若干字段或子字段（如标题、文摘、关键词、正文等）。

（2）词典子系统：自动标引词典是存储在计算机系统内的一部或多部词表。因标引目的不同，词表的结构和组织也有很大差别。在赋词标引系统中，词表通常是手工标引用的受控词表（如主题词表），而在抽词标引系统中，通常使用的是禁用词表（或称非用词表），即词表中收入的词都不作为检索标志。

（3）抽词子系统：通过查找机器词典中存储的信息，对输入的文本逐字逐句进行扫描，抽出供综合与转换子系统处理的检索标志。对于英文等拼音文字来说，词间有空格分隔，可按空格进行逐词扫描并抽词，对于汉语来说，词间没有空格，不能进行逐词扫描，因此汉语抽词子系统的首要任务就是将连续书写的汉字文本切分为有空格分隔的词，即汉语自动切分或称汉语自动分词。

（4）知识库子系统：是人工标引中选词知识形式化的规则集合。人工标引包括主题分析、选择表述主题的关键词和把关键词转换为规范主题词三个阶段。这些工作当中的经验通过主题句法、频率法、概率法、加权法、语法分析法和语义分析法等方法加以形式化，用语义网、框架等知识表达方式构造成知识库。

（5）综合与转换子系统：依据知识库提供的知识，对抽词子系统抽出的全部词语进行统计、分析和综合，选取表达主题的关键词，然后，按词典子系统的规范化规则，将选出的关键词转换为规范化词语。

（6）输出子系统：将选取的关键词存入文本记录的有关字段，并将记录输出到要求的介质上。

目前，自动标引技术方法大致可归纳为统计标引法、概率标引法、句法分析法、语义分析法等几类。

（1）统计标引法。统计标引法是最早使用的一种自动标引方法，理论基础是齐夫定律。它依据下述假设来选择标引词：某词在文献中的出现频率与该词的文献区分功能有密切关系。一个词（实词）在文献中使用越频繁，就越有可能是一个指示主题的词。基本过程如下：计算机根据输入的题名、文摘，甚至是文献正文，识别其中所有的词，并完成自动分词，用禁用词表排除通用词，对剩余的词进行标引，抽词时可根据词频赋予权值，进行加权标引。通过对这些词语的统计，求出其中的高频词、中频词和低频词，并使用中等频率的词语作为标识文献的主题词。此外，还可以根据取词的不同位置、词语本身的重要性给每个词赋予不同的权值，使最终的加权统计结果更加符合实际情况，更能体现文章的主题。

（2）概率标引法。概率标引法的基本思想是：文献检索系统可根据文献满足提问的概率来估计输出文献并对其分级。概率标引法所依据的概率主要有相关概率、决策概率和出现概率。基于相关概率的标引法，一是根据包含相同标引词的提问与文献的相关概率来标引划分文献，如二值独立性标引模型；二是根据具有一定联系的文献之间的相关概率来标引特定的文献，如基于被引用与引用文献的标引方法。基于决策概率的标引方法主要是依据某标引词赋予某文献这一决策事件正确的概率来标引文献，如DIA标引方法。基于出现概率的标引方法是根据词在文献中的出现频次所服从的概率分布的特征来选择标引词，如 2-泊松模型。

（3）句法分析法。句法分析法是借助词典来指定词的语法范畴，通过分析文本的句法结构，鉴别词在句子中的语法作用和词间句法关系，来选择具有标引意义的语词的方法。具体又包括浅层句法分析和深层句法分析，前者只限于把句子解析成较小的单元，而不揭示这些单元之间的句法关系，后者则着眼于充分分析整个句子的语法特点，从而最大限度地揭示句子所反映的主题内容。

（4）语义分析法。语义分析法通过分析文本或话语的语义结构来识别文献中那些与主题相关的词。这种方法本身受制于语言学的发展，当前较为成熟的应用是潜在语义分析方法。基本思想是：文本中的词与词存在某种联系，即存在某种潜在的语义结构，采用统计的方法来寻找该语义结构，将标引词之间和文献之间的依赖关系，以及标引词与文献之间的语义关系考虑在内，使用奇值分解来处理这些语义关系。具体做法是：通过奇值分解，将词、文献和提问依语义相关程度组织在同一空间结构中，在这一空间中，分散在不同文献和提问中的同义词相近放置，具有不同的词但主题语义接近的文献和提问相邻组织。

2. 汉语自动标引方法

汉语自动标引技术和西语自动标引技术相比具有很大的独特性，这主要是源于其处理的对象是汉语信息，汉语信息不像西语那样在词与词之间有空格，汉语构词方式灵活多变，书写形式也不统一，对于某一个句子，采用不同的分词方法可能导致完全不同的含义，所以汉语的自动标引比英文复杂很多。20 世纪 80 年代以来，我国许多专家学者从事着汉语自动标引的研究，在理论研究与实际应用上都获得了很大进展，提出了众多的汉语自动标引方法。目前，汉语自动分词技术主要有词典标引法、切分标记法、单汉字标引法等，随着神经网络、人工智能等技术的发展，智能标引法也得到了较多的研究与应用。

1）词典标引法

词典标引法就是通过构造一个词典，并将其与待标引的信息进行比较，找到匹配的词汇时，即把它作为可选标引词记录下来，最后利用西语成熟的标引技术进行处理。词典标引法在国内发展得比较成熟，实用性也较强，所以在目前的自动标引算法中所占比重较大，特别是对于主题相对集中的信息库，如专业信息库等，词典的构造工作是切实可行的，也能保证比较好的质量，采用词典标引法就能达到比较好的效果。

运用词典标引法查找可选标引词时，需要对待标引的文本对象进行扫描，就扫描顺序主要有正向扫描（在文本中从前至后截取字串扫描处理）、逆向扫描（在文本中从末尾向前截取字串扫描处理）、正逆向组合扫描，其中正逆向组合扫描可以解决交集型字符串问题。

在标引的文本对象中进行扫描的同时，需要与词典中的标引词进行匹配，根据系统标引的专指度不同，匹配的方式主要有最长匹配、最短匹配、长短结合匹配、词首匹配等。

最长匹配是指从标引文本中顺序截取一定长字串（一般取词典中最长词汇的长度）去搜索词典。搜索命中即记下该词，再以该词的长度将标引文本向后移动（正向扫描）或前移（逆向扫描）一个步长截取下一字串继续匹配。若搜索失败，则舍去某端一字（正向扫描舍去后端，逆向扫描舍去前端）继续搜索，若到最后一字仍匹配失败，则从标引信息的该字后部或前部重新截取一定长字串进行搜索处理。

最短匹配是指以文本中的短字串（可以是一个汉字）优先匹配词典。匹配时，搜索命中就记下该词，再以该词的长度将标引文本向后移动一个步长截取短字串继续匹配；若搜索失败，则从文本向字串顺序增加一字（正向扫描增加后端，逆向扫描增加前端）继续搜索，当匹配字串达到字典最大长度时仍搜索失败，则从文本中该字的后部或前部重新截取短字串进行搜索处理。

长短结合匹配是将最长匹配与最短匹配轮番使用的方法。该法可以发现可能出现的错误分词的情况。例如，当两种方法分出的词不一样时，可能有一种是误分，需要给出标记统一解决。

词首匹配是指按顺序取待标引文本中的一个汉字，用前方一致的方式查找词典。如果命中，以词典中的标引词定位在文本中进行匹配。匹配一致者，记下该词，再以该词的长度将标引文本后移一个步长，取当前字继续进行词首匹配。如果没有相匹配的标引词，则取下一字继续查找。

2）切分标引法

切分标引法就是将能够断开词和词组或者表示汉字之间联系的汉字组成切分标记字典，然后根据这个字典对待标引的文本进行切分，将句子分解成词和词组，再按一定的模式将它们分割成单词或专用词，最后利用西语成熟的标引技术进行处理。切分标引法的典型代表是非用词后缀表法，该方法将汉字分为“非用字”“条件用字”“表内用字”“表外用字”四种类型，实现过程中利用非用字或条件用字进行分词标引，一般采取“有联系则取，无联系则断”的原则。此方法具有一定的实用性，但算法比较复杂，词典构造困难，所以实际应用不是很广泛。

3）单汉字标引法

单汉字标引法是一种吸收西语自动标引的思想来解决汉语分词的困难的自动分词方法，它把一个单汉字作为一个类似于西语单词的标引词，检索时再将单个标引字进行匹配，从而获得检索结果。实际的应用中要注意两个问题：首先，必须要构造停用字表，以防止将没有标引意义的字作为标引字，如“是”“在”“的”“啊”等；其次，单汉字标引时如果不进行位置匹配将导致大量的误检，而进行位置匹配将造成算法比较复杂，索引的膨胀率提高，运行速度较慢，所以必须对检索算法进行一些改进，缩小单字索引的规模，如首字直接匹配法、存储检索结果等。

5.3 索引文摘法

5.3.1 索引法

索引是记录和指引文献事项或知识单元，按一定系统组织起来的检索工具。索引依据被检的对象，可以分为篇目索引和内容索引。篇目索引是标引图书或报刊中的论文篇目，按一定编排法组织起来的供查找篇目的索引，如《全国报刊索引》《中国丛书综录》等。内容索引是将文献中的字、词、句、人名、地名、主题等具体内容，按一定编排法组织起来的供查找具体内容位置的索引，一般又可分为语词索引和主题索引。

传统手工索引工具的编制程序包括：选择题目和确定索引方法；文献标引和索引款目编制，这是索引编制中最关键的步骤；著录，即记录文献标识，制作索引卡片。从 20 世纪 50 年代开始，伴随着计算机技术的发展，学者开始尝试以计算机辅助编制或自动编制索引，自动编制索引技术和方法日渐发展成熟，相继产生了关键词索引法、链式索引法，词串索引法、选择组合排列索引法、挂接主题索引法、基于假设的轮排主题索引法、保留上下文索引法、嵌套短语索引法、实用主题索引法等。

自动索引的流程如下：首先，索引词汇的自动生成。索引词汇是能揭示文献特征的词或短语。以主题索引为例，其索引词汇的产生包括主题分析与主题转换（subject translation）两个步骤。主题分析即是根据文献储存与检索系统的要求，对文献内容进行分析，从中提炼其主题概念。主题转换则是将分析出的主题概念转译为系统使用的主题词汇，这些主题词汇可以借由两种方式产生，第一种是直接从原始文献中抽取出足以代表文献主题的词汇或词组，即自然语言索引法（natural language indexing）或称为自由词索引法（free-text indexing）；第二种则是从标题表或索引词典中挑出适当的款目代表该文献的主题，即控制词汇索引法（controlled vocabulary indexing）。

其次，索引句法的确定。索引语句是将索引词按特定规则组织而成的，这种规则即索引句法。对于印刷型索引而言，选择引用次序和使用功能词是最常见的索引句法，自动索引则是通过职号（实现引用次序的人为规定符号）、联号（揭示相同主题的词间关系人为规定符号）等确定语法关系。

再次，索引款目的自动生成。在索引语句构造完成后，索引款目自动生成实际上就是自动轮排，即运行包含轮排规则的程序为一条索引语句生成多条款目。其中轮排指将有检索意义的词轮流排列到检索入口（标目）的位置上，并对其他词进行相应整理，生成款目或参照的方法。所有索引款目的排序，通过依次比较其标目、说明语及地址实现。

最后，参照系统的自动生成。其关键在于建立机读规范文档，即索引词表。通过对照规范文档，根据所指引的关系自动建立，若不需规范，生成常规款目，需要进行词形规范的，生成见参照，需要语义规范的，生成参见参照。

在计算机生成索引中，关键词索引，特别是题内关键词索引（KWIC index）和题外关键词索引（KWOC index）应用最为广泛。其中题内关键词索引，也称上下文关键词索引是最早出现的机编索引，首先应用于 1960 年美国化学文摘社创办的《化学题录》。题内关键词索引的标目在款目的中部，左右为该标目的上下文，索引款目按作为标目的关键词的字顺排列。款目格式如图 5-2 所示。

上文	关键词	下文	地址

图 5-2　题内关键词款目格式

题内关键词索引的编制步骤包括：①把经过人工处理的文献题名（包括增补的关键词）输入计算机。②计算机用“非用词表”剔除题名中的介词、连词、冠词等，筛选出有检索意义的关键词。③将每个关键词依次轮流用作索引标目，同时保留其上下文。若题名过长，可以截断或移位。④编成索引款目，并进行编排加工，最后交付印刷或存储于计算机系统中。除第一步由人工完成外，其余皆由计算机完成。检索时先在索引款目中部找到与检索课题有关的关键词，再查看其左右的上下文，寻找相关的文献。

题外关键词索引是题内关键词索引的改进形式，与题内关键词索引相比，其标目的位置不在款目的中部而是在款目的左端或提行至左上方，标目之后（或之下）仍保留完整的文献题名。其款目格式如图 5-3 所示。

关键词	文献题名	文献地址

图 5-3　题外关键词款目格式

编制时依次将题名中的每个关键词置于标目的位置，原题名中的关键词也可用某一符号（如星号）代替以节约空间，题名之后注明文献地址，最后将款目按关键词的字顺排列起来。

5.3.2 文摘法

1. 文摘及其传统编制方法

文摘是以简明扼要的文字摘述文献的主要内容和原始数据，向读者报道最新研究成果，传递文献的情报信息和查询文献线索的一种工具。替代性、客观性、兼具报道和检索两种功能是文摘所具备的特点。

文摘款目是构成文摘的最基本的单元，是文摘传递文献信息特征的基本因素。文摘款目一般由基本著录事项和文摘摘要两部分构成。基本著录事项包括文献标题、文献作者、出版项、文种等。例如，美国《化学文摘》中，期刊论文的著录项目有文摘号、文献标题、作者姓名、著作工作单位（用括号括起）、期刊名称（用国际标准 ISO883-1974 简化）、出版年月、期刊卷期、起讫页码、文种等。文摘摘要是构成文摘款目的主体，是如实地、不做任何评述地报道原文文献的主题内容，向读者传递真实可靠情报信息的一种短文。文摘的大部分功能都是通过摘要短文来体现的。

根据不同划分标准，文摘可分为不同类型，根据对原文信息的压缩程度可以划分为报道性文摘、指示性文摘和报道-指示性文摘三种。报道性文摘是指明一次文献的主题范围及内容梗概的简明文摘，通常用于学术论文等原创性文献的报道。指示性文摘只简单介绍文献内容的梗概，注重定性描述。报道–指示性文摘是以报道性文摘的形式表述一次文献中信息价值较高的部分，以指示性文摘的形式表述其余部分的文摘。此外，从编撰目的和职能来看文摘可分为普及型和情报性文摘两种。情报性文摘是选择具有重要学术价值的专著和科学论文，经过高度浓缩后，按目录格式组织排列，向科学研究者提供情报信息和检索途径的一种检索工具，如美国的《化学文摘》、荷兰的《医学文摘》，我国的《中国冶金文摘》等。

在编制文摘的过程中，要准确地传达原始文献中的重要内容，首先要对原始文献进行认真细致的主题分析，掌握主要内容，并根据主题，将最有代表性、最有价值的理论、事实、结论等材料编入文摘，不能断章取义，以偏概全。文摘编制人员一般不能将自己的观点或评论编入文摘，同时也不能加以补充或作说明解释。

文摘是原始文献的浓缩，所以文摘的字数必须有一定的限制，太长的文摘将不利于用户阅读，太短则会影响文摘所要传递的信息的质量。一般来说，文摘的篇幅应该在原始文献篇幅的十分之一左右，从字数上来说，二百到五百字比较合适，当然，文摘的字数也不能限制太严，可以根据原始文献的篇幅和内容特点进行调整。

文摘要求用精练的语言准确地表达原始文献的内容，应该尽量采用简洁的说明和叙述方式，不宜多用描写语句。要保持语句的单一性，使大部分语句具有独立的意义。同时，还要注意尽量保持原始文献的风格和特色。

文摘语言要做到形式化、规范化。所谓形式化是指尽量用具有确定的科学内涵的符号或缩略语来表示专业术语，规范化是指文摘中使用的度量衡和缩写符号要尽可能采用国际、国家标准或约定俗成的规则。

2. 自动摘要

现有的文献出版和文摘编制领域还存在着一些不足，原因在于：①许多文献没有文摘，可能是来稿未附文摘或者刊物不随原文刊登文摘；②作者自己撰写的文摘由于缺乏专门训练可能行文不规范，表达不全面；③假如是专门的文摘员来编制文摘，虽然文摘的质量能够得到保证，但工作量大、成本高、周期长。人们迫切希望有一种技术能够取代人工编制文摘，经过众多专家学者近半个世纪的努力，计算机自动编制文摘（自动摘要）的技术已日趋成熟，许多试验以及成功的应用系统表明，自动摘要可以解决目前文摘编制领域里存在的一些问题，也能够编制出高质量的文摘。目前主要的自动摘要方法有自动摘录、基于理解的自动摘要、信息抽取、基于结构的自动摘要等。

1）自动摘录

自动摘录将文档看作是若干个句子的有序组合，而句子又可以看作是若干个词的有序组合。自动摘录方法的基础是文本形式上的规律，对于任何一篇文章而言，一般都不同程度地符合这些规律。自动摘录方法通常分四个步骤进行。

（1）计算文档中每个词的权值。

（2）根据句子中所包含的词及句子的位置和结构特征计算其权值。

（3）对文档中的所有句子按权值排序，根据事先设定的阈值，权值最高且满足阈值要求的若干句子被选为文摘句。

（4）将选定的文摘句按照它们在原文中的出现顺序输出。

在自动摘录中，词和句子权值的计算以及文摘句的选择的依据是文本的各种形式特征，这些特征主要有以下几个。

（1）词频：根据句子中所含的有效词的个数可以计算句子的权值，这是 Luhn 最早提出的自动摘录方法的基本依据。Luhn 最初是将这种思想应用于自动标引，经过改造后又应用到自动摘要的研究中。此后，Oswald、Edmundson 等学者也对此进行了一些研究，并开发了一些采用词频法的自动摘要系统。

（2）线索词：Edmundson 认为可以将句子中的词分为三种：取正值的褒义词、取负值的贬义词和取零值的无效词。词的分类根据一个预先编制的线索词词典来进行，运用词典法对句子进行切分，句子的权值就等于句中每个线索词的权值之和。

（3）指示性短语：作者在文献中往往会用一些直接明了的语句阐明文章要讨论的主题内容以及结论与观点。例如，“本文讨论了……”“本文的目的……”“作者试图……”“综上所述……”等，和线索词相比，指示性短语的可靠性要强很多。

（4）句法结构：句子的重要性往往和句法结构有着密切联系。例如，陈述句一般对文档起描述作用，比较适合于编制摘要，而疑问句、感叹句一般不宜进入摘要。

（5）句子的位置：文献的首段（首节）往往阐述文章将要讨论的主要问题，文章的尾段（尾节）常常用来对全文内容进行归纳和总结，段落的首句和尾句通常反映该段落讨论的主要内容。因此，有必要提高处于特殊位置的句子的权值。

（6）标题：文献的标题往往与文献内容直接相关，利用文献的标题、子标题（副标题、节标题等）中的关键词去获取文摘句，是一种简便而有效的方法。

上面介绍了文本的六种形式特征，这六种特征是自动摘录的依据，但它们都是从某一个角度去反映文档的主题，不够准确和全面。综合考虑各种特征，将它们有机地结合起来可以提高自动摘录的质量。

Edmundson 用一个简单的线性方程 $W = \alpha_1 C + \alpha_2 K + \alpha_3 T + \alpha_4 L$ 将四种有关句子选择的方法综合在一起。其中，W 表示句子的最终权值；C 表示线索词权值；K 表示根据词频计算得到的关键词权值；T 表示题名词权值；L 表示位置权值；α_1、α_2、α_3、α_4 是参数。这种方法只是将多种因素简单地叠加，达不到理想的结果。可以对其进行改进，可得如下公式：

$$f_s(s) = \alpha + \frac{\beta}{Cl(s)k(s)} \sum_{j=1}^{m} f_w(t_j)$$

其中，α，β 为参数；$f_s(s)$ 表示句子的权值函数；$f_w(t_j)$ 表示特征项的权值函数；$l(s)$ 表示句子的长度；$k(s)$ 表示句子所含的子句个数；C 表示比例因子，反映句子的位置、指示词、线索词等方面的信息。

2）基于理解的自动摘要

基于理解的自动摘要方法是以人工智能，特别是自然语言理解技术为基础发展起来的。这种方法不仅利用语言学知识获取文本结构，还利用领域知识进行判断、推理，得到文档的语义表示，最后从语义表示中生成摘要。

基于理解的自动摘要方法通常包括以下四个步骤。

（1）语法分析。利用预先构造好的语言学词典对文档中的句子进行语法分析，获得语法结构树。

（2）语义分析。利用预先构造好的知识库中的语义知识将语法结构描述转换成以逻辑和意义为基础的语义表示。

（3）语用分析和信息提取。根据知识库中预先存放的领域知识进行推理，并将提取出来的关键内容存入一张临时信息表。

（4）摘要生成。将临时信息表中的内容转换为一段完整连贯的文字输出，作为文档的摘要。

3）信息抽取

基于理解的自动摘要方法需要对文档进行全面的分析以生成语义表示，当文本数量较少时，能达到较好的效果，但对于大规模真实文本来说是很难实现的，代价也会很大。而信息抽取只对有用的文本片段进行有限深度的分析，与基于理解的自动摘要相比较，其效率和灵活性较高。

基于信息抽取的自动摘要方法以摘要框架为中枢。所谓的摘要框架实质上是一张预先定义好的申请单，通过申请单中的空槽界定应从原文中获取的各项内容。例如，针对管理信息系统类的文章可以提出如下的框架：

管理信息系统｛
　　系统名称；
　　系统目标；
　　实现方法；
　　系统功能；
　　数据组织；
　　数据流；
　　系统开发策略；
　　关键技术；
　　主要难点及解决办法；
　　系统运行情况
　　……｝，

信息抽取可以分为选择和生成两个阶段，在选择阶段，利用特征词从文本中抽取相关的短语或句子填充摘要框架。例如，在文本中发现“……系统的设计目标为对门户网站上的新闻自动分类”，则可以将特征词“设计目标”后面的短语“对门户网站上的新闻自动分类”作为系统目标填入摘要框架。在生成阶段，主要是利用摘要模板将摘要框架中的内容进行转换，以得到文档的摘要并输出。摘要模板是一个带有待填信息的现成的文档，其待填信息部分与摘要框架中的空槽相对应。例如，模板中的一个句子为“该系统的设计目标是（系统目标）”，因为在摘要框架中填写的系统目标为“对门户网站上的新闻自动分类”，因此在最后生成的摘要中将包含以下句子：“该系统的设计目标是对门户网站上的新闻自动分类。”

4）基于结构的自动摘要

在一篇文档中，篇章的不同部分承担着不同的功能，各部分之间还存在着简单或者复杂的关系，这些关系形成了文档的篇章结构。只要能够分析出文档的篇章结构，就可以根据篇章结构找到文档的核心部分，从而生成文档的摘要。目前基于结构的自动摘要方法主要有三种。

（1）关联网络。将一个语言单元的各个子单元视为节点，并在两个有语义联系的子单元之间引一条边，所得的网络就是关联网络。在关联网络中，与一个节点相连的边数定义为该节点的度，节点的度越大，该节点在网络中的重要性也就越大。将若干重要的子单元抽取出来，即可构成摘要。美国康奈尔大学的 Salton 等则将文档看成是段落的关联网络，其主要思想是：通过词频统计的方法获取关键词，然后用获得的关键词赋予每个段落一个特征向量，再计算向量之间的内积，作为两个段落的关联强度。事先给定一个关联强度阈值，如果两个段落之间的关联强度大于该阈值，则可认为这两个段落之间有语义关联，和很多段落都有关联的中心段将被提取出来组成一篇摘要。

（2）修辞结构。20 世纪 90 年代初，日本东芝公司的 Kenji Ono 等提出了一种基于修辞结构的自动摘要方法。他们将修辞关系归纳为举例、原因、总结等 34 种。这种自动摘要方法主要有三个步骤：①根据预先指定的连接词推导出修辞结构树；②对修辞结构树进行修剪；③将保留下来的内容根据它们之间的修辞关系组织成一篇连贯的摘要。

（3）语用功能。这种方法主要应用于科技文献的自动摘要。科技文献的写作有比较严格的规范，文献的不同部分承担着不同的语用功能，根据语用功能可以将文章的主体部分识别出来构成文摘。1978 年，捷克斯洛伐克的 Jiri Janos 提出了根据功能语句观点（functional sentence perspective，FSP）进行文本摘要的方法，该理论通过对句子语用功能的分类将文本的主干和枝叶区分开来。日本北海道大学的 Maeda 则将句子的信息功能分为背景、主题、方法、结果、例子、应用、比较和讨论，以区分文章的主干和枝叶。美国 Syracuse 大学的 Liddy 通过对人工摘要的大量调查，归纳出了摘要的基本机构：背景—目的—方法—结果—结论—附录，将承担这些功能的片断从文档中识别出来，就可以组成摘要。与其他方法相比，根据语用功能提炼出来的文摘更符合科技文献文摘编写的标准。

5.4 元数据

随着互联网的迅猛发展，网络信息资源以几何倍数增长，与传统文献资源相比，网络信息资源呈现出无序性、多元性、异构性等特点，资源的共享与利用日益困难。因此，通过制定和实施一系列准确、规范并且可操作的网络信息资源描述格式及应用系统，改善网络信息资源组织的状况，提高对资源的存取和利用效率势在必行。元数据具有良好的层次结构，可以简洁、清晰地描述资源的特征和属性，是网络信息资源组织的基础。

5.4.1　元数据概述

元数据一词最早出现于 NASA 的《目录交换格式手册》（*Directory of Interchange Format*，DIF）中。在大陆，基本上都将 metadata 翻译成“元数据”，而在台湾地区，则有“元资料”“诠释资料”“超资料”等多种译名。

1. 元数据的定义

迄今为止，元数据还没有一个公认的定义，被采用最多的定义为：元数据就是关于数据的数据。但这个定义过于简洁，不能完整地反映元数据的内涵，于是一些专家学者就在这个定义的基础上进行了扩展和深化，其中比较有代表性的定义有：①元数据是关于数据结构化的数据。这个定义突出了元数据的结构化特征，特别是在和 XML 相关的应用系统中使用较为广泛。②元数据是对象型的数据。这个定义有利于清晰地划分元数据的要素，建立适当的资源描述框架。③元数据是对信息包的编码描述，如用 MARC 编码的 AACR2 记录、都柏林核心（Dublin core，DC）元素集、GILS（government information locator service，政府信息定性服务）记录等。这个定义强调了元数据的编码功能和在各个领域内的实际应用。

以上关于元数据的定义各有其侧重点，都从某一个方面对元数据进行了描述，但还是会引起人们的一些误解，对此，我们可以作一些进一步的说明。

（1）元数据可以是多种形式的，并非局限于数字形式，还可能是图像形式、声音形式、多媒体形式等，随着计算机技术的发展，人们将发现越来越多的计算机能够识别处理的数据形式，其中很多都可以用元数据来表示。

（2）元数据可以来自于各种不同的途径，可以由专家学者或一般的工作人员编制，也可以由计算机自动生成，或是从原有的其他类型的数据中导入。

（3）元数据不但能够描述对象的目次信息，就像大部分图书馆、档案馆、博物馆所做的那样，还能说明被描述资源的使用环境、组织、加工、存储、转换、利用等各个方面的情况。

（4）元数据能够更好地组织网络信息资源，但并非只能针对网络信息资源。例如，在图书馆界被广泛使用的 MARC 就是一种早期的元数据。

对以上定义和说明进行仔细分析，我们可以将元数据定义为：元数据就是一种能够描述多种类型的具体的资源对象，并能对这个对象进行定位、管理的结构化数据。

2. 元数据的类型

信息资源的类型多种多样，在这一点上，网络资源表现得尤为突出。有些资源相对简单，有些则较为复杂，有些资源只是满足使用者暂时的需要，有些则具有较强的学术价值或商业价值。资源的来源有多种途径，服务的对象也不尽相同，因此，存在各种不同类型的元数据是必然的。根据不同的要求，可以对元数据按多种方法进行划分。例如，根据元数据的复杂程度可以划分为搜索引擎层次和专家层次；根据元数据的结构和语义，可以划分为全文索引、简单结构化的普通格式、基于 SGML（standard generalized markup language，标准通用标记语言）的较新格式三组。不过，应用最为普遍的还是根据功能划分的元数据类型的方式，即将元数据划分为描述型元数据、管理型元数据、应用型元数据。

（1）描述型元数据：用来描述或标识对象内容和外观特征的元数据，可以划分为核心元素、本地核心元素、个别元素三个层次。

（2）管理型元数据：用于管理复合对象的元数据，主要由上下文信息、出处信息、验证信息、评价信息四个方面的元素组成。

（3）应用型元数据：为特定的应用设立的元数据项。例如，在地理信息系统中，我们可以设立空间项和时间项用来描述资源对象的地理时空属性，和描述型元数据不同的是，描述型元数据中的时空范围采用自然著录的方式，而地理信息元数据则需专门加工成特殊格式。

3. 元数据的作用

随着元数据应用的日益广泛，元数据在信息资源的组织和利用方面起着越来越重要的作用，主要体现在以下几个方面。

（1）描述：元数据最基本的功能就在于对信息资源的内容和位置进行描述，从而为信息资源的存取和利用提供条件。具体描述的详细程度，随着采用的元数据格式的不同而各不相同。例如，MARC 元数据为所描述的信息资源提供了极为详细的资料，而 DC 元素集提供的仅仅是最为基本的描述信息。

（2）定位：确定信息资源在网络、数据库或其他存储空间中的位置，便于检索和利用。

（3）检索：元数据著录时，根据给定的元素和限定词将信息资源中的重要信息抽取出来按照一定的层次结构加以组织，有利于用户对信息资源进行检索，进而找到所需资源。

（4）管理：包括档案管理、权限管理、防伪措施等。档案管理指的是保存信息资源的相关文档、结构、使用记录等信息，权限管理主要包括版权、所有权、使用权等，防伪措施采用的方式通常有电子水印、电子签名等。

（5）评价：利用元数据对信息资源进行组织之后，用户可以根据元数据对象的相关属性对信息资源进行初步的了解和评价，作为选择与利用的参考。

（6）利用：根据元数据所提供描述信息和评价得出的参考意见，结合具体的使用环境，用户便可选择适当的信息资源加以利用。

5.4.2 DC 元数据

为了满足描述和组织网络信息资源的需要，人们提出了元数据的概念，并定义了多种元数据格式，以适应不同的使用环境。但是，像 MARC、GILS 等为专业人员提供的元数据架构结构比较复杂，虽然能够有效地描述网络信息资源，但使用起来不够方便，并且需要经过培训的专业人员进行标引等数据加工，在处理图书馆书目信息等方面还是可行的，但对于网络上迅速增长的海量数据则显得无能为力，而且，不同的用户可能使用不同的元数据格式，这些格式可能简单，也可能复杂。因此，需要定义一种标准化的交换格式，以便于用户之间的元数据共享与利用，此时 DC 应运而生。

1. DC 的发展过程

DC 元数据集最早产生于 1995 年 3 月在美国都柏林召开的第一届元数据研讨会，在这个由 OCLC 和美国国家超级计算应用中心（National Center for Supercomputing Applications，NCSA）联合发起的会议上，52 位来自于图书馆界和计算机网络界的专家学者经过共同研究提出了 DC 标准，其目的在于建立一套描述网络电子文献的方法，以实现网络信息资源的定义、检索和交换。

这次会议之后又召开了多次 DC 元数据研讨会，其中从 1994~2000 年的会议依次被命名为 DC-1 到 DC-8，主要是对 DC 进行补充和修订，使它在结构和功能上逐渐完善起来，从 2001 年开始以年份命名，如 DC-2001、DC-2004 等。这些会议的参加者不但有图书馆界的学者，还有计算机界、网络界等的很多专家。在无数次的讨论和发展实践中，DC 不断完善并趋于成熟。

2. DC 的元素与修饰词

DC 元素集包括题名、创建者等 15 个元素，这些元素都是可选和可重复的，整个元素集是可扩展的，每个元素都可以拥有子类型和子模式，具体的元素如表 5-1。

表 5-1 DC 核心元素

英文元素名	中文译名	元素的含义	实例
title	题名	由创建者或出版者赋予资源的名称	title = 情报学基础教程
creator	创建者	创建资源内容的主要责任者	creator = 叶鹰
subject	主题	描述资源内容的关键词或分类号	subject = 情报学，基础理论，G350
description	描述	资源内容的文本描述，包括文摘、目录、注释等	description = 本书是一本情报学基础教程，提供了一个比较明晰的情报学概貌
publisher	出版者	负责使资源能够以现有形式被获得的个人、团体或系统	publisher = 科学出版社
contributor	其他责任者	对资源做出了重要贡献但未在创建者中指明的个人或组织	contributor = 潘有能，潘卫
date	日期	以现有形式出现的资源制作日期	date = 2005 年 9 月
type	类型	有关资源内容的特征和类型，分为 text、image、sound、software、data、interactive	type = Text
format	格式	资源的数据形式和尺寸	format = text/html
identifier	标识符	用来唯一标识资源的数字或字符串，如 URI、ISBN 等	identifier= 7-308-02354-8
source	来源	有关另一资源的信息，当前资源来源于该资源	source = 情报学丛书
language	语种	资源内容所使用的语言	language = zh-cn
relation	关联	该资源和其他资源之间的关系，可以是另一资源的标识符	relation = 信息资源管理概论
coverage	覆盖范围	资源内容时空方面的特征	coverage = China
right	权限	资源本身所有的或被赋予的权限信息，一般是作品版权声明和使用方面的规范	right = 参考处

随着DC在各个领域的广泛应用，原有的15个元素已经不能满足人们对信息资源做具体描述的需要。为了提高描述的精确性，许多机构团体都根据自己的特定需求，在原有基础上设置了修饰词。DC修饰词就是对DC未修饰词的15个元素的语义进行限定和修饰的词。DC修饰词一般可以分为两类：元素修饰词和编码体系修饰词。元素修饰词主要用于缩小元素的定义范围，使其更具有专指性，这种修饰词和对应的核心元素具有同样的含义，只是对核心元素的含义范围做了进一步的限定。目前，DC元素集主要在题名、描述、日期、格式、关联、覆盖范围等元素中设有修饰词；编码体系修饰词主要用于加强对元素修饰词值的理解，这些值可能是来自于控制词表（如分类体系或主题词表），也可能是以一定形式组成的字符串（如一种标准的表达日期的方式：2005-09-10），用于修饰的编码体系必须有清晰明确的说明，并且能够被一般用户获取。DC修饰词一般具有名称、标签、定义、注释、参见五种属性，其中名称即为该修饰词的唯一标识，标签指的是赋予该修饰词的人工可读标签，定义主要说明了该修饰词的概念与性质，注释中记录了与该修饰词相关的其他信息，而参见中主要包含关于此修饰词的更多信息的链接。

3. DC的特点

DC经过2001~2010年的发展，得到了不断的完善，其特点主要体现在如下几个方面。

（1）简单性：DC不像图书馆的目录卡片那么复杂，它的大部分元素都能够被普通用户理解，不像MARC那样是图书馆编目人员的专利。

（2）灵活性：DC中的元素都是可选择和可重复的，因此既可以用于专业的、正规的资源描述领域，又可以，用于非专业领域，还可以根据用户自己的需要，增加必要的元素，对信息资源进行更加精确的描述。

（3）可扩展性（extendibility）：通过定义元素修饰词，DC可以广泛应用于不同领域。

（4）通用性：一方面DC本身就是通过国际合作产生的，在发展过程中得到了世界各国的广泛认同；另一方面，DC有助于对人们所需要了解的信息资源做统一规范的描述，提高了跨学科、跨领域进行检索和数据交换的可能性。

5.4.3 资源描述框架

在W3C的倡导下，DC等元数据团体和一些著名的公司与研究机构（包括IBM、Microsoft、Netscape、OCLC、University of Michigan等）合作制定了符合多种需要、功能强大而灵活的基础结构——资源描述框架（resource description framework，RDF），用以支持Internet上的元数据。

1. 概述

1997年10月，W3C发布了RDF的草案。1999年2月，W3C发布了《RDF模型和语法规范》（*RDF Model and Syntax Specification*）。2004年2月10日，RDF成为W3C的推荐标准。

RDF 的设计目的是为元数据的表述、交换和利用提供一种强有力的工具，通过对一般意义上的语法、语义、结构的支持，提供在各种不同的元数据体系之间的交流途径，促进网络资源的自动化处理。RDF 使人们能够对结构化的元数据进行编码、交换和利用，通过设计支持语义、语法和结构方面通用协议的机制，加强元数据的互操作性。需要指出的是，RDF 并不为所有的资源进行语义描述，而是为它们提供定义元数据的能力。

RDF 强调自动处理互联网资源的能力，可以被应用于许多不同的领域。例如，在资源发现方面，提供搜索引擎的查准率；在资源编目方面，描述网站、网页或数字图书馆等信息资源的内容及内容之间的关系；RDF 还能够通过智能代理（intelligent software agents）促进知识的共享与交换，对于构建电子商务应用或其他可信赖的网站来说，具有数字签名的 RDF 更是至关重要。

2. RDF 模型

RDF 的核心定义比较简单，它的基础是一个能够表达属性及属性值的模型，一般被称作 RDF 数据模型（data model）。RDF 数据模型与具体的语法无关，如果两种 RDF 语法所对应的数据模型相同，就说明这两种 RDF 语法具有同样的意义，反过来，假如两种 RDF 语法具有同样的意义，则它们所对应的数据模型相同。RDF 的基本数据模型如图 5-4 所示。

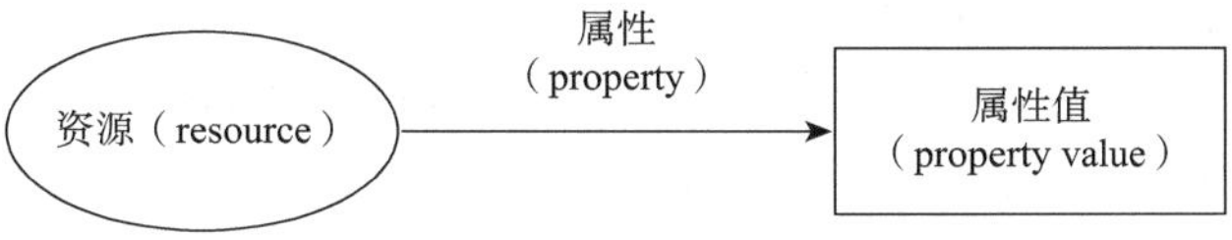

图 5-4　RDF 的基本数据模型

从图 5-4 我们可以看出，任何一个可被标识的资源都可以被一些可选择的属性描述，每一个属性的描述都有一个属性值。所有以 RDF 表示法来描述的事物都叫作资源，一个资源可能是整个网站，如 http://www.metadata.com，或者是某一个网页，如 http://www.metadata.com/rdf.html，还可能只是某个网页中的一个部分，如 http://www.metadata.com/rdf.html 这个网页的 HEAD 部分，甚至是不存在于网络当中的现实中的事物，如书本、器皿、人等。在 RDF 中，所有的资源都能够用一个资源识别码（resource identifier）来指定，资源识别代号有两种类型：URI（uniform resource identifier，统一资源识别码）或者是一个 URI 再加上一个锚点标识。属性是用来描述资源的特征或关系，每一个属性都有其特定的含义，用来定义对应的属性值、资源类型及和其他属性之间的关系。如图 5-5 即表示“张三是由以下网址所标识的资源的作者：http://lib.zju.edu.cn/book/b22.htm”。

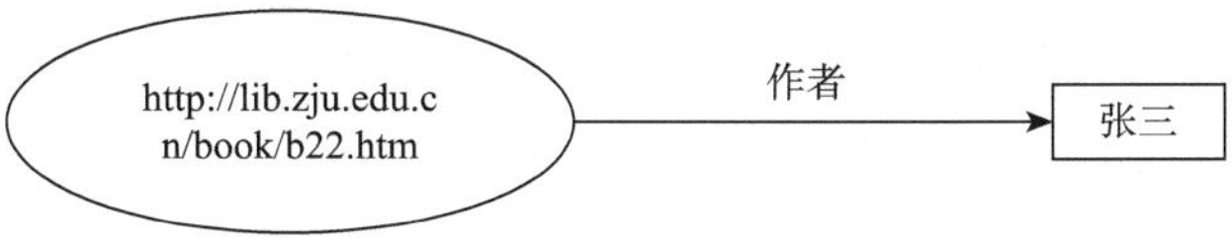

图 5-5　RDF 数据模型示例

其基于 XML 的编码如下：

```
<rdf：RDF>
<rdf：Description
    about=" http://lib.zju.edu.cn/book/b22.htm" >
<作者>张三</作者>
</rdf：Description>
</rdf：RDF>
```

如采用 DC 元数据中的 Creator 元素来描述上述作者属性，则可将其编码扩展为：

```
<rdf：RDF
xmlns：dc=http://purl.org/dc/elements/1.0/>
<rdf：Description
    about=" http://lib.zju.edu.cn/book/b22.htm" >
<dc：Creator>张三</dc：Creator>
</rdf：Description>
</rdf：RDF>
```

3. RDF 的特点

RDF的主要目的是定义描述资源的机制，而不考虑特殊的应用领域，也不定义任何应用领域的语义，在同一个资源描述框架中，可以将不同的元数据整合在一起，从而促进元数据在各种应用程序之间的交流，增强元数据的互操作性。RDF的主要特点包括以下几个方面。

（1）兼容性：资源描述框架可以在网络中传递多种不同的元数据，为它们提供相互共享和转换、利用的平台。

（2）灵活性：资源描述框架只提供描述资源的基本架构，而不为各个资源描述规则定义，允许其根据需要编制合适的词汇表。

（3）统一性：资源描述框架为各资源描述界面提供统一的模型，从而增强通用性，提高资源描述的效率。

5.5 关联数据

5.5.1 关联数据概述

“万维网之父”Tim Berners-Lee 提出的关联数据（linked data）目前已成为信息管理、信息系统、计算机科学、图书馆学等诸多领域的研究热点。关联数据作为一种发布数据的途径，可以视为语义网的一种实现方式。它使来自于不同领域的数据相互关联，从而促进了万维网的发展。关联数据从技术上来说并不复杂，然而却正在使万维网发生深刻的变革。

关联数据采用 RDF 数据模型，利用 URI 命名数据实体，在网络上发布和部署实例数据和类数据，从而可以通过 HTTP 揭示并获取这些数据，同时强调数据的相互关联、相互联系及有益于人和计算机所能理解的语境信息。

关联数据可以在不同来源的数据之间创建链接。这些数据源可能是两个处于不同地理位置的机构所维护的数据库，也可能是一个机构内的无法在数据层面上进行互操作的不同系统。从严格意义上讲，关联数据是指发布于网络上的数据，该数据具有机器可读性和明确的含义，并链接至其他外部数据集，同样也可被来自外部数据集的数据所链接。

关联数据网络（web of data）和当前的超文本网络有所不同，超文本网络的基础单元是由超链接所连接起来的 html 文件，而关联数据并非简单地连接这些文件，而是使用 RDF 形成链接世界上任何事物的网络，也即数据网络，数据网络可被描述为由网上数据描述世界上所有实体的网络。关联数据网络的出现不仅对当前的超文本网络进行了扩展，还对当前网络上纷繁混乱的信息资源进行甄别、选择和定位。

Tim Berners-Lee 认为所有已发布的关联数据都是一个统一的全球数据空间的组成部分，进而概括出在网上发布关联数据的四条原则。

（1）使用 URI 作为任何事物的标识。

（2）使用 HTTP URI 使任何人都可以访问这些标识。

（3）当有人访问某个标识时，使用（RDF，SPARQL）标准提供有用的信息。

（4）尽可能提供相关的 URI，以使人们可以发现更多的事物。

可以看出，这四条原则尽管简洁，却提供了在遵从统一的网络结构和标准的前提下发布和链接数据的基本方法。这也符合 Tim Berners-Lee 的“最少设计”原则，即把简单的东西简化，让复杂的东西变得可能；开发简单的应用，着眼于未来的复杂性。正是由于这一原则，万维网取得了意想不到的成功，相信也将继续引领关联数据的发展。

数据的发布是关联数据极为重要的环节，数据提供者根据上述四条原则发布数据，从而将他们的数据加入全球数据空间并使数据能够被各种应用程序发现和使用。在网上发布关联数据包括以下三个基本步骤。

（1）将 URI 分配给被数据集描述的实体，并提供逆向引用至 RDF 的 URI。

（2）将 RDF 链接至其他网上数据源，从而使用户能够随 RDF 链接遍历数据网络。

（3）提供所发布数据的元数据，从而使用户能够评价所发布数据的质量并选择合适的访问途径。

5.5.2 关联数据的层次模型

作为语义网的一种实现方式，关联数据并不是一种全新的技术，它以成熟的 URI、HTTP 和 RDF 技术为基础，开发出多种关联数据的发布、链接和存储工具。关联数据浏览器和关联数据搜索引擎使用户可以在数据网络中进行浏览和检索。据此，可构建关联数据的层次模型（hierarchial model），如图 5-6 所示。

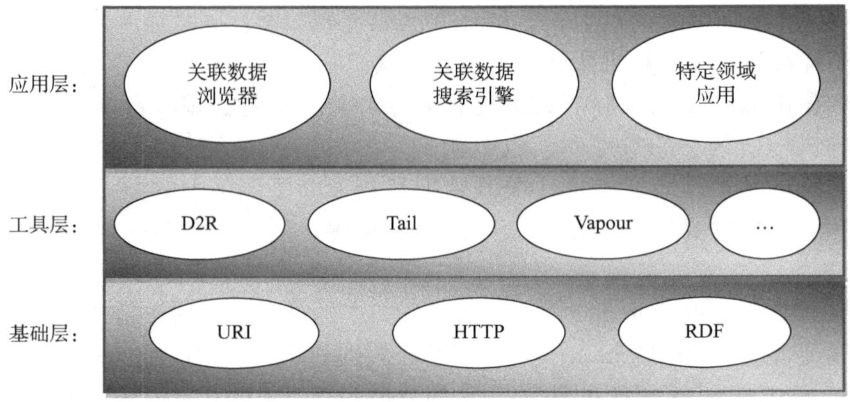

图 5-6 关联数据的层次模型

1. 基础层

关联数据依赖于两项网络基础技术：URI 和 HTTP。URI 提供了一种标识存在于世界上的任何实体的方法，它可以是一个网页，也可以是某个文件的物理存放位置，甚至是某个专家的联系方式。由使用“http://”开头的 URI 所定义的实体可以简单地通过在 HTTP 协议上逆向引用 URI 进行检索，利用这种检索机制，不仅可以定位网络上的数字资源（如一只狗的照片），还可以检索那些自身无法通过该方式在网络上进行传输的实体的描述（如那只狗）。

如果说 html 提供了在网上架构和链接文件的一种方式，RDF 则提供了一种普遍的、基于图形的数据模型，通过这种模型可以架构和链接描述世界上事物的数据。RDF 模型以“主体，谓词，客体”三元组对数据进行编码。主体和客体都是 URI，它们从字面上各自分别定义了一个资源，谓词定义了主体和客体之间的联系，它也由一个 URI 表示。链接不同数据的 RDF 语句和将万维网连为一体的超文本链接有相似之处，语句的主体是一个数据集命名空间的 URI 引用，语句的客体是另一个数据集命名空间的 URI 引用。

RDFS 和 OWL 奠定了可用于描述世界上的实体及其关系的词表的基础。词表是类别和属性的集合，自身使用 RDFS 和 OWL 中的术语并通过 RDF 表达。任何人都可以发布数据网络词表，这些词表可以通过 RDF 语句链接，从而定义相关词表之间的映射。

通过使用 URI 定义资源，将 HTTP 协议作为检索机制以及使用 RDF 数据模型描述资源，关联数据便在网络整体结构之上奠定了坚实的基础。

2. 工具层

目前已有多种关联数据发布工具被开发出来，这些工具使数据发布者无须关注技术细节，而只需关注数据本身。此外，这些工具往往是基于关联数据领域的成功应用开发的，其可用性和先进性均可得到保证。所有的工具均支持 URI 到 RDF 描述的逆向引用，其中一些工具还为数据集提供 SPARQL 访问并支持 RDF 集的发布。这些工具包括

D2R Server、Virtuoso Universal Server、Tail Platform、Vapour、Pubby、Triplify、SparqPlug、OAI2LOD Server、SIOC Exporters 等，其中 D2R Server 用于将关系型数据库转换为关联数据，Virtuoso Universal Server 提供 RDF 模式的关联数据的存储与检索服务，这些数据可以直接存储到 Virtuoso 服务器中，也可以存储到关系型数据库中，然后映射为关联数据。

3. *应用层*

随着大量关联数据发布到网络上，基于关联数据的应用方面的研究亦层出不穷，目前大体上可分为关联数据浏览器、关联数据搜索引擎及特定领域的应用三类。

（1）关联数据浏览器使用户能够跟随由 RDF 语句表达的链接在不同的数据源之间浏览，一个用户可以从一个数据源开始逐渐遍历网络。Disco 浏览器即使用了这一方法，所以被视为关联数据的一项直接应用。DBpedia Mobile 是一款运行于 iPhone 及其他手机设备上的关联数据浏览器，可定位和显示 DBpedia（维基百科语义版）中的地名等信息。

（2）关联数据搜索引擎通过跟踪 RDF 链接从而可以在网络上抓取关联数据，并提供在大量数据中进行检索的功能。大体上来看，关联数据搜索引擎可分为两类，即面向用户的搜索引擎和面向应用的索引。

（3）特定领域的应用。图书馆、企业和政府部门纷纷开展关联数据在特定领域的应用研究。例如，美国国会图书馆已将其主题词表转换为关联数据，Google 将关联数据应用于视频内容的标记和搜索结果的摘要中，英国广播公司（British Broadcasting Corporation，BBC）利用关联数据在其音乐和节目之间建立链接，雷诺通过关联数据为企业的数据存储和服务提供有效解决方案，减少异构系统集成和数据源整合的费用。关联数据在特定领域的具体应用案例将在第 5.5.3 节中详细介绍。

5.5.3　关联数据的应用

目前关联数据最典型的应用就是链接开放数据项目（linking open data，LOD）。该项目于 2007 年 1 月启动，得到了 W3C 语义网教育和外联组织的支持。其目标是通过定义已存在并可公开使用的数据集，根据关联数据原则将其转换为 RDF 并上网发布，进而改善数据网络。该项目的早期参与者主要为大学实验室和小公司的研发人员，随着项目的逐步壮大，一些大型机构，如 BBC、Thomson Reuters 和美国国会图书馆等都积极参与其中。该项目的进展迅速，在很大程度上源于其开放性，参与者只要根据关联数据原则发布数据集并将其与已有数据集相连即可。

LOD 关联数据网络的规模增长十分迅速。2009 年 7 月，关联数据网络大概包含了 67 亿条 RDF 语句，这些语句被约 1.42 亿个 RDF 链接相连。2009 年 9 月，Linked Geo Data 网站发布了 Open Street Map 数据集的关联数据版本，增加了约 20 亿条 RDF 语句。2010 年 5 月，美国政府网关 data.gov 将其约 400 个数据集转换为关联数据，总计约 64 亿 RDF 语句。政府信息资源的加入显著扩大了数据网络的规模，使其能发挥越来越大的影响力。截止到 2017 年 8 月，LOD 中共有 1 163 个数据集，超过 500 亿条 RDF 链接。

1. 关联数据在图书馆中的应用

作为信息收集、组织与处理的专门机构，图书馆的 MARC 数据，规范记录，主题标目等都可以开放成为任意互联的关联数据。图书馆界对关联数据的研究与应用非常重视，2010 年 5 月 28 日，W3C 宣布成立图书馆关联数据孵化小组（library linked data incubator group），以帮助图书馆建立关联数据，增强图书馆数字资源的互操作性。截至目前，关联数据在图书馆中的典型应用有瑞典国家图书馆和美国国会图书馆等。

1）瑞典国家图书馆

瑞典国家图书馆早在 2008 年便将 LIBRIS 发布为关联数据。LIBRIS 共包含约 600 万条书目记录，2 000 万条馆藏记录及 20 万条规范记录，为超过 170 家大学图书馆、公共图书馆、博物馆和档案馆提供编目服务。LIBRIS 是世界上第一个被整体发布为关联数据的联合目录或国家图书馆目录，虽然 Ed Summers 率先把 LCSH 发布为关联数据（lcsh.info），但仅仅是针对词表，不包含书目数据。瑞典国家图书馆的研究人员在项目实施过程中采用了“数据优先”的战略，更多地关注效率和可用性，而不是试图去寻找数据的“完美表述”。他们认为与其花费过多的时间去思考图书馆的书目记录应该如何完美地融入关联数据网络中，还不如先行动起来，从实践中吸取经验和教训，逐步适应新的环境。这种“数据优先”的战略可以在尽量短的时间内积累足够多的数据，从而促使研究人员在此基础上开发各种应用，有利于关联数据网络的发展。

在发布关联数据的过程中，LIBRIS 使用的词汇表并没有仅限于图书馆学领域，而是一个包含了 DC、SKOS、FOAF 和 Bibliontology 的一个混合体。LIBRIS 使用原有数据库中的标识（MARC 001 字段）作为书目记录和规范记录的 URIs。此外，为加强和外部数据的关联，LIBRIS 创建了到 lcsh.info 和 Wikipedia/DBPedia 的链接。

2）美国国会图书馆

美国国会图书馆自 1902 年就开始向美国和世界发布书目数据，提供书目元数据的共享和重用。图书馆的编目工作一般可分为描述性编目和主题性编目，其中描述性编目主要是维护目录中术语的描述，主题性编目负责受控词表的维护。美国国会图书馆的主题标目是以机器可处理的 MARC 形式存在的，近来已转为 MARCXML 编码形式。

美国国会图书馆利用一套 RDF 词表——简单知识组织系统（simple knowledge organization system，SKOS），将传统的主题标目转换成 Web 可用的形式，其基本方法为：每条 MARC 规范记录都在 001 字段著录有国会图书馆控制码（Library of Congress Control Number，LCCN），因为 LCCN 具有永久性和唯一性的特点，这使其成为标识 SKOS 概念的最好候选，SKOS 采用 URI 来标识概念实例。LCSH/MARC（MARC 格式的 LCSH）中的语义关系也很容易转换到 SKOS 中，因为 LCSH/MARC 采用标目建立参考链接，而 SKOS 使用概念资源的 URI 相互联系，通过转换程序为被转换的特定标题寻找 URI，便可建立链接关系，用户在浏览 SKOS 中的相关概念时只需点击链接即可。并且这种机制还允许客户端直接向 LCSH 概念的 URI 请求相同内容不同格式的机读数据。

如果采用了 RDFa，浏览器还能够从供人阅读的 Xhtml 页面中自动探测并获取机器可读的语义内容。

SKOS 的数据可以从多个层面上与外界资源进行链接，包括：①地理标目：GeoNames（http://geonames.org）和 CIA World Fact Book（http://www4.wiwiss.fu-ber2lin.de/factbook/）；②LCSH 概念链接：RDF BookMashup（http://www4.wiwiss.fu-berlin.de/bizer/bookmashup/）；③维基百科语义版：dbpedia（http://dbpedia.org）。此外，美国国会图书馆的其他词表，如国会图书馆分类法、人名规范文档、LCCN 永久链接服务等，都可以转化为以 RDF 表示的关联数据。

2. 关联数据在企业中的应用

关联数据的概念刚提出时，很多人担心其或许会因为缺少大公司的应用而更多地只是停留在理论层面，令人意想不到的是，Google、BBC、雷诺等全球性企业纷纷开展了关联数据方面的应用。

1）Google

随着互联网的迅速发展，多媒体信息资源在网络内容中所占的比重越来越大，如何对多媒体进行内容检索成为网络信息检索的重点和难点。作为世界领先的搜索引擎公司，Google 必须面对这一巨大挑战。2009 年 9 月，Google 正式开始支持使用 Facebook Share 和 Yahoo! SearchMonkey 的 RDFa 进行标记的视频内容。这意味着网站管理员可以在 html 中嵌入视频的描述信息，而 Google 则会将这些信息显示在搜索结果页上。这可以说是 Google 在关联数据上的一次突破。2009 年 11 月，Google 支持并开放了两种用于标记结构化数据的标准—— 微格式和 RDFa，并在其搜索结果摘要中对评论和人物使用了这种格式的数据。在搜索结果中提供更多详情有助于用户了解其网页的价值，从中看出结果网页与其搜索请求的相关程度，从而更有可能通过点击查看完整页面。这种结构化数据也可供用户网站中的自定义搜索引擎使用，使其能够显著加强用户对自定义搜索引擎行为的控制力度。这也是未来搜索引擎的一个发展方向，即用户需求的不只是简单的文本信息，而是更加直观和形象的富媒体（rich media）信息。当关联数据日益成熟后，搜索引擎能读取丰富的富媒体内容并将其链接及相关信息反馈给用户。

2）BBC

BBC 是一家在全球拥有高知名度的媒体公司，运营着大量电台和电视频道，这些电台电视分别使用不同的内容管理系统。近年来 BBC 公司已开始使用关联数据技术进行数据集成，其方法为：使用 DBpedia 和 MusicBrainz 作为控制词表，将位于不同地点的相同主题相互链接，并且利用开放数据链接云（linking open data cloud）中的其他数据对内容进行扩充。

BBC 的音乐可被逆向引用至 Html、RDF、JSON 等以获取节目、艺术家、种类和产地的 URI。这些 URI 大部分来自于已有资源，如维基百科和 MusicBrainz 等。BBC 最近推出的新的音乐网站可链接至维基百科，从而获取关于艺术家的个人信息。同样，当 BBC 需要为音乐网站添加音乐元数据时则添加 MusicBrainz。基于这些链接，BBC 为其所有的音乐和节目建立了关联数据。

关联数据的应用是 BBC 音乐在线乃至整个公司数据结构的一次巨大改进。关联数据不仅仅是 BBC 系统之间基于目标的数据资源的集成，同时还意味着将这些资源公开。为了便于用户使用BBC数据，BBC将所有的音乐网页做成了XML、YAML、JSON 和 RDF 版，用户不仅可以通过网页间的链接从音乐链至节目，还可以通过节目页面上的专辑曲目反向链接至音乐。

3）雷诺

雷诺是世界十大汽车公司之一，在企业信息系统的实施与应用方面卓有成效。数据存储和服务是雷诺公司信息系统架构的两大难题，关联数据的应用可为其提供有效的解决方案，从而减少公司异构系统集成和数据源整合的费用，实现“语义网的商业模式”。在技术层面上，雷诺提供了一个易于启动和链接的 REST 服务结构，将数据仓储作为关联数据发布，采用 RDF 数据模型简化了异构系统之间的交流和整合。

在具体实施中，雷诺选择其售后维修文件部门创建的数据库开始尝试和探索。该数据库中包含文件作者在描述维修方法时可能用到的术语词典，其主要功能就是赋予所有文件对事物统一的命名方案。这些术语被译成不同语言，然后按照一个类似 SKOS 的层级进行分类。最后，该数据库也包含一个到不同部门的数据集的链接，每个部门负责将一列所谓“通用部分”与各个术语相连。在关联数据的应用过程当中。首先，雷诺为数据库中的每个术语构建了 URI，即该术语的类别名称和该术语在数据库中已有 ID 的结合。其次，在引用非信息资源的 URI 时，雷诺采用了逆向引用的方法，即当代理获得了一个非信息资源的 URI，程序组件必须回应以一个 303 HTTP 状态代码，并且重定向至最符合该请求的接收 HTTP header 的偏好的信息资源的 URI。最后，雷诺使用客户端的 java 脚本从 RDF 数据产生页面，通过内容和模型的清晰分离及 GUI 部件的重复利用减少了服务器的下载量，并且无须发送新请求到服务器即可改变客户端的显示方式。

企业的异构系统集成和数据源整合代价十分高昂，使用关联数据技术可以大量减少费用，企业在数据模型的交流、整合及查询信息方面也将更为方便。雷诺的案例几乎完全可以重复利用并且极易拓展，不失为关联数据在企业中的一个成功应用。

5.6 本体和语义网

5.6.1 本体

本体原为一个哲学概念，意为物质存在及其本质和规律。在被信息科学引入后，本体越来越多地作为一种帮助机器智能理解语词内涵实现推理，从而实现语义标引和检索，提高网络信息资源组织效率的有效工具。

在信息科学界，最早给出本体定义的是 Neches 等，他们将本体定义为“给出构成相关领域词汇的基本术语和关系，以及利用这些术语和关系构成的规定这些词汇外延的规则的定义”。随着本体研究的深入，更多不同的定义被给出。Gruber 于 1993 年提出本体是“概念体系的规范”，Studer 等在此基础上进一步深化，提出“本体是对概念体系的明确的、形式化、可共享的规范说明”，这个定义包含四层含义。

（1）共享：本体反映的是相关领域内公认的概念集，即共同认可的知识。

（2）概念模型：对客观世界中的一些事物和现象进行抽象得到的概念组成的模型。

（3）明确：概念和概念的约束都有明确的、无歧义的定义。

（4）形式化：能通过本体语言编码，使计算机可读，并可被计算机处理。

总的来说，本体提供了某个领域的概念集以及概念与概念之间的关系，是领域知识规范的抽象和描述。一个本体通常由以下部分组成。

（1）概念：概念也称为类，是对现实世界中个体的抽象，表示的是个体对象的集合。不同的概念具有不同的属性，其属性集合又称为概念的内涵，而它所对应的个体集合称为概念的外延。

（2）关系：领域中概念之间的交互关系，本体中的基本关系有四种：part-of 表示概念之间部分与整体的关系；kind-of 表示概念之间的子类关系；instance-of 表示概念的实例和概念之间的关系，也即类对象和类之间的关系；attribute-of 表示某个概念是另一概念的属性。

（3）实例：实例即现实世界中具体的个体，它对应着本体中的一个或多个概念，具有概念描述（concept description）的属性和具体的属性值。

（4）公理：公理代表领域知识中的永真断言，可用于约束信息、证明正确性或者推导新信息。例如，声明关系“teach”和“taught by”是互逆的，声明概念“woman”和“man”是不相交的等。

5.6.2　本体的构建与评价

本体构建的目标是捕获相关的领域知识，提供对该领域知识的共同理解，确定该领域内共同认可的词汇，并从不同层次的形式化模式上明确定义这些词汇之间的相互关系。目前常用的本体构建方法有骨架法（skeletal methodology）、评估法、Bernaras 法、METHONTOLOGY 法、SENSUS 法等。其中骨架法是 Uschold 和 King 等从开发 Enterprise Ontology 的经验中得出的，在所有方法中最具参考性，提供了一个本体构建的方法学框架，其过程如下所述。

（1）需求分析：确定本体应用的目的和范围。

（2）本体分析：定义本体中概念及其之间的关系，该步骤需要领域专家的参与。

（3）本体表示：选择适当的语义模型来表示本体。

（4）本体评估：从清晰性、一致性、完善性和可扩展性等多个方面对本体进行评估，如不符合评估标准则转到第（2）步重新开始分析。

（5）本体文档化：以文档形式保存所建立的本体。

目前常用的本体开发工具有 Protégé、OntoEdit 等。其中 Protégé 由美国斯坦福大学医学院开发，使用 Java 和 Open Source 作为操作平台，可用于编制本体和知识库，有可自行设置的数据输入格式，也可通过插件来扩展一些特殊的功能，如可视化、提问、

XML 转换等，输出格式有文本、html、JDBC、RDF Schema、及 XML Schema。OntoEdit 由德国的 Ontoprise 公司开发，提供开发本体的工程环境，支持构造概念、关系、定理，不依赖于某一表述语言，利用模块和插件结构，灵活性强，并能够方便地引进专门功能和词库，支持 RDF 和 DAML，并能输入和输出数据库结构与数据（如 Oracle、MSSQL、DB2）。

本体和主题词表都具有层次结构和分类体系，都是针对特定学科领域的表达。从功能的角度看，主题词表可以认为是本体较低级的表现形式。主题词表和本体的区别在于：主题词表仅能对外界知识进行有限表示，而领域本体不仅能进行完整的知识表示，还具有智能推理功能；主题词表中的概念是单一、线性的，而领域本体则是概念的网状集合；主题词表中的概念相对稳定，而本体中概念则处于动态更新状态；词间关系不同；本体可共享及复用。

主题词表和本体的融合发展是当前网络环境下传统检索语言继续发展的必然途径。一方面，现存的传统知识组织工具，如主题词表，为构造本体提供了知识基础，既减少了从头建立一个本体所需的重复努力，又可以建立一种允许不同的词表映射到本体上的机制。另一方面，运用 XML、RDF 等技术对主题词表进行改造，词表也获得了新的发展形式，并可以在组织和检索网络资源中发挥更大的作用。

随着本体在数字图书馆、知识工程及语义网等研究领域得到日趋广泛的应用，本体评价的重要性日益突出。用户面对多个本体，需要找到评价它们的方法，以确定哪个本体最为满足其需求。在本体构建中，用户不但需要衡量最终形成的本体的质量，还需要通过本体评价来引导本体的构建过程；自动或半自动的本体学习也需要有效的评价方法，以帮助系统从众多候选本体中选择最为适当的本体，或是为学习算法设定合适的参数。

Gruber 在 1995 年提出的五条原则对于本体评价具有较大参考价值（Gruber，1993）。

（1）清晰（clarity）：本体必须有效地说明所定义术语的意思。定义应该是客观的，与背景独立的。当定义可以用逻辑公理表达时，它应该是形式化的，应该尽可能地完整。所有定义应该用自然语言加以说明。

（2）一致（coherence）：本体应该是一致的，也就是说，它应该支持与其定义相一致的推理。它所定义的公理以及用自然语言进行说明的文档都应该具有一致性。

（3）可扩展性：本体应该为可预料到的任务提供概念基础。它应该可以支持在已有的概念基础上定义新的术语，以满足特殊的需求，而无须修改已有的概念定义。

（4）编码偏好程度最小（minimal encoding bias）：概念的描述不应该依赖于某一种特殊的符号层的表示方法。因为实际的系统可能采用不同的知识表示方法。

（5）本体约定最小（minimal ontological commitment）：本体约定应该最小，只要能够满足特定的知识共享需求即可。这可以通过定义约束最弱的公理以及只定义通信所需的词汇来保证。

2002 年，Guarino 和 Welty（2002）提出了一种名为 OntoClean 的本体评价方法，基于规范评价分类结构的哲学概念，关注概念分类是否清晰，其核心是四个基本的本体理念：刚度、唯一性、一致性和依赖性。它们在分类中被作为概念的元关系，用来代表概念的行为。该方法的不足是，需要熟悉这些概念的领域专家来执行；但其一个好处在于，当专家用元数据标签对本体概念进行标注后，某些类型的错误能够实现自动检测。

同年，Maedche 和 Staab（2009）提出了基于“黄金标准”的一种本体评价方法。用一个字符串组合作为所评价本体的概念标识符，然后将它与被认为能很好地表示问题领域的概念的“黄金标准”的字符串组进行比较。基于黄金标准的评价方法的缺陷在于它有时具有一定的欺骗性。尽管两组字符串具有很高的相似度，但是它们之间可能没有任何语义相关关系。

Jones 等（2005）提出了基于原则的一种评价方法，它包含了 10 个标准：是否符合语法；句法特征是否富裕；可翻译性；概念一致性；概念明确性；全面性；表述是否精确；相关性；权威性；历史。该方法的缺陷在于需要大量的专家的人力参与，难以实现自动评价。

在国内，马文峰和杜小勇（2006）提出了一个对现有领域本体建设与研究工作进行整体性评价的领域本体评价体系。整个体系由领域本体的建设机制、领域本体的组织与管理、领域本体的呈现与服务三大类指标构成，包括 9 个二级指标，29 个三级指标。三级指标给出了评价标准要点，采用百分制计算分数值方法。

总的来说，目前已有的本体评价方法大都离不开领域专家的参与，需要大量的人力和较长的时间。目前尚无普遍适用的领域本体评价方法，也缺少对领域本体进行有效评价的工具。

5.6.3　语义网

随着计算机技术和网络的飞速发展，互联网已经成为人们获取信息的重要渠道。但是，目前 Web 上的绝大部分信息仅仅针对人类自身，不便于计算机理解与自动处理，在 Web 信息共享和处理时存在语义问题。解决这些问题的基本方法是将杂乱无序的数据转换成有序的知识，让计算机能够理解并处理 Web 信息，即语义网。

1998 年 9 月，Berners-Lee（2012）首次提出了语义网的设想，给出了它的总体框架，并概况介绍了语义网的各个组成部分。2000 年 12 月，他又在 XML2000 会议报告中给出了语义网的体系结构图，指明了语义网的研究框架（Berners-Lee，2010）。随后，通过 *Nature* 这样的世界顶尖学术期刊和 *Scientific American* 这样的著名科普杂志，Berners-Lee 等（2001）及其合作者将语义网的思想和动人前景介绍给研究者和普通大众，关于语义网的研究全面展开了。

语义网并不是一个孤立的万维网，而是对当前万维网的扩展，语义网上的信息具有定义良好的含义，使计算机之间以及人类能够更好地彼此合作（Berners-Lee et al.，2001）。语义网的目标是让 Web 上的信息能够被机器所理解，从而实现 Web 信息的自动处理，以适应 Web 资源的快速增长，更好地为人类服务。

按照 Berners-Lee 的设想，语义网是由七个功能逐渐增强的层次构成，如图 5-7 所示。

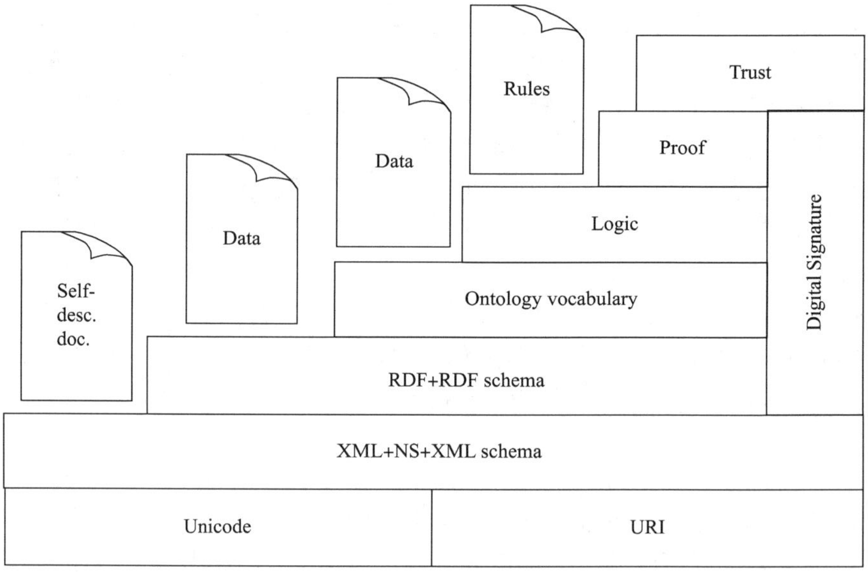

图 5-7 语义网的体系结构
资料来源：Berners-Lee（2010）

1）Unicode 和 URI

Unicode 是一种字符编码标准，它支持世界上所有的语言和文字。不管是东方文字还是西方文字，在 Unicode 中都对应于一个唯一的编码。传统的 Unicode 采用双字节编码机制，即 UCS-2，最多可以定义 2^{16}，也即 65 536 个不同的字符，基本满足各种语言的使用。扩展的 UCS-4 则采用 4 个字节编码，最多可以定义 2^{32} 个不同的字符（characters）。和人们所熟知的作为文件和其他网上可定位实体的地址 URL（uniform resource locator，统一资源定位符）不同，URI 提供了一个更加普遍的标识存在于世界上的任何实体的方法。URI 可以是一个网页路径，也可以是某位专家或员工的联络方式，或是某个文件的物理存放位置。总之，资源无论以何种形式存放，其存储位置都是确定的，因此可以用 URI 进行唯一标识。

2）XML、NS 和 XML Schema

XML（extensible markup language，可扩展标记语言）是 W3C 于 1998 年正式推出的一种标记语言，自发布之日起，XML 就以其良好的可扩展性受到普遍欢迎和支持，逐渐成为 Web 上的通用语言，在数据交换、Web 服务、内容管理、Web 集成等方面得到了重要应用。NS（Namespace，命名空间）通过将 XML 文档中的元素或属性名称与特定的名称域相结合的方式来限定这些元素或属性的含义和用途。所谓名称域，是指事先定义的元素或属性名称的集合，可以由一个 URL 进行参照、确认和连接。XML Schema 是一种模式定义语言，用来描述 XML 文档的结构、内容和语法规范，它由 XML 自描述，并且使用了命名空间，有丰富的内嵌数据类型和强大的数据结构定义功能。

3）RDF 和 RDF Schema

如果说 html 提供了在网上架构和链接文件的一种方式，RDF 则提供了一种普遍的、基于图形的数据模型，通过这种模型可以架构和链接描述世界上事物的数据。在RDF中，所有的资源都能够用一个URI来指定，属性是用来描述资源的特征或关系，每一个属性都有其特定的含义，用来定义对应的属性值、资源类型以及和其他属性之间的关系。RDF Schema为RDF模型提供了一个基本的类型系统，其目的就是定义资源的类和属性，对类和关系的可能组合进行约束并提供约束违例的检测机制。

4）Ontology 和 Vocabulary

该层是在 RDF（S）基础上定义的概念及其关系的抽象描述，用于描述应用领域的知识，以及各类资源及资源之间的关系，实现对词汇表的扩展。在这一层，用户不仅可以定义概念还可以定义概念之间丰富的关系。

5）Logic、Proof 和 Trust

在本体层定义的概念及其关系外，还需要一个功能强大的逻辑语言来实现推理。而逻辑一旦建立，便可以通过推理对资源、资源之间的关系及推理结果进行验证，证明其有效性。最终通过证明语言的交换以及数字签名，来确保Web信息的可信任性。

总之，分类组织法、主题组织法等传统情报组织方法仍对情报组织具有基础意义，而新兴的关联数据、本体语义等情报组织技术正在引领情报组织在变革中发展。

习题和思考题

1. 以中图法或杜威法、冒号分类法为例，试比较体系分类法和组配分类法的类目体系构成及标记制度之异同。
2. 分述文献分类标引和主题标引的规则与步骤。
3. 简述实现自动标引、自动索引和自动文摘的技术原理和方法。
4. 试析汉语自动标引方法的特点。
5. DC元数据的核心元素有哪些?
6. 试述语义网的体系结构。

参 考 文 献

曹树金，罗春荣. 2002. 信息组织的分类法与主题法[M]. 北京：北京图书馆出版社.

戴维民. 2004. 信息组织[M]. 北京：高等教育出版社.

冯志勇，李文杰，李晓红. 2007. 本体论工程及其应用[M]. 北京：清华大学出版社.

傅荣校，叶鹰. 2011. 公共信息资源管理[M]. 北京：科学出版社.

哈罗德 B，查尔斯 L，贝尼埃 C L. 1984. 索引的概念与方法[M]. 王知津，王津生译. 北京：书目文献出版社..

哈罗德 B，查尔斯 L，贝尼埃 C L. 1991. 文摘的概念与方法[M]. 赖茂生，王知津译. 北京：书目文献出版社..

侯汉清. 1997. 索引技术和索引标准[M]. 北京：北京图书馆出版社.
赖茂生，徐克敏. 1994. 科技文献检索[M]. 北京：北京大学出版社.
马文峰，杜小勇. 2006. 领域本体评价研究[J]. 图书情报工作，10（10）：68-71，75.
彭斐章. 2004. 目录学教程[M]. 北京：高等教育出版社.
全国信息与文献标准化技术委员会（SAC/TC4）. 2010. GB/T 3860-2009 文献主题标引规则[S]. 北京：中国标准出版社.
司莉. 2011. 信息组织原理与方法[M]. 武汉：武汉大学出版社.
王军. 2009. 数字图书馆的知识组织系统：从理论到实践[M]. 北京：北京大学出版社.
王知津. 1999. 现代索引文摘法[M]. 北京：北京图书馆出版社.
俞君立，陈树年. 2001. 文献分类学[M]. 武汉：武汉大学出版社.
张琪玉. 1983. 情报检索语言[M]. 武汉：武汉大学出版社.
张琪玉. 2004. 情报检索语言实用教程[M]. 武汉：武汉大学出版社.
章成志. 2007. 自动标引研究的回顾与展望[J]. 现代图书情报技术，157（11）：33-39.
中国索引学会. 1997. 索引技术和索引标准[M]. 北京：北京图书馆出版社.
周宁. 2007. 信息组织学教程[M]. 北京：高等教育出版社.
Berners-Lee T. 2010-03-06. Linked data[EB/OL]. http://www.w3.org/DesignIssues/LinkedData.html.
Berners-Lee T. 2012-02-23. Semantic web[EB/OL]. http://www.w3.org/2000/Talks/1206-xml2k-tbl/.
Berners-Lee T，Hendler J. 2001. Publishing on the semantic web-the coming internet revolution will profoundly affect scientific information[J]. Nature，410：1023-1024.
Berners-Lee T，Hendler J，Lassila O. 2001. The semantic web[J]. Scientific American，284（5）：34-43.
Bizer C，Heath T，Berners-Lee T. 2009. Linked data-the story so far[J]. International Journal on Semantic Web and Information Systems，5（3）：1-22.
Gruber T R. 1993. A translation approach to portable ontology specifications[J]. Knowledge Acquisition，5（2）：199-220.
Gruber T R. 1995. Toward principles for the design of ontologies used for knowledge sharing[J]. International Journal Human-Computer Studies，43（5~6）：907-928.
Guarino N，Welty C. 2002. Evaluating ontological decisions with OntoClean[J]. Communications of the ACM，45（2）：61-65.
Jones B，Storey V C，Sugumaran V，et al. 2005. A semiotic metrics suite for assessing the quality of ontologies[J]. Data and Knowledge Engineering，55（1）：84-102.
Maedche A，Staab S. 2009-03-24. Measuring similarity between ontologies[EB/OL]. http://disi.unitn.it/~accord/ RelatedWork/Matching/Staab2002.pdf.
Neches R，Fikes R E，Finin T，et al. 1991. Enabling technology for knowledge sharing[J]. AI Magazine，12（3）：16-36.
Structured Dynamics LLC.2010-03-06. Linked Data FAQ[EBIOL]. http://structureddynamics.com/linked_data.html.
Studer R，Benjamins V R，Fensel D. 1998. Knowledge engineering：principles and methods[J].Data and Knowledge Engineering，25（122）：161-197.

第6章

情报检索

本章提要

本章在说明情报检索理论基础和评价参数基础上，重点解说情报检索系统设计和用户技术，奠定深入学习或研究情报检索的基本知识。

主要知识点

1. 三类经典检索模型，四个检索效果评价参数。
2. 面向专业人员的检索系统设计和面向用户的检索策略设计。
3. 主要检索系统类型和未来检索技术发展趋势。

情报检索（information retrieval，IR）是从情报集合中找出所需情报的过程，本质是情报需求与所储存情报之间的选择和匹配（Korfhage，1997）。设 $D=\left\{d_j\right\}$ 为情报资源集合，$Q=\{q\}$ 为情报需求集合，则情报检索在理论上就是寻求 Q 与 D 之间的匹配，可用匹配函数 $R\left(d_j,q\right)$ 表述。

自从20世纪50年代提出此术语以来，情报检索不仅是计算机科学，还一直是情报学中较为活跃的研究分支之一。情报学领域，国内外相关著作很多，国外，如经典的《情报检索系统——特性、试验与评价》（Lancaster，1984），《转折：在情境中集成信息查询与检索》（Ingwersen and Järvelin，2007）。国内教材也很丰富，遍及专业研究层次（苏新宁，2004；王知津，2016）和各类应用层次（沈固朝，2002；叶鹰，2015；王知津，2009；潘燕桃，2009），可供参考。考虑到情报学课程体系中设有专门的信息检索，本书侧重概述情报检索基本理论并提示技术方法，突出面向本专业的检索系统设计和面向各类用户的检索策略设计的区别。

6.1 情报检索基本原理

情报检索早期的研究主要关注从纸质文献集合中找出满足（匹配）需求的文献，20

世纪 60 年代后聚焦建立具有情报选择、存储、组织、查询交互、匹配、输出功能的情报检索系统。

狭义的情报检索，是指“查询”或“搜索”的单一过程，而广义的情报检索，其完整含义包括情报的存储与检索两个互逆的过程，存储和检索缺一不可，如图 6-1 所示。

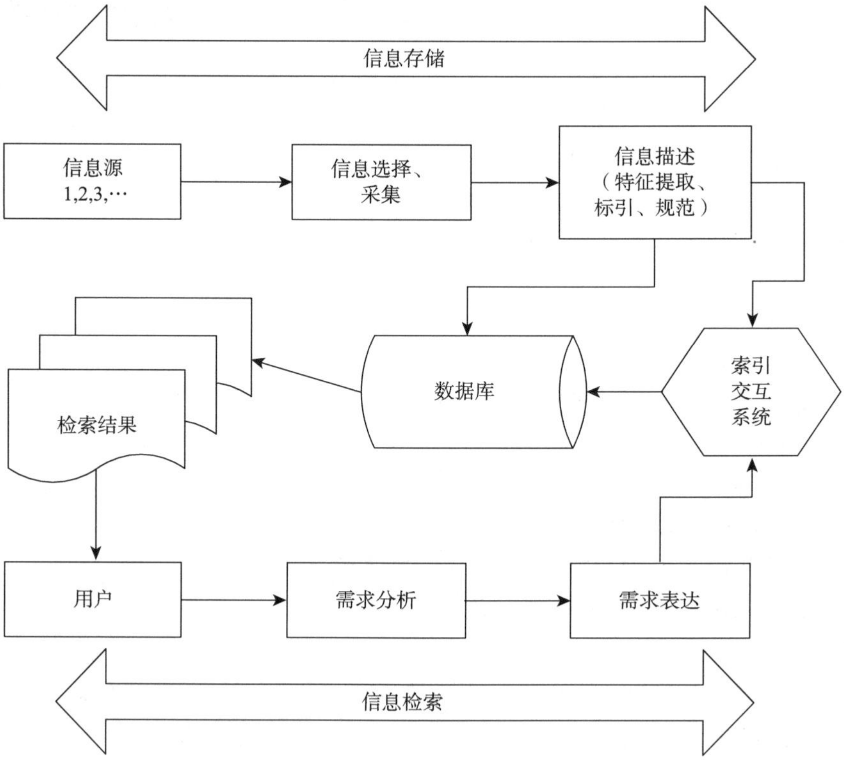

图 6-1　广义信息检索基本原理

针对广义情报检索系统而言，早期的研究提出情报检索系统包括六个子系统（Lancaster，1984）：①文献选择子系统；②标引子系统；③词表子系统；④检索子系统；⑤交互子系统（用户/系统接口）；⑥匹配子系统。

如今，无论情报源和情报检索技术如何发展，情报检索的基本原理仍然可以大致概括为此六个子系统，只是各子系统或组成检索系统的各模块，随着互联网、多媒体、移动技术等的发展，名称会有所变化，但实质功能基本如此。

当前互联网时代，情报检索系统涉及的领域包括多源、多类型情报源的自动收集、索引、存储、表达、检索算法建模、相关反馈、系统架构、Web 端与移动端用户界面、结果输出与排序、语义理解与关联、数据可视化等，已远远超出了情报检索的早期目标和范畴。

6.2 经典检索模型

在情报检索理论中，布尔检索模型、向量检索模型、概率检索模型是三类经典的检索模型（Baeza-Yates and Ribeiro-Neto，1999），不同模型的数学本质是匹配函数 $R(d_j,q)$ 不同。这三类检索模型的差异可用存档文献（简称文档）d_j 和检索提问 q 之间的相似度 $\mathrm{sim}(d_j,q)$ 来测量。

布尔检索模型的相似度为

$$\mathrm{sim}(d_j,q)=\begin{cases}1, if\ \exists q_c \middle| (q_c \in q_d) \wedge \left[\forall k_j, g_i(d_j)=g_i(q_c)\right] \\ 0, \text{others}\end{cases} \tag{6-1}$$

其中，q_d 表示检索提问 q 的析取范式；q_c 表示 q_d 的任意合取分量。

向量检索模型的相似度为

$$\mathrm{sim}(d_j,q)=\frac{\vec{d}_j \times \vec{q}}{|\vec{d}_j| \times |\vec{q}|} \tag{6-2}$$

概率检索模型的相似度为

$$\mathrm{sim}(d_j,q)=\frac{P(R|d_j)}{P(\overline{R}|d_j)}=\frac{P(d_j|R)\times P(R)}{P(d_j|\overline{R})\times P(\overline{R})} \tag{6-3}$$

其中，条件概率 $P(R|d_j)$ 表示文献 d_j 与检索提问 q 相关的概率；条件概率 $P(\overline{R}|d_j)$ 表示文献 d_j 与检索提问 q 不相关的概率；条件概率 $P(d_j|R)$ 表示从相关文献集 R 中选择文献 d_j 的概率；条件概率 $P(d_j|\overline{R})$ 表示从文献补集中选择文献 d_j 的概率；概率 $P(R)$、$P(\overline{R})$ 分别表示从整个文献集中随机选出相关文献、不相关文献的概率。

在这三类经典检索模型的基础上，多年来的研究又分别衍生出了一些改进检索模型。例如，针对布尔检索模型未对特征项加权以及无法对检索结果按照一定规则排序的缺点，诞生了扩展布尔检索模型；针对布尔检索模型标准的精确匹配二元逻辑导致漏检不可避免的缺陷，诞生了模糊检索模型；针对向量检索模型视特征项相互独立，无相关性，与自然语言表达冲突的缺陷，提出语义相关的广义向量空间模型（vector space model，VSM）、潜在语义标引检索模型、神经网络等；针对概率模型不考虑特征项在文本集中出现的频率以及特征项之间的近义、同义现象等不足，提出贝叶斯网络检索模型等。但无论如何，这些扩展检索模型在应用上的局限导致都未成为主流检索模型，布尔检索模型、向量检索模型、概率检索模型仍然是三个基本的检索理论模型。而在现今的互联网时代，对于分布异构超链接信息的检索，Google 的 Page Rank 算法也是网络搜索的主流检索算法，主要的检索模型如图 6-2 所示。

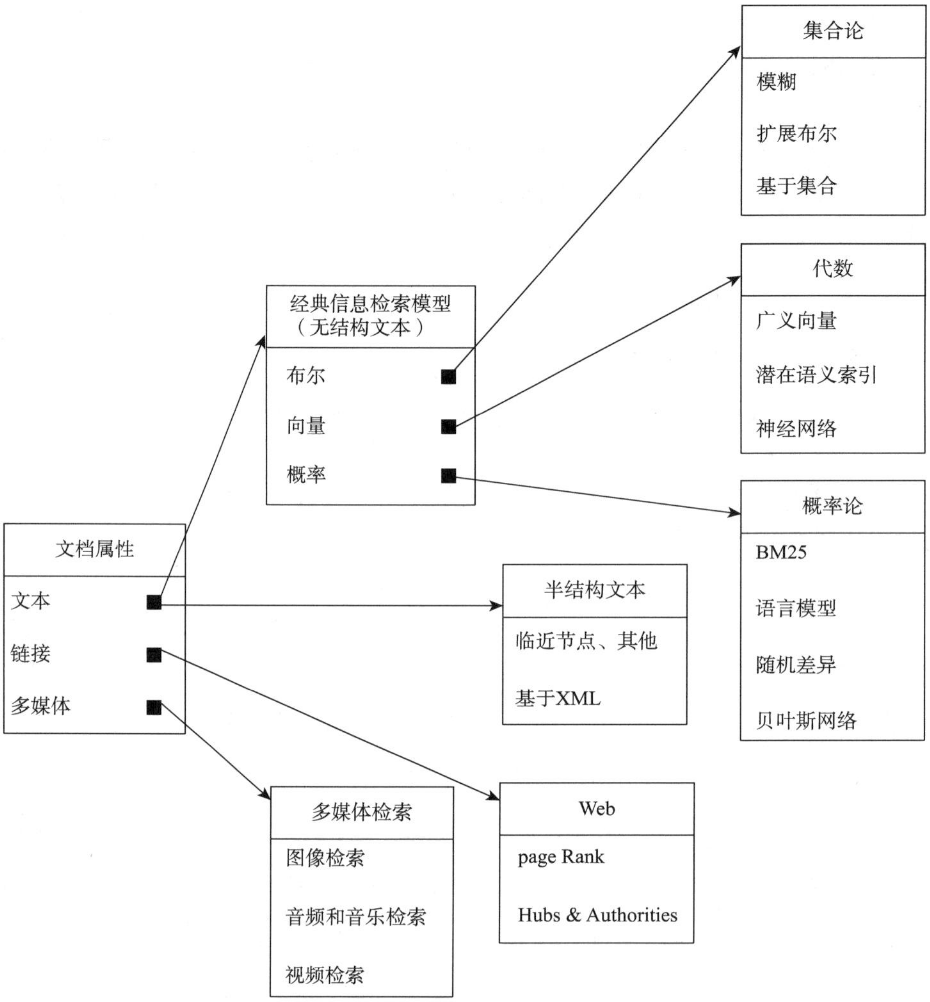

图 6-2 主要情报检索模型分类

资料来源：Baeza-Yates 和 Ribeiro-Neto（2012）

6.3 检索系统设计要点

当今的情报检索基本都是基于计算机乃至互联网环境下的检索系统而进行，因此情报检索的基本原理和机制也是通过检索系统对需求提问与系统对应的信息集合的选择与匹配。目前的情报检索系统大多基于经典的情报检索模型，以可识别的代码表达经选择和采集的信息。用户则通过系统，采用系统特定的检索特征表达、检索策略和检索指令，将需求转换成系统可识别的提问，并由系统与数据库中的信息特征进行匹配，一致即为命中，系统将命中结果输出给用户（王知津，2016）。由于信息技术行业的迅猛发展，作为检索系统内容的采集与存储、检索算法与技术、检索系统架构等，都已发展较为成熟，并在不断优化。作为图情工作者，对于检索系统的设计，更多的是要从内容、人机交互、结果输出等方面进行有效控制。这里简要介绍检索系统的设计原则和实现技术要点。

6.3.1　检索系统设计原则

在人机交互和结果输出方面，检索系统设计的核心是快速高效和便利友好。

1）高效原则

任何检索系统，必须要能高效运行。标志高效的参量，一是反馈快，二是反馈准。反馈快是必要条件，可用响应时间测量，当今检索系统的响应时间通常都在毫秒量级，即输入一个检索提问后数毫秒就有结果反馈。反馈准则是充分条件，可用输出结果与检索提问的相关度测量，通常前 10%输出结果相关度不应低于 90%。快而不准对用户是没有意义的，准而不快用户是不能忍受的，因此，既要快也要准是高效原则对检索系统提出的基本设计要求。优良的排序算法、有序的分面精炼、相似结果建议等相关性反馈技术应用是体现高效原的很重要的技术之一。

2）便利原则

任何检索系统，必须有利于用户使用。可以设想，如果一个检索系统需要用经过系统的专业化培训才能使用，则这个系统被认为是不友好的，普及率将大大降低。针对可能的用户群及其对检索结果的要求不同，可以设置基本检索、高级检索乃至专家检索，以平衡不同的检索复杂程度与检索效果。为了体现便利友好，如今的检索系统在人机交互检索和结果输出的过程中，也会采用大量查询式扩展、查询修改建议、可视化结果输出、融合外部文献管理软件“一键保存”标准格式检索结果等技术，保证最大限度地便利用户使用。任何检索系统，如果失去用户，则没有发展前途，因此，不能忽视便利原则的重要意义。

6.3.2　检索系统实现技术

文档编排技术、标引技术和相应的文本检索技术是经典的文本检索系统实现的主要技术。

1. 文档编排技术

编排技术包括对文档的顺排技术和倒排技术。

顺排技术也称顺排文档检索，是用文档 d_j 中的所有记录逐条与检索提问 q 进行匹配后筛选出合适结果，具体有表展开法和逻辑树展开法等。表展开法又称菊池敏典算法；逻辑树展开法是将逻辑组配形式的检索提问展开成树型结构，逻辑算符作为树的节点，检索词作为树叶，检索时按爬树原则进行。

倒排技术也称倒排文档检索，是将顺排文档中的可检索标识（如作者、关键词、分类号等）取出按特定规则（如字顺）排列成有序系统（附加原顺排文档中的记录号），检索提问 q 与可检索标识匹配后通过记录号获得文档 d_j 而完成检索过程。在技术实现过程中，倒排文档检索需对逻辑组配形式的检索提问进行转换处理，把逻辑运算符放到运算项后面，这叫逆波兰表示或福岛方法。

顺排技术和倒排技术都是早期的机检实现技术，对检索技术研究和发展具有重要历史意义，详细内容可参见苏新宁（2004）相关论述。

2. 文本标引技术

从检索模型可知，检索过程的本质是检索提问与存储文档之间的匹配，而这样的匹配需要依据特定标识才能进行，于是，给出这些特定标识的工作就成为建立检索系统的基础工作，其专业名称叫作标引。

在手工检索时代，标引工作都是人工完成；而在机器检索时代，标引工作正在自动标引的轨道上不断发展。通常，能对某文献做多少个标引点，用户就能从多少途径找到该文献，标引点（词汇或符号）的数量称为标引深度。

标引点越多，检索系统的负担也越重，因此标引深度并非越大越好。手工检索年代，限于条件，标引深度通常达到 3（作者、分类、主题）。有了计算机，理论上可能达到任意标引深度。

从自动标引技术角度看，通常分为自动抽词标引和自动赋词标引，前者从文档内抽取标引词，后者则从外部词表选取标引词，通过特定算法实现标引。

3. 文本检索技术

在文本检索系统中，布尔检索、截词与通配检索、精确短语检索与模糊检索、字段检索、位置检索、大小写敏感检索、二次检索等技术，是常用的检索实现技术。

1）布尔检索

布尔检索的基础是代数理论的布尔逻辑算法，通过“逻辑或（or，+）”“逻辑与（and，*）”“逻辑非（not，－）”等运算符，用户将检索提问转换成逻辑表达式（检索式），检索系统根据表达式在信息集合中判断相似文献。因此无论是系统运算还是用户检索策略编制，布尔逻辑算法都是最基本的方法。例如，对 A、B 两词而言，and、or、not 的逻辑含义用维恩（Wienn）图表示如下（图 6-3）。

如今的检索系统均提供菜单选择和命令检索等多种方式的布尔逻辑检索。

2）截词与通配检索

由于词性变化导致基本同一含义的词有不同的表达形式，这在西语中非常普遍，如名词、动词、动名词、被动语态、单复数、英美不同拼写、同词根衍生的不同词等。为简化系统处理和用户输入表达而不造成漏检，检索系统通常采用截词与通配技术解决这一类问题。

截词检索，是指运用合适的截断词语进行检索，凡满足此局部截断词语的字符或字符串均为符合条件的命中结果。一般情况下，截词截断的部分可以是 0~n 个字符。按照截断的位置来看，截词检索有前截词、后截词和中截词三种形式，中截词又可称通配检索。按照截断的字符数来看，截词检索又分有限截词和无限截词，中截词一般是有限截词。在检索系统中，截词或通配检索通常采用截词符表示，不同的检索系统截词符并不一致，同一检索系统截词符与通配符有时也不一致。常用的截词符有“*”或“？”，有些系统截词符用“*”，通配符用“？”。

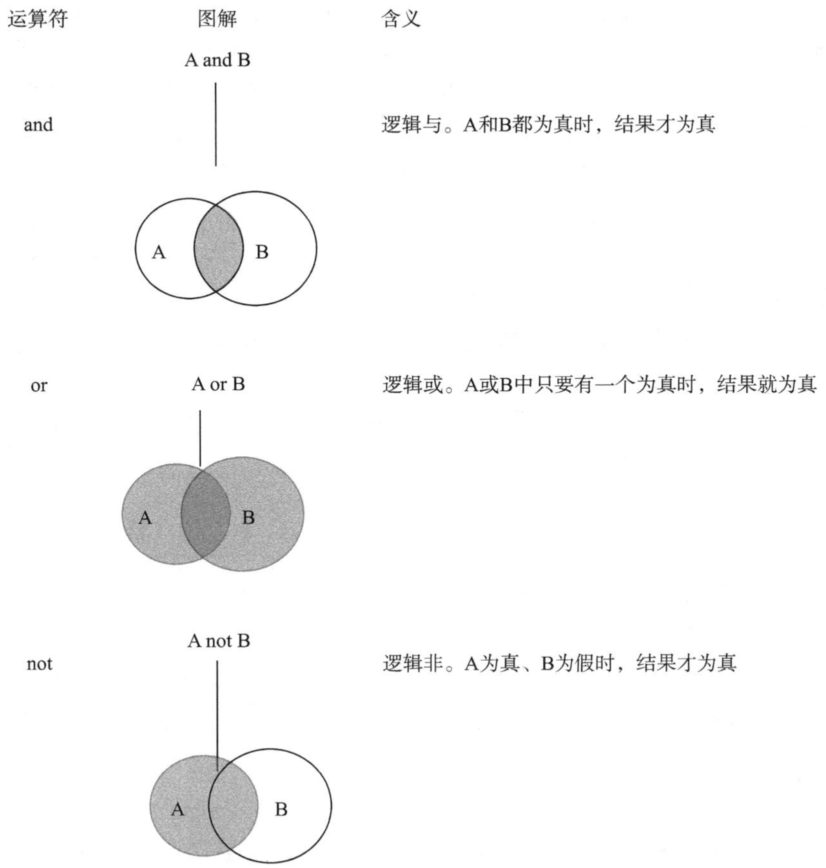

图 6-3 三种基本布尔逻辑算法的维思图

3）精确短语检索与模糊检索

当一个概念是由多个中文字或一个西语短语组成时，无论是中文的字还是西语短语中的词，都可能被检索系统切分或分割，为了保证检索的精度，检索系统均会运用精确短语检索技术。一般情况下，精确短语检索也是用符号限定需要精确检索的短语，常用的有双引号、{ }、[ ]等，不同检索系统也不同。

4）字段检索

在文献数据库中，通过字段来描述一篇文献，这些描述一篇文献的不同字段构成数据库的一个记录。事实上，不同的字段即为文献的不同特征项。布尔逻辑运算只解决了不同概念、不同特征项的组配，但还不能限制检索词出现的字段位置。检索中，为了进一步强调检索词只出现在某一个或几个字段而不出现在其他字段，提高检索的准确率，检索系统采用字段检索技术来实现这一目的。如今的检索系统一般提供菜单选择和命令两种方式实现字段检索。

5）位置检索

在字段检索基础上，为了进一步限制检索词出现在同一字段中具体的相邻位置，再进一步提高检索精度，检索系统开始提供位置检索技术。按照检索词出现位置由紧到相对松的顺序，位置检索大致有相邻检索、同句检索和同字段检索。相邻检索是指两个检索词之间最多只能相隔 0~*n* 个词，且两词的顺序不可（或可）颠倒，常用的相邻检索算符有（*W*）、Pre（*n*）（两词之间相邻，且词序不能改变）、*nW*（两词之间最多相隔 *n* 个词，且词序不可改变）、*N*（两词相邻，且词序可以改变）、*nN*（两词之间最多相隔 *n* 个词，且词序可以改变）。同句检索是指检索词必须出现在同一个句子中，词序不限。西语中同一个句子是指一个句号“.”分割的一段语句。常用的同句检索符有“SAME”“S”等，不同检索系统不同。同字段检索类似前述字段检索，只是限定检索词出现在同一个字段。

6）大小写敏感检索

在西语中，同一词大写或小写有时表达的含义并不相同，首字母有时大写、有时又会小写等，为了区分大小写的不同含义，检索系统出现了大小写敏感检索，即输入大写系统只匹配命中大写，输入小写系统只匹配命中小写。但当今的检索系统，基本不对检索词做大小写敏感检索，这也是方便用户随意采用大写或小写进行检索均可命中相关结果的考虑。

7）二次检索

情报检索的过程往往是不断接近满足需求的过程，很难完全考虑周全一次检索就满意。因此，检索系统运用二次检索技术，来满足在之前检索结果集合中再检索的要求。二次检索要求检索系统对每一次检索的结果集合进行保留。如今的检索系统一般通过“在结果中检索”、分面浏览（faceted browsing）检索和命令检索等方式实现二次检索功能。

4. 使用检索技术的注意事项

综上所述，文本检索技术非常丰富，且当今的检索系统在检索技术方面仍在不断发展优化，如加权检索技术、智能关联技术、语义检索技术、聚类检索技术等。而仅就上述通用的检索技术而言，当今主流的检索系统基本都能支持这些检索技术的应用，甚至主流的搜索引擎也能支持这些检索技术，从而保证检索的准确性。但关键的一点是不同检索系统对这些检索技术的应用规则、表示方式、采用符号等都不相同，使用时必须首先了解检索系统相关的规则。表 6-1 列出了常用检索系统的检索技术，从中可以看出相同的检索功能，不同检索系统的实现规则差异较大。

表 6-1　常用检索系统的检索技术

检索系统/检索技术	检索模式	布尔逻辑运算	截词符/通配符	自动词根检索	精确短语检索	位置检索	字段检索
ProQuest DIALOG	基本检索、高级检索、以引文查找全文、查找相似内容、命令行检索	and，or，not；单词之间无运算符而只有空格时默认“and”运算	（*）：可左截词、右截词或中间截词代替 0～10 个字符；（?）：一个“?”代替 1 个字符，多个“?”代替多个字符；[*n]或（$n）：替代 0～*n* 个字符，*n* 的最大值为 125	自动匹配单复数、英美不同拼写、形容词比较级和最高级	是，“”	*P*/0：两词之间有 1 个空格或字符，且两词顺序不变；*P*/*n*：两词之间有 0～*n* 个单词，且两词顺序不变；*n*/0：两词之间有 1 个空格或字符，且两词顺序可变；*n*/*n*：两词之间有 0~*n* 个单词，且两词顺序可变	是

续表

检索系统/检索技术	检索模式	布尔逻辑运算	截词符/通配符	自动词根检索	精确短语检索	位置检索	字段检索
Web of Science	基本检索、被引参考文献检索、高级检索	and，or，not；单词之间空格默认“and”运算；如果在检索式中使用不同的运算符，优先处理顺序是：near/*x*、same、not、and、or	（*）：替代任何字符组，包括空字符；（?）：替代任意 1 个字符；（$）：替代 0 或 1 个字符	是	是，“”	near/*x*：两词之间相隔指定数量的单词，词序不限；same：将检索限制为出现在“全记录”同一地址中的检索词	是
Scopus	文献检索、作者检索、归属机构检索、高级检索	and，or，and not；同一检索式中使用了多个运算符时，优先顺序是：or、W/*n*、PRE/*n*、and、and not	（?）：替代单词中任意位置上的 1 个字符；（*）：替代 0 个或更多的字符		是，“”	pre/*n*：两词之间最多相隔 *n* 个词，且词序不变；*W*/*n*：两词之间最多相隔 n 个词，且词序可变；“*n*”的值为 0 到 255 之间的任何数字	是
Engineering Village	快速检索、专家检索、叙词检索	and，or，or not	（*）：替代任何字符组，包括空字符；（?）：替代任意 1 个字符。	是，$	是，“”、{}	near：两词之间最多相隔 4 个词，词序不限；near/*n*：两词之间最多相隔 *n* 个词，词序不限；onear：两词之间最多相隔 4 个词，词序不变；onear/*n*：两词之间最多相隔 *n* 个词，词序不变	是
EBSCO host	基本检索、高级检索、被引参考文献检索	and，or，not	（*）：替代词中或词尾的多个字母；（?）：替代 1 个字母		是，“”	*N*/*n*：表示两词之间最多相隔 *n* 个字符，词序不限；*W*/*n*：表示两词之间最多相隔 *n* 个字符，且词序不变	是
中国知网	一框式检索、高级检索、专业检索、作者发文检索、句子检索	“*”“+”“–”			是，“”	/SEN *N*：同段，按次序出现，间隔小于 *N* 句；/NEAR *N*：同句，间隔小于 *N* 个词；/PREV *N*：同句，按词序出现，间隔小于 *N* 个词；/AFT *N*：同句，按词序出现，间隔大于 *N* 个词；/PRG *N*：全文，词间隔小于 *N* 段	是
百度	一框式搜索、高级搜索	包含以下全部的关键词，包含以下任意一个关键词，不包括以下关键词			是，包含以下的完整关键词	可限定在网页的标题、URL 检索	可限定检索文档格式；可限定站内检索

注：本表信息来源于各检索系统网站

6.4 检索策略设计要点

检索策略是对检索的全面策划和方案指导。广义的检索策略包括检索目的、检索范围、检索系统选择、逻辑检索式制定、检索反馈和策略调整措施等全流程，狭义的检索策略主要指逻辑检索式编制。下面简要介绍检索系统选择、逻辑检索式编制及反馈调整策略三个环节的要点。

6.4.1 检索系统选择

在手工检索时代，几乎每个专业都有自己熟识的检索工具，如四大文摘 BA（Biological Abstracts）、CA（Chemical Abstracts）、SA（Science Abstracts）、Ei（The Engineering Index）分别是生命科学、化学化工、物理电子、工程科学的代表性检索工具，德温特（Derwent）公司出版的一整套文摘索引期刊则是专门检索世界专利文献的代表性检索工具。

在如今的计算机检索时代，上述检索工具都有了对应的数据库及其网络版，可以通过网络化的数据库进行检索。而当今时代检索工具的多样化、便利化也使检索系统的选择成为检索策略制定的重要一环。

这里提供从简单到复杂的检索系统工具选择的策略建议。

（1）最简途径：在对所需信息并不很明确，也无法判断用什么数据库最合适的情况下，最简单地可以使用搜索引擎进行试查，对于学术信息检索则可以首先尝试使用学术搜索引擎，如 Google scholar（http://scholar.google.com）、Semantic scholar（https://www.semanticscholar.org）、百度学术（http://xueshu.baidu.com）。

（2）原文直接检索途径：如果对所需信息非常明确，如需查阅某个出版社，某个学协会出版的某种期刊刊载的论文、举办的某个学术会议论文，或就需要某篇具体文章，都可以利用出版社、学协会或包含全文的数据库直接检索。

（3）分领域检索途径：很多专业领域都有专业检索系统，如生命科学和医学领域的 PubMed（原 Medline）、BIOSIS Previews（原 BA），工程技术领域的 Engineering Village（原 EI），物理电子电气领域的 INSPEC（原 SA），化学化工领域的 SciFinder（原CA），专利领域的DII（原主要为WPI），等等，这些检索系统，无论是对该领域文献收录内容的全面性和权威性，还是针对该领域文献特征开发的强大的检索功能，都使它们成为该学科领域和专门文献类型的首选检索工具。

（4）综合检索途径：有些检索系统，涵盖了各领域的文献内容，有时也包含了多种文献类型，提供较为强大的检索功能（如引文检索），可方便用户进行“一站式”检索，如 Web of Science 核心合集、Scopus、中国知网、维普中文科技期刊数据库、万方数据等，可以通过这些大型综合检索系统，进行广泛的综合检索。

（5）跨库检索途径：除了选择单一数据库检索，还可以选择一些多库检索平台，一次性对多种文献类型、多个学科领域的文献进行检索。例如，Web of Science 平台，就可同时检索 Web of Science 核心合集、Biosis Previews、中国科学引文数据库、Current

Contents Connect、Derwent Innovative Index、INSPEC、MEDLINE 等多个权威数据库，中国知网文献总库可同时检索期刊论文库、会议论文库、学位论文库、报纸库等。其实，Google scholar 和百度学术也是一种多库的跨库检索工具。另外，在图书馆界，近几年来发展的“发现系统”，整合了各图书馆订购和自建的绝大多数数据库的元数据，进行统一检索，也是跨库检索的好选择。

6.4.2　逻辑检索式编制

逻辑检索式编制检索式是指用户表达检索提问的逻辑表达式，也是计算机检索系统识别用户检索需求的桥梁，是检索策略中最重要的环节，直接决定提问表达能否完全反映用户的检索需求，也决定检索系统是否能完整、准确地检索到用户需要的检索结果。一般情况下，检索式由反映需求的主题概念和各种限定条件，以及组合这些概念和条件的布尔逻辑算符、位置算符、截词算符等各类运算符组成。

例 1：“微藻生长因子研究”这一课题，通用的检索式为

（algae or algal or microalgal）and“growthfactor*”

例 2：“图象理解专家系统”这一课题，考虑到“专家系统”涉及“人工智能”，为预防漏检，基本检索策略可编制为

image（3n）understand* and （“expertsystem*” or artificial（ ）intelligence or AI）

例 3：“碳笼-60（C60）的聚合反应”这一课题，对于有多种表达形式的检索词，应充分考虑各种情形。碳笼-60（C60），除了称为 C-60、60C、60-C 等外，还有巴克敏斯特富勒烯（buckminsterfullerene）、巴基球（buckyball）、富勒烯（fullerene）、球烯（Footballene）等名称，其聚合反应研究，检索策略可编成：

Polymer?（same）（C（n）60 or Buckminsterfullerene or Buckyball or Fullerene or Footballene）

上述通用检索式主要是表达一种概念及其限定条件和相互之间的逻辑关系，至于要将此通用检索式用于具体检索系统中进行检索，还需要结合检索系统对检索的表达要求，或用检索系统的基本检索功能选用检索框中输入检索词并在下拉菜单中选择组配关系和限定条件的方式进行检索，也可以用检索系统提供的高级检索或专家检索方式，按其要求将检索式直接输入进行检索。因此，由于不同检索系统对各类算符及逻辑组配的表达规则不同，检索式的编制因不同检索系统而异。

6.4.3　反馈调整策略

一般情况下，由于需求的模糊性，也由于人们掌握检索技能的程度不同，情报检索都不会是一次完成的过程。在检索的过程中，要根据系统反馈的结果和具体阅读文献，不断地调整检索策略再检索，直至得到比较全面准确的信息，满足需求为止。一般情况下，根据检索结果数量的多少和准确性，调整检索策略的原则主要有两大类。

1）缩检策略

如果检索结果太多且相关性不够，主要采取以下策略进行缩检。

（1）增加检索概念：在需求中增加一些能够进一步限定检索主题的概念，即增加“and”的检索项，增加检索的专指度，从而减少检索结果并提高检索相关性。

（2）运用一些增加准确性的检索技术，如精确短语检索、字段限定检索（如核心主题限定在篇名、关键词字段检索）、位置限定检索［让核心主题概念之间的位置距离限制在几个字（词）之内］等，可以大大提高检索的准确性和相关性。

（3）进一步进行聚类检索，如对检索结果进一步限定在某一最相关的学科、某一段时间、某些出版物、某些研究机构等。目前可以通过大多数检索系统提供的分面浏览技术达到这一目的。

2）扩检策略

如果检索结果太少或未检索到满意的结果，主要采取以下策略进行扩检。

（1）增加主题概念的相同或类似表达，如采用受控主题词检索，检全检索词的缩写、全称、学名、俗称、分子式、结构式等不同表达。

（2）减少检索主题，删去一些非核心的主题概念。

（3）采用族姓检索，运用分类检索可以将同一类的结果都检索出来，扩大检索范围。

（4）减少使用限定检索，减少使用精确短语检索、字段限定检索、位置限定检索等。

6.5 情报检索评价

检索评价是情报检索领域重要的研究主题。自 20 世纪 50 年代以来，有关检索评价已实现了大量著名的实验项目和应用平台，如 Granfield 项目、MEDLARS 系统评价项目、SMART 系统评价研究、IBM 的 STAIRS 全文检索系统评价、TREC 文本检索评价等。随着互联网的迅猛发展，网络信息检索评价也有了新的发展。长期以来，早期的情报检索评价主要是针对情报检索系统性能的评价，后来开始重视从用户的视角评价系统性能，又形成了交互式情报检索评价。

6.5.1 经典情报检索评价

传统的情报检索系统性能评价指标主要有覆盖范围、查全率（现今又称召回率）、查准率、响应时间、用户负担、显示输出六大方面。其中，查全率和查准率是最重要和最常用的指标。为了描述查全率和查准率，又有漏检率（omission factor）和误检率（noise factor）即检索噪音。它们构成了评价检索效果的主要参数。

设 n 为检索系统中文献总量，m 为检索输出的文献量，a 为 n 中与检索课题有关的文献量，b 为 m 中与检索课题有关的文献量（检准文献量），则 n、m、a、b 之间的关系如图 6-4 所示。

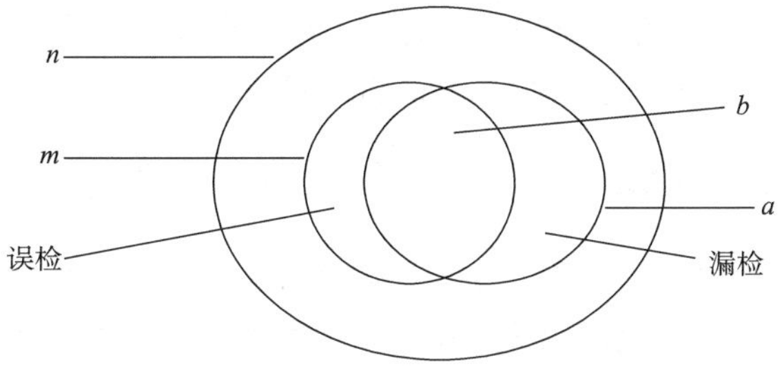

图 6-4　文献总量与检出文献之间的关系

令 R 表示查全率、P 表示查准率、M 表示漏检率、N 表示误检率，则 R、P、M、N 定义如下：

$$R = b/a * \%$$

$$P = b/m * 100\%$$

$$M = (1 - b/a) * 100\% = 100\% - R$$

$$N = (1 - b/m) * 100\% = 100\% - P$$

最理想的检索效果是 M、N 均为 0，即 R、P 均为 100%，但实际上这是不可能的。实验表明：R 和 P 之间存在相反的相互依赖关系，即提高 R 会降低 P，反之亦然，如图 6-5 检索特性曲线所示。

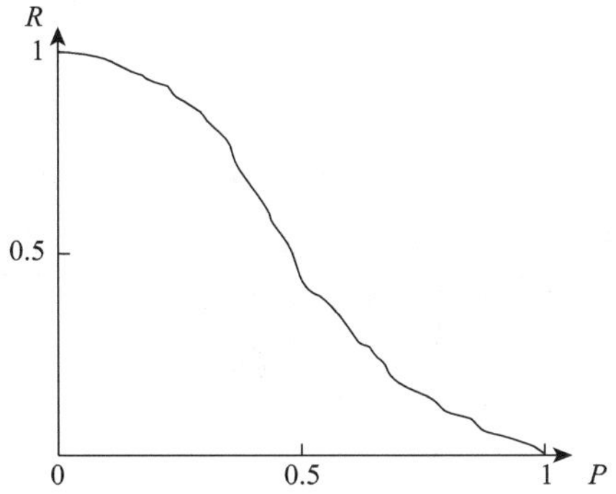

图 6-5　检索特性曲线

有人认为：在物质科学和技术科学的情报检索范围内，P 提高 1%将导致 R 降低 3%。实践经验证明：在现代科技信息检索系统中，R 为 60%~70%，P 为 40%~50%。同时，检索特性曲线还与文献专业特点有关。例如，在以具体概念为主、对象描写明确的化学等专业中，产生误检较少，特性曲线向右移；而在抽象概念多的心理学等领域中，特性曲线则向左移。此外特性曲线还与对查出的文献适用性的评价有关，若评价标准严格，则曲线偏左；反之，曲线偏右。

对于情报检索来说，漏检是影响检索质量的最主要因素，故必须将 M 降低到最低限度；误检会降低检索的效率，也会影响检索质量。因此，所有检索工具和检索系统必须力争克服漏检（必要条件），同时尽量避免误检（充分条件）。

传统情报检索系统性能评价主要以实验的方式来进行。一般先搭建一个测试环境，测试一系列查询，根据返回的文件列表与测试集的假设结果来计算检索算法的评估参数，最终结合检索时间等其他指标参数评估检索系统。

6.5.2 交互式情报检索评价

虽然很长一段时间情报检索评价都是主要面向检索系统，但由于情报检索本身就是一个人机交互并不断迭代的过程，评价情报检索不考虑用户的因素是不合理的。因此，当情报检索系统本身的技术发展足够成熟、检索系统的类型也越来越丰富之后，人们自然开始考虑将用户在检索过程中的体验也纳入情报检索的评价体系，包括从需求分析到检索结果获取，甚至直接分析和使用检索结果的整个过程，因此交互式情报检索评价由此被提出。

交互式情报检索评价着重从用户的视角评价系统性能，反映交互式信息检索行为及其检索过程，评价的是人与系统的交互，以及用户使用系统的总体感受和体验。交互式情报检索评价主要涉及的评价参数有背景参数（包括系统类型、参与的用户身份等基本信息、用户对主题的熟悉程度）、交互参数（系统日志记录整个交互过程数据，如检索提问数量、检索时长、检索浏览行为等）、性能参数（系统支持用户完成的任务数量、质量、时间消耗等）、便利参数（主要由用户主观评价，包括使用系统的便利和友好体验等）（Kelly，2009）。由于交互式情报检索评价是一种主客观相结合，要考虑需求与相关性动态特性的一种行为，涉及情报检索、用户行为、用户认知、人机交互等多学科领域，因此往往采用日志分析、实验法、访谈法、观察法、问卷调查法等多种方法结合来收集数据并进行综合评判。

交互式情报检索评价由于考虑了检索的主体——用户的多方面因素，因此是检索评价的发展方向。但正由于以用户为核心的理念，用户的个体差异对检索评价很难制定一套完全标准适用的评价准则，同一个系统、同一个目标、同一个任务，不同的用户都会得出不同的相关性和检索系统优劣的结论。因此，交互式情报检索评价在用户认知、用户行为和计算机检索领域的交叉研究还有很大的发展空间。

6.6 主要检索系统类型及评价

在数字化、网络化的今天，检索系统多种多样。根据系统所处理的资源类型、系统所采用的检索技术、系统所处理资源的来源等的不同，可以将检索系统分为各种不同的类型。其中，由于所处理资源的来源不同，形成不同检索机制驱动的多种检索系统类型，是当前面向最终用户的检索系统发展的要点。

总的说来，由于所处理资源的来源不同而形成的检索系统，可以分为单库检索系统、统一检索系统和发现系统等几种类型。

6.6.1 单库检索系统

由于数据库软、硬件技术及网络技术的普及和发展，各类数据库生产者可以便捷地将某类信息资源形成一个个数据库系统，包括数据资源及其检索系统，这就是单库检索系统。

网络环境下的单库检索系统，可谓无所不包。随着各行各业、各个领域信息化的普及，针对各领域的检索系统数不胜数，有针对文本的检索系统，也有针对图像、音视频等的多媒体检索系统，近年来还出现了大量针对科学数据和数据集的检索系统，如车牌识别检索系统、服装设计检索系统、人脸识别检索系统、遥感图像检索系统、电台音乐检索系统等。单纯考虑文献（文本）信息，有全文（一次文献）检索系统，也有书目、文摘及索引（二次文献）检索系统。单库检索系统的提供者，有文献出版商、服务商、学术社团、政府机构，乃至某个实验室、某个课题组等。

1. 中文单库检索系统

由于我国数据库发展的历史比较短，出版物市场规模相对国外也比较小，因此我国的单库检索系统呈现出以集成服务商提供为主，全文检索系统与文摘及索引检索系统无明显界限的突出特点。目前，中文电子图书的主要单库检索系统有超星数字图书馆、书生之家电子图书、科学文库电子书、建筑数字图书馆等，也有大量的古籍电子书数据库，如瀚文民国书库、明实录/清实录、中国基本古籍库、民国图书数据库等；中文期刊的主要单库检索系统有中国知网的中国学术期刊网络出版总库、维普资讯的中文科技期刊数据库和万方数据系统的万方数字化期刊等；中国专利的单库检索系统主要有中国知识产权局（知识产权出版社）、中国知网、万方数据系统中的中国专利检索系统，及以 SooPAT 为代表的专利搜索引擎中的中国专利检索系统等；中文学位论文检索系统主要有国家图书馆的学位论文系统、中国知网的中国博士学位论文全文数据库和中国优秀硕士学位论文全文数据库、万方数据系统的中国学位论文全文数据库等。这些中文数据库，既是各种类型中文文献的检索系统，同时又都可以直接获取全文。

2. 外文单库检索系统

由于国外出版市场发展比较成熟，大型跨国出版集团麾下拥有的出版物规模比较大，因此众多出版商都直接提供自身出版物的全文检索系统，如荷兰 Elsevier 出版集团提供对近 4 000 种学术期刊的 Science Direct 检索系统，美国 John Wiley & Sons 出版集团提供对麾下的 2 000 余种学术期刊的 Wiley Online Library 检索系统，德国 Springer 出版集团提供对麾下近 3 400 种学术期刊的 Springer Link 检索系统和 23 余种电子书检索系统等。政府机构提供对政府出版物的检索系统，如美国政府出版局的 GPO 政府出版物检索系统。大学和研究机构提供对本机构学术成果的集成检索——机构库等。学术社团提供自身出版物的检索系统，如 IEEE/IEE 提供对自身出版的学术期刊、图书、会议录和标准的检索系统 IEL，美国机械工程师学会、美国土木工程师学会、英国皇家化学学会、国际光学学会等也都提供对自身出版物的单库检索系统等。与此同时，已有悠久历史的国际权威检索工具（二次文献）出版者也仍然提供网络版的文摘及索引检索系统，如 Engineering Village、INSPEC、Web of Science、Biosis Previews、Derwent Innovative

Index 等，近年来，诸如 Elsevier 等大型出版集团还推出了 Scopus 这样的大型文摘及索引及引文检索系统。

3. 单库检索系统的检索功能

在单库检索系统中，外文全文检索系统与文摘及索引检索系统在检索技术和检索功能上的差异还是比较明显的。总的说来，全文检索系统的检索功能比较通用、简单，采用的检索技术并不复杂，而文摘及索引检索系统的检索功能则比较全面、深入。通常，常规的布尔逻辑检索、位置检索、字段检索、精确短语检索与模糊检索、截词与通配等检索技术无论在全文检索系统还是文摘及索引检索系统中都会得以运用，而叙词（主题词、受控词）检索、检索集运算、二次检索、引文检索等检索功能往往主要在专业性检索工具中才会被提供。

值得注意的是，虽然外文单库检索系统中全文库和文摘及索引检索库自身的界限很清晰，但为了满足用户从文摘及索引检索系统中检索到文献线索后直接能方便地获取全文，以 Open Url 协议为基础的开放链接解析技术大大提升了检索系统的效用。

Open Url 是一种附带有元数据信息和资源地址信息的可运行的 Url，由服务提供方（如图书馆）维护的链接解析器，依照规则动态生成开放链接 URL，实现资源之间一对一、一对多的恰当链接，有效地解决了二次文献资源到一次文献资源、参考文献到原文、书目信息到原文提供等的动态链接问题。由于 Open Url 协议具有可定制、可移植、可扩展的开放特性，已成为检索系统之间整合，乃至数字图书馆应用领域的关键技术之一（姜爱蓉，2006）。国际上基于 Open Url 而形成的开放链接产品有以色列 Ex Libris 公司的 SFX、Endeavor 公司的 LinkFinderPlus、Sirsi 公司的 Sirsi Resolver 等。利用开放链接技术，可以将文摘及索引检索系统与全文数据库无缝整合起来，目前诸如 Web of Science、Scopus 等文摘索引库及 Google Scholar 等主流学术信息搜索引擎都支持 OpenURL 协议，可从检索到的题录信息直接链接到可获得的（如某机构订购的）全文数据库中的某篇文献全文，填补了全文检索系统与文摘及索引检索系统之间的"缝隙"。

6.6.2 统一检索系统

随着互联网的普及和发展，数据库产业规模愈来愈大，任何出版商、服务商、各类机构都可以提供数据库及其检索服务，因此网络时代数据库检索系统的一大特点就是分布、异构、多样，即各类数据库分布于互联网的各个地方，各数据库提供者对数据资源的描述各不相同，因此数据库的数据结构各异，各数据库的检索平台也不同。如果人们为解决一个问题需要检索文献，往往不得不在不同文献类型的数据库之间、不同出版商的数据库之间穿梭，而每个数据库的检索语法、检索功能各不相同，无疑造成了人们利用检索系统的不便。如何实现网络时代对分布、异构数字资源的统一检索（又称为联邦检索 Federated Search、元搜索 Meta Search），自 21 世纪初以来一直是信息检索领域的热点问题之一。

一般情况下，对于互联网实现分布、异构数据库资源的统一检索，主要有两种机制

（姜爱蓉，2006）。

1. 元数据仓储机制

元数据仓储机制（metadata repository）通过抽取、映射和导入等手段对分布异构资源的元数据（也可能包括对象数据）进行收集和聚合，安装在本地，提供统一的检索和服务。该方式的优势是数据经过收集转换后不仅格式统一，而且结构清晰，可以按照需求建立各种索引体系，从而实现比较准确的统一检索。目前，如科睿唯安（Clarivate Analystics，原 Thomson ReutersIntellectual Property & Science）的跨库检索平台 Web of Science，就提供 Web of Science 核心合集、Biosis Previews、中国科学引文数据库、Current Contents Connect、Derwent Innovative Index、INSPEC、MEDLINE、Russian Science Citation Index 、SciELO Citation Index 等数据库的统一检索。类似 Web of Science 的统一检索平台还有 EBSCOhost、CSA Illumina、Ovid、中文的中国知网、万方数据等。实际上，著名的国际联机检索系统 DIALOG，在 1955 年前采用的就是元数据仓储实现统一检索的机理。对于数据库的数据内容来说，版权属于不同的出版商，DIALOG 将这些隶属于不同出版商的数据库的书目信息（元数据）进行整合，重新按照自己制定的索引体系建立各类索引，采用统一的检索语法同时对多个数据库进行检索，并形成了可同时扫描多个数据库的统一索引文档——411 文档。对于学术信息而言，Google Scholar 可以说也是一种以元数据仓储为机制的统一检索系统，它通过与各个出版商、大学、学协会、开放服务网站等建立合作，对其数据库和信息系统的元数据进行收割，建立统一规范的元数据仓储，并通过统一的搜索引擎实现统一检索，类似的百度学术等也是如此。

总的说来，以元数据仓储机制实现的统一检索系统是由一个高度“完全受控的”“中心化”的元数据索引体系牵引的。因此，此机制下检索系统的检索效率、查全率、查准率、检索策略组配的灵活性等都比较高。

但元数据仓储机制的统一检索系统也存在着一些实际问题。一方面，对分布、异构信息资源的元数据收割是“不完全受控”的，很难做到对类型不同、分布广泛、更新频繁的资源，以同一频率实时准确地将数据收集转换齐全；另一方面，在可行性上也存在较大的障碍。一般说来，资源提供商不会同意将自身资源的元数据（包括对象数据）无条件经过二次收集和聚合后，安装在另外一个系统平台上。虽然为解决分布、异构数字资源的统一检索问题而发展起来的OAI协议，已在理论层面希望克服这一障碍，但实践中除了开放获取资源，大多数的商业性学术资源数据库一般都不会主动提供数据接口，使统一检索系统无法实现多个数据库的OAI元数据收集，从而造成理论上可行而实践中的不可行。因此，元数据仓储机制的统一检索往往规模大小不一，能够实现的统一检索资源有限。

2. 元搜索机制

元搜索机制（metasearch）借助于计算机强大的处理能力进行广泛搜索，实时地对分布异构资源对象进行检索。这中间，会建立一个元搜索工具，用于接受用户的查询请求，并对搜索到的资源进行检索协议和平台的分析，实现查询请求的统一转换、检索匹配、结果输出。例如，通过对各单库检索平台的 URL 和 Web 页面的分析来构建查询语法，并行地发出查询请求；接收和分析各单库检索平台的检索反馈，进行排序、查重合并、数据抽取及命中结果的呈现。通过对 Web 页面的分析实现资源的统一检索方法，又称为页面分析法（page-scraping，screen-scraping）。元搜索的优势是搜索范围广，不受数据库控制限制，查全率高、搜索范围大、即时性好，其劣势是查准率不能令人满意。由于各个单库检索平台采用的检索机制、检索技术不同，存在着翻译的查询语法与各单库检索平台的检索语句之间在匹配上的差异，存在着单库检索平台的命中结果能否正确解析到跨平台检索系统显示界面的差异，也存在着各单库检索速度的差异而造成的检索结果输出的差异。元搜索方式的理想状态是通过网络信息检索的标准协议对分布异构资源进行检索。例如，通过 Z39. 50 协议、XML Gateway 及其他标准协议的应用，在数据库字段级之间建立通信，可以大大提高检索效率和稳定性。但由于在技术上实现 Z39.50 接口比较复杂，仍有相当数量的单库提供商不遵循 Z39.50 协议。

目前，以元搜索机制实现的统一检索的主要原则如下所述。

（1）对于遵循 Z39.50 协议的单库，通过规范的 Z39. 50 接口实现统一检索。

（2）对于未遵循 Z39.50 协议的单库，则根据其协议的公开程度分类处理。

（3）对于一些无法知道所采用协议、通过网络服务的单库，则采用基于 HTTP 协议的“页面分析技术”实现元搜索。

一般说来，元搜索检索系统实现的检索功能比较通用，无论从可检字段设置的范围，还是检索的深度，都不可能照顾到所涵盖各单库的所有个性化检索功能，而通过统一检索系统检索出来的结果，与在单库中检索出来的检索结果也不完全一致，互联网上元搜索引擎即为此类检索系统。

6.6.3 发现系统

在当今网络资源极度丰富的背景下，实现互联网广域范围的检索是普遍的要求。上述基于元数据仓储和元搜索机制的两类统一检索系统，都既有各自的优势又有各自的缺陷。在图情领域，检索系统更是一种服务。除了要对所订购及网络上各类公开的信息资源提供统一检索外，还需要整合自身长期积累的馆藏书目系统、自建的各种特藏资源数据库等，一并提供更广意义的统一检索，因此诞生了发现系统。发现系统从技术框架的本质上来说，并不是一种完全新的系统框架，其机理基本遵循元数据仓储机制，部分采用元搜索，同时要定制整合图书馆自建馆藏书目系统和特藏信息系统而成的集大成检索系统，因此更代表了一种图情领域的检索服务。

发现服务中心索引的元数据和部分全文内容的主要来源有与出版商或者集成商签约获得的商业电子资源，包括期刊和报纸文章、电子书、学位论文、会议论文、乐谱、音视频资料等；也有网络上开放获取的网络仓储资源，如 OAIster、HathiTrust、e-Print、Open Library 等；以及提供发现服务的本地资源系统，如图书馆集成管理系统、机构自建的特色库和机构库等。因此，发现系统对于所涵盖的资源可以根据服务的需要进行一定的定制。发现系统的这种机制，可以保障对网络信息的广度和深度检索，检索更为快捷、高效，结果更为准确、优化和可靠，是目前检索系统发展的趋势。

目前，国际上主流的发现系统主要有 OCLC 的 WorldCat Local（http://www.oclc.org/worldcatlocal/）、Serials Solutions 的 Summon（http://www.serialssolutions.com/en/services/summon /）、ProQuest 的 Primo Central（http://www.exlibrisgroup.com/category/PrimoOverview）（原 ExLibris 的发现系统产品）、EBSCO 的 EBSCO Discovery Service 和 Innovatives 的 Encore Synergy 等。实际上，Google 的 Google Scholar、百度的百度学术也是学术信息发现系统的代表。

检索系统发展到发现系统，要评价其性能，除了常规的检索系统性能（如交互友好程度、能提供的可检字段、布尔逻辑运算能力、模糊短语检索与精确检索、是否能提供二次检索、检索结果的排序等）之外，更主要的则在于系统能对多少规模的资源量提供发现服务，如元数据的规模与质量、商业电子数据库的覆盖率、本地馆藏数据和本地集成系统的整合能力、本地数字特藏的接口规范、开放接口能力（聂华和朱玲，2011）、服务模式等。其中许多因素都是强调服务，已经不是简单的检索系统技术上的问题了。

6.7 情报检索系统发展特点和趋势

如今的情报检索系统领域呈现多元化发展格局，不仅在理论上继续研究情报检索的各类模型、算法、系统的评价等问题，还在系统的综合性能、拓展功能等方面取得了很大进展。

6.7.1 跨语言检索技术

跨语言检索技术的研究与开发一直是情报检索技术发展的一个重点，尤其是在搜索引擎研制中。跨语言检索技术是指用户用母语提交查询，搜索引擎在多种语言的数据库中进行信息检索，返回能够回答用户问题的所有语言的文档信息。如果再加上机器翻译，返回的结果就可以全部用母语显示。World Wide Science（http://worldwidescience.org/）是比较典型的跨语言检索系统，其主页见图 6-6。跨语言检索技术目前还处于初步应用阶段，主要的困难在于语义映射的不确定性，但近几年机器翻译技术和人工智能技术的突破性发展和应用，将会使跨语言检索能够实现更好的效果。

6.7.2 多媒体检索技术

多媒体检索技术是指可同时查寻文字、图像、声音甚至电影信息格式和媒介的检索技术，是情报检索系统研发的重要方向。传统的情报检索系统处理的对象主要是结构化或非结构化的文本信息。随着网络宽带技术的发展，互联网已进入多媒体数据时代，因此实现对多种类型信息资源的多媒体检索早已成为迫切的需求。

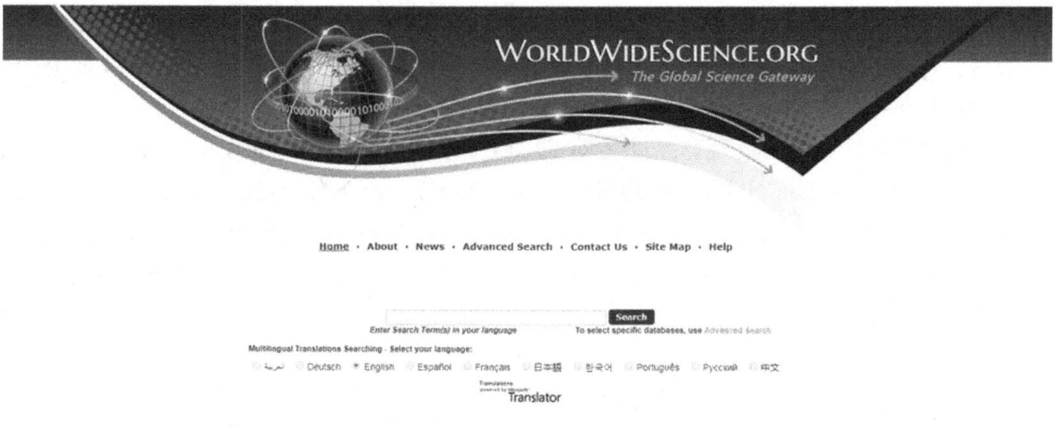

图 6-6 WorldWideScience Portal

文本信息与其他多媒体信息本身的主要差异在信息内容及其表现方式。传统的文本检索系统，对信息内容的描述主要是主题、关键词、数值等文本，而这些文本用于描述多媒体图像、声频、视频及其语义关系，远远达不到揭示信息内容的水平。因此，多媒体信息内容的描述自有其特殊的表征，如图像颜色特征、纹理特征、轮廓特征等；音频的音调、响度、亮度、带宽特征等；视频的故事单元、场景、镜头、帧等。

针对多媒体信息的特殊表征，多媒体检索，特别是基于内容的多媒体检索，关键要从各类媒体信息中直接提取其语义线索，进行相似度匹配，对语义检索的要求非常高，需要融合图像理解、音视频匹配、模式识别、计算机视觉和语音理解表达等多种技术。因此，基于内容的多媒体检索是一种近似匹配，与文本检索的精确匹配算法不同，从提问表达、特征实时提取、近似匹配到输出结果，整个过程是一个动态的、不断求精的过程（王知津，2016）。比较著名的多媒体检索系统有 IBM 的 QBIC 图像检索系统，Virage 公司开发 的基于内容的图像检索引擎 Virage，哥伦比亚大学开发的基于视觉特征的 VisualSEEK 检索工具，麻省理工学院开发的基于形状、纹理和面部特征的检索系统 FourEyes （原 Photobook），并能提供交互式图像注释等。

6.7.3 可视化技术

“信息可视化”术语自 1989 年提出后，随着网络化、数字化的迅猛发展，特别是当今的大数据和“读图”时代，其技术及应用可以说已无处不在。从本质上看，信息可视化是将信息和数据及其之间的语义关系以人机交互的形式视觉呈现，从而便于对信息和数据的深度观察和理解，并发现规律，增强认知。将可视化技术引入情报检索领域，不仅有助于建立直观、高效的情报检索视觉环境，提高检索的透明度，还可以有效激发用户认知思维，有助于用户形成更为清晰的检索提问，感受提问与检索结果间的联系，轻松理解检索结果。

要进行信息检索的可视化，首先要确定数据集，不同的数据集有不同的可视化方法；其次要确定数据集可视化对象，在一个大的数据集或者网络环境下，可视化对象多种多样；确定了可视化的对象之后，要确定对象之间的逻辑关系，这是建立可视化模型的基础；再次就要建立一个可视化的逻辑空间，一般来说不能高于三维，确定可视化空间之后要确定整个可视化的语义框架，这个框架对于信息检索可视化来说是非常重要的；最后一步就是通过投影算法，将可视化的对象和它们之间的逻辑关系映射到此语义框架中来。

目前，可视化技术在检索系统中可以应用于检索提问式构造、检索过程及检索结果呈现等各个环节。例如，Web of Science、Scopus、中国知网等都在检索结果呈现环节提供了丰富的可视化结果，如检索结果集的引文报告、文章的引证关系图、文章作者的合作网络关系图等，可以生动地帮助用户理解检索结果，参见图 6-7 和图 6-8。

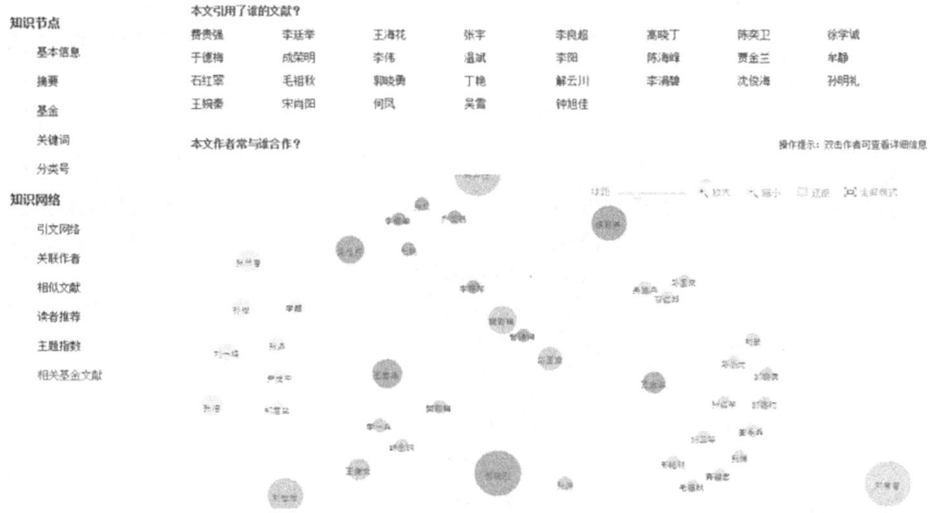

图 6-7　中国知网的作者合作可视化网络关系图

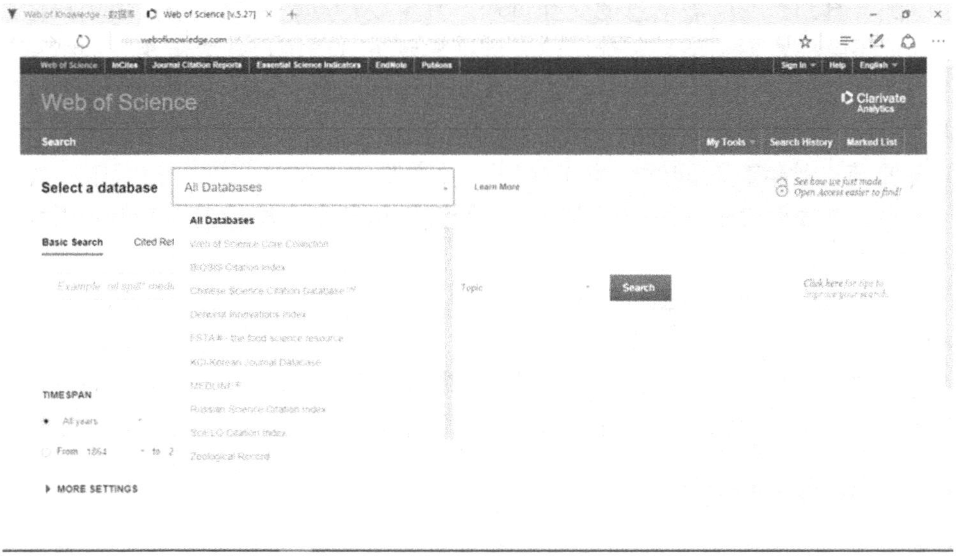

图 6-8　Web of Science 对检索结果某篇文章的可视化引证关系图

6.7.4 个性化推荐技术

提高检索系统的性能，除了完善系统本身的检索技术外，挖掘和分析用户的检索行为，提供实时动态的个性化推荐服务，是当前检索系统研究和实践非常关注的一个热点。

事实上，为了吸引用户，提供更贴心的服务，网络上各种商业性信息服务对此给予了更多的关注，也形成了更多广受欢迎的推荐服务。例如，网上书店推出的“购买了这本书的人还购买了……”，网上商店推出了“购买了此产品的人还购买了……”等等。延伸到学术信息的检索系统，近年来对此方面的研究也有了实质性的进展。bX，就是一个实例。

bX，是依据美国洛斯阿拉莫斯国家实验室（Lox Alanos National Laboratory，LANL）的研究成果和全球典型 SFX 用户的使用日志所提供文章级别的个性化学术推荐和关联服务。它基于用户查询数据库的行为，依托 SFX 服务，在用户的检索结果条目中，以“Users interested in this article also expressed an interest in the following：”的形式列出用户可能感兴趣的其他文章，起到个性化推荐作用，而用户如果对所推荐的文章感兴趣，又可以通过 SFX 按钮直接进一步获取推荐文章全文。此种推荐服务，由于提供的是文章级别的相关学术资源，可减少用户重复检索和时间，提高检索成效。同时，由于此种推荐算法是基于全球同领域研究人员检索行为分析的结果，有助于扩展某个用户对此领域研究的全球视野，大大提升检索系统的能级。

6.7.5 分面浏览技术

分面浏览，又叫分面导航（faceted navigation）、分面检索（faceted search），是近年来检索系统为改善用户查询信息的使用体验，增加系统内信息的显示度，提高信息的可获取性而采用的一种聚类技术。一般说来，分面浏览是系统根据用户选择的限定条件，给出与条件相关的结果信息在不同层面的数量提示，用户可以进一步在结果集中逐步缩小范围，直到获取所需信息的交互过程。其主要特点是：限定条件由用户任意选择组配，永远不会检索不到结果，动态的多维度提示可方便用户获取最相关的结果。分面浏览提供的结果是与上下文相关的，用户选择某个条件后，分面结果会在该条件限定下的结果集中动态获取，从而能够从不同的角度对数据进行归类整合，帮助用户进一步了解他们需要获取的信息。同时，由于是以一种浏览的方式进行交互，对于一般用户来说，系统交互友好性胜于一般的检索过程。因此，该技术一经推出，就得到了大部分检索系统的采用。

目前，如 Engineering Village、INSPEC、Web of Science、Biosis Previews、Derwent Innovative Index、Scopus、中国知网等数据库检索系统，Summon、Primo Central 等发现系统，以及 Google Scholar、百度学术等学术搜索引擎等都提供相关的分面浏览功能，而是否具有分面浏览功能，也是近年来衡量检索系统性能好坏的一项重要指标。

6.7.6 综合分析功能

随着各种网络检索工具愈来愈智能化、人性化，众多检索系统除了不断扩大可处理的数据源类型、不断完善相关的检索技术、不断优化人机交互之外，在对检索结果的处理方面也不断进行深入拓展，综合分析功能就是其中的典型代表。

目前，在检索系统中提供综合分析功能，主要是依据文献计量学理论和方法，针对一个检索结果集，进行各种文献计量学分析，或者针对某种评价指标进行分析，直接在检索系统中提供和呈现分析结果，甚至结合可视化技术，提供可视化分析功能，方便用户直观把握领域发展的各种态势。

如中国知网检索系统，可以对一个检索结果集进行学科类别、发表年度、研究层次、文献作者、作者机构、基金资助等多方面的分组浏览和分析。如图 6-9 所示，就是对“碳纳米管”这个篇名关键词检索呈现的结果集页面，可进一步选择“分组浏览”进行多方面的限定检索和分析，以掌握各方面的文献数量。从此页面也可看出，中国知网检索系统同时也提供计量可视化分析功能，如图 6-9 所示。

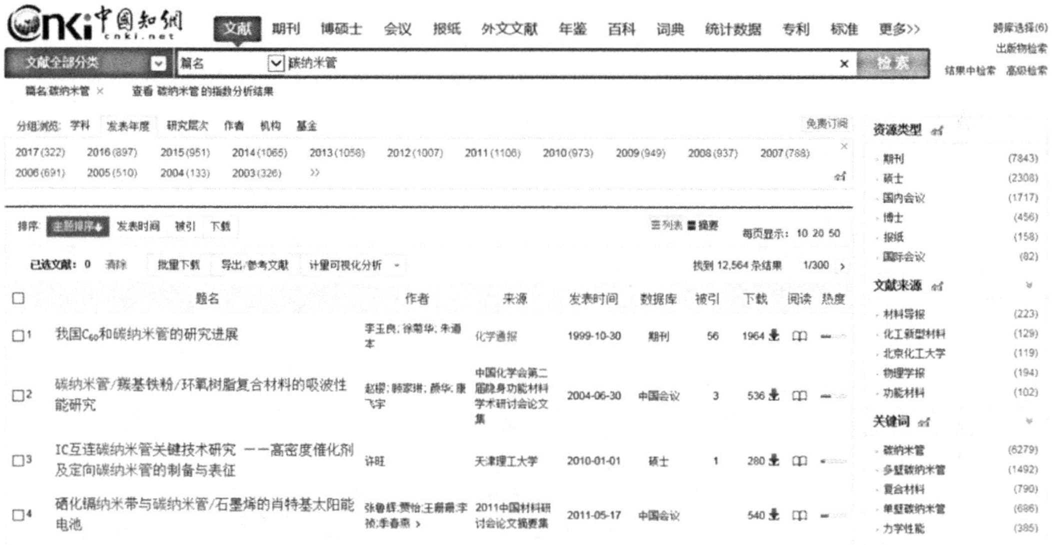

图 6-9 中国知网检索结果集分组浏览分析页面

从图 6-10 也可以看出，中国知网在计量可视化分析功能中不但能提供包括总体趋势、关键词共线网络、研究层次、作者、机构、基金、文献来源、关键词等的可视化分析，还能提供进一步的比较分析，图 6-11 展现了在机构分析中比较清华大学与上海交通大学在“碳纳米管”方面研究的成果按年代分布的数量情况。

又如 Web of Science 检索平台，提供了“分析检索结果”功能，能就一个检索集中的检索结果，对作者、丛书名称、会议名称、国家/地区、文献类型、编者、基金资助机构、授权号、团体作者、机构、语种、出版年、来源出版物、学科类别等方面进行分析。图 6-12 即为 Web of Science 平台对检索“碳纳米管”（“carbon nano tube*”）得到的 341 篇检索结果列表页面。图 6-13、图 6-14 为对这 341 篇检索结果进行总体分析的页面，在其中还可进一步按照上述方面进行更细致的分析。

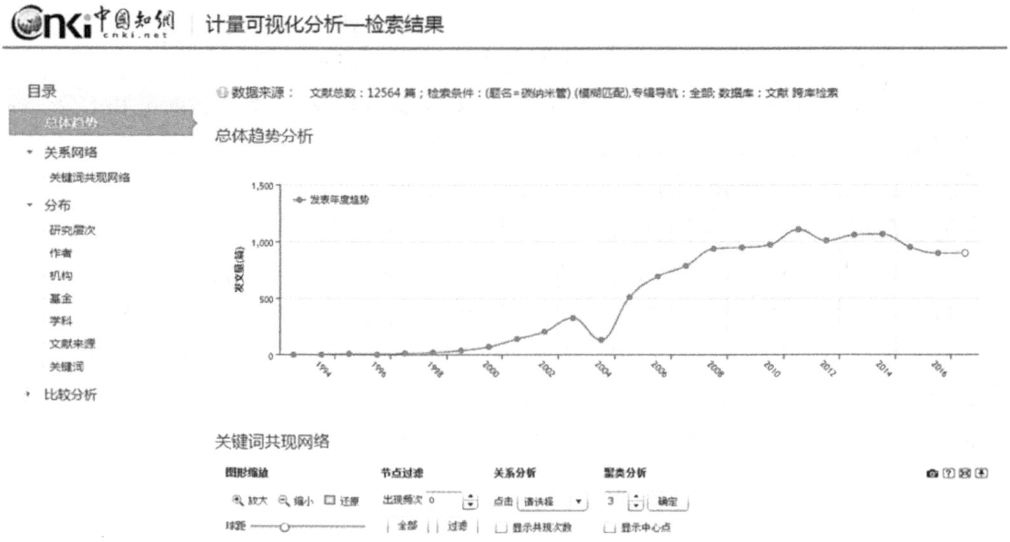

图 6-10 中国知网的计量可视化分析页面

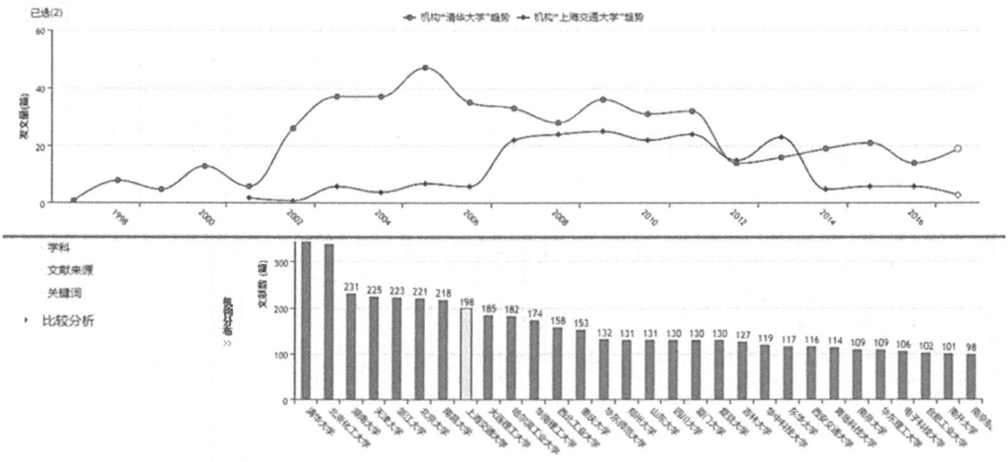

图 6-11 中国知网的比较分析页面

检索系统中提供对检索结果的综合分析功能，将情报检索技术与情报研究理论和方法有效地进行结合，大大提升了检索系统的功效，也使检索系统凸显出更为专业、更为深化的作用，促进检索系统满足用户从信息检索、信息获取到信息分析利用的“一站式”情报服务功能的发挥。

今后，上述检索技术的集成应用，将首先体现在搜索引擎中，事实上，如今像百度学术这样的网络学术信息检索工具，也能提供强大的检索结果分析功能，可见综合分析技术在检索系统中应用的普遍性。因此，搜索引擎技术是情报检索技术发展的重要指针，未来的搜索引擎技术的发展趋势也将呈现个性化、智能化、专业化等特点。

图 6-12 Web of Science 检索结果页面

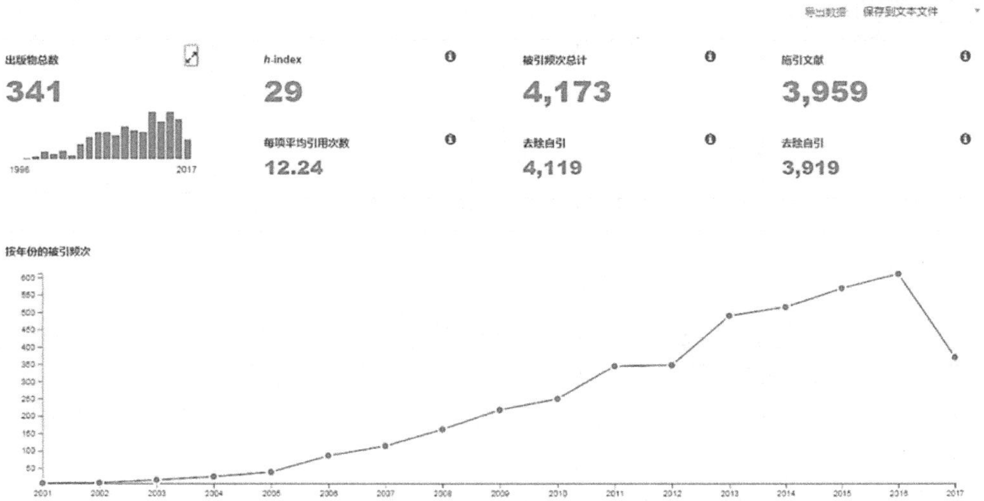

图 6-13 Web of Science 平台检索结果总体分析页面

1. 个性化

搜索引擎个性化的核心是通过跟踪分析用户的搜索行为，充分地利用这些信息来提高用户的搜索效率。这种搜索行为分析技术是一种正在发展中的很有前途的搜索引擎人机界面技术。通过搜索行为分析技术提高搜索效率的途径主要有两种：“群体行为分析”（如“相关检索”就是这种分析的运用结果）和“个性化搜索”。而“群体行为分析”通过对一段时间内用户的大量检索词的分析，从而得出与某一个检索词相关的信息。个性化搜索是搜索行为分析技术最有前途的方向，通过积累用户的搜索个性化数据，帮助用户获得更加精确的搜索结果。

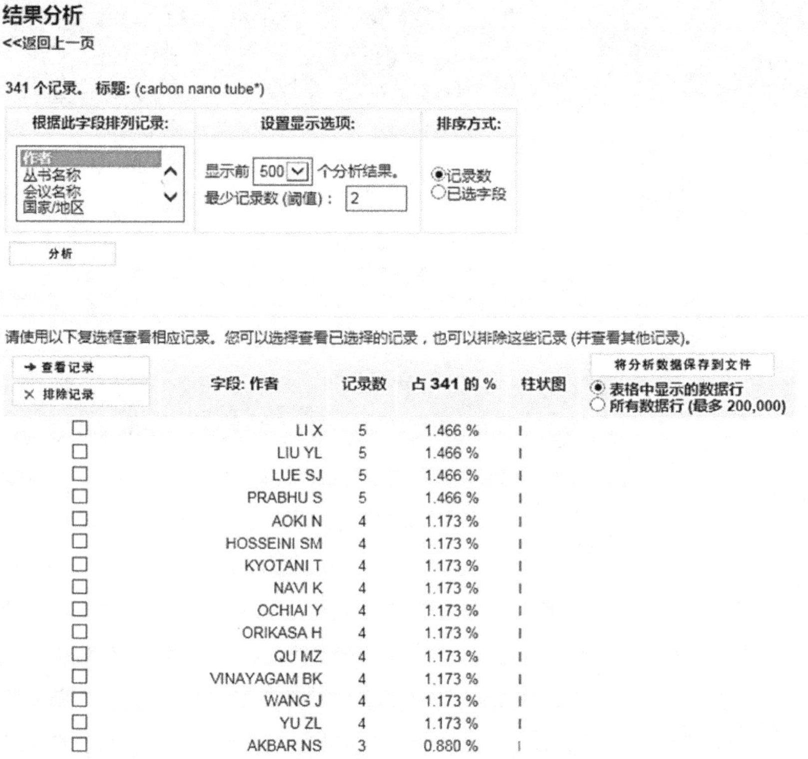

图 6-14　Web of Science 平台按作者进行检索结果分析页面

2. 智能化

搜索引擎的智能化体现在两方面，一是对搜索请求的理解，二是对网页内容的分析。其中通过对用户的检索计划、意图、兴趣方向进行推理、预测并为用户提供有效的答案是这种系统的支柱技术。自然语言搜索能力也是智能化的一个体现，是目前相对易于开发的技术。

智能搜索过程主要由语义理解、知识管理和概念检索三部分组成。其中，知识库是实现智能搜索的基础和核心。知识库提供的是语义理解中最终将要提供给用户的结果。同互联网的状况相同，人类的知识结构和容量都在飞速膨胀，所以知识库也需要有良好的适应能力。在语义理解的整个过程中，概念处理技术是一个关键环节，它将组成语句的概念词提炼出来供语义分析模块使用。通过概念处理，过滤掉冗余的信息，提炼出概念词，这是改善后期语义分析的质量和速度的重要前提。

加入知识库处理技术的智能分词能够避免传统分词技术在拆分时产生的歧义组合，从而为语义理解的处理提供良好的原始材料。知识检索可以利用语义分析的结果，对知识库进行概念级的检索，对用户提出的问题给出准确度最高、相关度最强的检索结果。

应用了智能技术的搜索引擎与传统搜索引擎相比，不仅搜索的易用性更好，使检索变得更为简单、易于操作，而且搜索结果的范围定位更加准确——由于采用知识（概念）检索技术，明确和缩小了搜索范围，减少了对无用信息的搜索。由于智能搜索引擎以综合知识库为背景，信息检索与导航服务更具有智能性。知识库中的知识有助于解决表达差异（所谓表达差异就是用户使用不同的词表达同一概念）的问题，而知识库中关于同义词的定义正好可以消除这种表达差异带来的检索困难。

此外，还可用基于智能代理的信息过滤和个性化服务以及采用分布式体系结构等技术来提高系统规模和性能。

信息智能代理是另外一种利用互联网信息的机制，使用自动获得的领域模型（如Web知识、信息处理、与用户兴趣相关的信息资源、领域组织结构）、用户模型（如用户背景、兴趣、行为、风格）知识进行信息搜集、索引、过滤（包括兴趣过滤和不良信息过滤），并自动地将用户感兴趣的、对用户有用的信息提交给用户。智能代理具有不断学习、适应信息和用户兴趣动态变化的能力，从而提供个性化的服务。智能代理可以在用户端进行，也可以在服务器端运行。

在图情领域，斯坦福大学图书馆目前正在采用的，哈佛大学、麻省理工学院、剑桥大学、加利福尼亚大学伯克利分校等图书馆正在试用的 Yewno 智能知识发现工具，就是以百科、专业叙词表和大量文献数据库为基础，运用人工智能深度机器学习、神经网络、全文本分析、计算语义学等技术实现的从文献到知识发现、知识关联及知识融合的可视化检索引擎，在促进用户对知识概念理解、扩展跨学科知识关联、获取相关文献和数据等方面，是检索系统智能化发展的典型范例。图 6-15 展示了 Yewno 的知识关联结果。

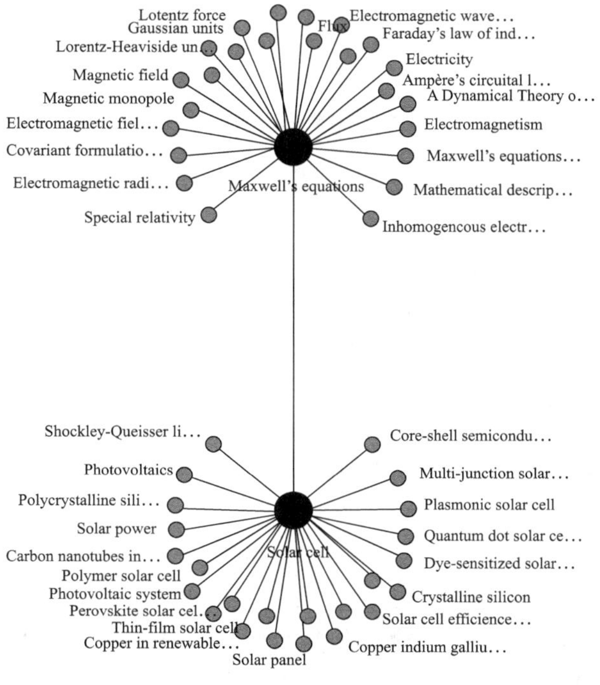

图 6-15 Yewno 概念关联图

资料来源：Michael（2017）

3. 专业化

搜索引擎的专业化是为了专门收录某一行业、某一主题和某一地区的信息而建立，非常实用，如商务检索、企业检索、人名检索、电子邮件地址检索和招聘信息检索等。这种专业化的搜索引擎是将来的发展方向。

总之，情报检索的原理、理论基本定型，但检索技术则随计算机技术的不断发展而不断强化，检索系统设计也随着技术之外的以用户为中心的服务理念不断深入，考虑用户的因素更多也变得更为复杂。相关的检索及其系统评价也是如此。

习题和思考题

1. 在一个具有 1 000 篇文献的试验性机检系统中检索某课题，用一特定检索策略查该课题时输出文献 60 篇。经分析评估，发现该系统中共有该课题相关文献 50 篇，检出的文献中实际相关文献只有 30 篇，求此次检索的查全率、查准率、误检率和漏检率。

2. 试比较顺排文档和倒排文档的各自优势和检索效率。

3. 试分析经典检索评价与交互式检索评价的特点和难点。

4. 根据情报检索系统发展的状况，讨论综合分析功能对检索效果和检索系统设计的影响。

参考文献

陈波. 2007. 基于开源全文检索系统 Solr 的 OPAC 分面浏览[J]. 现代图书情报技术，2（11）：72-75.

姜爱蓉. 2006. 数字资源整合系统的技术发展与应用趋势[J]. 图书馆杂志，25（12）：14-18.

姜爱蓉，王平，郑小惠. 2004. 分布异构资源整合管理系统的技术特点和应用趋势-M etaL ib & SFX 综述[J]. 现代图书情报技术，9（4）：1-5，62.

刘萍，李斐雯，杨宇. 2017. 国外交互式信息检索研究进展[J]. 情报理论与实践，40（5）：132-138.

聂华，朱玲. 2011. 网络级发现服务——通向深度整合与便捷获取的路径[J]. 大学图书馆学报，29（6）：6-10，25.

潘燕桃. 2009. 信息检索通用教程[M]. 北京：高等教育出版社.

祁延莉，赵丹群. 2006. 信息检索概论[M]. 北京：北京大学出版社.

清华大学图书馆. 2017-09-26. 新型知识发现工具 Yewno 开通试用[EB/OL]. http://www.sem.tsinghua.edu.cn/tzgg2cn/ 8838.html.

沈固朝. 2002. 信息检索（多媒体）教程[M]. 北京：高等教育出版社.

苏新宁. 2004. 信息检索理论与技术[M]. 北京：科学技术文献出版社.

王知津. 2009. 工程信息检索教程[M]. 北京：机械工业出版社.

王知津. 2016. 信息存储与检索[M]. 第二版. 北京：机械工业出版社.

叶鹰. 2015. 信息检索：理论与方法[M]. 第二版. 北京：高等教育出版社.

张进，袁泽林，陆伟. 2008. 信息检索可视化的主流路径[J]. 图书情报知识，（5）：24-27.

Baeza-Yates R，Ribeiro-Neto B. 2012. 现代信息检索[M]. 黄萱菁，等译. 北京：机械工业出版社.

Ingwersen P，Järvelin K. 2007. 转折：在情境中集成信息查询与检索[M]. 张新民译. 北京：科学技术文献出版社.

Lancaster F W. 1984. 情报检索系统：特性、试验与评价[M]. 陈光祚译. 北京：书目文献出版社.

Baeza-Yates R，Ribeiro-Neto B. 1999. Modern Information Retrieval[M]. New York：ACM Press.

Cummings J，Johnson R. 2003. The use and usability of SFX：context-sensitive reference linking[J]. Library Hi Tech，21（1）：70-84.

Dorner D G，Curtis A M. 2004. A comparative review of common user interface products[J]. Library Hi Tech，22（2）：182-197.

Kelly D. 2009. Methods for evaluating interactive information retrieval systems with users[J]. Foundations and Trends in Information Retrieval，3（1~2）：1-224.

Korfhage R R. 1997. Information Storage and Retrieval[M]. New York：Wiley Computer Publishing.

7.1 情报分析的操作原则

情报分析一般应遵循以下操作原则（范并思，2000）。

1）重视原始信息

情报分析是在现有大量已知原始信息的基础上，挖掘出满足特定需要的未知或未来信息。因此，原始信息对情报分析的作用是不言而喻的。情报分析的首要目标是得到有用的信息，而不是情报分析本身，因为通过分析得到的结果一般总有一定的风险概率。如果原始信息能直接满足需要，就没有必要进行更多的情报分析。因此，原始信息的质量直接关系到情报分析结果的质量。这就要求情报分析人员对获取高质量的原始信息给予高度的重视。

2）综合应用定性分析和定量分析

定量分析是采用数学方法来描述事物的抽象本质和内在规律，为情报分析提供数量依据，侧重于分析模型的建立和求解。由于它具有逻辑推理的严密性，描述的精确性，形式的简洁性，因此定量分析在情报分析中起着十分重要的作用。但尽管如此，由于定性分析在把握情报分析的目标和方向、鉴定数据、建立分析指标体系、阐述定量分析的结果和意义等方面的作用无可替代，因此情报分析也不能忽视定性分析。事实上，定性和定量分析在情报分析活动中是相辅相成、缺一不可的。

3）尽量公开数据来源与处理方法

如前所述，情报分析的基础是已获取的事实与数据，而已有数据为了支持分析，往往又要做一定的处理。因此数据的质量和处理的方法无疑都会影响情报分析的结果。因此，为了增加分析结论的可信度，情报分析产品（如情报分析研究报告）中应尽可能在文中或文后如实公布数据来源及其处理方法。

4）信度与效度的统一

信度指情报分析结果的可靠性，它反映了情报分析结果的一致性和稳定性。也就是说以相同的工具，对同一批原始信息进行分析，无论哪位情报分析人员，无论重复多少次，都应该得到基本相同的结论。而效度是指正确性，即分析的结果要能经受实践的检验。情报分析活动能保证信度与效度的高度统一是情报分析人员追求的最高境界，但实际上做到这一点非常困难。信度往往会限制效度，高信度也不能保证高效度，而有时过多追求信度，即过多追求结果的一致性和可重复性，同样会妨碍效度的提高。

7.2 情报分析的流程和步骤

一次典型的情报分析活动，一般由选题、方案设计、信息搜集、信息处理、情报分析建模、检验分析结果并得出结论、组织分析研究报告等几个环节组成。下面是情报分析的流程（图 7-1）。

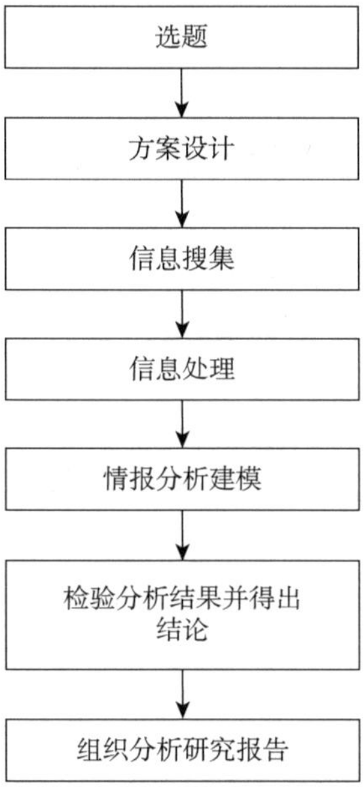

图 7-1 情报分析的流程

7.2.1 选题

选题是情报分析的起点，旨在明确情报分析的对象、目标和方向，如何发现问题、提出问题、形成课题和选择课题是情报分析十分关键的环节。

情报分析的课题既可以来自管理和决策部门，来自实际操作部门，也有情报分析机构根据当前形势和市场需要自主选择，更多的可能是特定用户的委托。而无论课题来自哪里，情报分析机构都应该综合考虑各方面因素，做出适当的选择。

选题时应该按照严格的科学程序进行。

1）课题提出

无论课题源自何处，是何种类型，在提出时都应有明确的目的、意义和要求，有非常具体的任务范围、费用与完成期限等。特别是情报分析机构和人员自选的课题，更需如此。

2）课题分析与论证

课题提出后，情报分析人员需要从目标、范围、意义、要求、实现难度、费用、完成期限、国内外研究与产品现状、本部门完成课题所具备的技术和资源条件、研究力量、投入产出效益等各个方面对课题进行进一步的分析，并结合必要的调查手段进行课题可行性论证。

3）课题选定

经过上述分析和论证，各方面都符合要求的课题可以选定作为分析研究课题。

所选定的分析研究课题必须要以开题报告的形式提出来。开题报告是以书面方式提出选题的目的、意义、依据、初步拟定的实施方案等，征求有关方面的意见，经审批确定后，最终以课题任务（合同）书的形式固定下来。

7.2.2 方案设计

为课题设计的研究方案是保证分析课题有组织、按计划顺利完成的指南和纲领。一般说来，如今多数情报分析课题都拥有一定规模，并需要多人合作，为了做到课题组各成员及其相关人员能明确自己承担的任务，协调好相互之间的关系，保证课题有条不紊地进行，必须设计一套周密而详细的实施方案。

方案设计一般包括如下内容。

1）课题目的

明确课题的背景和意义，拟解决的主要问题，课题服务的对象，可能的效益等。

2）调研大纲

调研大纲主要明确课题研究所需信息的调研方式和范围（内容、时间、地域等）、调研步骤、调研深度和广度等要求。

3）研究方法和技术路线

根据课题的性质和研究条件，规划预计课题研究可能采用的研究方法和技术路线，从而提高研究效率。

4）预期成果形式

如今情报分析课题成果的表现形式是多样的，根据课题研究的条件和用户的要求基本明确成果的表现和提交形式，使课题研究更有针对性。

5）组织分工与经费预算

对参与课题研究的成员进行课题任务的具体分工及经费预算分配，使课题组成员明确各自的责任，并自觉去完成。任务分工时可先按单位，有可能再进一步深入每一课题组成员，按照其知识结构、能力、经验和特长进行具体任务的分配。

6）实施时间和步骤

为便于检查方案执行情况，一般按照情报分析的程序将整个课题研究活动分为几个阶段，并提出各个研究阶段预计完成的时间和实施的步骤。

7）其他

如完成课题研究所需的其他软、硬件设备条件等。

7.2.3 信息搜集

信息是情报分析的原材料，信息搜集是情报分析活动开始的依据和基础。如果没有搜集到足够的信息，任何情报分析活动都无从开展或可能使情报分析的结果大打折扣。

信息搜集的关键是了解信息源，掌握信息搜集的原则和方法。关于信息源，本书第四章已有详细论述。下面，主要介绍信息搜集的原则和方法。

1. 信息搜集的原则

信息搜集一般包括文献调查和社会调查两种途径。无论采用哪种途径，或者两种途径结合使用，由于受到信息搜集成本与效益的制约，为了最大限度地提高信息搜集的效果，信息搜集应遵循如下原则。

1）针对性

信息搜集的过程本身就是从大量、分散、无序的“信息海洋”中搜集能满足需要的信息的过程。情报分析机构的经济能力、情报分析人员的阅读能力，以及情报分析工作对时间的要求等都决定了信息搜集的针对性是最基本的原则。

2）全面性

虽然信息搜集需要讲究针对性，但为了充分保证情报分析结果的可靠性，应尽可能使搜集到的、作为情报分析基础的信息来源能够比较全面。这种全面性主要体现在三个方面：一是不仅要对那些非常相关的信息进行搜集，也要考虑那些一般相关的信息，甚至那些表面看来只是弱相关的信息。二是对正面的、负面的信息都要进行搜集，这样便于情报分析人员进一步的分析。三是要考虑信息搜集的纵、横向范围，如不同国家、不同地区、不同部门和单位等的相关信息要尽量搜集全面。

3）系统性

系统性要求所搜集的信息能够反映特定领域一段时期内的发展状况。连续、系统的数据和事实也是大多数情报分析方法对数据的基本要求，否则情报分析的结果就很难具有预测和决策意义。

4）新颖性

由于情报分析的结果通常要为决策服务，要对未来的实践具有指导意义。因此，要特别注意所搜集信息内容的新颖性，要使所赖以分析的基础能够基本代表特定领域国内外最新的发展状况。

5）可靠性

可靠性要求所搜集的信息内容应该是客观、真实、准确的。因此，一方面要尽量做到信息来源的权威性，另一方面也要保持信息的原始性，不能夹杂信息搜集人员的主观意志和个人因素。

6）科学性

信息搜集应采用科学的方法进行。无论是对文献型信息源，还是非文献型信息源，都要在兼顾成本效益和实际需要的基础上，采用最科学的手段和方法，尽量搜集到能满足针对全面、系统、新颖、可靠等上述几方面要求的信息。

7）计划性

计划是完成信息搜集工作目标、提高其效率、保证其质量的基础。计划应对信息搜集的目的、内容、重点、经费预算、搜集方式、搜集对象、搜集步骤、搜集程度、组织分工等进行有效的规划。

2. 信息搜集方法

如前所述，信息搜集包括文献调查和社会调查两种途径，每种途径都有其自身特有的搜集方法。文献调查主要是采取科学、系统的检索方法，对此，本书第六章已有详细讨论。社会调查亦称实际情况调查，是一切以信息搜集为目的的社会实践活动的总称

（查先进，2000）。社会调查通过实际接触，可以获得许多文献信息搜集难以获取的新信息和活信息，是搜集非文献信息的主要途径。

社会调查包括现场调查、访问调查、问卷调查、样品调查等。

1）现场调查

这是深入现场做实地考察或参加局内活动而进行的一种传统社会调查方法，如现场参观、参加各种类型的会议（如学术研讨会、经验交流会、座谈会、贸易洽谈会、展览会、博览会等），收集现场的文件资料、技术档案、产品样本、原始记录等。

2）访问调查

访问调查又称访问研究。传统的访问调查是通过直接面谈询问的形式向受访者进行调查，获取所需信息的一种方法（查先进，2000）。这种方法的优点是形式灵活、内容新颖、针对性强，信息交流和反馈直接迅速，缺点是费用高，受时空的影响比较大。

如今访问调查的另一种方式是通过电话进行采访。其优点是受时空影响比较小，不直接见面有时也会让受访者更容易地表达自己的真实想法，而且相对花费比较少。缺点是不直观，信息吸收率较低。

实际操作中，可根据调查问题的复杂程度、受访者的特点和距离等决定使用哪种访问调查方法。

3）问卷调查

问卷调查是社会调查的主要方法，它是指向被调查者发放具有明确调查内容及统一格式的调查表，由被调查者填写，通过回收调查表获取所需信息的一种信息搜集方法。这种方法对于调查方来说，可以根据调查需要确定调查样本的数量及分布范围，从而提高调查结果的代表性和准确性，同时可以节省现场调查和访问调查所需要的较高花费。对于被调查者来说，时间与场合可以自己控制，比较灵活，因而可以提高接受调查的意愿。

问卷调查的关键是调查表的设计。由于调查表是以提问的方式搜集所需的信息，因此，提问什么，如何提问会直接影响调查目的和调查效果，也会影响被调查者的合作态度。一般说来，一份调查表的提问内容包括三个部分：①基本信息，即关于被调查者基本情况的信息，如性别、年龄、民族、职业、学历等。②行为信息，即关于被调查者在生产实践、科学研究、社会生活等方面反映出来的一些行为信息。③态度信息，即关于被调查者在兴趣、意见、评价，动机等方面的态度。调查表的设计要注意用语准确，含义清楚，不要使用模糊词汇；要考虑提问的必要性和可能性，把握所提问题的数量和难易程度；避免引导性、双重性和假设性提问；应附有填写说明。

设计好调查表后，要对调查对象的范围和调查表的发放形式进行确定。

根据调查对象的范围不同，可分为全面调查和非全面调查。在很多情况下，进行全面调查是不可能完成的，有时也没有十分的必要。而非全面调查又可分为个案调查、典型调查、重点调查和抽样调查。抽样调查是从构成总体的单位中依据一定的规则抽取部分单位（样本）进行观察和了解，并以样本特征推算总体特征值的一种调查方法。这也是如今进行问卷调查中最普遍最常用的方法之一。从总体抽取样本的方法有两种，一种是按照随机规律，从总体的所有单位中抽取一定单位做样本，叫随机抽样；一种是有意识地选择若干具有代表性的单位作为样本，叫目的抽样。设计得好的抽样调查能在节省财力、人力和时间的情况下求得与全面调查非常接近的结果。

调查表的发放和回收主要有当面调查、函寄调查、留置调查和网络调查等几种形式，可根据实际情况灵活运用。

4）样品调查

样品调查是搜集实物信息的主要方法。这种调查的被调查对象主要是某件实物样品，如机器、零部件、标本等。

7.2.4　信息处理

搜集到的各类原始信息往往是杂乱无章、良莠不分的，因此需要对原始信息进行处理。信息处理包括整理、评价和汇总存储三个环节（贺德方，2006；范并思，2000）。

（1）信息整理。其包括形式整理和内容整理，目的是把信息从无序变为有序，成为便于利用的形式。例如，从某种角度进行分类整理，对信息内容采用摘记等方式予以揭示，以使信息能以某种便于利用和理解的方式体现或展现出来。

（2）信息评价。对整理出来的原生信息进行鉴别，一般依据可靠性、先进性、适用性等指标进行，目的是筛选出有用信息，淘汰掉无用的或不良信息。

（3）信息汇总与存储。将搜集并处理好的数据进行汇总，并存储到计算机中，成为能满足各种分析要求的数据库，为后面的分析研究奠定坚实的数据基础。

7.2.5　情报分析建模

从情报分析发展的过程来看，开始主要依赖定性分析方法，第二次世界大战后，定量分析方法愈来愈受到重视。其中定性分析方法有比较、推理、分析与综合等，定量分析方法有回归分析、时间序列分析等。定量分析结果是否有效，是否可靠，很大程度上取决于数据与能够处理这种数据的模型之间是否吻合。由于目前大多数定量分析方法都具有十分方便的机助分析工具，因此一旦能够确定与数据十分吻合的分析模型，其运算并得出结论并不十分困难。而如何确定一个能将现有数据很好地代入其中的、合适的分析模型，则是分析过程中一个比较困难又十分关键的环节。由于情报分析问题的复杂性，往往既需要定量分析方法作为必需的、辅助的重要方法手段，又离不开理性的定性分析，因此，许多情报分析问题需要综合应用定量与定性两类分析方法。

7.2.6　检验分析结果并得出结论

采用所选择和建立的分析模型对原始信息和数据进行分析处理后，即可得出初步的分析结果。对这些结果，考察其与事先设计的框架是否一致，是否支持最初的设想。如果结果无法支持设想，要检查所搜集的信息是否有重大遗漏，选择的分析方法是否得当。如果结果能够很好地支持分析设想，则可根据分析结果得出初步的分析结论。

7.2.7 组织分析研究报告

组织情报分析研究报告是情报分析活动的最后一个环节。作为情报分析的最终结果，分析研究报告也是提交给用户的最终产品。一份组织得很好的报告能使用户增加对结论的信任感。

情报分析研究报告的类型视用户信息需求、所采用的分析方法和课题本身内容的不同而不同。

无论何种类型，情报分析报告的一般性结构是由题目、引言（前言）、正文（主体）、结论、参考文献、附录等几部分组成的。

（1）题目：包括报告的标题、内容简介和目次。题目在准确反映报告内容的前提下，要努力追求吸引力和新颖性，包括标题的排列也应力求新颖、独特。

（2）引言（前言）：包括研究背景、课题由来、研究现状或当前水平、分析研究范围、资料与数据情况、所采用的研究方法、报告内所涉及的特殊术语的约定和说明等。

（3）正文（主体）：正文是分析报告的主体，应详细阐述分析模型、研究的经过与得到的结果。通常可以以数据分析、模型或论证、推论或结果为主线构成报告的正文。

（4）结论：总结正文的主要内容，归纳研究所得出的结论，提出方案、对策或建议。

（5）参考文献和附录：为使正文严密、紧凑，一些较大的图表可以集中放于附录部分，而参考文献可以提供分析研究的依据。

7.3 特定领域情报分析

按照情报分析的领域划分，可以分为科学技术情报分析、社会科学情报分析、竞争情报分析、技术经济情报分析、市场情报分析、军事情报分析等。事实上，由于情报分析几乎涉及经济社会各个领域，要按照不同的领域完全划分情报分析的类型也几乎是不可能的。从实践发展的角度上说，情报分析一般主要关注客观信息，如公开文献、媒体新闻报道、机构网站信息等，注重对这些客观信息的检索与加工分析（胡芳和冷伏海，2016）。因此，利用公开信息资源开展的情报分析，如科技情报分析、社科情报分析和竞争情报分析等特定领域更受情报学研究人员的关注。而其他领域的情报分析，如军事情报分析和市场情报分析，除了利用公开的信息资源和常用的情报分析的方法之外，往往还会将一些特殊渠道或非公开渠道获得的信息作为重要的情报来源。本章重点介绍以公开信息为主要情报来源的几个特定情报分析领域。

7.3.1 科学技术情报分析

情报分析的产生首先体现于科技领域（贺德方，2006），因此科技情报分析是国内外情报界历史最悠久、开展得最为广泛的情报分析领域。在情报分析工作的发展过程中，科技情报分析的相关概念也在不断发展。早期的科学技术情报分析更加关注基于科学论文的学科领域发展，因此在较长一段时间，更多采用了科学情报分析的概念。进入 20 世纪 90

年代以后，随着专利等技术领域信息资源数字化、网络化的不断发展，利用专利信息开展技术领域的情报分析开展受到更多的关注，技术情报分析概念开始得到逐步认可。

1. 科学情报分析

20 世纪七八十年代，在情报学快速发展的过程中，情报分析往往被称为科学情报分析，这主要是因为当时的情报分析工作以科学研究论文为主要研究对象。这一时期，科学情报分析被定义为“从科研工作中分化出来，组织起一种以提高科研和设计效率为其目的，以搜集、分析、存贮和检索文献上所载有的科学情报，并以科学研究人员或有关专家认为方便的形式及时提供给他们为其内容的专门科学劳动”（孟连生，1981）以及“以一定形式组织起来，以提高科研和设计效率为其目的，以搜集、分析、综合加工、存贮和检索文献上所载有的科学情报，并以科学研究人员和专家认为方便的形式及时提供情报内容的一种科学劳动”等（秦铁辉，1985），马费成（2002）认为，离散分布性、相关性和有序性是科学情报的基本属性。进入 20 世纪 90 年代以后，科学情报分析的含义不断扩展，专门以科学情报分析为主题的研究逐步减少，而更多地被更广义的科技情报分析所取代。尽管如此，以科学研究为主题的科学情报分析仍是情报学领域学者研究的热点。

从分析方法的角度，在传统的文献计量方法基础上不断发展的科学计量学（scientometrics）方法日益成为开展科学情报分析的主要方法，即利用学术论文之间的引用、合著、主题等，发现科学研究者、研究机构、研究主题之间的关联，从而分析研究科学发展的现状与趋势。

近年来，随着科学文献数据字化网络化的不断加快，基于大数据量论文、利用先进的可视化工具形成的科学地图成为科学情报分析的研究热点。科学地图由美国印第安纳大学图书信息学系加菲尔德教授提出，他发表的关于科学地图的早期论著也是科学地图研究中的代表性文献，首批 10 幅地图制作于 2005 年。绘制者通过对大量的科技文献和相关数据进行科学的归纳、梳理和分析，将各类信息进行整合和连接，映射到传统地图上，直观、有效地表现出科技发展的状态、规律和趋势（芦姗，2014）。图 7-2 显示的是印第安纳大学制作的合作者关系网络演化地图。

与传统文献计量或科学计量方法以相对小样本数据开展特定主题的研究不同，科学地图可以展示科学研究成果、研究者之间、研究内容之间、研究机构之间及至研究者、研究内容与研究机构之间的各种复杂交叉关系，并以丰富的数据内容为依据，用各种简洁直观的可视化方式展现出来，从而帮助科学研究者分析研究进展，评价研究成果，提示研究热点和前沿，发现潜在的合作者和被忽略的研究重点等。当前，科学地图已成为在科学范畴中，在时间和空间上对研究主体形象定位的新途径。研究人员可以利用科学地图对科学和技术系统转变进行分析，从中发现新兴的科学领域、优秀的专家学者、著名的研究机构等，并通过这些分析为科研决策提供支撑。此外，科学地图在大学、公司、基金会和研究项目中都有广泛的应用。

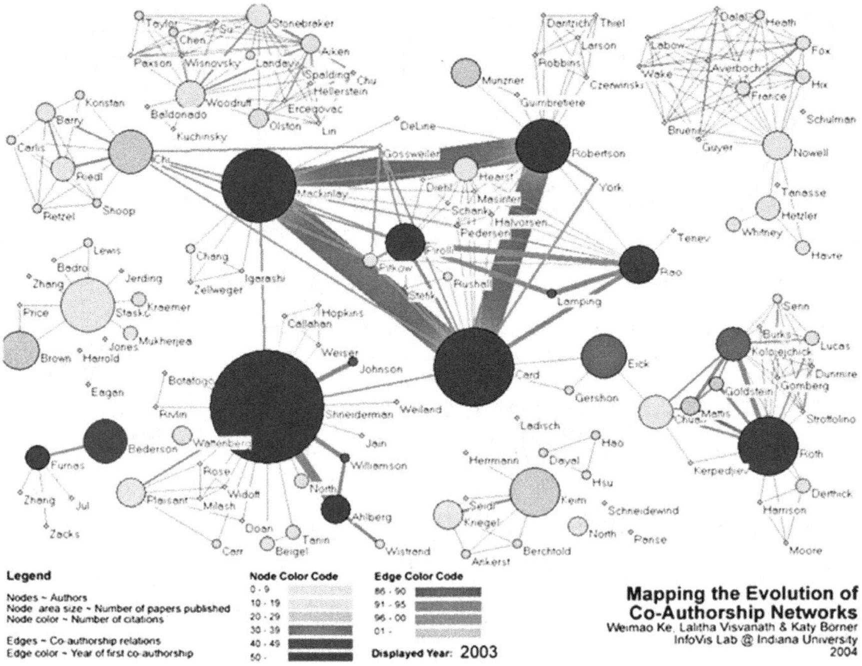

图 7-2 合作者关系网络演化地图

资料来源：Katy 和 David（2014）

2. 技术情报分析

进入20世纪90年代，尤其是21世纪以来，随着另一重要信息资源——专利信息资源的数字化、网络化的不断发展和完善，利用专利信息开展技术情报分析成为新的热点。专利信息与科学技术有着天然的联系。世界知识产权组织的报告曾指出，几乎90%~95%的世界研发产出包含在专利出版物中，其余的5%~10%在其他技术文献（论文和图书）中。

专利信息泛指人类从事一切专利活动所产生的相关信息的总和。与其他信息源不同，专利信息既是关于专利保护客体内含的信息，同时又是有关专利权利的信息，集技术、法律和经济信息于一体，是一种复合型的信息源。狭义的专利信息即指专利文献所反映的信息。专利信息分析就是从专利文献中采集专利信息通过科学的方法对专利信息进行加工、整理和分析，最终形成专利情报和谋略的一类科学劳动的集合（陈燕等，2006）。

专利信息可以分为发明技术的描述，发展的开发和所有权，申请的历史三类。专利提供了发明的技术内容，发明过程的地理位置，其包括的所有这些信息均可用于统计分析。除了首页里的文献计量信息外，其摘要、声明和发明描述也可以用于进行文本分析。通过对专利信息的定性、定量和关联分析（association analysis），可以获得技术能力指标，指导并聚焦新技术，了解技术开发及其资源分布，评价专利技术隐含的经济价值，用作战略规划和技术开发的精确的数据，以及作为改善和创造其他新技术专利的重要基础（Liu and Yang，2008）。

专利信息用于开展技术情报分析有很长的历史。广为人知的工作包括美国学者 Schmookler 于 20 世纪 50 年代利用专利数据作为特定产业技术变化的指标。20 世纪 60 年代，专利数据已开始用于对技术变化进行经济分析。20 世纪 70 年代以来，随着专利信息的电子化，获取专利数据十分方便，从而促进了利用此类数据进行经济分析。与此同时，专利引用信息也因电子化而便于使用，专利信息可用性有了显著的提高。随着计算机性能的不断提高，专利信息的利用也在不断拓展。1985 年，OECD 召开了新科学与技术指标会议，会上专利统计数据成为几个报告的核心议题，科学与技术出版物也日益将专利指标作为了一个重要的部分。1990 年 Griliches 学院发表了一篇经典的论文，对专利数据的各种使用方式进行评价。1994 年，OECD 发布了其首份《专利手册》（OECD Publishing，2009）。

目前，以专利地图为代表的技术评价研究是专利信息分析的重要研究领域。专利地图主要是指利用图形等直观的可视化手段，将专利计量指标等专利信息进行加工和处理的方法和技术。专利地图理论最早由日本和苏联等国家提出。日本于 1968 年首次介绍了专利专家们依据彻底的调查与丰富的图表揭示专利技术的可能发展动向，并制作了世界第一份专利地图。苏联则于 1974 年举办了专利地图研究会，使专利地图得以在全世界范围内推广。目前专利地图主要包括专利管理地图和专利技术地图两大类，如表 7-1 所示（董菲等，2007）。

表 7-1　专利地图的分类

专利地图名称	专利管理地图	专利技术地图
种类	总体数量分析图 高产公司分析图 IPC 分析图 各国专利比例图 ……	专利技术分布图 生命周期图 技术/功效矩阵图 引用关联图 ……
分析目的	管理层面： 竞争公司的动向 产品开发的趋势 市场参与情况 人才投入分析	技术层面： 技术扩散状况 技术发展方向 研发主题的选定 洞察技术

此外，还有大量的文献利用专利信息构建了与技术研发相关的指标，用于确定发明的质量，比较各国的专利生产，评估公司在国内外的研发政策，等等。其中，多数专利研究主要利用的是描述性统计数据，如专利数、申请或注册年、注册国家、申请人和受权人等。随着专利引用数据的不断完善，利用专利引用信息还可以进行技术评价，分析技术的影响或扩散，以及用于创新产出市场价值的客观指标，或用于估计公司的并购价值，等等。此外，通过分析共同作者、引用和产业科学活动，专利引用信息还可以用于替代参与者间的知识流动，研究用于测度国际知识流动的经济模型（Choi et al.，2007）。

3. 科技情报分析的发展

随着科学和技术转化的速度不断加快，科学和技术的发展呈现出一体化的态势，而科学和技术领域的情报分析的界线也随之日益模糊。科技情报分析不再仅仅限于单纯地利用科学论文研究科学进展，或是利用专利信息对技术发展进行分析，而将科学文献、专利信息及其他信息资源综合起来，形成多源数据的科技情报分析正在成为新的趋势。例如，可以利用特定领域科学论文和专利信息之间热点研究主题的时间间隔等信息，对科学与技术之间的转化速度进行研究。另外，随着科研项目信息、科技报告信息等信息资源建设的不断完善，将这些科技领域的特殊信息纳入科技情报分析，在对科技领域发展态势进行分析的同时，可以为政府科研决策提供更加丰富的情报分析成果。尤其是近年来，随着大数据技术和人工智能技术的不断发展，情报工作人员利用的分析方法和工具日益丰富，可以在更多源、更大量的数据资源中，针对特定的情报需求，分析、挖掘和提供情报服务，科技情报分析也进入了一个新的阶段。

7.3.2 社会科学情报分析

从情报学发展的历史上看，社会科学领域的情报分析一直是一个十分重要的实践应用领域。20 世纪七八十年代，有许多国内外学者对社科情报分析的理论和方法进行过研究。例如，苏联社会科学院社会科学情报研究所所长 B. 维诺格拉多夫认为，社会科学的信息化是提高研究工作效率、提高人文各学科教学质量的本质因素。黄宗忠（1986）认为，社会科学情报工作是社会的重要组成部分，是社会的信息通道，是社会信息收集、加工、存贮、转化、传递、控制中心。它为社会管理机构收集、处理、传递信息，为领导提供决策依据。王知津等（2009）认为，社会科学情报的终极使命在于促进人类社会科学信息、情报、知识的积累、开发、吸收与利用，促进人类智力的提升，促进社会物质财富和精神财富的增长。梁明芳（1994）认为，社会情报工作包括重要的社会科学资料的整理和系统化，主要涉及学术情报分析、学术成果评价、情报趋势研究、动态情报研究和管理性情报五个方面研究。

上述学者分别从功能作用、工作内容和情报成果等角度对社科情报分析的概念进行了界定。总体而言，社科情报分析可以认为是利用人文社会科学领域信息资源，专门面向人文社会科学领域开展的情报分析与服务。

在我国，早期的社科情报工作就是为各种具体项目的国外人文社科研究搜集资料和提供资料，报导最新情报，以促进这些方面的科研工作。随着社会科学继续分化以及社会科学同自然科学、技术科学的整体化趋势，社会科学情报工作面临的问题越来越复杂，同时也向社科情报分析工作提出了更高的要求。如今，随着我国经济社会发展不断加快，社科情报分析在开展社会科学学科性的综述和述评的同时，更加关注对社会科学领域的战略预测，以更好地为各级党政部门决策服务。与此同时，以中国社会科学情报协会为代表的研究组织也十分活跃，对于推动我国社科情报分析发展起到了十分重要的作用。

在方法论层次上，很多文章指出哲学方法是指导整个社科情报分析的重要方法，如社科情报分析方法是在哲学方法指导下的一般方法和特殊方法的有机结合（印永清和万杰，1993）。在一般方法层次上，比较研究方法较受重视，而社会学和统计学方法也受到关注。在特殊方法层次上，除社科文献计量学之外，耗散结构理论、系统学方法、引文分析法和案例剖析法等方法也常用于社科情报分析领域。国外社科情报分析往往广泛采用自然科学的研究方法，如分析方法、计算方法，技术科学中所使用的实验方法、模拟方法及非参数统计法、回归分析、因子分析、弥散分析、鉴别分析、因果分析和图像分析等手段，把社会科学理论编制成各种数学公式或可计量的模型，可检验的方式进行计算机论证（耿玉昆和柴桂琴，1996）。

近年来，在社科情报分析领域，除了上述常用的情报分析方法外，名为 Altmetrics（替代性计量）方法日益得到关注。Altemetrics 是英文“Altmetrics Metrics”的简称，我国学者通常翻译为“替代性计量”“选择性计量”“补充性计量”等。其定义为“基于社交网络来分析和描述学术成果的新计量指标”，是“描述学术内容的影响力如何通过网络社会、社会标签和合作工具而广泛传播的”。作为一种新的计量方式，目前被国内外学者普遍定位为对传统以引文为主的计量方式的有益补充（杨思洛和程爱娟，2015）。

对于社科情报分析而言，传统文献计量等方法由于人文社会科学领域文献研究性质与研究规律的特殊性而存在一定争议。尤其是对于中国社会科学研究而言，人文社会科学领域国际上著名的 SSCI 和 A&HCL 两个引文数据库在期刊收录方面更侧重于以英语为母语的国家，而对于像中国这样使用非英语为主流语言进行社会科学领域学术交流的国家会处于劣势。因此，有研究认为，Altmetrics 的出现为人文社会科学领域创造了与自然科学领域学术计量和评价的“平等”机遇，为人文社会科学领域的各类文献的传播、下载、分享的计量分析以及学术和社会影响力的提升提供了无限可能（高飞和张成涛，2016）。

7.3.3 竞争情报分析

竞争情报是关于竞争环境、竞争对手和竞争策略的信息和研究。它既是一种过程，又是一种产品。过程，是指对竞争情报的搜集和分析；产品，是指由此形成的情报或策略。竞争情报分析就是通过系统化的方法将信息转化为知识、情报和谋略的过程。究其来源，竞争情报分析一是来自管理学领域的竞争分析（competitive analysis），二是来自于政治军事领域的情报分析。前者侧重于对事件、组织和人的分析，以定性分析为主；后者侧重于对数据、信号、视图和事实的分析，以定量分析为主。竞争分析和情报分析的融合，就构成了完整的竞争情报分析方法的知识体系（包昌火等，2015）。

竞争情报分析在企业参与市场竞争中所起到的作用是非常关键的，主要表现在三个方面。

（1）认识与预警。通过竞争情报分析，达到认识自身、认识竞争对手、认识竞争环境的目的，减少企业活动的盲目性，保证企业各项生产经营活动取得预期的效果。随着现代国际、国内市场竞争日趋激烈，企业生产、销售市场不断拓展，市场信息不断细分，产品周期逐渐缩短，用户消费心理和消费需求变化加快，竞争情报分析有助于企业发现市场存在的威胁和机会，并通过减少对对手的反应时间而获得竞争优势，已成为现代企业参与竞争的必备条件之一。

（2）优化决策。现代企业管理突出地体现为做出明智的各项决策，而决策的起点和基础便是包括竞争情报分析的情报活动。竞争情报分析有助于企业在投资、并购、竞争领域和竞争方式的选择、生产经营、技术开发等各方面做出科学、合理的决策，从而进一步提高竞争力。

（3）学习参考。竞争情报分析除了上述作用之外，还能帮助企业不断接触新的思想理念和管理方法，从而避免企业管理经营思想的僵化，同时竞争对手又是企业最好的“教师”，可以为企业提供经验和教训，为企业提供参照标准。竞争情报作为企业学习工具的作用主要形式有：技术的借鉴，定标比超（即以最佳实践、最佳做法为标准而采取各种手段向先进看齐的管理方法），帮助采用最新的管理手段和管理工具，引入新思想新要领激励员工的创造力（即通过竞争情报的启发作用引导企业内部的创新）等。

1. 竞争情报分析方法

用于竞争情报分析的方法有很多。美国匹兹堡大学商学院教授、《竞争情报评论》主编 John E. Prescott 把竞争情报分析方法归纳为 31 种（朱庆华和陈铭，2004）。而一般竞争情报研究者所引用的竞争情报分析方法，不仅几乎包括了所有的情报分析和数据分析技术，如内容分析、相关分析、数据仓库和数据挖掘等；还包括了经济分析、产业分析、企业分析、运营分析、决策分析、市场分析等各个层面，如用于行业结构分析的波特竞争力模型、用于市场地位分析的 SWOT 分析，以及用于宏观环境监测的社会、技术、经济、生态与政治分析等。下面介绍竞争情报分析中常用的 SWOT 分析。

2. SWOT 分析

SWOT 分析方法最早是南美旧金山大学韦克里（Weihrich）教授于 20 世纪 80 年代初提出来的，目前已成为西方国家竞争情报分析研究实践中广泛应用的工具之一。所谓 SWOT 分析方法，是在调查研究的基础上，确定研究对象的内部优势因素（strengths）、内部劣势因素（weakness）、外部机会因素（opportunities）、外部威胁因素（threats），将它们按照一定的次序以矩阵形式排列起来，通过考察内外部因素的不同组配，以系统分析的思想和方法进行全面系统的综合分析，从而得出一系列相应结论，并做出最优决策的分析方法（图 7-3）。

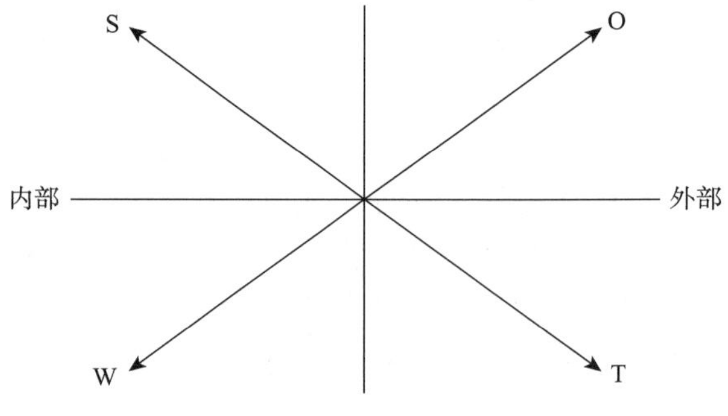

图 7-3 SWOT 分析图

资料来源：查先进（2000）

其中，企业内部的优势和劣势是相对于竞争对手而言的，一般反映在企业的资金、技术设备、职工素质、产品、市场、管理水平等方面。企业外部环境的机会是指环境中对企业有利的因素，如政府和政策支持、良好的消费和供应市场、人才环境等。企业外部的威胁是指环境中对企业不利的因素，如竞争对手的出现、市场增长率缓慢、技术老化等，是影响企业当前竞争有利因素发挥到最大地位和未来竞争态势的主要障碍。

SWOT 分析的指导思想是，通常分析对象与竞争对手相比既有优势又有劣势，发展中既有机会又有威胁，分析者必须对其中关键的环境条件和内外部影响因素进行深入分析，以便发现未来的机会和威胁，同时考察被分析对象的竞争地位，审视与关键条件和因素相联系的、支持竞争力的优势及劣势，以便及时做出反应，采取相应的 s 战略。简言之，就是在全面把握企业内部优劣势与外部环境的机会和威胁的基础上，制定符合企业未来发展的战略，发挥优势、克服不足、利用机会、化解威胁。

SWOT 方法可以作为竞争对手分析的参考工具，进行简单的初步分析，定性地快速了解竞争对手的总体概况（高建华，2001），也可以在广泛调查的基础上，进行全面、复杂、深入的分析，成为企业战略管理的重要工具（汤姆森和斯迪克兰迪，2000）。西方国家的现代企业中，战略管理的一般过程：确立宗旨、目标和远景；外部机遇和威胁的分析；内部优势和劣势的分析；SWOT 分析与战略形成；战略实施；战略控制。从中可以看出，SWOT 分析已经成为战略管理必不可少的程序，是企业提高竞争力的重要步骤。

1）SWOT 分析理论模型

SWOT 分析的理论模型（彭靖里等，2005）如表 7-2 所示。

表 7-2　SWOT 分析理论模型

内外部因素	优势（S）	劣势（W）
机会（O）	SO	WO
威胁（T）	ST	WT

该模型又被称为 SWOT 基本矩阵（SWOT basic matrix）。从理论上讲，根据 SWOT 矩阵有 15 种可供选择的战略，即 S、W、O、T、SW、SO、ST、WO、WT、OT、SWO、SWT、WOT、SOT 和 SWOT 战略。但实践中经常采用的战略对策主要是以下四种。

（1）最小与最小对策（WT 对策），着重考虑劣势因素和威胁因素，目的是努力使这些因素都趋于最小。WT 是一种应付分析对象危机的战略，当被分析对象内忧外患、时时面临危险时，需要克服内在劣势并同时回避外在威胁。

（2）最小与最大对策（WO 对策），着重考虑劣势因素机会因素，目的是努力使劣势趋于最小，使机会趋于最大。WO 是利用外部机会来弥补内部劣势，使分析对象的劣势地位有所改变，当由于内部劣势避免的困难制约了分析对象利用一些外部机会时，一般采用此种战略。

（3）最小与最大对策（ST 对策），着重考虑优势因素和威胁因素，目的是努力使优势因素趋于最大，使威胁因素趋于最小。ST 是利用被分析对象的优势回避或减轻外部威胁或风险，通过内部资源的合理配置，利用自身优势将外部威胁对研究对象发展造成的不利影响降到最低。

（4）最大与最大对策（SO 对策），着重考虑优势因素和机会因素，目的在于努力使这两种因素都趋于最大。SO 是一种决策者都希望的理想竞争态势，能够最大限度地发挥分析对象的内部优势和充分利用外部机会。

2）SWOT 分析的步骤

一般说来，进行 SWOT 分析时，主要包括以下几个环节。

（1）调查分析环境因素。

运用各种调查研究方法，分析出组织所处的各种环境因素，即外部环境因素和内部能力因素。外部环境因素包括机会因素和威胁因素，它们是外部环境对组织的发展直接有影响的有利和不利因素，属于客观因素，一般归属为相对宏观的，如经济、政治、社会、人口、市场、竞争对手等不同范畴。内部环境因素包括优势因素和劣势因素，它们是组织在其发展中自身存在的积极和消极因素，属主动因素，一般归类为相对微观的，如管理、组织、经营、财务、销售、产品和服务、技术、人力资源等不同范畴。在调查分析这些因素时，不仅仅考虑历史与现状，更要站在未来的发展角度来衡量。

（2）构造 SWOT 矩阵。

将调查得出的各种因素根据轻重缓急或影响程度等排序方式，构造 SWOT 矩阵。在此过程中，将那些对组织发展有直接的、重要的、大量的、迫切的、久远的影响因素优先排列出来，而将那些间接的、次要的、少许的、不急的、短暂的影响因素排列在后面做辅助决策或省略。

（3）得出行动对策，制订行动计划。

在完成环境因素分析和 SWOT 矩阵的构造后，便可以制订出相应的行动计划。制订计划的基本思路是：发挥优势因素，克服劣势因素，利用机会因素，化解威胁因素；考虑过去，立足当前，着眼未来。运用系统分析的综合分析方法，将排列与考虑的各种环境因素相互匹配起来加以组合，得出可选择对策。

7.4 情报分析工作类型

由于情报分析涉及社会的各个侧面，根据领域不同、目的不同、采用的方法不同，可以把情报分析划分为不同的类型。经过长期的工作实践，情报分析逐步形成了跟踪、评价和预测等主要工作类型。实际上，跟踪型、评价型和预测型情报分析已成为当今情报机构的核心情报分析工作。下文将主要以科技情报分析领域开展的跟踪型、评价型和预测型情报分析为主，对情报分析工作的内容及其方法和典型案例进行介绍。

7.4.1 跟踪型情报分析

跟踪型情报分析，通常也被称为情报监测、情报跟踪、动态监测、动态跟踪等，是情报研究人员最常用、最基本、最具时效性的情报分析报道形式（苗军，2010）。从跟踪型情报分析的实际作用和价值上看，跟踪型情报分析主要反映跟踪对象及其所属领域的最新发展水平、动向和趋势等，在情报分析研究工作中主要承担着对情报进行跟踪侦察并及时报道的“耳目”作用。跟踪型情报分析既是开展其他情报分析和建立情报分析特色情报资源的重要基础性工作，又是提供决策支持服务的重要组成部分（赵凡和冷伏海，2006，2007）。

跟踪型情报分析包括专业性的跟踪分析，如特定行业、学科、技术领域的跟踪分析，以及综合性的跟踪分析，如政策领域的跟踪分析。从跟踪分析的对象上看，跟踪分析的对象可以是机构，如大学、企业、研究机构等，也可以是专家、学术文献、科研成果、重大活动等。由于跟踪型情报分析是及时了解并向决策提供分析对象的新动向、新发展，因而是国内外各类专业情报机构及机构内设情报部门的重要工作之一。

为了保障跟踪型情报分析的质量和效果，在开展跟踪型情报分析的过程中，通常需要做到以下几点。

（1）明确跟踪对象。要根据不同的情报需求，选择不同的跟踪对象。例如，在企业竞争情报领域，需要对竞争对手、竞争环境、竞争态势和企业内部等多方面的情报进行跟踪；在政策领域，需要对不同国家、国际组织、国际环境等方面进行跟踪；在科技领域，需要对各重点科技领域的发展态势和最新进展等进行跟踪。

（2）做好分析加工。根据所收集的情报来源，需要通过初步选择、集中讨论等方式确定跟踪报道内容，并随时与相关领域专家和用户进行交流，明确跟踪型情报分析加工和成果形式。

（3）及时传递报道。及时性是跟踪型情报分析的重要特征，因此需要与情报用户方建立良好的沟通渠道，采用随时报送、网络推送等多种方式将跟踪分析的情报及时报送到情报用户手中。

1. 跟踪型情报分析方法

在长期实践发展的基础上，跟踪型情报分析形成了特有的工作方法和手段。目前最常采用的跟踪型情报分析方法主要包括人工跟踪型情报分析、自动化跟踪型情报分析，以及人工与自动化相结合的跟踪型情报分析三种主要分析方法。

1）人工跟踪型情报分析

人工跟踪型情报分析方法就是由情报搜集人员自己从各种情报源中搜集、加工和报道情报的过程。这种方法要求情报分析人员实时地对研究对象进行跟踪。中国科学技术信息研究所在编辑报道《科技参考》时，基本上就是采用人工方式来进行情报的跟踪搜集工作。

2）自动化跟踪型情报分析

自动化跟踪型情报分析即指利用RSS聚合技术、信息抽取和网页提取与监测技术等自动完成情报的搜集跟踪工作，而非由情报人员亲自完成（胡艳敏等，2009）。由于自动化跟踪型情报分析可以提高情报跟踪的效率，减轻情报搜集人员的工作负担，已成为情报分析领域的一个重要研究方向。

3）人工与自动化相结合的跟踪型情报分析

随着信息资源的爆炸式增长，以及数字化、网络化的不断发展，跟踪型情报分析的情报来源日益增长，给依靠传统人工方法进行跟踪的情报分析人员造成了巨大负担。情报分析人员只能对那些重点机构、重点领域、重要人士的情报进行搜集，而非重要领域的情报很容易被忽视掉，从而造成了情报来源的不全面。与此同时，自动化的情报跟踪技术虽然在检索效率和检全率方面有了很大发展，但在检准率上却不如人工方式。因此，许多跟踪型情报分析将人工与自动化分析方法相合，充分利用自动化情报跟踪技术的检索效率和检全率，在系统完成情报检索之后，再利用人工情报分析在检准率上的优势，由情报分析人员对自动化情报系统跟踪的情报信息进行进一步的筛选。

2. 跟踪型情报分析的成果与报道

跟踪型情报分析通常以非正式、定期或不定期的出版物形式，向决策机构或专业人员提供服务。这些成果通常拥有内容简洁、新颖、报道及时等特点。在国内外情报工作实践中陆续出现过名目繁多的跟踪型情报分析报道类出版物，诸如新闻、快报、译丛、汇编、报告、数据库等。这些跟踪型情报分析的成果按其内容和成果形式通常分为以下三种类型（赵凡和冷伏海，2006，2007）。

1）跟踪快报

跟踪快报是最常用的跟踪型情报分析报道形式，即根据需求，即时跟踪、监测和传递有关研究对象的情报。例如，在科技情报分析领域，法国科研中心科技信息研究所的科技监测服务，加拿大科技信息研究所的动态通报服务，中国科学技术信息研究所创办的《科技参考》，中国科学院文献情报中心创办的《科技动态监测快报》，中国台湾科技政策与资讯中心的《科学技术资讯中心简讯》等都属于这一类型的典型代表。其中，加拿大科技信息研究报的动态通报服务也已经成为向国内外用户提供科学、技术和信息服务的知名品牌（卢萍等，2009）。

2）跟踪分析报告

跟踪分析报告是指通过及时的反馈，了解决策和管理者的深入和现实需要，将跟踪的信息围绕某主题或研究对象系统地组织起来提出的更深入的专题分析报告。中国科学技术信息研究所根据主要国家特定科技领域动态形成的《国外科技动态综述报告》，以及中国香港数字化国际贸易中心推出的《国际市场关键商情监测报告》等均属于此类跟踪分析报告。

3）跟踪数据库

跟踪数据库是在跟踪型情报分析的基础上，将跟踪获取的情报、数据和信息给“固化”下来所形成的面向服务的数据库。跟踪数据库是许多情报机构建设其特色情报资源的重要组织部分。例如，中国科学技术信息研究在科技战略情报跟踪的基础上形成的国际科技战略决策信息数据库；法国科研中心科技信息研究所根据情报用户的需求对网络资源进行实时监测，提取其中数据形成的网络监测数据库（张志刚，2009）。

值得注意的是，跟踪型情报分析是一项基础性的情报分析工作，其工作内容、对象、目标和方法均相对明确，因而往往会被误以为是一项相对简单的情报分析。实际上，做好跟踪型情报分析对于情报分析人员有着很高的要求。除了具有情报检索和收集的能力外，还需要拥有很高的情报敏感度，能够真正从需求的角度去选择和把握情报来源。而且，作为决策者的“耳目”，跟踪型情报分析不仅需要及时、准确，还要求传递报道的文字、内容和形式鲜明、新颖，以便能够更加迅速地引起决策者的关注。为此，还需要采取科学的方法有效地对跟踪型情报分析工作进行组织管理，如安排专人跟踪重要的研究对象，及时与服务对象就跟踪内容进行沟通等。

3. 跟踪型情报分析的典型实例

中国科学技术信息研究所编写的《科技参考》内刊是跟踪型情报分析为战略决策服务的典型实例。

《科技参考》创办于 1996 年，其前身是《快报》，也曾发挥过重要的决策支持功能），每年出版 80 期左右。重点报道全球科技发展与创新的最新动向，主要国家和地区政府促进科技发展的重大举措，包括战略计划、政策法规、规划、经费、人力、研究开发计划等，向决策部门提供重要的科技信息，传递世界各地科技发展的新见解、新观念和新思想。

《科技参考》主要采用人工跟踪的方式，实行每周7天24小时全天候跟踪机制，跟踪信息的传递服务要求做到随时发现、随时递交、尽快加工、尽快报送。为保障《科技参考》的质量，跟踪团队采取了每两周一次的定期沟通交流机制，既有内部的交流，又积极邀请外部专家参与。

《科技参考》可以报送给党中央和国务院领导同志、科技部系统和各省、市、自治区领导，在我国政府科技管理部门拥有很高的声誉，中央领导对《科技参考》报道内容有过多次批示（贺德方，2006）。

7.4.2　评价型情报分析

评价型情报分析是核心情报分析工作，是针对特定主题，选择特定的研究方法，充分利用特定的分析工具，对来源于各种信息渠道的情报进行分析说明、归纳提炼、比较评测等，从而认清研究对象的发展历史、现状和前沿领域，分析影响发展的因素，推理实体意图和目的等。

从作用和价值上看，评价是决策的前提，在制定、执行决策的过程中，以及决策完成后，均需要评价型情报分析给予支撑。评价型情报分析也是开展预测型情报分析的前提和基础，要想预测研究对象未来发展的情况就必须先了解其发展的历史和现状。

从内容和性质上看，评价型情报分析可以分为综述性、述评性、比较性、评估性等多种类型。综述性评价分析是在一定的时空范围内对特定主题相关信息进行综合分析和归纳提炼加工后形成的成果；述评性分析通常在综述性评价分析的基础上，对特定研究主题和对象的内容、质量、水平、应用研究情况进行综合评价，并提出有关评论、观点或建议；比较性分析是通过对研究对象的相互关系和差异的比较中观察事物、认识事物，从而联想类比，借鉴分析，探索规律；评估性分析是根据明确的研究目标，按照特定的标准，采用科学方法对评估对象的功能、品质和属性进行分析研究和评估（孙成权，2008）。

从对象和方法上看，针对技术评价、效益评价、水平评价、方案优选评价等不同的评价对象和目的，面对不同的评价条件，采用的评价方法也各不相同。文献计量法、专家会议法（包括德尔菲法）、层次分析法、模糊综合评价法、盈亏分析法、成本效益分析法等，都是评价常用的方法。

评价型情报分析通常要求结构严谨、分析深刻和结论明确，具有“科学性”、“准确性”和“客观性”等特点。因此，在开展评价型情报分析的过程中，要坚持“以事实为基础的研究方法”，也就是要把研究结论建立在客观数据、事实的基础上，强调研究结论的科学性和可重现性。此外，为保证这种科学性、准确性和客观性，要强调数据和研究方法的公开。以中国科学信息研究所每年发布的论文统计报告为例，它就是对每年度中国各个大学及研究机构学术论文发表情况的一个客观的分析，分析完全基于客观事实，数据和方法完全公开。因而，该报告已成为国内学术论文统计和评价的权威情报分析产品。由中科院科技战略咨询研究院、中国科学院文献情报中心与 Clarivate Analytics（原汤森路透知识产权与科技事业部）联合发布的年度《研究前沿》也是评价型情报分析的代表性成果。在《2016 研究前沿》报告中，不仅通过对论文数据挖掘对 2016 年全球科技发展布局和竞争结构提出了一种分析和解释，而且进一步在方法上加强了与专家研判的结合，基于 ESI 数据库中的研究前沿，遴选出自然科学和社会科学 10 大学科领域排名的 100 个热点前沿和 80 个新兴前沿，并首次遴选发布中国表现卓越的 30 个研究前沿[①]。

1. 评价型情报分析方法

目前，国内外科技情报研究机构在从事情报分析的过程中，基于事实型数据，利用专用的分析工具和方法，辅以专家意见而形成的“事实型数据+专用工具方法+专家智慧”情报分析方法论正在得到更多的关注与应用。“事实型数据+专用方法工具+专家智慧”的科技情报研究方法论，是中国科学技术信息研究所近年来积极探索的一种科技情报研究模式。该方法论是一种综合集成的方法，将专家智慧、事实型数据、文献资料和计算机技术进行了很好的结合。这种以人为主、人机结合的系统集成方法不仅能很好地体现社会科学研究自身的特点，还最大限度地避免了研究个体的某些缺陷对整个研究造成的负面影响，在评价型情报分析研究领域具有很高的推广应用价值。

这种方法论的基本思路是，在建立和累积、更新信息资源数据库的基础上，针对某些科技问题，组织研究队伍，采用各种定量与定性相结合的系统集成方法，对事实型数据进行深入分析，从中发现某种现象、规律，继而通过专家智慧，提炼出可指导实践的政策建议来，其核心组成包括以下内容（贺德方，2009，2010，2011）。

1）事实型数据建设

发现准确、真实、适用、具体的原始信息和数据，并以此来建立事实型数据资源库，是开展各类情报分析的基础，国内外情报研究机构均十分重视事实型数据库的建设。实际上，国外许多著名的研究机构，除了拥有丰富的公开数字化信息资源外，通常都拥有其自身特色的信息资源数据库，将公开渠道难以获得的一些特殊信息资源集中成机构内或只允许授权使用的专有信息资源。例如，加拿大科技信息研究所在信息资源建

① 中科院等发布《2016 研究前沿》报告，http://news.sciencenet.cn/htmlnews/2016/10/359783.shtm?id=359783.

设的过程中，除公开出版物数据库外，还特别注重科学技术报告、会议论文、计划和规划、年度报告、案例库等多种形式的信息资源数据库的建设。此外，美国兰德公司与美国自然科学基金会开发的 RaDiUS、美国能源部能源信息管理办公室的能源专业数据库、欧盟联合研究中心（The Joint Research Centre，JRC）、未来技术研究所（Institute for Prospective Technological Studies，IPTS）与欧盟委员会研究理事会联合开发的 ERAWATCH 和日本科学振兴机构（Japan Science and Technology Agency，JST）开发的 Read 等均是国外科技领域支持情报分析的特色数据库（洪峡，2009）。在国内，中国科学技术信息研究所近年来在面向创新链进行事实型数据系统积累方面开展了有益的尝试，已经建立了覆盖世界多个典型国家和地区的国家科技信息数据库，并且以太阳能、纳米、风能、生物、移动通信及纯电动汽车等重点科技领域为主题，建立了若干经过数据加工和人工标引的高质量的专题专利数据库。中国科学院文献情报中心则以自然科学基础学科、边缘交叉科学和高技术领域的科技文献资源保障、学科化信息服务和战略情报研究服务而在国内独树一帜。

2）专用工具方法

在事实型数据库的基础上，借助各种专用的研究方法、工具和模型，可以支持评价型情报分析研究人员在浩如烟海的事实型数据中寻求重大发现、重要规律，找出影响研究对象的关键因素等，从而做出比较准确和客观的判断，为决策支持服务。美国、日本、加拿大、德国等国家的科技信息研究机构均非常重视事实型数据与先进的专用方法工具相结合的研究工作。美国汤姆森（Thomson）公司开发的专利分析工具 Thomson Data Analyzer 和 AUREKA（已被 Clarivate Analytics 公司收购），都是与其公司自有的专利深加工数据库相配套的分析产品，可进行专利信息深度挖掘并展开可视化分析，为确定研究战略和发展方向等提供有价值的定量分析依据。日本学术振兴会、日本文部科学省学术情报中心和日本国立情报研究所信息资源研究中心等机构从 1997 年开始共同资助基于科技信息的文本分类、机器翻译、数据挖掘（text mining）与文本挖掘等主题的国际测评学术会议，推进基于事实型数据深度挖掘的方法与技术的研究工作。在国内，中国科学技术信息研究所在科技政策研究工具方法上率先开展了一些探索，并逐步将包括科技计量方法、重点科技领域的技术分析方法和基于指数的测度研究方法等应用于科技政策和科技战略的研究工作实践。

3）专家智慧

事实型数据库和专用的工具方法只是为情报分析研究工作搭建了一个共识的工作平台，但要想在这个平台上产生有独特视角、独特观点和高质量的研究报告，必须依赖专家的特色理论以及专家对本专业领域情报信息的敏锐洞察力和分析力，更有针对性地处理事实数据资源，更及时地选择、调整研究方法、研究工具和分析模型，从而做出能够为科技决策提供支撑的研究成果。

2. 评价型情报分析的典型实例

图 7-4 是一种典型的以专利数据为基础，采用“事实型数据库+专用工具方法+专家

智慧”的情报分析方法论，对韩国纳米技术领域产学研合作关系开展的分析研究成果（赵志耘和杨朝峰，2011）。

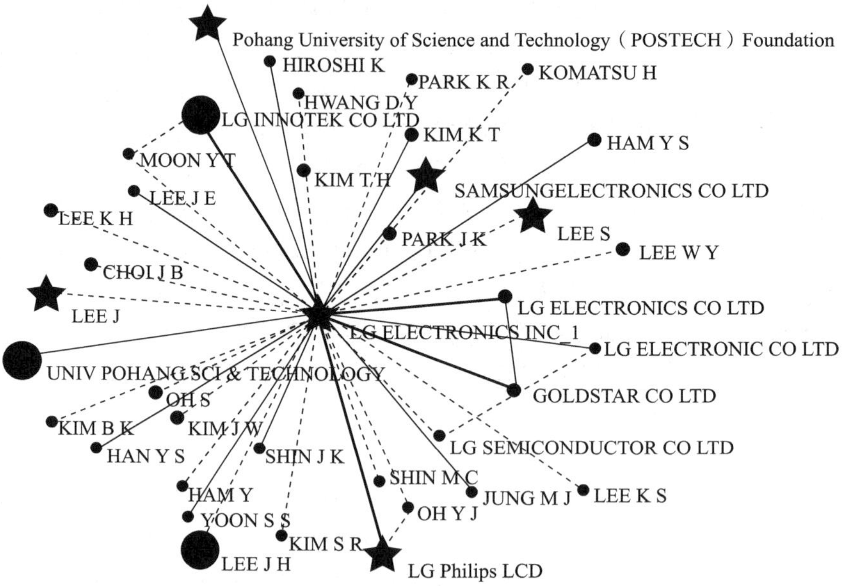

图 7-4　LG 电子纳米技术领域合作关系网络图谱

这项工作以韩国代表性的企业 LG 电子在纳米领域内的专利为研究对象，对韩国创新模式是否是以产学研合作创新为主的问题进行了研究。其中，专利数据来源于德温特专利创新索引（derwent innovation index），主要研究过程包括以下几方面。

1）事实型分析数据集的构建

在界定问题的性质和边界，确定事实型数据的来源的基础上，在专利数据库中检索专利文献，获得专利文献检索结果数据集，并进行专利权人名称清洗、同族专利合并、技术标引等，通过分类和筛选得到研究所需的事实型数据。

2）利用专业分析工具进行分析

在上述数据的基础上，分析人员采用 TDA 软件工具建立了 LG 电子在纳米技术领域的创新合作关系网络图谱（图 7-4）。合作关系网络图谱中，五角星代表专利数量大于 50 的专利权人，圆代表专利数量小于 50 的专利权人，且圆越大代表专利数量越多；连线代表两个专利权人之间的关联度，线越粗说明两个专利权人之间的合作越密切。从图中可以看出，与 LG 电子合作较为密切的是韩国的知名科研院所（如浦项工科大学）、韩国大型集团（如三星电子）以及 LG 集团的其他附属公司（如 LG.Philips LCD、LG INNOTEK CO LTD、GOLDSTAR CO LTD）等。从分析结果可知，LG 电子和韩国纳米技术领域专利申请量排名较前的韩国企业、大学及科研院所都有合作关系，可见韩国政府促进产学研合作创新政策取得了明显的效果。

3）充分借助专家意见

在研究过程中，为了保障检索效果及对相关问题的准确理解，研究人员分别就检索策略及相关问题以多种方式征寻了专家意见，并将其有机地纳入分析研究的过程中。

7.4.3 预测型情报分析

在人们经济社会活动中，经常根据需要以事物的历史和现状信息的分析结果，运用科学的方法和技术对事物未来状态进行合理的预计和推测，这就是预测活动。预测是现代战略管理决策的基础，情报分析则是开展科学预测的基础。缺少了情报分析的预测只能是主观的臆断，而反过来，人类科学的预测活动也拓展和延伸了情报分析的功能，赋予了预测功能的情报分析的利用价值也大大提高。

预测型情报分析是根据有关研究对象的大量已知信息，运用特定的科学方法和分析工具，将研究对象的发展前景及其对国民经济和社会发展的各种可能的影响进行分析研究和预测所形成的成果。通过预测型情报分析，可以预测研究对象在未来较长一段时期内的发展状态和趋势，成为指导高层决策者制定长期发展战略规划的主要参考（孙成权，2008）。

预测型情报分析的应用范围很广，从不同的角度可以区分为不同类型，如按预测时间跨度区分，可以有短期预测、中期预测和长期预测；按预测对象或问题的性质区分，有经济预测、技术预测、科学预测、社会预测及军事预测等；按预测方法和结果的形式区分，有定性预测、定量预测和综合预测等。

实际上，预测型情报分析的对象不同，分析问题的性质不同，所适用的情报分析方法也是不同的。例如，经济技术预测中，回归分析、时间序列分析、趋势外推分析等定量分析方法都可采用。而在进行经济或社会宏观预测时，由于此类问题政策性很强，时间跨度比较大，而且战略性或产业性问题不是几个数据的发展趋势决定的，因此，此类预测对象常用专家预测法。对于不同产业部门的产值、利润、贸易等，常可用投入产出模型进行分析，从而进行发展战略和支柱产业的选择。

值得注意的是，预测研究主要是根据过去和现在推测未来，根据主观经验和客观实际探索事物的发展方向和演变规律，需要搜集大量、高质量的数据，信息，资料，同时要强化对情报素材的分析、对比、综合、推进和判断等逻辑思维过程。

由于无论是从情报学理论方法，还是实践应用研究上看，情报分析更加关注的是以知识发现、技术预测、技术预见、技术机会分析等为代表的预测型科技情报分析。

对科学技术的未来进行研究有着很长的历史。20 世纪 50 年代，在美国国防部对新武器系统开发研制的需求下，兰德公司提出了德尔菲法、系统分析法和情景分析法。20 世纪 60 年代，统计时间序列外推的方法开始用于预测，并开始构建一些用于分析各种变量间关联和因果关系的模型。20 世纪七八十年代，欧美许多公司开展了预见活动。20 世纪 90 年代，技术预见开始繁荣，研究的重点也从方法驱动的预见，转向各种可以开展预见研究的工具上。期间，由于国家层面的预见活动日益增多，以“关键技术选择”为重点的预见活动在许多国家得以开展。这些预见活动以日本的德尔菲法为主。如今，对于技术预见、技术预测和技术评价的研究已成为学术研究的热点领域（徐峰和冷伏海，2010）。

2004 年，在欧盟联合研究中心和未来技术研究所组织召开的研讨会中提出，用面向未来的技术分析（future-oriented technology analysis，FTA）来涵盖技术预见、技术预测和技术评价等各类面向未来技术分析的方法和实践，以表示研讨会重点将会放在未来技术及研究构成未来技术有用信息的方法，从而将此类研究与应用统一到 FTA 这一概念体系中。2006 年和 2008 年相继召开了两次 FTA 研讨会，使 FTA 的概念得到了广泛的认可①。经过这三次研讨会，及相关研究人员的努力，2008 年由 Cahnin 等各未来技术分析领域专家共同编写了《面向未来的技术分析——创新型经济的战略情报》（*Future-Oriented Technology Analysis：Strategic Intelligence for an Innovative Economy*）一书，并对 FTA 的概念、方法与应用实践进行了系统的总结。之后，JRC－IPTS 又于 2011 年和 2014 年召开了两届 FTA 会议，其中 2011 年召开的第四届 FTA 会议聚焦于 FTA 解决应对重大社会挑战中突破性转型的潜力与需求，2014 年召开的第五届会议包括了 FTA 与创新体系、前瞻性活动的创造性接口和 FTA 方法前沿三大主题。

近年来，我国的一些战略研究机构已开始利用国外一些成熟的方法开始开展了一些面向未来的研究，如中国科学技术发展战略研究院开展的基于德尔菲法的国家关键技术选择，以及中国科学院基于情景分析法开展的“中国未来 20 年技术预见研究”等。另外，像基于技术路线图（如中国科学院研制的《中国至 2050 年科技领域发展路线图（18 个领域）》，科学出版社，2009 年）和系统动力学等模型类方法（如中国科学技术信息研究所的可持续发展模型，佟贺丰和屈慰双，2009 年）的研究成果也日益增多。

总体上看，我国在面向未来技术的情报分析方面仍处于学习国外经验和探索性研究的阶段，研究成果对于宏观战略决策的作用尚不明显。而且，除了较为成熟的基于专家观点的方法外，我国情报研究机构在基于事实型海量数据库的预测型情报分析方法方面与国外相比也存在着较大的差距。我国传统的情报机构拥有信息资源方面的独特优势，随着信息资源数字化和网络化建设的不断完善，基于海量信息资源，结合计算型情报分析方法和系统分析模型的预测型情报分析研究将成为情报分析发展的重点。

1. 预测型情报分析方法

如今，在大量的研究和实践活动基础上已产生了众多预测型情报分析方法。有许多文献根据各自的理解试着对现有的方法进行过梳理或分类。其中，美国学者 Porter 于 2004 年对 FTA 方法进行比较系统且全面的总结，并将与 FTA 相关的方法分成了 13 大类共 50 多种方法（表 7-3）。在上述方法的基础上，Scapolo 和 Porter（2008）又提出了 6 种基本的 FTA 方法：监测、创造性方法、趋势分析、模拟与模型、专家观点和情景分析。其他一些学者的分类大体上与 Porter 的分类方法类似，只不过将 FTA 方法限定于技术预测或技术预见等特定预测型情报分析活动领域。

① http://forera.jrc.ec.europa.eu/fta/intro.html.

表 7-3 Porter 的 FTA 方法体系

方法类	方法举例
创造性方法	TRIZ、未来工作组、愿景
监测与情报	技术监测、技术挖掘
描述	文献计量、影响清单、未来指标状态、多观点评价
矩阵	类推、形态分析、交叉影响分析
统计分析	风险分析、相关分析
趋势分析	成长曲线模拟、领先指标、包络曲线、长波模型
专家意见	调查、德尔菲法、焦点小组、参与者方法
模型与模拟	创新系统描述、复杂自适应系统模型、混沌机制模型、技术融合或替代分析、投入−产出模型、基于代理的模型
逻辑/因果分析	需求分析、机构分析、利益相关者分析、社会影响评价、缓和战略制定、可持续分析、行动分析（政策评价）、相关树、未来轮
路线图	反求、技术/产品路线图、科学地图、多路径地图
情景	情景管理、基于定量的情景分析、不同重点、科学剧院、视频
价值/决策支持/经济分析	成本−收益分析（CBA）、SWOT 和记分板分析、层次分析法（AHP）、数据包络分析（DEA）、多因素决策分析
综合	情景模拟（博弈）、趋势影响分析

总体上，预测型情报分析经常采用的方法主要包括以下几类（徐峰和冷伏海，2010）。

1）基于时间序列外推的方法

基于时间序列数据的趋势分析可以通过成长曲线模拟和外推，对趋势进行预测。各类基于 S 曲线的成长曲线模型是主要的分析方法，其中简单的逻辑曲线和冈波斯曲线最为常用。这些方法虽然可以快速地实现，但对于预测型情报分析来说仍显得十分不足。应用此类方法必须拥有可靠的且有较长期积累的历史性数据，而且通常只能回答现有条件不变的情况下，现有的数据可能的规模或速度变化，长期的趋势分析结果并不可靠。

2）模型类方法

复杂的模型与模拟类方法往往基于一些复杂的系统模型，更加关注于未来的经济和社会影响。当需要历史数据支持时，这些方法通常会将文献计量和专利分析的结果集成到预测的模型和工具中，如系统动力学模型。另外，源自摩托罗拉公司的技术路线图是一种可以归为模型类的十分独特的方法，由于路线图方法将未来预测纳入创新管理范畴，因而受到了广泛的关注，有大量的文献对这种方法进行了研究。近年来，基于文本挖掘的计量分析也经常与路线图方法结合使用，取得了一些很有价值的研究成果。

3）专家观点和情景分析类方法

专家观点和情景分析类方法注重参与者的思想，主要是利用相对标准化的程序和方法，将参与未来科学技术分析的各类专家意见综合起来，以明确对未来的判断。这两类方法由于科学而系统地综合了各领域专家对未来的分析和判断，得到了广泛的认可和应用，从政府到企业均在不同程度采用这些方法做预测分析。其中，以德尔菲法为主的政府级大规模技术预见活动在许多国家得到了系统的开展，并在此基础上对德尔菲法进行了系统的完善。当然，这些基于专家观点的方法也有其自身的缺点，虽然应用这些方法得到的结果更加可靠和准确，但由于这类方法的实施需要大量专家的参与，因而成本较高，耗时也较长，通常只适用于规模较大的国家级技术预见活动。

在情报学领域，文献计量指标方法和基于文本挖掘的方法是两种最常采用的预测型情报分析方法。其中，文献计量指标方法主要是指基于论文和专利的计量指标的分析方法，如利用专利指标来描绘技术发展的生长曲线，并做外推的分析。文献计量指标在预测型情报分析中得到了大量的应用。由于此类方法应用起来方便快捷，可以在分析技术发现现状的基础上，迅速地对未来技术发展的态势进行预测分析，因而被广泛地应用于技术战略的制定。

基于文本挖掘的方法引入情报分析方法后，我们对信息资源的挖掘可以深入文本内容的层次，从而为预测型情报分析带来了新的视角。一些基于文本内容的知识发现研究开始受到情报界的关注，如基于非相关文献的知识发现方法。

基于非相关文献的知识发现方法是由芝加哥大学医学教授 Swanson 提出的一种分析方法。这种方法可以揭示内容特征上没有直接关系的文献间的隐含逻辑关系，为基于文献的知识发现方法开辟了新的途径。

非相关文献知识发现是基于对与初始文献直接和间接相关文献的分析，该发现过程可简化为图 7-5 的形式，主要包括开放式发现和闭合式发现两种模式。开放式发现分为三个步骤：①利用初始概念 A 检索获得初始文献集 A，利用文本挖掘获得与初始文献集 A 直接相关但不相交的中间文献集 B；②利用文本挖掘从中间文献集 B 获得与初始文献集 A 间接相关但不相交，同时与中间文献集 B 直接相关但不相交的目标文献集 C；③检查初始文献集 A 与目标文献集 C 之间的交叉是否为零。闭合的发现模式则分为两个步骤：①首先检查 A 与 C 的交叉是否为零；②然后从 A、C 两端开始寻找中间关联文献。通过对非相关文献知识发现的一般框架的描述可见，无论开放还是封闭的发现过程，文本挖掘都是其关键的环节（张云秋，2008）。

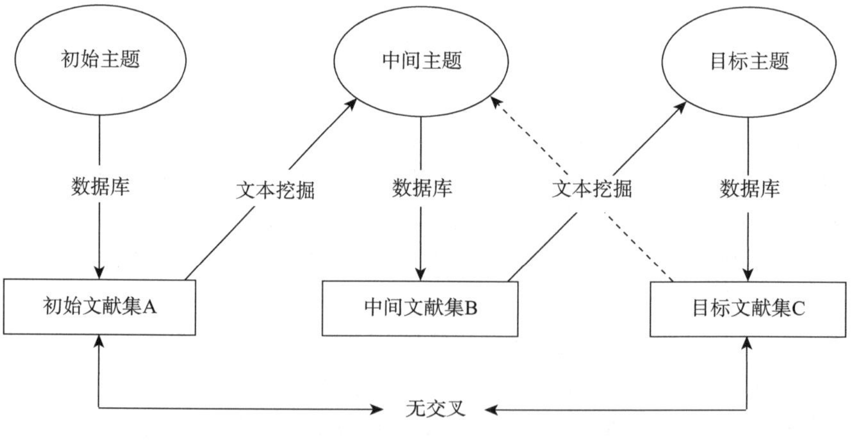

图 7-5　非相关文献知识发现的一般过程

非相关文献知识发现方法一经提出，即得到了情报界的广泛关注。许多学者对 Swanson 的发现方法进行了改进：Chen 提出了建立基于分散于文献内部知识片断的逻辑关联的知识整合方法；Gordon 创建了基于短语的词频统计方法，并建立起中介文献的概念，将文献发现应用扩展至学科和领域之间。Stegmann 等尝试利用共词分析模拟知识发现过程，寻找从来源文献到目标文献的路径和规律。Yildiz 和 Pratt 将基于知识发现方法与统计方法结合在一起提高发现效率。Kostoff将时序因素引入Swanson方法，将该方法赋予了映射科学研究进程的新应用价值。国内一些学者也开展了一些实践性研究。张晗、崔雷利用该方法对科研机构潜在的合作方法进行了挖掘；张云秋从领域、数据源、发现过程中的关键技术及发现结构评价几个方面对基于非相关文献的知识发现系统进行了详细的比较研究，并对初始集构建、中间集质量等优化算法进行了实验研究（曹志杰，2009）。

2. 预测型情报分析典型实例

下面为基于文献计量指标的预测分析与典型实例。

图 7-6 是以 2008 年前论文和专利等情报计量指标，对 2008 年后的 DNA 测序技术的发展趋势进行的预测分析结果（张旭等，2011）。

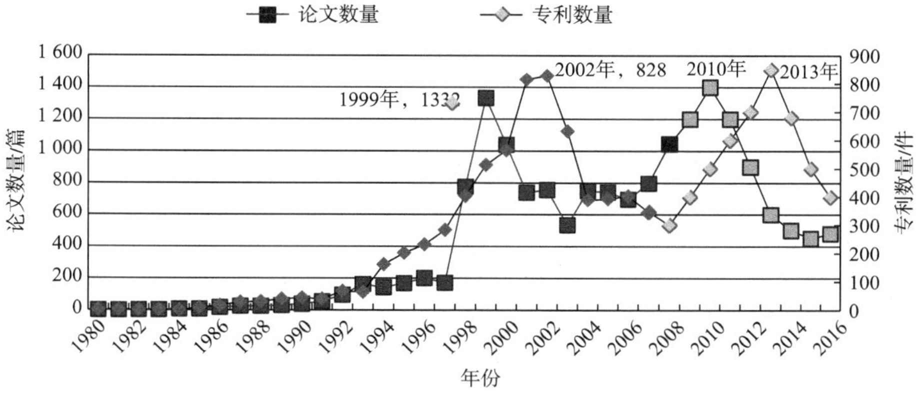

图 7-6　用 2008 年前论文与专利数据进行的后续预测

从图 7-6 中可以看出，论文数量于 1999 年达到峰值，专利数量于 2002 年达到峰值，同年罗氏公司建立新的测序方法，2005 年该公司推出的第二代测序仪上市。可见，在“论文-专利-产品”的创新链条中，每一步的时间间隔在三年左右。根据论文及专利的发展趋势可以推断，论文数量可能在 2010 年前后再次达到一个高点，随后约在 2013 年专利数量可能会达到高峰，并有新的突破性测序技术产生，而在三年之后，即 2016 年左右，具有变革性意义的新产品将可能出现。上述预测分析成果对于指导未来政府资助方向，企业技术开发战略制定均具有重要的参考价值。

3. 预测型情报分析发展趋势

总体上看，情报学领域的文献计量和基于文本挖掘的知识发现等方法对于预测型情报分析尚有许多不足之处。文献计量的方法是一种比较典型的定量分析方法，对于科学和技术领域发展现状、规律和趋势均有很好的揭示。但这些方法通常只关注对现状的解释，分析结果可以产生技术情报，除了可以在规模上做一些外推外，无法为解决未来技术问题提供更有价值的信息。非相关文献知识发现等方法也存在着对新知识关联的解释相对简单，难以用实证进行验证等缺点。因此，将此类情报分析方法与其他面向未来的分析方法相结合使用是预测型情报分析的一个重要的发展趋势。

目前，有许多研究利用专利文本挖掘技术，从专利文献中提取关键词进行共词分析，并结合其他分析方法开展了面向未来的技术分析研究。例如，Yoon 和 Park（2004）提出了一种基于专利文本挖掘和形态分析的混合方法用于技术预测。Lee 等（2008）利用文本挖掘技术进行了技术路线图制定的研究，该研究利用产品资料、科技论文和专利提取的关键词，并利用关键词的共现关系，通过多维标度分析，将三类关键词关联起来，同时将时间维纳入多维标度分析，制作出了基于关键词的技术路线图。Yoon 和 Park（2004）则提出了基于专利文本挖掘、形态分析的技术路线图方法，对移动电话技术的技术路线图制定进行了实证研究。这些研究由于可以更加充分地揭示专利文献中所蕴涵技术特征和发展状态，因而具有广泛的潜在应用价值。

7.5 大数据时代情报分析的发展

进入 21 世纪以来，尤其是近年来大数据概念的提出和相关技术的发展，引起了情报学界的广泛关注，围绕着大数据环境下情报学的发展，学者从情报学学科发展、经验规律、方法体系等多个角度进行了分析和讨论。总体而言，大数据的产生，尤其是大数据分析技术的发展，将会对情报分析产生深刻的影响。

首先，大数据的发展将给情报分析的基础理论和方法体系创新带来新挑战。在大数据环境下，传统情报分析所依据的洛特卡定律、齐夫定律和布拉德福定律等经验规律是否依然满足信息、知识、情报产生变化的规律，信息扩散与保存规律等都将可能发生变化（苏新宁，2017）。与此同时，传统情报分析方法的数据基本都是结构化、标准化、样本化的，而大数据格式明显具有异构性、多源性的特点（李超等，2017），传统的信息获取、存储管理、分类、索引、检索、聚类、人机交互技术等信息分析处理技术方法如何顺利转移到对大数据的管理和利用上来，也是对情报学提出的重要挑战（贺德方，2012）。大数据催生了新时代下科技情报工作的研究新范式（李萌，2016），这种范式的转变同样会对传统小样本量、以定性为主的情报分析方法带来冲击。因此，在大数据环境下，长期以来情报分析所依据的基础理论和方法体系将有待创新和重建，以建立适应更加广泛的情报理论、方法和技术模型，构建情报学独特的方法体系。

其次，大数据分析与情报分析有着天然联系，可以更好地发挥情报分析的特色与优势。大数据分析和情报分析都是以数据为基础进行研究，通过分析数据和信息，为用户提供相关服务，而且都以多源数据融合、信息的定量分析、相关分析的探讨研究为重点（李超等，2017）。大数据的价值链与传统情报工作的价值链是一致的，与情报分析的“事实型数据+分析方法工具+专家智慧”的方法论也十分契合。大数据的兴起和发展，能够丰富情报分析数据来源，而大数据分析技术和工具的发展也能够有力地提升情报分析和处理数据的能力（贺德方，2012）。因此，在大数据环境下，可以在充分认识大数据分析和情报分析在数据对象与规模、分析时机与任务等方面不同的基础上，充分利用大数据分析的技术和工具提升情报分析产品的质量水平，更好地巩固情报分析的特色与优势（李广建和化柏林，2014）。

最后，把大数据分析作为支撑情报分析未来发展的真正利器需要树立新的理念和思维方式。大数据的出现，使非结构化数据大量引入，虽能成倍减少不确定性，但其算法不能代替传统领域知识和反映因果关系的理论模型，大数据时代下的信息技术，特别是网络技术也使情报分析领域不断扩大，传统的领域相对单一的情报分析需要转向全领域情报研究，综合利用多种数据源，注重新型信息资源的分析，强调情报的严谨性和情报研究的智能化等（化柏林，2014）。在此过程中，以知识发现为核心的情报分析应积极融入多领域信息，采用多领域的工作方法，融合多领域的分析思维（Lim，2015）。大数据及大数据分析系统在为情报分析工作提供了新的情报分析资源和平台的同时，也给情报分析工作带来了新理念、新思维、新方法和新技术。因此，大数据环境下的情报分析不光是分析方法和工具的变化，还需要在工作理念上有所转变通过工程思维的融入，统筹大数据思维和情报思维的优势，运用系统方法论，把大数据分析作为情报分析的真正利器（张家年和王文韬，2016），以更好地适应大数据所带来的新的变化。

习题和思考题

1. 试述情报分析的作用、流程和类型。

2. 在运用 SWOT 分析方法时，应如何构造 SWOT 矩阵？如何根据 SWOT 分析结果提出相应的对策？

3. 情报学领域特色预测型情报分析方法有哪些？

4. 跟踪型情报分析的要点是什么？

5. “事实型数据+专用工具方法+专家智慧”方法论的核心组成是什么？

参考文献

包昌火，缪其洁，谢新洲. 1997. 对我国情报研究工作的认识和对策研究（上）[J]. 情报理论与实践，（3）：133-135.

包昌火，赵刚，李艳，等. 2015. 竞争情报的崛起. 情报学报，24（1）：3-19.

曹志杰. 2009. 文献间隐性关联知识发现及其应用实验研究[D]. 中国科学院文献情报中心博士学位论文.

陈燕，黄迎燕，万建国，等. 2006. 专利信息采集与分析[M]. 北京：清华大学出版社.

董菲，朱东华，任智军，等. 2007. 基于专利地图的专利分析方法及其实证研究[J]. 情报学报，26（3）：422-429.
范并思. 2000. 信息分析与研究（讲纲）[R]. 华东师范大学信息学讲义.
高飞，张成涛. 2016. Altmetrics 对人文社会科学领域文献计量的拓展作用[J]. 情报资料工作，37（1）：22-26.
高建华. 2001. 不战而胜——营销战略与竞争优势[M]. 北京：企业管理出版社.
耿玉昆，柴桂琴. 1996. 社会科学情报研究的发展趋势[J]. 图书馆学研究，（1）：70-72.
贺德方. 2006. 数字时代情报学理论与实践——从信息服务走向知识服务[M]. 北京：科学技术文献出版社.
贺德方. 2009. 基于事实型数据的科技情报研究工作思考[J]. 情报学报，28（5）：764-770.
贺德方. 2010. 事实型数据：科技情报研究工作的基石[J]. 情报学报，29（5）：771-776.
贺德方. 2011. 基于事实型数据的科技政策理论与方法研究[J]. 情报学报，30（9）：899-906.
贺德方. 2012. 大数据环境下的情报学[J]. 数字图书馆论坛，（11）：3-5.
洪峡. 2009. 为科技创新服务的日本科技信息机构[J]. 数字图书馆论坛，（12）：49-55.
胡芳，冷伏海. 2016. 评论挖掘在情报分析中的应用框架研究[J]. 情报科学，34（5）：110-113.
胡艳敏，崔蒙，赵英凯. 2009. 国外传统医学情报监测流程与模式概述[J]. 国际中医中药杂志，31（4）：360-361.
化柏林. 2014. 从棱镜计划看大数据时代下的情报分析[J]. 图书与情报，（5）：2-6.
黄宗忠. 1986. 关于我国社会科学情报工作的几个问题[J]. 图书情报知识，（1）：2-6.
李超，周瑛，周焕，等. 2017. 大数据环境下情报分析方法与情报分析软件探讨[J]. 现代情报，37（7）：151-158，165.
李广建，化柏林. 2014. 大数据分析与情报分析关系辨析[J]. 中国图书馆学报，（5）：14-22.
李萌. 2016. 大数据时代对我国科技情报事业的新思考[J]. 中国软科学，（12）：1-4.
梁明芳. 1994. 关于社科情报研究的几点思考[J]. 青海社会科学，（6）：90-91.
卢萍，张新民，项琳. 2009. 加拿大科技信息机构综述[J]. 数字图书馆论坛，（12）：25-29.
卢泰宏. 1998. 信息分析[M]. 广州：中山大学出版社.
芦姗. 2014. 科学地图国内研究综述[J]. 农业图书情报学刊，26（12）：8-11.
马费成. 2002. 科学情报的基本属性与情报学原理[J]. 图书馆论坛，22（5）：15-18.
孟连生. 1981. 科学研究、科学交流和科学情报工作[J]. 情报科学，（4）：24-29.
苗军. 2010. 科技动态情报研究探讨[J]. 情报探索，（8）：16-18.
彭靖里，王晓旭，邓艺，等. 2005. SWOT 分析方法在竞争情报研究中的应用及其案例[J]. 情报杂志，（7）：15-17.
秦铁辉. 1985. 科学情报工作发展初探[J]. 情报杂志，4（1）：16-20.
苏新宁. 2017. 大数据时代情报学与情报工作的回归[J]. 情报学报，36（4）：331-337.
孙成权. 2008. 战略情报研究与技术预见[M]. 上海：上海科学技术文献出版社.
汤姆森 A，斯迪克兰迪 A J. 2000. 战略管理：概念与案例[M]. 段盛华，王智慧译. 北京：北京大学出版社.

佟贺丰，屈慰双. 2009. 系统动力学仿真模型在决策支持中的作用——以中国可持续发展模型在 CO_2 排放决策中的应用为例[J]. 数字图书馆论坛，（10）：35-41.

王知津，谢丽娜，徐芳. 2009. 社会科学情报研究的变迁、深化与拓展[J]. 新世纪图书馆，（5）：17-22.

徐峰，冷伏海. 2010. 情报学进展 2008-2009 年度评论：面向未来的技术分析方法与实践研究进展[M]. 北京：国防工业出版社.

杨思洛，程爱娟. 2015. 社交网络环境下的计量学：Altmetrics 研究进展综述[J]. 情报资料工作，36（4）：33-37.

杨耀武. 2006. 技术预见学概要[M]. 上海：上海科学普及出版社.

叶鹰. 2003. 试论情报学的三大重点研究领域[J]. 图书情报知识，（6）：2-5.

叶鹰. 2005. 智能信息分析的理论基础与技术模型[J]. 情报学报，24（2）：233-236.

印永清，万杰. 1993. 社科情报研究的两种基本方法体系[J]. 技术与市场，（6）：454-457.

尤正平. 1990. 情报研究学科的建设方向[J]. 情报学报，9（5）：389-392.

曾忠禄. 2016. 情报分析：定义、意义构建与流程[J]. 情报学报，35（2）：189-196.

查先进. 2000. 信息分析与预测[M]. 武汉：武汉大学出版社.

张家年，王文韬. 2016. 融入工程化思维：大数据环境下情报分析机制的构建[J]. 情报理论与实践，36（6）：1-6.

张旭，佟贺丰，傅俊英. 2011. 基于事实型数据的科技评价与预测方法研究：以 DNA 测序技术为例[J]. 情报学报，30（9）：911-915.

张云秋. 2008. 非相关文献知识发现的方法改进研究[D]. 中国科学院文献情报中心博士学位论文.

张志刚. 2009. 法国国家科技信息研究所发展现状和思考[J]. 数字图书馆论坛，（12）：38-43.

赵凡，冷伏海. 2006. 科技情报研究与服务的发展现状与趋势[J]. 数字图书馆论坛，（10）：52-71，78.

赵凡，冷伏海. 2007. 情报服务实践中的战略情报研究理论探讨[J]. 情报学报，26（2）：163-171.

赵志耘，杨朝峰. 2011. 基于事实型数据的政策分析研究[J]. 情报学报，30（9）：906-910.

中国科学院科技战略咨询研究院. 2016. 2016 研究前沿[R].

朱庆华，陈铭. 2004. 信息分析基础、方法及应用[M]. 北京：科学出版社.

Cahnin C，Keenan M，Johnston R，et al. 2008. Future-Oriented Technology Analysis[M]. New York：Springer.

Choi C W，Kim S K，Park Y T. 2007. A patent-based cross impact analysis for quantitative estimation of technological impact：the case of information and communication technology[J]. Technological Forecasting & Social Change，74：1296-1314.

Katy B，David E P. 2014. Insights：A Practical Guide to Making Sense of Data[M]. Boston：MIT Press.

Lee S J，Lee S H，Seol H J，et al. 2008. Using patent information for designing new product and technology：keyword based technology roadmapping[J]. R&D Management，38（2）：169-188.

Lim K.2015. Big data and strategic intelligence [J]. Intelligence and National Security，31（4）：1-17.

Liu C Y，Yang J C Y. 2008. Decoding patent information using patent maps[J]. Data Science Journal，7（2）：14-22.

OECD. 2009. OECD Patent Statistics Manual[M]. Paris：OECD.

Phillips J G, Heidrick T R. 2007. Technology futures analysis methodologies for sustainable energy technologies[J]. International Journal of Innovation and Technology Management, 4（2）: 171-190.

Popper R. 2008. How are foresight methods selected?[J]. Foresight, 10（6）: 62-89.

Scapolo A, Porter A L. 2008. New Methodological Developments in FTA Future-Oriented Technology Analysis[M]. Berlin: Springer.

Technology Futures Analysis Methods Working Group. 2004. Technology futures analysis: toward integration of the field and new methods[J]. Technological Forecasting and Social Change, 71（3）: 287-303.

Yoon B G, Phaal R, Probert D. 2008. Morphology analysis for technology roadmapping: application of text mining[J]. R&D Management, 38（1）: 51-68.

Yoon B G, Park Y T. 2004. Morphology analysis approach for technology forecasting[C]. IEEE 2004 International Engineering Management Conference, （2）: 566-570.

第8章

情报技术

本章提要

基于传统数据库技术，本章着重阐述目前在情报的存储、处理及应用中得到广泛应用的数据仓库、数据挖掘和文本挖掘技术，以及大数据处理、多媒体处理、信息安全等新兴情报技术。

主要知识点

1. 关系数据模型及常用的数据库管理系统。
2. 数据库、数据仓库、数据挖掘之间的联系与区别。
3. 聚类、分类技术及其在文本挖掘中的应用。
4. 大数据的主要特征及常用处理技术。

随着情报学的发展，情报技术的外延也在不断扩展，从传统的计算机技术到网络技术、数据库技术、数据仓库技术等热点信息技术，乃至近年来蓬勃发展的数据挖掘和文本挖掘技术、大数据处理技术，以及多媒体技术、信息安全技术等，都在情报的收集、存储、处理、检索与利用过程中起到重要作用。由于篇幅所限，对于通用的计算机与网络技术，以及传统情报技术中的缩微技术、复印技术、文献保护技术等，本章不做介绍。

8.1 数据库及数据仓库技术

数据库技术是目前信息技术领域中的热点技术，同时也是情报技术的重要组成部分，无论是情报的收集、存储，还是情报的分析、检索，都离不开数据库技术的支持。而数据仓库可以说是数据库发展的高级阶段，其概念由著名的数据仓库专家、世界公认的“数据仓库之父”W. H. Inmon 在其 1992 年出版的《建立数据仓库》（*Building the Data Warehouse*）一书中提出。

8.1.1 数据库技术的产生与发展

数据库技术是数据管理发展到一定阶段的产物，迄今为止，数据管理的发展主要经过了手工管理阶段、文件系统阶段和数据库系统阶段。

1. 手工管理阶段

手工管理阶段也称数据的电子处理阶段，主要是指计算机诞生的初期阶段。在这一阶段中，计算机主要用于科学计算，硬件存储设备主要有磁带、卡片等，还没有磁盘等可以直接存取的存储设备。当时对数据处理的过程是，先将程序和数据输入计算机，计算机运行结束后，将结果再输出，计算机并不直接存储数据。此外，由于没有软件系统对数据进行管理，数据的管理是依靠手工进行的，因此效率很低。

2. 文件系统阶段

进入 20 世纪 60 年代，随着数据量的增大，联机处理的增多，对数据管理的要求也逐渐提高，同时，计算机外部存储设备和软件系统的发展也为新的数据管理方式——文件管理系统的诞生创造了条件。文件管理系统是指计算机通过文件的方式进行数据的各项操作，一个文件中包含若干条记录，一条记录又包含若干个“数据项”，用户通过对文件的访问实现对记录的存取。通过文件管理系统，数据可以在计算机中长期保存，并且可以经由一定的存取方法来完成程序与文件中的数据之间的相互转换。但是，一个数据文件只为某个特定的应用程序服务，因此往往会在不同的文件中出现相同的数据，数据冗余度大，共享性差。此外，由于同一数据可能保存在不同文件中，所以数据更新很可能无法保持同步，从而造成数据不一致。在文件管理系统中，文件由应用程序建立，如果应用程序发生了改变，那么数据文件要随之改变，反之亦然，这样就使数据和程序缺乏独立性，为程序的维护和数据的修改带来麻烦。

3. 数据库系统阶段

到了 20 世纪 60 年代末期，计算机广泛应用于各个领域，数据管理的需要越来越多，规模越来越大，数据共享方面的要求也越来越高，文件系统已经远不能满足需要。在这种情况下，人们对文件系统进行了扩充，研究出了一种结构化的数据组织和处理的方式，即数据库系统。数据库系统克服了文件系统中数据分散的缺点，建立了数据与数据之间的有机联系，实现了统一、集中、独立地管理数据，使数据的存取独立于使用数据的应用程序，实现了数据的共享。和文件系统相比，数据库系统具有以下特点。

（1）数据结构化：数据库系统从一个组织全部应用的角度，全面考虑并集成数据的结构，不仅能反映数据本身，还能反映数据之间的联系。

（2）数据共享性高、冗余度低、易扩充、避免不一致性：数据库系统中的数据是从整体角度来进行描述，可以被多个用户、多个应用程序所共享；相同的数据不必重复存放，大大减少了数据的冗余度，节约了存储空间，避免了数据之间的不一致性；在增加、修改或删除数据时，只在一部分数据上进行，可以减少操作量，同时避免不一致性。

（3）数据独立性高：数据独立性是指数据与应用程序之间相互依赖的程度。数据独立性包括逻辑独立性和物理独立性，逻辑独立性是指在全局逻辑结构与局部逻辑结构之间有一种映像，当全局逻辑结构发生变化时，通过对映像的相应修改从而保持局部逻辑结构不变，而应用程序是根据局部逻辑结构编写的，因此也就不必修改。物理独立性是指当数据的存储结构（或物理结构）发生变化时，数据的逻辑结构可以保持不变，从而不需要修改应用程序。

（4）数据被统一管理和控制：数据库允许多个用户同时操作，为了保证数据的安全和完整，数据库系统提供安全性控制、完整性控制和并发性控制三种数据控制功能。安全性控制防止未经许可的用户存取数据库中的数据；完整性控制保证数据的正确性、有效性和相容性；并发性控制防止多个用户同时存取、修改数据时，因相互干扰而导致错误的结果或使数据库被破坏。此外，计算机运行过程中可能会发生各种故障，影响数据的准确性，甚至导致数据丢失，数据恢复功能可以使数据库恢复到正确的状态或某一时刻的正确状态，从而避免或最大限度地减小损失。

8.1.2　数据模型

数据库中的数据是结构化的，建立数据库需要考虑如何去组织数据，如何表示数据及数据之间的联系，才能便于对其进行有效的处理。数据模型就是描述数据及数据之间的相互联系的结构形式，其研究内容就是如何组织数据库中的数据。数据模型是数据库的核心内容，目前最常用的数据模型有层次模型、网状模型（network model）、关系模型和面向对象模型（object-oriented model）四种。

1. *层次模型*

层次模型是最早出现的数据模型，主要用于层次数据库中。它采用树形结构，这种结构在日常生活中很常见，图 8-1 中某大学的机构就是层次型结构。

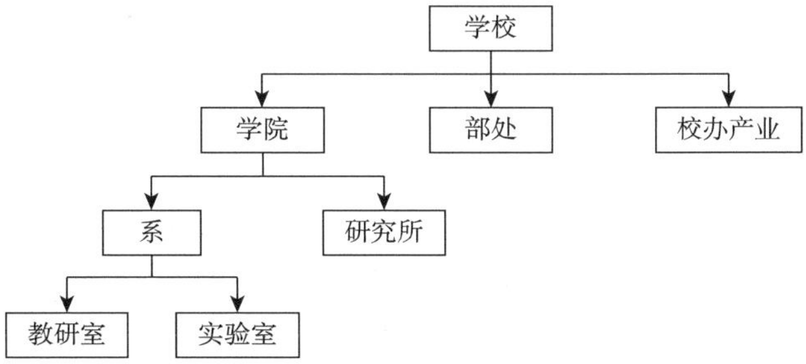

图 8-1　某大学机构层次模型

从图 8-1 可以看出，层次模型具有以下特点。

（1）有且仅有一个节点是没有上级节点的，这个节点称为根节点（root）。

（2）除根节点外，其他所有节点都有且仅有一个上级节点。

（3）最底层的节点没有下属节点，这些节点称为叶节点（leaf）。

（4）从根节点到任何一个节点都存在唯一的路径，这就为基于该结构的数据处理提供了条件：根据一定规则，从根节点开始向下搜索，总能找到目标节点。

（5）该模型中节点联系较单一，便于在计算机系统中实现。

采用层次模型的数据库的典型代表是 IBM 的 IMS（information management system，即信息管理系统），该系统在 20 世纪 70 年代得到了广泛应用。

层次模型结构简单，完整性好，但也存在某些缺点。例如，在该模型中只能采用自顶向下的查询方法，耗费的时间较长，复杂的查询算法不容易实现。此外，不是所有的信息模型都可以转换成树形结构，所以层次模型的应用范围有限。

2. 网状模型

层次模型查询的单向性限制了层次模型数据管理系统的发展，为此，专家研究出一种基于图结构的数据模型——网状模型，如图 8-2 所示。

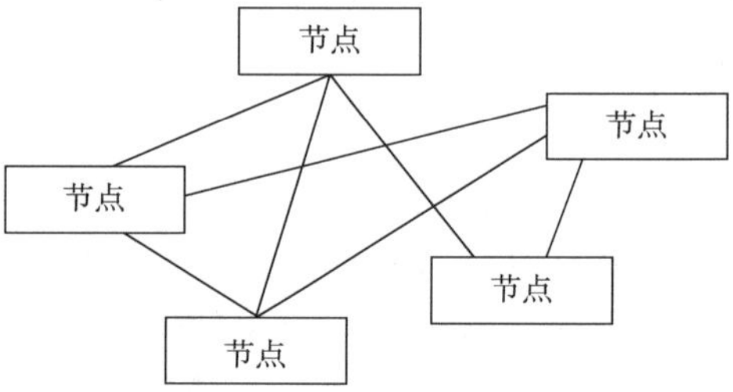

图 8-2　网状模型

网状模型能比较直接地描述客观世界，节点之间的联系，没有方向性，查询可以从任意一个节点开始，也可以向任意方向进行，存取效率高、性能较好。但是结构复杂，在计算机系统中实现比较困难。网状数据库的典型代表是 DBTG，该系统是美国数据系统语言协会下设的数据库任务组 DBTG 提出的一个系统方案，而不是一个实际的数据库系统。该方案提出了许多数据库的概念和原则，在该方案的基础上，20 世纪 70 年代产生了许多网状数据库，如 IDS/II、IMAGE/3000、IDMS、DMS1100 等。

3. 关系模型

关系模型（relational model）由 IBM 公司的研究员 E. F. Codd 于 1970 年首先提出，他发表了一系列论文，开创了关系方法和关系数据理论研究。关系模型是通过满足一定条件的二维表格（table）来表示实体集合及数据之间联系的一种数据模型，其中二维表格通常由行（row，也称为记录）和列（column，也称为字段）组成，如表 8-1 所示。

表 8-1　学生二维表

学号	姓名	性别	出生日期
3040465001	孙少华	女	1986-09-03

续表

学号	姓名	性别	出生日期
3040465002	王倩	女	1985-12-11
3040465003	王明华	男	1986-04-17
3040465004	姜涛	男	1986-03-21

关系数据模型具有以下优点。

（1）结构简单，易于理解，操作方便。

（2）表达能力强，能够处理多种信息模型，可以直接表示多对多的关系。

（3）使用灵活方便，易于实现复杂的查询。

（4）具有坚实的数学基础和较严密的理论。

由于上述优点，关系模型一经提出便得到了广泛的重视，数据库厂商纷纷投入大量的人力、物力研制关系数据库管理系统及相应的开发工具，到 20 世纪 80 年代，DB2、Oracle、Sybase 等关系数据库管理系统纷纷出现，开辟了数据库应用的新时代，目前大部分商业数据库都采用关系模型。

4. 面向对象模型

随着近年来面向对象技术的兴起，面向对象模型在数据库领域中日益显示出其强大的生命力，其中主要原因在于面向对象模型能够更好地描述复杂的对象并维护复杂的对象语义信息。面向对象模型中最基本的概念是对象（object）和类（class），其中对象是现实世界实体的模型化，与关系模型中记录的概念相似，但更为复杂，每个对象都有其属性和操作方法，具有相同属性集合和方法集合的所有对象组合在一起，就构成一个类。类的属性定义域可以是任意的类，因此类有嵌套结构。一个类可以从其父类中继承属性和方法，这样，在已有类的基础上定义新类时，只需定义特殊的属性和方法，而不必重复定义父类已有的内容，这有利于实现可扩充性。此外，面向对象模型的可维护性好，数据库设计者可以在尽可能少地影响现存代码和数据的条件下修改数据库结构。

面向对象模型不但继承了关系模型的许多优点，还能处理多媒体数据，并支持面向对象的程序设计。因此，面向对象数据库已成为目前数据库中最有前途的发展方向之一。

8.1.3 数据库管理系统

数据库管理系统是管理数据库和实现对数据库中的数据进行操作的软件系统，是介于数据库用户和操作系统之间的数据管理软件，一般具有以下功能。

（1）数据定义功能：数据库用户可以利用数据定义语言（data definition language，DDL）对数据库中的数据对象进行定义，包括数据的名称、类型、取值范围等。

（2）数据控制功能：数据库用户可以利用数据操纵语言（date manipulation language，DML）对数据库中的数据进行操作，包括数据的查询、插入、修改、删除等。

（3）数据库的建立与维护功能：数据库管理系统提供应用程序来完成初始数据输入与转换、系统性能监视与分析、数据库重组、资源调配等功能。

（4）数据库的运行与控制功能：数据库管理系统提供的运行与控制功能保证所有访问数据库的操作在控制程序的统一管理下，保证数据的安全性、完整性和一致性，保证多用户对数据库的并发使用。

数据库管理系统一般都是由专业的软件厂商研制、开发，目前常用的数据库管理系统有 Access、Oracle、SQL Server、DB2、Sybase、Informix 等。

1. Access

Access 是 Microsoft 公司推出的面向办公自动化、功能强大的关系数据库管理系统。自从 1992 年 11 月正式推出 Access 1.0 以来，Microsoft 公司一直在不断地完善增强 Access 的功能，先后推出了 Access 2.0、Access 97、Access 2000、Access 2003、Access 2007、Access 2010 和 Access 2016 等版本。

Access 是一个中小型关系数据库管理系统，采用事件驱动机制，使数据库的应用与开发更加便捷、灵活。Access 同时面向数据库最终用户和数据库开发人员，是一个典型的开放式数据库管理系统，既可以在单用户环境下工作，又可以在多用户环境下工作，具有完善的安全管理机制。Access 还内置了大量的函数和宏操作，为应用程序的开发提供了方便。

2. Oracle

Oracle 数据库管理系统是 Oracle（甲骨文）公司提供的以分布式数据库为核心的一组软件产品，最新的版本是 Oracle 12C。Oracle 是目前世界上使用最为广泛的数据库管理系统，采用客户机/服务器（Client/Server，C/S）体系结构，其主要特点如下所述。

（1）完整的数据管理功能：Oracle 可以容纳海量数据，并具有良好的共享性和可靠性，数据可以持久保存。

（2）兼容性好：Oracle 采用标准的结构化查询语言（structured query language，SQL），与 DB2、Sybase 等数据库产品兼容。

（3）支持多种平台：Oracle 可以运行在大部分硬件和操作系统平台上，从大中型机到微型计算机，从 Unix、Windows 到 Linux，Oracle 都可以发挥其强大的功能。

（4）网络功能强：Oracle 能与多种通信网络相连，支持 TCP/IP、DECnet 等多种网络协议。

（5）良好的安全保护措施：Oracle 采用快照 SNAP 方式完全消除了分布读写冲突，自动检测并解决死锁和冲突。

3. SQL Server

SQL Server 是 Microsoft 公司推出的数据库管理系统，目前最新版本为 SQL Server 2016。虽然 SQL Server 只能运行于 Microsoft 公司的 Windows 系列平台上，但由于其出色的性能和易用性，得到了众多用户特别是微机用户的大力支持，其特点主要如下所述。

（1）易于管理：通过 SQL Server 提供的企业管理器，数据管理人员能够在组织内的任何地方监视、管理和调整企业中所有的数据库和相关的服务。

（2）响应速度快：SQL Server 的事务处理量大，响应速度快，并能在数百乃至更多用户同时使用的情况下保持高性能。

（3）完整性高：SQL Server 在核心层实现了数据完整性控制，包括建表时申明完整性以及使用触发器机制来定义和应用有关的完整性。

（4）可用性高：数据镜像、故障转移集群、数据库快照和增强的联机操作等功能体现了 SQL Server 的高可用性。

4. DB2

DB2 是 IBM 公司的数据库产品，源于 System R。从 20 世纪 80 年代开始，DB2 始终在数据库市场占有相当地位，目前，DB2 系列产品包括 DB2 Universal Database、DB2 OLAP Server、DB2 Connect、DB2 Everyplace、DB2 UDB Data Warehouse Editions 等。DB2 具有以下特性。

（1）开放性：DB2 不但支持 Windows、Unix 及 Linux 等主流操作系统，而且全面采用业界标准，支持各种开发语言和访问接口，令系统集成更加顺畅，具有良好的开放性。

（2）集成性：IBM 采用业界领先的数据集成技术，提供复制、传输、高速缓存、XML、Web 服务及 Java 功能，帮助企业即时访问、集成、管理和分析存储于企业内外任何平台上的各类信息。

（3）安全性：DB2 具有良好的数据安全性和优异的稳定性，能够 24×7 全天运行。DB2 还具有高可用性灾备技术，可以在极短的时间内使关键应用得到恢复。

（4）扩展性：利用 DB2 数据分区部件实现横向扩展，可以支持多达 1 000 台服务器组成的庞大数据库群集，为构建企业级数据仓库提供坚实的技术基础。

8.1.4 数据仓库系统

根据 W. H. Inmon 对数据仓库的定义，数据仓库是面向主题的、集成的、稳定的、不同时间的数据集合，用于支持经营管理中的决策制定过程（Inmon，2003）。

著名的数据仓库厂商 SAS 公司则认为数据仓库是一种管理技术，旨在通过通畅、合理、全面的信息管理，达到有效的决策支持（SAS 软件研究所，1997）。

上述关于数据仓库的定义可以看出，数据仓库是为决策支持服务的，而传统的数据库是为事务处理服务的。从数据库发展到数据仓库的主要原因如下所述（陈文伟和黄金才，2004）。

（1）数据太多，信息贫乏：随着数据库技术的发展，企事业单位建立了大量的数据库，数据越来越多，而辅助决策信息却很贫乏，如何将大量的数据转化为辅助决策信息成了当前研究热点。

（2）异构环境下数据转换和共享的需要：由于各类数据库产品不断出现，形成了大量的异构环境，如何在这些异构环境下实现数据的转换和共享也成了研究热点。

（3）从事务处理到决策支持：数据库主要用于事务处理，要达到辅助决策，则需要更多的历史数据来进行分析和预测，对大量数据加以综合以得到宏观信息。

从数据仓库的定义中可以看出其具有以下特点。

（1）面向主题性：传统的数据库是面向应用的，而数据仓库是面向主题的，主题是数据归类的标准，不同类型的公司其主题集合是不同的。

（2）集成性：这是数据仓库最重要的特性。数据仓库中的数据来自不同的数据源，数据进入数据仓库之前，必须经过加工和集成，消除应用层的诸多不一致性，如字段的同名异义、异名同义、单位不统一、长度不一致等。得到的结果是所有存在于数据仓库中的数据具有单一物理全体映像（single physical corporate image）。

（3）稳定性：数据仓库中往往包含了大量的历史数据，这些数据通常以批量方式载入与访问，数据经集成进入数据仓库后基本不进行更新。数据仓库中的数据在进行装载时以静态快照的格式进行，当数据产生变化时，一个新的快照记录就会被写入数据仓库，这样在数据仓库中就保存了数据的历史状况。

（4）时变性：数据仓库中的数据是随时间变化的，每个数据单元都只是在某一个时间才是准确的，所以数据仓库中的所有记录都包含某种形式的时间标志，用以说明数据的历史时期。

数据仓库系统一般由数据仓库、数据仓库管理系统（data warehouse management system，DWMS）和分析工具三部分组成。

1. 数据仓库

数据仓库是在数据库的基础上发展起来的，但其组织结构和数据库有所不同。数据仓库中的数据被分成一些不同的层次，其结构组成如图 8-3 所示。

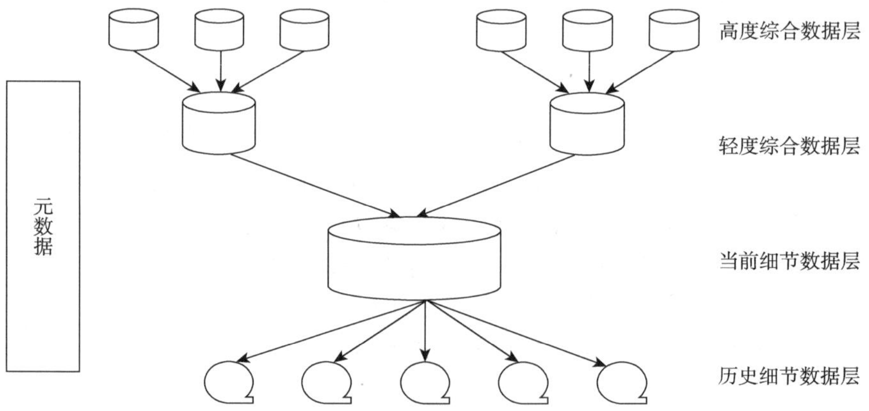

图 8-3　数据仓库的结构

从图 8-3 中可以看出，数据仓库包括当前细节数据（current detail data）、历史细节数据（older detail data）、轻度综合数据（lightly summarized data）、高度综合数据（highly summarized data）、元数据。其中当前细节数据指最近时期的事务数据，数据量大。随着时间的推移，当前细节数据由数据仓库的控制机制转为历史细节数据，一般存储于磁带、磁盘等外部存储介质中。轻度综合数据是从当前细节数据中提取出来的，包含一定的数据属性和内容。高度综合数据十分精炼，是一种准决策数据。整个数据仓库的结构是由元数据来组织的，元数据不包含任何业务数据库中的实际数据信息，它主要包括数据结构、用于综合的算法、从业务环境到数据仓库的规划等信息。

2. 数据仓库管理系统

和数据库管理系统类似，数据仓库管理系统主要负责数据仓库的定义、数据的获取与管理、数据的归档与维护、数据的备份与恢复等工作，由以下几部分组成。

（1）定义模块：定义模块用于定义和建立数据仓库系统，包括设计和定义数据仓库的数据库、定义数据来源、确定从源数据向数据仓库输入数据时的集成规则等。

（2）数据获取模块：数据获取模块用于把数据从源数据中提取出来，按照定义部件所定义的规则，抽取、转换和装载数据进入数据仓库。

（3）管理模块：管理模块用于管理数据仓库的工作，包括对数据仓库中数据的管理，将数据取出给分布的决策支持系统用户等。

（4）元数据模块：元数据是数据仓库的目录数据，包括技术目录、业务目录和信息引导器。

（5）DBMS 模块：数据库是数据仓库的存储基础，因此 DBMS 仍然是数据仓库管理系统的一部分。

3. 分析工具

由于数据仓库中的数据量很大，因此必须有一套分析工具来从数据仓库中提取各种辅助决策的信息，以完成决策支持系统的要求。数据仓库中的分析工具主要包括以下内容。

（1）可视化工具：以图形方式展示数据，帮助了解数据的结构、关系及变化情况。

（2）多维分析工具：通过多种可能的形式进行快速、一致和交互性的存取，方便用户对数据进行深入的观察和分析。

（3）挖掘工具：从大量数据中挖掘出有用的知识。

8.1.5　联机分析处理

联机分析处理（on line analytical processing，OLAP）是数据仓库系统中重要的数据分析工具，其概念最早由 E. F. Codd 于 1993 年提出。当时，随着企业数据量的急剧增加，联机事物处理（on line transaction processing，OLTP）已经不能满足用户对数据库查询分析的需要，决策分析需要对数据库进行大量的计算才能得到结果，而且查询的结果往往不能满足决策者所提出的需求。因此，Codd 提出了多维数据库和多维分析的概念，也即 OLAP 的概念。虽然 OLAP 并不是随着数据仓库的出现而出现的，但是在数据仓库中得到了广泛的应用①。

① http://www.olapcouncil.org.

1. OLAP 的定义

OLAP 是一种软件技术，它使分析人员能够迅速、一致、交互地从各个方面观察信息，以达到深入理解数据的目的，这些信息是从原始数据直接转换过来的，它们以用户容易理解的方式反映企业的真实情况。

近年来，随着人们对OLAP理解的不断深入，有些学者提出了更为简要的定义：OLAP是共享多维信息的快速分析（fast analysis of shared multidimensional information），这个定义体现了 OLAP 的五个特征。

（1）快速性：用户对 OLAP 的快速反应能力有很高的要求，一般来说必须在 20 秒内得到系统的响应。

（2）可分析性：OLAP 系统应能处理与应用有关的任何逻辑分析和统计分析，用户无须编程就可以定义新的计算方式，将其作为分析的一部分，并以用户希望的方式给出报告。

（3）共享性：OLAP 系统要符合数据保密的安全要求，即使多个用户同时使用，也能够根据用户所属的安全级别，让他们只能看到权限的信息。

（4）多维性：OLAP 系统必须提供对数据分析的多维视图和分析，包括对层次维和多重层次维的完全支持。

（5）信息性：不论数据量有多大，也不管数据存储在何处，OLAP 系统应能及时获得信息，并且管理大容量的信息。

2. OLAP 中的一些基本概念

为了对 OLAP 技术有更加深入的了解，下面简要介绍在 OLAP 中常用的一些基本概念。

（1）维：维是人们观察数据的特定角度，是考虑问题时的一类属性，如时间维、地理维、产品维等。

（2）维的层次：人们观察数据的某个特定角度（即某个维）时还可以存在细节程度不同的各个描述方面，我们称为维的层次。例如，从时间维来观察数据时，可以从日期、月份、季度、年等不同层次来描述，那么日期、月份、季度、年就是时间维的层次。

（3）维成员：维成员是指维的一个取值，是数据项在某维中位置的描述。如果一个维是多层次的，那么该维的维成员是由各个不同维层次的取值组合而成。例如，“2005 年 8 月 15 日”是时间维的一个维成员。

（4）多维数组：多维数组可以表示为（维 1，维 2，维 3，……，维 n，变量）。例如，假如商场销售数据是按时间、地区、产品组织起来的，加上变量“销售额”，就组成了一个多维数组（时间、地区、产品、销售额）。

3. OLAP 的数据组织

建立 OLAP 系统的基础是其数据组织的形式，OLAP 的数据组织包括关系数据组织

（relation OLAP，ROLAP）、多维数据组织（multi-dimension OLAP，MOLAP）、混合数据组织（hybrid OLAP，HOLAP）三种具体形式。

1）ROLAP

ROLAP 是一种基于关系数据库的 OLAP 数据组织形式，以关系数据库为核心，按照关系型结构进行多维数据的表示和存储。ROLAP 将多维数据的结构划分为两类表：维表和事实表，其中事实表存储数据和维关键字（键码），维表存放有关维的描述信息。

ROLAP 的处理流程为：用户通过客户端工具提交多维分析请求到 OLAP 服务器，OLAP 服务器动态地将这些请求转换成 SQL 语句执行，查询的结果经多维处理转化为多维视图返回给用户。

ROLAP 灵活性强，用户可以动态地定义统计或计算方式。此外，ROLAP 建立在技术相当成熟的关系数据库管理系统上，可以存储海量数据，通过使用索引和一些特殊的技术，提高查询的性能。但是，由于数据库中存放了大量的细节数据，综合数据相对较少，数据的预处理程度一般较低，所以 ROLAP 的效率较低，对用户的分析请求处理时间较长。

2）MOLAP

MOLAP 是一种基于多维数组组织的 OLAP 实现方式，以多维数据组织方式为核心，采用多维数组存储数据。MOLAP 在存储中将形成立方体（cube）的结构，主要处理技术有切片、切块、钻取、旋转等。

MOLAP 的处理流程为：数据经过提取、清洁、转换等步骤后提交给多维数据库，经过计算、合并等预处理后按一定的层次存入多维数据库中。用户递交分析请求给 OLAP 服务器，进行检索后将结果返回。

MOLAP 的优点在于其占用的存储空间较小，数据直接以多维方式存储，并以多维视图方式显示；数据经过预处理，综合速度高，能迅速地响应决策分析人员的分析请求，并快速地将结果返回给用户。但是，MOLAP 的灵活性较差，维结构的修改往往需要整个数据库进行重新组织。

3）HOLAP

HOLAP 是一种基于混合数据组织的 OLAP 实现，它集成了 ROLAP 和 MOLAP 的优点，既有处理大规模数据的能力，又可提供较快的响应速度。在 HOLAP 的实现过程中，一般是利用一个多维数据库存储高级别的综合数据，同时用关系数据库存储细节数据。

8.2 数据挖掘及文本挖掘技术

数据挖掘（data mining）是指从大量的数据中提取有用的信息和知识的过程。数据挖掘出现于 20 世纪 80 年代末，早期主要研究从数据库中发现知识（knowledge discovery in database，KDD）。1995 年在加拿大召开了第一届知识发现和数据挖掘国际会议，此后，“数据挖掘”这一概念就逐渐被人们广为接受了。该技术的诞生与发展将给情报学的多个研究领域，包括情报管理、情报分析、情报检索、情报服务等带来深刻影响。

8.2.1 数据挖掘的对象与功能

数据挖掘可以针对任何类型的数据源进行，包括关系数据库，也包括数据仓库、文本、多媒体数据、空间数据、时序数据、Web 数据等。

（1）关系数据库。关系数据库是数据挖掘的主要对象，关系数据库中的数据是典型的结构化数据，利用关联分析等技术可以发现数据库中隐含的知识和潜在信息。

（2）数据仓库。数据仓库可以说是数据库技术发展的高级阶段，是面向主题的、集成的、稳定的、不同时间的数据集合，用于支持经营管理中的决策制定过程。数据仓库中的数据在进入仓库之前，经过了加工和集成，为数据挖掘所需要的高质量数据提供了保证。

（3）文本。文本是以字符串形式表示的数据文件，面向文本的数据挖掘主要包括文本的特征提取、文本分类、文本聚类、文本摘要等。

（4）多媒体数据。多媒体数据包括图像数据、音频数据、视频数据等，多媒体数据挖掘主要包括特征提取、基于内容的相似检索、视频镜头的编辑与组织等。

（5）空间数据。随着遥感技术（remote sensing，RS）、地理信息系统（geographic information system，GIS）和全球定位系统（global positioning system，GPS）的发展，空间数据库的数据量飞速膨胀，迫切需要借助数据挖掘技术对这些数据进行及时有效的处理。空间数据挖掘主要包括空间关联分析、空间数据聚类、空间数据分类、空间趋势分析、光栅数据库挖掘等。

（6）时序数据。时序数据是指随时间变化的序列值或事件，对时序数据的挖掘可以发现事件的发展趋势、事物的演变过程等。时序数据挖掘主要包括趋势分析、相似性搜索、序列模式挖掘和周期模式挖掘等。

（7）Web 数据。Web 数据挖掘是指从与 WWW 有关的资源和行为中抽取感兴趣的、有用的模式和隐含信息。根据挖掘对象的不同，Web 挖掘可以分为 Web 内容挖掘、Web 结构挖掘和 Web 日志挖掘（韩家炜等，2001）。

一般来说，数据挖掘的功能与其目标对象的数据类型是相关的，某些功能只能应用在特定的数据类型上，而某些功能则可以应用于多种不同类型的挖掘对象。数据挖掘功能主要包括概念描述、关联分析、分类、聚类、偏差检测（deviation detection）、时序演变分析（temporal evolution analysis）等。

1. 概念描述

概念描述是通过对与某类对象相关数据的汇总、分析和比较，对此类对象的内涵进行描述，并概括此类对象的有关特征。概念描述分为特征性描述和区别性描述，其中特征性描述是目标类数据的一般特征或特性的汇总，而区别性描述是将目标类数据的一般特性与一个或多个对比类数据的一般特性进行比较。可以看出，前者描述的是某类对象的共同特征，而后者描述的是不同类对象之间的区别。

2. 关联分析

关联分析用于发现关联规则，所谓关联规则是指在大量的数据中所隐含的项集之间的关系以及项集的频繁模式。

设 $I=\{i_1,i_2,i_3\cdots,i_m\}$ 是一组项集，D 为事务 T 的集合，其中每个事务 T 都是一组项集，且 $T\subseteq I$。假设 X 是 I 中的一个项集，如果 $X\subseteq I$，则称事务 T 支持项集 X。关联规则是形如 $X\rightarrow Y$ 的蕴涵式，其中，$X\subset I$，$Y\subset I$，且 $X\cap Y=\Phi$。一般来说，一个关联规则以用四个参数进行描述：

（1）可信度设事务集 D 里支持项集 X 的事务中，有 c %的事务同时也支持项集 Y，c%则称为关联规则 $X\rightarrow Y$ 的可信度，简单来说，可信度就是指在出现了项集 X 的事务 T 中，项集 Y 同时也出现的概率有多大。

（2）支持度（support）。设事务集 D 中有 s %的事务同时支持项集 A 和 B，s%则称为关联规则 $X\rightarrow Y$ 的支持度，支持度描述了两个项集的并集在所有的事务中出现的概率。

（3）期望可信度（expected confidence）。设事务集 D 中有 e%的事务支持项集 Y，e%则称为关联规则 $X\rightarrow Y$ 的期望可信度，期望可信度描述了在没有任何条件影响时，项集 Y 在所有事务中出现的概率。

（4）作用度（lift）是可信度与期望可信度的比值，主要描述项集 X 的出现对项集 Y 的出现的影响程度。

在这四个参数中，最常用的是可信度和支持度，从上面的定义中可以看出：可信度可以用于衡量关联规则的准确度，支持度可以用于衡量关联规则的重要性，它说明了此条关联规则在所有事务中有着多大的代表性，支持度越大，关联规则越重要，应用越广泛。

关联分析一般分为以下两个过程。

（1）找出所有的频繁项集，根据上述定义，这些项集应满足最小支持度。

（2）产生关联规则，根据上述定义，这些规则必须满足最小支持度和最小可信度。

下面通过一个实例来加以说明（温嵘生和邱春兰，2007）。

举例 1：关联分析技术在图书馆文献借阅分析中的应用

本案例以某大学 2004 级材料工程专业学生 2005 年 3 月到 12 月期间图书借阅数据为分析对象，研究该专业学生在借阅专业书的同时是否存在借阅其他专业图书的趋势。从 OPAC 中查询得该专业学生在此期间共有 56 人借阅过本馆图书，以这 56 名学生所借图书为集合 T，每个学生所借的图书为 T 中的一条记录。具体记录集由于篇幅原因在此略去。

（1）找出频繁项集：对记录集进行整理，统计学生所借图书的中图分类号（细化到二级类目，如 TB3 等）。设置最小支持度为 10%，则可知 56×10%即出现频次大于或等于 6 次的类为频繁项集，如表 8-2 所示。

表 8-2 图书借阅频繁项集

类对	频次	类对	频次
{TB3，TP3}	17	{TG1，TP3}	14
{TG1，TQ1}	10	{TB3，TF8}	8

续表

类对	频次	类对	频次
{TG1，TF8}	7	{TG1，TP3}	7
{TG1，TU5}	6		

（2）产生关联规则：据统计记录集中 TB3 出现 50 次，TG1 出现 49 次，假设最小可信度为 15%，则可产生如表 8-3 所示关联规则。

表 8-3 图书借阅关联规则

关联规则	支持度/%	关联规则	支持度/%
TB3=>TF8	15.4	TB3=>TP3	34
TG1=>TQ1	20	TG1=>TP3	28.7
TG1=>TU5	23		

上述结果说明了 TB3（工程材料学）类图书分别与 TF8（有色金属冶炼）、TP3（计算技术、计算机技术）；TG1（金属学与热处理）类图书分别与 TQ1（无机化学工业）、TP3、TU5（建筑材料）存在知识上的较强关联，TB3、TG1 与 TP3 关联较强，说明本专业学生普遍有利用计算机类图书的倾向，这与通过对 OPAC 数据库对学生借阅图书信息进行一般性分析的所得结果相似；而值得关注的是材料类专业学生在利用 TG 类专业书籍的同时，存在较强的利用 TQ 类的电镀、表面处理类图书的倾向，这说明学生对掌握不同学科的交叉知识的愿望较为强烈。因此，图书馆在进行文献资源建设和开展读者服务工作过程中，必须充分考虑到不同学科之间的内在联系，为读者提供深层次的个性化服务。

3. 分类

分类是找出描述并区分数据类或概念的模型（或函数），以便能够使用模型预测类标记未知的对象类。其中模型可以用多种形式来表示，如分类（IF-THEN）规则、决策树（decision tree）、数学公式、神经网络等。

分类不仅可以预测数据对象的类标记，还可以用来预测某些空缺或未知的数据值，当被预测的值是数值数据而非类标记时，通常称为预测（prediction）。

目前有很多种分类方法，如线性回归方法、决策树方法、贝叶斯分类法、遗传算法、粗糙集（rough set）方法、模糊集方法等。判断分类方法的好坏，可以从以下几个方面进行。

（1）预测准确度：对非样本数据判别准确程度。

（2）计算复杂度：分类方法实现的时间和空间复杂度。

（3）模式简洁度：在效果相同的情况下，分类模式的简洁程度。

4. 聚类

聚类就是将数据对象分组成多个类或簇（cluster），在同一个簇中的对象之间具有较高的相似度，而不同簇中的对象差别较大。与分类不同，聚类是在事先不知道欲划定类的情况下对数据进行分析的。聚类的目的是根据最大化类内的相似性、最小化类间的相似性这一原则来合理地划分数据集合，把类似的事物组织在一起，并用显式或隐式的方法描述不同的类别。

聚类方法包括统计分析方法、机器学习方法和神经网络方法等。

5. 偏差检测

数据库中往往包含一些数据对象，它们与数据的一般行为或模型不一致，这些数据对象就是偏差，也称孤立点，偏差检测是指对数据库中的偏差数据进行检测和分析。

偏差包括很多隐含的知识，如分类中的反常实例、不满足规则的特例、观测结果与模型预测值的偏差、量值随时间的变化等。偏差检测的基本方法是寻找观测结果与参照值之间的差别，偏差检测的算法包括统计学方法、基于距离的方法和基于偏移的方法等。

6. 时序演变分析

时序演变分析是描述事件或对象行为随时间变化的规律或趋势，并对其建模。它主要包括时间序列数据分析、序列或周期模式匹配和基于相似性的数据分析。

8.2.2 数据挖掘方法

数据挖掘的方法有很多种，每种方法都有各自的特点和应用领域，目前应用较多的主要有统计分析方法、决策树方法、粗糙集方法、神经网络方法、遗传算法等。

1. 统计分析方法

统计分析（statistical）方法是通过对总体中的样本数据进行分析，从而描述和推断能够揭示总体中的内部规律的信息和知识的方法，统计分析既是一门独立的学科，又可以作为数据挖掘的一大类方法。常用的统计分析方法包括以下几种。

（1）常用统计方法：包括求最大值、最小值、总和、平均值等。

（2）相关分析方法：通过变量间的相关系数来确定其相关程度。

（3）回归分析方法：通过建立线性或非线性的回归方程来表示变量间的数量关系，再对未知数据或缺失数据进行预测。

（4）假设检验方法：在总体存在某些不确定情况时，提出关于总体的某些假设，再利用置信区间来检验这些假设，从而推断总体的某些性质。

（5）判别分析方法：通过样本建立一个或多个判别函数，并确定一个判别标准，对总体中的其他未知对象利用判别函数将它划归到某一个类别。

2. 决策树方法

决策树是一种用来表示人们为了做出某个决策而进行的一系列判断过程的树形图，其中内部节点表示在某个属性上的测试，分支表示一个测试输出，而叶节点代表类或类分布。

决策树方法起源于概念学习系统 CLS，然后发展到 ID3 方法，ID3 方法是利用信息论中互信息的概念来寻找数据库中具有最大信息量的字段，建立决策树的一个节点，然后根据字段的不同取值建立树的分支，再由每个分支的数据子集重复上述过程建立起树的下层节点和分支，这样就建立了决策树。ID3 方法应用非常广泛，后来又陆续开发了 ID4、ID5、CD4.5 等方法。

3. 粗糙集方法

粗糙集方法是一种研究不精确、不确定知识的数学工具。粗糙集的研究主要基于分类，分类和概念是同一的，一种类别对应一个概念，只是类别一般表示为外延即集合，而概念一般表示为内涵的形式，如规则描述。知识由概念组成，如果知识中含有不精确的概念，则该知识也不精确。粗糙集通过上近似（upper approximation）和下近似（lower approximation）这两个概念来描述不精确概念，一个概念（或集合）的下近似概念（或集合）是指其中的元素肯定属于该概念，而一个概念（或集合）的上近似概念（或集合）是指其中的元素可能属于该概念。

在数据库中可以将行元素看作对象，列元素看作属性，分为条件属性和决策属性。通常条件属性是描述事物特性的特征，比较容易得到；决策属性是事物的类别，是人们希望得到的。等价关系定义为不同对象在某个或某几个属性上取值相同，这些满足等价关系的对象组成的集合称为该等价关系的等价类。条件属性上的等价类 E 与决策属性上的等价类 Y 之间存在 3 种情况：①下近似：Y 包含 E；②上近似：Y 和 E 的交集非空；③无关：Y 和 E 的交集为空。对下近似建立确定性规则，对上近似建立含可信度的不确定性规则，无关情况则不存在规则。因此，粗糙集方法可以发现并定量描述事物特征与分类之间的对应关系。

4. 神经网络方法

神经网络是一个以有向图为拓扑结构的动态系统，通过对连续或断续方式的输入作状态响应进而处理。神经网络方法是仿生物技术的一种，在数据挖掘、自动控制等多个领域应用广泛。

神经网络的主要部分是神经元，它是一个多输入、单输出、非线性的元件，具有可塑性、传递强度可变等特征，其输出是多个输入综合的结果。在神经网络模型中，知识与信息的存储表现为神经元之间分布式的物理联系，分散地表示和存储于整个网络内各神经元及其连线上。每个神经元及其连线只表示一部分信息，只有通过各神经元的分布式综合才能表达出特定的概念和知识。由于神经网络中有大量的神经元，其中的联系也非常复杂，能够存储海量信息，使它具有很强的处理不确定性信息的能力。即使输入的信息不完全、不准确或模糊不清，神经网络仍然能够通过各种方法展示事物的完整图像，或是给出正确的推理结论。

5. 遗传算法

遗传算法是一种模拟生物进化过程的算法，它主要是对生物界自然选择和自然遗传机制进化过程的模拟。由于遗传算法的实用性、健壮性和优化的搜索方法，目前已经应用到大规模集成电路的设计、基因合成、经济规划、网络中的路由选择等多个领域。遗传算法在数据挖掘中的应用也越来越广泛，结合神经网络、决策树等方法，可以迅速有效地解决很多问题。

遗传算法将问题的求解过程看成一个在候选解空间寻找满足指定要求的解或最优近似解的搜索过程。遗传算法的重点在于适应规划和适应度量，其中适应规划用于指导算法在空间中的搜索，一般采用繁殖、交叉、变异等遗传算子（或称遗传操作），以及模拟自然过程的选择机制；而适应度量采用计算适应值的方法来衡量候选解的优劣。

8.2.3　文本挖掘技术

2011 年，英国《新科学家》（*New Scientist*）杂志遴选出了七项可能在未来十年对我们的生活产生重大影响的技术，其中第四项即文本挖掘技术（Giles，2011）。据统计，目前 80%左右的信息是以文本的形式来保存[①]，包括 Web 页面、在线新闻、研究报告、学术论文、Email 等。文本挖掘技术致力于从多种形式的海量文本中获取有用信息，成为当前的热点研究领域之一（Feldman and Sanger，2006）。

1. 文本挖掘的基本概念

文本挖掘是一个从大量文本数据中提取以前未知的、有用的、可理解的知识的过程（陈文伟和黄金才，2004）。这个概念最早出现于 20 世纪 90 年代末期，1998 年 4 月举行的第十届欧洲机器学习会议（The European Conference on Machine Learning，ECML）上，第一次出现了关于文本挖掘的专题讨论会。同年，我国在国家重点基础研究发展规划（“973”计划）首批实施项目中也包括了文本挖掘的内容。

文本挖掘可以视为数据挖掘的一种，或是数据挖掘在文本数据中的应用。相对于数据挖掘，文本挖掘的对象是半结构化或非结构化的文本，因此，传统的数据挖掘方法，如决策树、粗糙集、神经网络、遗传算法等不能直接应用到文本挖掘当中。此外，文本挖掘和传统的信息检索也有较大区别，主要体现在以下几个方面。

（1）目的不同：信息检索的目的在于帮助用户从大量的文本中找到满足其查询请求的信息；而文本挖掘的目的在于揭示文本中隐含的知识。

（2）动力不同：信息检索是目标驱动的，用户必须提出明确的查询要求；而文本

① 参见维基百科. 文本挖掘. http://zh.wikipedia.org/zh/文本挖掘. 2012-02-23.

挖掘是自身驱动的，用户无法预知挖掘结果。

（3）关注点不同：信息检索关注文本中的字和词；而文本挖掘关注文本的内容和结构。

（4）评价方法不同：信息检索的评价方法主要为查准率和查全率；而文本挖掘多采用置信度、简洁性、收益等指标。

尽管文本挖掘技术较信息检索出现要晚，但并非要取代信息检索，二者是相辅相成的。可以利用文本挖掘技术来提高信息检索的精度和效率，或重新组织检索结果以提高用户满意度，从而促进信息检索系统的发展。

2. 文本特征表示

和数据库中的结构化数据不同，文本往往是半结构化或非结构化的。即便具有一定的结构，也主要着重于文档的格式而非其内容。此外，文本的内容所使用的是人类的自然语言，计算机很难理解其语义。因此，挖掘前需要对文本进行预处理，抽取代表其特征的元数据，将其用结构化的形式保存，作为文本的中间表示形式。

在选择用于表示文本的特征项时，需要注意以下几点。

（1）特征项应能确实标识文本的内容。

（2）特征项应具有将目标文本与其他文本相区分的能力。

（3）特征项的数量不宜过多。

（4）特征项应易于分离。

目前常用的特征项有字符、词、短语或词组、概念等。相比较而言，词比字符具有更强的表达能力，而词和短语、概念相比，其抽取难度要小得多。因此，目前大多数文本挖掘系统都采用词作为特征项，称作特征词。这些特征词作为文本的中间表示形式，用来实现文本与文本、文本与用户目标之间的相似度计算。

向量空间模型是近年来应用较多且具有较好效果的表示文本特征的方法。在该模型中，文本集被看作是特征词所组成的向量空间，每个文本 d 表示为其中的一个特征向量，即

$$V(d)=\left[t_1,w_l(d);\cdots;t_i,w_i(d);\cdots t_n,w_n(d)\right] \qquad (8\text{-}1)$$

其中，t_i 为第 i 个特征词；$w_i(d)$ 为 t_i 在 d 中的权重，一般被定义为 t_i 在 d 中出现的频率 $f_i(d)$ 的函数，如常用的 TFIDF 函数：

$$w_i(d)=tf_i(d)\times\log\frac{N}{n_i} \qquad (8\text{-}2)$$

其中，$w_i(d)$ 表示第 i 个特征词在 d 中的权重；$tf_i(d)$ 表示词 t 在文本 d 中的出现频率，即 TF（term frequency），而反文档频率（inverse document frequenc，IDF）用于计算该词区分文档的能力；N 表示总的文本数；n_i 表示所有文本中包含词 t 的文档数。用 TFIDF 算法来计算特征词的权重是表示一个词在某个文本中出现的频率越高，同时在其他文本中出现的次数越少，则表明该词对于表示这个文本的区分能力越强，所以其权重就应该越大。

3. 文本分类与聚类

文本分类是指基于内容将文本自动分配给预定义的类别，可以分为基于词典的文本分类方法和基于训练集的文本分类方法。文本聚类是指将文本组成不同的类，使类内文本之间的相似性尽量大，而类间文本的相似性尽量小，文本聚类不同于文本分类，没有预先定义好的类别。目前文本聚类的方法主要有划分聚类法、层次聚类法等。文本分类和聚类的具体流程可参见本书 5 章 5.1 节中的自动分类聚类部分。

4. 主题提取

主题是反映文档内容特征的一个重要概念，从文本中自动提取主题，一直是文本挖掘的一项重要研究内容，主题提取可以分为关键词提取、主题概念的提取和主题句的提取。

关键词提取就是通过自动标引找到能反映文献主题概念的词或词组，在西语中，因为每两个词之间都有空格，并且具有可数的在文中不含实意的虚词，因此自动标引比较方便，具体的流程是：抽取关键词，然后进行词频统计，根据不同的位置赋予不同的权值并计算关键词的权值之和，从而确定标引词。但是，汉语信息不像西语那样在词与词之间有空格，构词方式灵活多变，书写形式也不统一，对于某一个句子，采用不同的分词方法可能导致完全不同的含义，所以汉语的自动标引比西文复杂很多，目前主要的方法有词典分词法、切分标记分词法、单汉字标引法、智能分词法等。

虽然目前的主题提取中针对关键词进行的操作占绝大多数，并且也取得了不少经验，通过对提取方法的不断改进，达到了较好的效果。但是，由于关键词之间是孤立的，不具备连贯性，无法有机地联系在一起，往往不能准确地表达文献的主题，而通过对关键词的处理，提取出主题概念，能够更好地概括文献内容。一般来说，主题概念的产生有三种方式。

（1）将两个或两个以上的关键词合成生成主题概念，这种方法一般用在文献的标题、文摘或是正文中的某些句子中含有多个关键词的情况。

（2）对关键词进行规范化处理，找到对应的主题词。然后直接将其上位词作为主题概念，对于在概念层次中没有同义词或近义词的主题词，可以采用此种方式。

（3）对关键词进行规范化处理后，假如其对应的主题词在概念层次中有若干同义词或近义词，且这些关键词出现在同一文献中，则将这些关键词进行聚类操作以产生类中心，将类中心作为主题概念。

主题词和主题概念提高了文献的检索效率，有利于用户快速地了解文献的大致内容。在主题词和主题概念的基础上进行进一步处理，提取出若干主题句，不仅能更好地反映文献主题，还是自动文摘的基础。

在实际的应用中，一般采用计算句子权重的方法来选择主题句，具体的实现过程包括以下形式。

（1）提取出若干主题相关词，并根据重要程度赋予不同的权值。

（2）依次计算文献中每个句子中所包含的相关主题词的权值之和。

（3）根据句子在文献中的不同位置，赋予不同的位置权值，一般来说，首尾两段和每段的首句可以赋予较高的权值，位置权值乘以相关主题词权值和就可以得到句子的总权值。

（4）为了减轻句子长度对主题句提取的影响，将上述方法得到的句子总权值除以句子的长度，得到最终的句子权值。

（5）将所有句子按照权值进行排序，顺序靠前且通过预先设定的一定阈值的句子即为文献主题句。

8.3 大数据及其处理技术

8.3.1 大数据的概念与特征

大数据是当今信息社会的热门话题之一。在信息科学中，数据可以被定义为所有能输入计算机并被计算机程序处理的符号介质的总称。随着数据量的急速增长，使用传统的工具或方法已经很难对这些数据进行有效分析。这种规模大到在获取、存储、管理、分析等方面大大超出了传统数据库软件工具能力范围的数据集合就被称作大数据。学术界通常用 4 个 V（即 volume、variety、velocity 和 value 的首字母）来概括大数据的特征。

1. 大规模

大数据的特征首先就体现为大规模（volume），数据度量单位从早期的 MB 到 GB、TB，甚至是 PB、EB。社交网络、移动电话、监控视频及各种智能终端等都在成为数据爆发性增长的来源。例如，2016 年每分钟全球发出 1.68 亿条 E-mail，Facebook 上更新超过 69 万条新状态，“双十一”淘宝和天猫每分钟产生 45 万条新订单。如此大规模的数据，迫切需要新的数据处理技术来进行统计、分析和预测。

2. 多样性

广泛的数据来源，决定了大数据形式的多样性（variety）。大数据大体可以分为三类。

（1）结构化数据：具有预先定义好的数据类型、数据格式和数据结构。例如，传统的关系数据库、电子表格或 CSV 文件中的数据。目前大部分的结构化数据可用二维逻辑表来表示。

（2）非结构化数据：数据结构不规则或不完整，没有预定义的数据模型，不便于采用二维逻辑表来表现的数据，如文本文件、图像、视频等。

（3）半结构化数据：介于完全结构化数据和完全非结构化数据之间的数据，这类数据一般是自描述的，数据的内容和结构结合在一起，没有明显的区分，如 XML 文件、html 文件等。

不同于传统的数据分析，绝大多数的大数据是非结构化数据或半结构化数据，因此需要采用有别于传统的技术和工具来进行分析，数据的多样性对大数据的处理能力提出了更高的要求。

3. 高速性

与以往的图书、报纸、广播等传统数据载体不同，大数据的交换和传播是通过互联网和云计算等方式实现的，其速度远远超过传统媒介，有很强的高速性（velocity）。和传统的海量数据相比，大数据对处理数据的响应速度有更高的要求。例如，搜索引擎要求几分钟前的新闻能够被用户检索到，城市的交通路况信息能够实时地反映到交通管理中心或 Google、百度的地图服务中。

4. 低价值性

在海量的数据中，有价值（value）的数据所占的比例很小，在一定程度上甚至可以说价值密度的高低与数据总量的大小成反比。例如，在数个小时甚至数天的视频监控中，有用的数据可能仅有一两秒。大数据最大的价值就在于从大量低价值的各种类型的数据中，通过多种机器学习或人工智能的方法挖掘出对未来趋势与模式预测分析有价值的信息或情报，发现新规律和新知识，并运用于教育、医疗、金融等各个领域，从而实现促进科学研究、提高生产效率、改善社会治理的目标。

8.3.2　大数据分析

在信息时代，数据处理变得更加容易、更加快速，高性能的计算机能够在瞬间处理成千上万的数据。但大数据的精髓并不在于处理数据的速度，而在于分析信息时的思维和方法的转变。著名的数据科学家维克托·迈尔-舍恩伯格（Viktor Mayer-Schönberger）在《大数据时代》一书中将这种转变概括为从样本分析到总体分析、从精确分析到近似分析、从因果分析到相关分析。

1. 从样本分析到总体分析

很长一段时间以来，因为记录、储存、处理和分析数据的工具所限，准确分析大量数据对我们而言都是一种挑战，样本分析应运而生。样本分析在数百年来的调查和研究工作中发挥了巨大的作用，但这只是一种在不可收集和分析全部数据的情况下的选择。样本分析本身存在许多固有的缺陷。首先，它的成功依赖于采样的绝对随机性。统计学家证明：样本分析的精确性随着采样随机性的增加而大幅提高，但与样本数量的增加关系不大。但是保证采样的随机性非常困难，一旦采样过程中存在任何偏见，分析结果就会相去甚远。其次，样本分析有一个预设前提，即样本中包含绝大部分所需要的信息。例如，在问卷调查中，问题必须在事前设计好。但在实际应用中，经常会有细节信息被忽略，从而影响样本分析的有效性。

样本分析的目的是用最少的数据得到最多的信息，但在大数据时代，随着技术的进步，虽然人类可以处理的数据依然是有限的，也永远是有限的，但是相比以往已经大大增加，而且未来会越来越多。因此我们现在经常会放弃样本分析这条捷径，选择收集全面而完整的数据，进行总体分析，即“样本=总体”。

此外，因为大数据是建立在掌握所有数据，至少是尽可能多的数据基础上的，所以我们就可以正确地考察细节并进行新的分析。在任何细微的层面，我们都可以用大数据去论证新的假设。社会科学的研究方法将在此过程中面临重大转变，以往的调查问卷和样本分析逐步被大数据分析所取代。由于大数据分析获取的是研究对象平常的状态，也就不用担心在做问卷调查和样本分析时可能存在的偏见了。

2. 从精确分析到近似分析

随着大数据时代的到来，使用所有可获取的数据变得更为可能。但是，数据量的大幅增加同时也会造成结果的不准确，与此同时，一些错误的数据可能也会随之而来。对“小数据”而言，减少错误、保证质量是最基本的要求。因为所收集的数据量比较小，所以必须确保记录下来的数据尽量准确。但随着数据量的增大，错误率也会相应增加；同时，在对来源不同的异构信息进行整合时，因为其格式的不一致性，也会加大数据的混杂程度。如果要确保数据的精确性与一致性，就需要在进行数据处理之前仔细地清洗数据，但这在大数据背景下很难做到。即使现在数据清洗工作通常已经占到了整个大数据项目工作量的50%以上，仍然无法保证数据的精确。

大数据时代要求我们审视精确性的优劣，因为拥有更大数据量所能带来的利益远远超过增加一点精确性，所以我们不会再花大力气去提升数据的精确性。相比依赖于小数据和精确性的时代，大数据因为更强调数据的完整性和混杂性，帮助我们进一步接近事实的真相。从精确分析到近似分析，这也是由“小数据”到“大数据”的重要转变之一。

举例：谷歌公司的机器翻译

2005 年，谷歌公司第一次参加由美国国家标准与技术研究所（National Institute of Standards and Technologies，NIST）组织的全球性的机器翻译测评，在所有的 4 项测评中，谷歌均明显领先于其他研究团队。其根本原因便在于谷歌使用了比其他研究团队多几千倍甚至上万倍的混杂型数据。正如其机器翻译项目负责部的负责弗朗兹·奥科（Franz Och）所言：“谷歌的翻译系统不会像IBM公司的Candide系统一样只是仔细地翻译 300 万句话，它会掌握用不同语言翻译的质量参差不齐的数十亿页的文档。”这些文档包括各种语言公司网站上的对译文档，也包括联合国和欧盟这些国际组织发布的官方文件和报告的译本，还包括各种翻译过的书籍。尽管其输入源很混杂，但相较于其他翻译系统而言，谷歌的翻译质量始终处于前列，且可翻译的内容更多。到 2012 年中，谷歌数据库涵盖了 60 多种语言，能够接受 14 种语言的语音输入，并有很流利的对等翻译。总结谷歌机器翻译的成功经验，不过于追求精确而是接受大数据的混杂性当为关键所在，正如谷歌公司人工智能专家彼得·诺维格（Peter Norvig）及其同事在《数据的非理性效果》（*The Unreasonable Effectiveness of Data*）中指出：“大数据基础上的简单算法比小数据基础上的复杂算法更加有效。”

3. 从因果分析到相关分析

因果分析是为了确定引起某一现象变化原因的分析，主要解决“为什么”的问题。相关分析则是研究现象之间是否存在某种依存关系，并对具体有依存关系的现象探讨其相关方向以及相关程度，主要解决“是什么”的问题。相关分析的核心是量化两个数据值之间的数理关系。相关关系强是指当一个数据值增加时，另一个数据值很有可能也会随之增加。相反，相关关系弱则意味着当一个数据值增加时，另一个数据值几乎不会发生变化。相关分析通过识别有用的关联物来帮助我们分析一个现象，而不是通过揭示其内部的运作机制，这是它与因果分析的本质区别。

相关关系分析本身意义重大，同时它也为研究因果关系奠定了基础。通过找出可能相关的事物，便可以在此基础上进行进一步的因果分析，如果存在因果关系的话，我们再进一步找出原因。这种便捷的机制通过严格的实验降低了因果分析的成本。此外也可以从相关关系中找到一些重要的变量，这些变量可以用到验证因果关系的实验中去。

在小数据时代，相关分析和因果分析一般都需要从建立假设开始，然后进行实验——这个假设要么被证实要么被推翻。但由于二者均始于假设，其分析就都有受偏见影响的可能，同时容易导致错误。此外，用于进行相关分析的数据很难获取并通常所费甚巨。但在大数据时代，可用的数据量大增，通过应用相关关系，我们可以比以前更容易、更快捷、更清楚地分析事物之间的联系。

此外，在小数据时代，由于计算能力的不足，大部分相关分析往往仅限于寻求线性关系，但实际情况可能远比我们所想象的复杂。在大数据时代，数据的增加，以及新的分析技术和工具的出现，数据之间的非线性关系也呈现于我们眼前，从而使我们看到了很多以前不曾注意到的联系，还掌握了以前无法理解的复杂技术和社会动态。在某种程度上，甚至可以说建立在相关分析基础上的预测是大数据的核心。

8.3.3 大数据处理技术与工具

如第 8.2 节所述，数据挖掘是指从大量的数据中提取有用的信息和知识的过程，可见大数据处理与数据挖掘之间存在着密不可分的联系，概念描述、关联分析、分类、聚类、回归分析、时间序列分析等数据挖掘技术同样可以应用于大数据处理中，由于这些技术在前面章节中已有介绍，此处不再重复。和数据挖掘不同，大数据处理更为重视海量数据的分布式存储与处理，常用的工具有 MapReduce、Hadoop 等。

1. MapReduce

MapReduce 最早是由谷歌公司研究提出的一种面向大规模数据处理的并行计算模型和方法，该项技术的设计初衷主要是为了解决其搜索引擎中大规模网页数据的并行化处理。但 MapReduce 可以应用于众多大规模数据的计算问题，随后谷歌公司进一步将其广泛应用于各种不同的算法和程序。2004 年，著名信息技术专家道格·卡丁（Doug Cutting）发现 MapReduce 正是其所需要的解决大规模 Web 数据处理的重要技术，在此基础上设计开发了一个名为 Hadoop 的开源 MapReduce 并行计算框架和系统，很快得到了全球学术界和工业界的普遍关注和推广应用。

MapReduce 的推出给大数据处理带来了革命性的影响，尽管还存在一定的局限性，但 MapReduce 已被公认为是到目前为止最成功、最广为接受和最易于使用的大数据并行处理技术，使其成为事实上的大数据处理的工业标准。基于 MapReduce 可以轻松地编写能够运行在由数千个节点组成的大集群上的应用程序，并以一种可靠的、具有容错能力的方式并行地处理 TB 级的海量数据集。MapReduce 可以将一个大任务分解为多个较小的任务进行并行处理，然后将每个任务的输出结果整合到最终结果中。

MapReduce 由两个基本部分组成：Map 模块和 Reduce 模块。其中 Map 模块负责“分”，即把复杂的任务分解为若干个“简单的任务”来处理，在这里“简单的任务”包含三层含义：一是数据或计算的规模相对原任务要明显缩减；二是就近原则，即任务应分配到存放所需数据的节点上进行处理；三是这些小任务可以并行计算，彼此间几乎没有依赖关系。Reduce 模块则负责对 Map 阶段的结果进行汇总。

MapReduce 主要有以下功能。

（1）数据划分和任务调度：MapReduce 可以自动将一个作业（job）中待处理的大数据划分为多个数据块，每个数据块对应于一个任务，并自动调度节点来处理相应的数据块，同时监控这些节点的执行状态，实现节点执行的同步控制。

（2）数据/代码互迁移：为减少数据通信，MapReduce 力图实现数据处理本地化，即一个节点尽可能处理其本地磁盘上所存储的数据，这就实现了代码向数据的迁移。当无法进行这种本地化数据处理时，再寻找其他较近的可用节点并将数据传送给该节点，即数据向代码迁移。

（3）系统优化：为了减少通信开销，数据在进入Reduce节点前会进行一定的合并处理。一个 Reduce 节点所处理的数据可能会来自多个 Map 节点，Map 节点输出的数据需做适当的划分处理，以保证相关性数据发送到同一个 Reduce 节点。此外，MapReduce 还具备性能优化处理功能，如对进度最慢的任务采用多备份执行、选最快完成者作为结果。

（4）出错检测和恢复：MapReduce 集群通常以大规模的低端商用服务器或个人计算机构成，节点硬件（CPU、磁盘、内存等）故障和软件出错很常见，因此 MapReduce 需要能检测并隔离故障节点，并调度分配新的节点接管故障节点的任务。同时，MapReduce 还采用多备份冗余存储机制提高数据存储的可靠性，并能及时检测和恢复出错的数据。

2. Hadoop

Hadoop 是 Apache 软件基金会于 2005 年发起的一个项目，它是一种分布式数据处理和计算框架，在大数据分析以及非结构化数据蔓延的背景下，Hadoop 受到了前所未有的关注。Hadoop 这个名字来自于其设计者道格·卡丁孩子的毛绒玩具大象，其项目图标也源自这只玩具大象。

Hadoop 框架最核心的部分是 HDFS 即 Hadoop 分布式文件系统和 MapReduce，其中 HDFS 为海量的数据提供了存储技术，而 MapReduce 则为海量的数据提供了计算方法。HDFS 由一个管理节点（name node）和多个数据节点（data node）组成，在使用上和我们熟悉的单机文件系统非常类似，一样可以进行目录和文件的创建、复制及删除等操作，但在底层实现上则是把文件切割成多个块（block），块的大小默认设置为 64M，但也可以在系统中进行修改。这些块分散地存储于不同的数据节点上，每个块还可以复制数份存储于不同的数据节点上，以达到容错容灾的目的。HDFS 采用块存储的方式使即使某个文件大于网络中任意一个磁盘的容量，数据块也可以利用系统中任意一个磁盘进行存储。此外，块存储的方式可简化存储管理，易于计算单个磁盘能存储的块的数量。

管理节点则是整个 HDFS 的核心，它记录了每一个文件被切割成了多少个块，这些块可以从哪些数据节点中获得，各个数据节点的状态等重要信息。管理节点对于 HDFS 的运行至关重要，它的损坏或不可用，将导致集群上的数据都不可用，从而造成 Hadoop 环境中的单点故障。为了将管理节点失效的几率降至最低并提高性能，管理节点通常被部署在专用机器上。Hadoop 最新版本提供了 HDFS 的高可用性（high available）特性，允许系统设置两个管理节点：一个处于活动状态，另一个处于待机状态。如果活动的管理节点出现故障，待机的管理节点便会进行接管。

和传统的文件存储与处理系统相比，Hadoop 具有以下优点。

（1）高可靠性：Hadoop 能够自动保存数据的多个副本，因此可以在某些计算机节点硬件或软件出现故障的情况下针对失败的节点重新分配处理。

（2）高扩展性：Hadoop 是在可用的计算机集群间分配数据并完成处理任务的，通过增加集群节点，Hadoop 可以轻松扩展以处理更大数据集。

（3）高效性：Hadoop 采用了独特的存储方式，能够在节点之间动态地移动数据，并保证各个节点的动态平衡，因此处理速度非常快。

（4）低成本：Hadoop 被设计为一个向外扩展的架构，为用户提供了极具成本效益的存储解决方案。此外，Hadoop 的开源特性使项目的软件成本也会大大降低。

8.4 情报支持技术

情报支持技术种类繁多，发展迅速。下面重点介绍多媒体技术和信息安全技术。

8.4.1 多媒体技术

媒体指的是信息传递和存储的最基本的技术和手段。按照国际电联（Internation Telecommunications Union，ITU）的定义，媒体有五大类：感觉媒体，主要是图形、图像、动画、语音、声音、音乐等；表示媒体，以图像编码、声音编码的形式来描述，它定义了信息的特征；显示媒体，主要是指表达用户信息的物理设备；存储媒体，主要是指存储数据的物理设备；传输媒体，主要是指传输数据的物理设备，如网络等。ITU 对多媒体的定义为：使用计算机交互式综合技术和数字通信网络技术处理多种表示媒体——文本、图形、图像和声音，使多种信息建立逻辑连接，集成一个交互式系统。因此，多媒体本身是计算机技术与视频、音频和通信等技术的集成产物。

多媒体技术主要涉及图像处理、声音处理、超文本处理、多媒体数据库、信息存储体、多媒体通信等多个领域，其关键技术主要包括以下几个。

1）数据压缩技术

在多媒体系统中，涉及的各种媒体信息主要是图形、图像、音频、视频等数据类型，这些数据所需要的存储空间十分巨大，为了使多媒体达到实用水平，除了采用新技术手段增加存储空间和通信宽带外，对数据进行有效压缩将是多媒体发展中必须要解决的关键技术之一。数据压缩技术为图像/视频和音频信号的压缩、文件存储和分布式利用、数据的安全和保密等提供了发展的基础，并在多媒体实用化热潮的推动下，不断丰富和更新图像压缩编码及语音编码的基本理论和方法，推出更新的编码技术与算法。

2）多媒体交互技术

多媒体交互技术在模式识别、全息图像、自然语言理解和新的传感技术等基础上，利用人的多种感觉和动作，以并行和非精确方式与计算机系统进行交互，可以提高人机交互的自然性和高效性。以三维、沉浸感的逼真输出为标志的虚拟现实技术是多媒体、多通道界面的重要应用目标。

3）多媒体信息检索技术

多媒体信息检索技术使多媒体信息检索系统、多媒体数据库、可视信息系统、多媒体信息自动获取和索引系统等应用逐渐变为现实。基于内容的图像检索、文本检索系统已成为近年来多媒体信息检索领域中最为活跃的研究课题。基于内容的图像检索是根据其可视特征，包括颜色、纹理、形状、位置、运动、大小等，从图像库中检索出与查询描述的图像内容相似的图像，利用图像可视特征索引可以大大提高图像系统的检索能力。

4）大容量存储技术

大容量存储技术为多媒体技术的推广应用提供了现实空间。以光存储器、光磁存储器为代表的新一代大容量存储设备，以其容量大、工作稳定、密度高、寿命长、介质可换、便于携带、价格低廉等优点，已成为多媒体技术发展、推广和应用不可缺少的支柱。

我国现阶段正从传统的计划经济向社会主义市场经济转变，原有计划体制下的部分情报研究工作正向着现代信息产业（information industry）过渡，情报研究人员面临的问题就是把握时代的脉搏、市场的需求，运用现代化的技术手段，提供高质量的信息产品。传统的纸型信息载体由于缺乏交互性和受容量限制等缺陷将逐渐被网络载体和光盘载体所代替。而无论采用网络载体或是光盘载体，多媒体技术都是制作信息产品的基础，好的内容加上富于吸引力的表现形式将是未来信息产品的主要特征（王军和韩志强，2001）。

8.4.2 信息安全技术

随着信息技术的发展与应用，信息安全的内涵不断得到扩展，从最初的信息保密性发展到信息的完整性、可用性、可控性、不可否认性等多个方面。信息安全技术种类繁多，发展迅速。下面重点介绍反病毒技术、防火墙技术、加密技术和数字水印技术。

1）反病毒技术

计算机病毒是指编制或者在计算机程序中插入的破坏计算机功能或者毁坏数据，影响计算机使用，并能自我复制的一组计算机指令或者程序代码。计算机病毒包括宏病毒、文件型病毒、引导型病毒、蠕虫病毒、脚本病毒等多种类型，一般通过拷贝或网络传播，如拷贝文件、安装软件、接收电子邮件、访问网站时都可能感染病毒。

反病毒技术包括病毒预防技术、病毒检测技术和病毒清除技术等。病毒预防技术通过常驻系统内存，优先获得系统的控制权，监视和判断系统中是否有病毒存在，一旦发现立即阻止病毒进入计算机系统。病毒检测技术是通过对病毒的特征进行判断的技术；病毒消除技术是通过对病毒的分析，开发出具有删除病毒程序并恢复原文件的软件。目前的防病毒软件往往同时具有病毒预防、病毒检测、病毒清除等多种功能，常用的防病毒软件有 Norton（诺顿）、Kaspersky（卡巴斯基）、RAV（瑞星）、McAfee、金山毒霸等。

2）防火墙技术

防火墙技术是通过对网络做拓扑结构和服务类型上的隔离来加强网络安全的一种手段，它所保护的对象是网络中有明确闭合边界的一个区域，它的防范对象是来自被保护区域外部的对网络安全的威胁。防火墙技术最适合于企业或机构的内网（intranet）。建立防火墙是在对网络服务功能和拓扑结构进行仔细分析的基础上，通过综合应用被保护网络专用硬件、软件及管理措施，对跨越网络边界的信息进行监测和控制。实现防火墙的主要技术有分组过滤和代理服务等。

3）加密技术

加密作为保障数据安全的一种方式，早已有之且历史悠久，可以追溯到公元前 2000 年。近代的加密技术主要应用于军事领域，最广为人知的编码机器是 German Enigma 机，在第二次世界大战中德国人利用它创建了加密信息。网络安全的需要使现代计算机加密技术应运而生，它为我们通过网络进行信息传输提供了安全保障，如在网络中进行文件传输、电子邮件往来和进行合同文本的签署等。

加密技术通常分为对称式加密和非对称式加密两大类。对称式加密就是加密和解密使用同一个密钥，通常称为“session key”，这种加密技术目前被广泛采用。例如，美国政府所采用的 DES 加密标准就是一种典型的“对称式”加密法。非对称式加密就是加密和解密所使用的不是同一个密钥，通常有两个密钥，称为“公钥”和“私钥”，它们两个必须配对使用，否则不能打开加密文件。这里的“公钥”可以对外公布，“私钥”则不能对外公布，只能由持有人一个人知道。对称式的加密方法如果是在网络上传输加密文件就很难把密钥告诉对方，因为不管用什么方法传输都有可能被别人窃听到。而非对称式加密有两个密钥，其中的“公钥”是可以公开的，也就不怕别人知道，收件人解密时只要用自己的私钥即可，从而解决了密钥传输的安全性问题。

4）数字水印技术

数字水印技术是通过一定的算法将一些标志性信息直接嵌到多媒体内容（图像、声音、视频等）当中，但不影响原内容的价值和使用。水印信息可以是作者的序列号、公司标志、有特殊意义的文本等，可用来识别文件、图像或音乐制品的来源、版本、原作者、拥有者、发行人、合法使用人对数字产品的拥有权。与加密技术不同，数字水印技术并不能阻止盗版活动的发生，但它可以判别对象是否受到保护，监视被保护数据的传播、真伪鉴别和非法拷贝，解决版权纠纷并为法庭提供证据。为了给攻击者增加去除水印的难度，目前大多数水印制作方案都采用密码学中的加密体系，在水印的嵌入、提取时采用一种密钥，甚至几种密钥联合使用。

此外，可视化技术、知识图示技术等也已成为当今情报支持技术，鉴于其专门化程度较高和技术性较强以及本书性质，这里不再具体展开。

习题和思考题

1. 试述数据库与数据仓库的联系和区别。
2. 目前文本聚类主要有哪些方法？试述其具体处理流程。
3. 关联规则是什么？怎样衡量关联规则的准确度和重要程度？
4. 试述大数据的主要特征。

参 考 文 献

陈文伟，黄金才. 2004. 数据仓库与数据挖掘[M]. 北京：人民邮电出版社.
韩家炜，Kamber M，裴健，等. 2001a. 数据挖掘：概念与技术[M]. 北京：机械工业出版社.
韩家炜，孟晓峰，王静，等. 2001b. Web 挖掘研究[J]. 计算机研究与发展，38（4）：405-414.
美国 EMC 教育服务团队. 2016. 数据科学与大数据分析[M]. 北京：人民邮电出版社.
苏新宁，杨建林，邓三鸿，等. 2002. 信息技术及其应用[M]. 南京：南京大学出版社.
苏新宁，杨建林，邓三鸿，等. 2003. 数据挖掘理论与技术[M]. 北京：科学技术文献出版社.
王军，韩志强. 2001. 多媒体技术发展现状及未来发展趋势浅谈[J]. 情报理论与实践，24（2）：145-147.
温嵘生，邱春兰. 2007. 基于 OPAC 信息库图书借阅数据关联挖掘分析与应用[J]. 情报杂志，（7）：61-63.
吴军. 2016. 智能时代[M]. 北京：中信出版社.
SAS 软件研究所. 2012-02-21. SAS 产品白皮书[EB/OL]. http://www.sas.com.
佚名. 2012-02-23. 文本特征提取方法研究[EB/OL]. http://blog.csdn.net/tvetve/article/details/2292111.
Inmon W H. 2003. 数据仓库[M]. 王志海，等译. 北京：机械工业出版社.
Feldman R，Sanger J. 2006. The Text Mining Handbook[M]. Cambridge：Cambridge University Press.
Giles J. 2011. The next wave[J]. New Scientist，28（12）：30-34.
Pendse N. 2012-02-21. What is OLAP? [EB/OL]. http://www.olapreport.com/fasmi.htm.

第9章

用户行为与情报服务

本章提要

强调以用户为中心的情报服务，说明其特点和对应的服务模式。阐释主要的用户信息行为模型，并系统介绍用户研究方法。现代情报服务内容主要包括面向学术的科技情报服务、面向企业的竞争情报服务和面向政府的决策情报服务三个方面，详细说明三类情报服务的具体要求。在情报 3.0 时代，依托数据挖掘、云计算及大数据技术，情报服务将面临新的机遇与挑战。

主要知识点

1. 以用户为中心的情报服务的内涵、特点和服务模式。
2. 用户信息需求的含义、主要的信息行为模型及用户研究方法。
3. 现代情报服务内容体系：科技情报服务、竞争情报服务、决策情报服务，以及对现代情报服务的具体要求。
4. 情报服务发展趋势：情报3.0时代的数据挖掘、云计算、大数据技术及智库建设。

9.1 以用户为中心的情报服务

随着情报服务业的竞争日益激烈，用户对情报服务的要求越来越高，情报服务机构不仅需要充分挖掘并满足用户的信息需求，还需要提高情报服务的质量，注重用户体验（user experience，UX）并为用户提供个性化服务，只有秉持以用户为中心的理念，才能在竞争中赢得用户的青睐。

9.1.1 以用户为中心的服务内涵

“以用户为中心”是相对于“以产品为中心”“以资源为中心”而言的一种新型情报服务理念，这是一种以满足用户需求为准则、以用户满意为最终目标的情报服务。具体而言，“以用户为中心”要求情报服务机构和人员对用户的需求与行为进行充分研究，在此基础上制定出具有针对性的服务策略，为不同的用户提供更便捷、更新颖、更有效的情报服务（岳全华，2017）。因此，以用户为中心的情报服务强调以用户个性化特征为导向的服务集成，在服务过程中形成出色的用户体验（周永红，2009）。

互联网的飞速发展使人们对信息的依赖程度不断增强，其信息需求与行为也表现出更为多元化的趋势；同时，信息的数量和种类已经远远超出了用户能够有效处理的范围，信息过载使人们陷入了深深的信息焦虑。信息可获取性的提高反而增加了人们获取信息的难度，这使情报服务工作变得更为重要，但也不得不面临更多挑战。以用户为中心的情报服务旨在促进情报服务机构和人员与用户之间的沟通与交流，便于准确把握用户的习惯、偏好及所处情境，从而提高服务效率，真正帮助用户解决问题或做出决策（周永红，2009）。在现代情报服务中进一步推广“以用户为中心”的服务理念是非常有必要的。

9.1.2 以用户为中心的服务特点

根据以用户为中心的服务内涵，可以发现以用户为中心的情报服务十分注重用户体验。根据国际标准组织的定义，用户体验是人们对一个产品、系统或服务的使用或预期的使用所产生的态度与反应（ISO，2010）。用户体验是产品或服务给用户带来的一种心理感受，这种感受包含了许多方面——价值、有用性、可用性、可查找性、可依赖性、可达性、可取性——这些方面彼此相互依存、不可分割[①]。最早提出“用户体验”的 Don Norman 曾担任苹果公司的产品架构师，目前该术语最常与产品（包括物理产品和数字产品）设计联系在一起。除了使用产品，人们在接受服务时也会形成体验，医疗、物流、购物、酒店等服务行业都越来越重视用户体验。

在情报服务领域，用户体验是用户与情报服务交互的客观反映，这就要求以用户为中心进行组织设计和服务提供。用户体验包括用户对情报可用性、功能性、内容性等方面的体验，具有交互性、个性化、动态性、诱导性、情感化等特征（邓胜利和张敏，2008；赵惟，2014）。用户体验不断从低层次向高层次发展，情报机构需要不断加强与用户的交互，通过各种手段提升用户体验，以最终实现情报服务的价值。

情报服务中的用户体验设计可以分为四个层次：①表现层，关注用户在接受情报服务的过程中对情报服务整体的感受与看法，通过对情报服务系统所展示的有形界面及元素的优化设计，保证用户获取信息时的优质体验。②结构层，主要实现信息资源在信息系统中的合理布局安排，包括对信息内容的组织、标引、导航和搜索系统的设计。③内容层，是指提供的服务内容要有针对性，能够满足目标用户的信息需求。④战略层，主要关注情报机构的服务目标以及服务对象的定位。其中，服务对象对情报服务的战略定位有重要影响，不同的用户群体特征应选用不同的服务方式（彭宏荣和陈明红，2008）。从以用户为中心的服务特点出发，可以识别出一系列相应的情报服务模式，将在 9.1.3 节中详细展开描述。

---

① http://semanticstudios.com/user_experience_design.

9.1.3　以用户为中心的服务模式

“以用户为中心”的服务理念已经渗透于各情报服务领域，包括科技情报服务、竞争情报服务、战略情报服务等。从情报服务实践来看，个性化服务和嵌入式服务已经成为实现以用户为中心的情报服务的两种主要模式。个性化服务模式打破了传统的被动服务模式，能够挖掘用户的潜在需求进行主动服务，并针对不同的用户提供不同的服务；嵌入式的服务模式充分考虑了用户身处的环境，以适当的方式将情报服务的各项内容融入用户的生活、工作、学习、社交等环境之中，实现信息的推送以及与用户的交互与协同。

个性化服务模式广泛应用于竞争情报服务、科技查新服务、书目推荐服务等领域，并结合领域特点形成了不同的服务形式框架。个性化竞争情报服务主要涉及竞争情报用户建模、竞争情报资源的个性化表示、竞争情报推送三个方面（陈婧等，2008）。个性化科技查新服务模式包括定题情报服务和专题情报服务，前者旨在为科研单位立题立项提供依据，后者则随时为科研人员提供所需的信息和情报资料（武静，2015）。书目推荐服务又称为书目导读服务，这是为了倡导全民阅读而出现的一种全新服务，根据用户个性化阅读需求提供书目推荐可以使阅读活动更具针对性，其形式多种多样。例如，搭建书目推荐平台、利用社交媒体开展互动式书目咨询服务、为用户个体提供定制推荐服务等（李春霞，2015）。

嵌入式情报服务模式强调服务的可见性和易用性，对参考咨询服务、科研支持服务、知识发现服务等产生了积极的推动作用。其包括：①嵌入式参考咨询服务建立在对目标用户精准定位的基础之上，根据其特殊的需求特点，依托多样化的参考咨询服务手段，构建嵌入用户信息环境的参考咨询服务渠道（李玲，2013）。②嵌入式科研支持服务，主要提供推荐新研究方向、数据挖掘与支撑、课题相关信息推送、研究管理与任务规划、课题推进中的困难解决、预测性或评价性情报研究等服务内容（邓菲和李宏，2013）。③嵌入式知识发现服务能够融入用户的科研环境，实现了基于多数据源的情报分析，利用知识图谱揭示复杂现象（杨志萍和陆颖，2013）。

9.2　用户信息需求与行为模型

了解用户、进行用户研究成为以用户为中心的情报服务机构不可忽视的重要工作，了解用户包括了解用户信息需求、信息行为模式，并会使用合适的研究方法进行用户研究，情报服务机构的用户研究对于其决策和发展都有着重要的意义。

9.2.1　信息需求

需求是能够引起人们思想和行为的一种内在动机状态，其作用方式类似于相信、怀疑、恐惧、期待等其他内在状态（Grunig，1989）。信息需求是由于人们对信息的不满足感而产生的，也是人类信息行为发生的前提。本节将围绕信息需求这一概念展开，选择相关文献中受到广泛引用的三种观点来阐释其内涵。

从 Taylor（1962）的“寻求答案”观点来看，信息需求可以分为以下四个层次。

（1）本能需求：未用语言表达出来的实际信息需求。

（2）意识需求：大脑已经意识到的信息需求，但是还不能正确地表达出来。

（3）正式需求：成形的信息需求，可以用有条理的、有逻辑的语言表达出来。

（4）折中需求：信息来源所能提供的信息与初始需求之间的折中（Taylor，1962）。

以上观点是最早也是最受认同的信息需求概念框架，包含了信息需求不断演化的四个阶段，而不是信息需求的四种类型。该概念框架首次承认本能需求的存在，有时人们表达出来的需求可能不同于感知到的需求，他们最后获取的信息也可能并不是最初想要的。从本能需求到意识需求、再到正式需求以及折中需求，这是一个有向的结构化交流过程，取决于交流双方的能力和知识水平，问题和答案之间是可以相互影响、相互塑造的，真实反映了人类信息需求的产生和形成规律。

Dervin（1983）提出了基于“意义建构”观点来理解信息需求。她认为，需求是一种状态，人们需要填补某种空白，而信息需求则意味着用以填补空白的东西是“信息”。每个人都是意义建构者，人们即使不能说出其真正的信息问题，也可以说出困扰或产生困扰的原因与背景。通过这种对困扰与时空的定位，信息提供者能够更有效地理解用户的信息问题。人们对自身所处情境产生的问题就是信息需求，他们脑海中存在着很多这样的问题。当旧的感知耗尽，他们就会对当前的情境产生新的问题。由于每个人都处于不同的时间和空间，他们所需的信息各不相同，因此其信息需求也具有个性化的特点（Dervin，1983）。因此，该理论认为用户信息需求是一个动态的对象，因而无法对某一个用户个体的信息需求规律做出具体的描述，只能在某个时空点上了解其信息需求状况。

此外，还有一批学者采取了“降低不确定性”的观点。20 世纪 40 年代的“信息理论”使人们普遍认识到信息与不确定性的关系（Shannon and Weaver，1949）。到了 70 年代，降低不确定性已经被看作是信息搜寻的根本动机。在大众传媒领域，Atkin（1973）对信息需求的定义比较具有代表性：信息需求是外在不确定性的函数，不确定性源自于个体对重要环境对象（人、事物、事件等）的确定程度与他期望达到的标准状态之间的感知差异。对于重要的对象，人们已有的知识状态和他们想知道的可能存在差异，因而他们总是在比较当前的知识水平和理想的目标状态，如果感知到不确定性，就会产生信息需求，进而做出信息搜寻的行为。

在信息行为领域，Belkin（1980）的“异常知识状态”假设具有十分广泛的影响力。根据 ASK 假设，用户对于特定主题或情境的知识状态可能出现异常，即他们意识到自己当前的知识状态不足以实现目标或解决当前问题，从而引发了信息需求。实际上，ASK 涵盖了 Taylor 的本能需求和意识需求，其最显著的特征在于用户无法明确表达自己的信息需求。该理论表明，因为用户无法精确表达自己的信息需求，所以不能单纯根据用户的表达或行为了解其需求，而需要深入其信息需求表达背后，了解其信息查找行为的根源，即其欲利用信息解决的问题（马费成和宋思梅，2011）。

Kuhlthau（1993）在信息搜索过程模型中也指出，不确定性是一种造成焦虑和缺乏自信等情感症状的认知状态，经常出现在搜索过程的初始阶段，不确定、疑惑、挫败感等心理感受往往与模糊的、不清晰的思维联系一起，用户希望在整个搜索过程中从不确定走向理解，但是其间也会经历不确定性的波动，直到形成阶段才会逐渐以自信取代不确定。

9.2.2 信息行为模型

20 世纪八九十年代见证了一系列信息行为经典模型的诞生。这些模型为用户研究提供了基础框架，它们以图表的形式做出陈述，旨在表现用户信息行为活动的前因后果以及各阶段的相互关系，并且为行为变化的预测提供理论依据，也为行为改进提供策略指引（Johnson，1997，Wilson，1999）。

1. *方法论模型*

方法论模型指的是从哲学的高度去理解整个信息搜寻行为的抽象框架，Dervin（1983）的意义建构模型和 Wilson（1999）的问题解决模型属于此类。

Dervin 的意义建构方法是一种用于理解交流、信息和意义的人为概念工具，可以对有序而又混乱的现实进行意义建构。意义建构理论的核心假设是缺口的存在，即实际情形和理想情形之间的差距。每个人都是通过时间和空间移动的实体，利用桥梁填补空白，得到特定的结果。Dervin 最初采用三角形来展现情境、缺口/桥梁、结果三者之间的关系（图 9-1a），后来采用的搭桥比喻则更为直观（图 9-1b）。

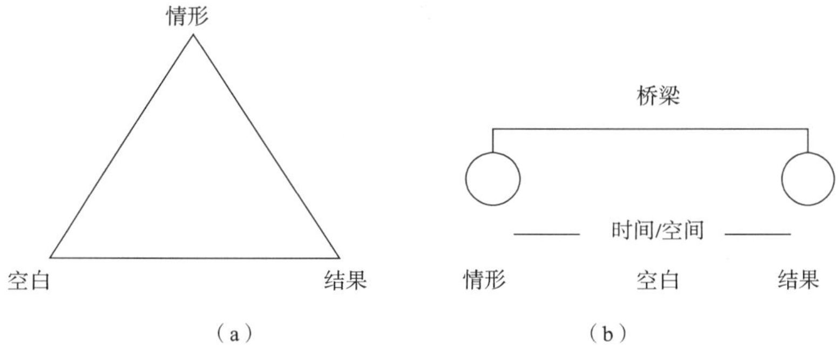

图 9-1 Dervin 的意义建构模型（Dervin，1983）

与 Dervin 的观点有所不同，Wilson（1999）认为信息搜寻是由不确定性引起的，而不确定性又来自于人们所面临的问题，因此解决问题、消除不确定性是信息搜寻的根本目的。不确定性是造成焦虑和不自信等情感表现的认知状态，是信息搜寻中普遍存在的负面因素。Wilson 将问题解决过程划分为包括问题的识别、问题的定义、问题的解决和解决方法的陈述四个阶段。每个阶段都对应着一定的目标：第一和第二阶段分别是为了确定问题的类型和本质，第三和第四阶段则分别是为了找到和展示问题的答案。从一个阶段到下一个阶段的转换是以不确定性的降低为前提的，如果某个阶段未能消除相应的不确定性，人们就需要回到上一阶段采取进一步的行动。这一问题解决过程如图 9-2 所示。

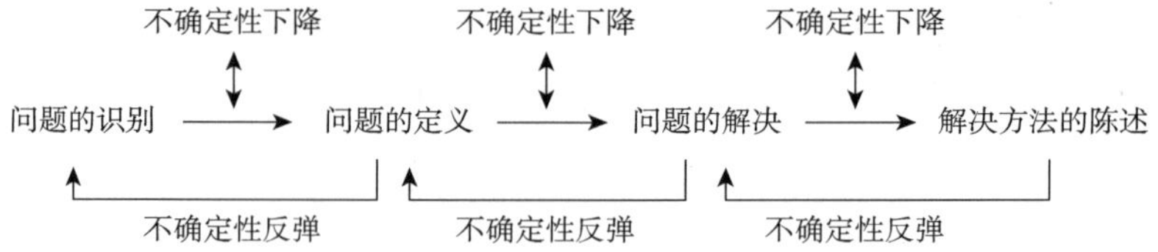

图 9-2 Wilson 的问题解决模型

资料来源：Wilson（1999）

2. Krikelas 的信息搜寻行为模型

1983 年，Krikelas（1983）构建了首个聚焦于信息搜寻行为的理论模型，具有十分重要的历史意义。当时他就特别强调了不确定性的作用，认为人们搜寻信息是因为意识到自己处于一种不确定的状态而试图将这种状态降低到可以接受的水平，工作或生活中的特定事件都可能带来不确定性。Krikelas 的模型（图 9-3）包含了信息收集、信息给予和信息搜寻三种行为活动。信息收集指的是接受刺激物并将其存储起来以便于需要时记起的活动，这种活动可能带有一定的目的性。例如，持续关注某科学领域内的最新研究进展，也可能是偶然的、缺乏方向性。信息给予则是指传播以书面、口头、可视化、可触知等形式交流的信息，这种活动可能发生在信息收集和信息搜寻的过程之中。

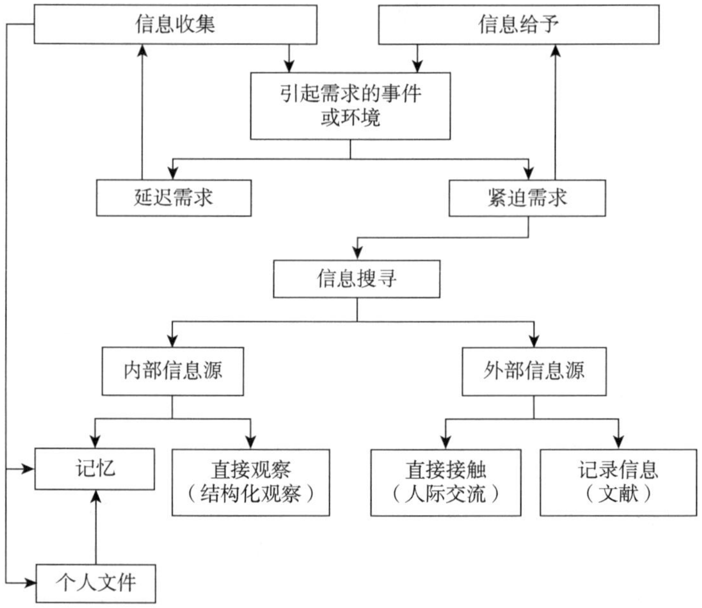

图 9-3 Krikelas 的信息搜寻行为模型

资料来源：Krikelas（1983）

从图 9-3 可以看出，人们在现实世界中所经历的很多事件或生活的环境都可能引起信息需求，信息收集旨在满足延迟需求，而需要即刻满足的紧迫需求则有赖于信息搜寻。信息搜寻从选择合适的信息源开始，包括内部信息源和外部信息源。内部信息源即个人自身，实际上人们解决很多问题所需的信息都已经存在于自己的记忆中，各种各样的个人文件系统能够起到加强记忆的作用；另外人们也可以通过观察外界收集信息，由于未与他人发生交互，因而也属于内部行为。外部信息源则是指他人，既包括直接的人际交流，又包括通过某种记录媒介（如传统的图书、期刊）交流信息。人们往往更倾向于前者，即将自己认识的、容易接触到的以及具备足够知识的个人当作信息源，只有当这些信息源无效时才会考虑后者。然而如今技术的发展已经模糊了这两者之间的界限，人们可以面对面或是利用电话、即时通信软件进行实时对话，也可以在短信、电子邮件、社交媒体中留言，同时实现了交流和记录的双重目的。

3. Bates 的信息搜寻模式模型

在“演进式搜索”理论中，Bates（1989）指出了真实搜索的两个重要特征。一方面，用户的查询式是在不断变化的，而且可能不止停留在用语的修改上，因为搜索时遇到的新信息会给他们带来新的想法，其信息需求也会发生动态的演进。另一方面，用户的信息需求并不是由一组最优的结果满足的，他们会在检索的每个阶段采集到一些有用的信息，将这些信息碎片串联起来才能实现总体的检索目标。形象地说，演进式搜索遵循了“一次一点”的采莓模式，如图 9-4 所示。采莓可以理解为反复查询，每次查询可能带来一些有用的文档或信息，为用户提供各种各样的线索，帮助他们通过不断地思考实现查询式和搜索过程的双重演进。将所有的查询连接起来会产生一条曲折向前的路径，该路径可能包含重大的转折，但是一般不会超出用户所感兴趣的知识范畴。

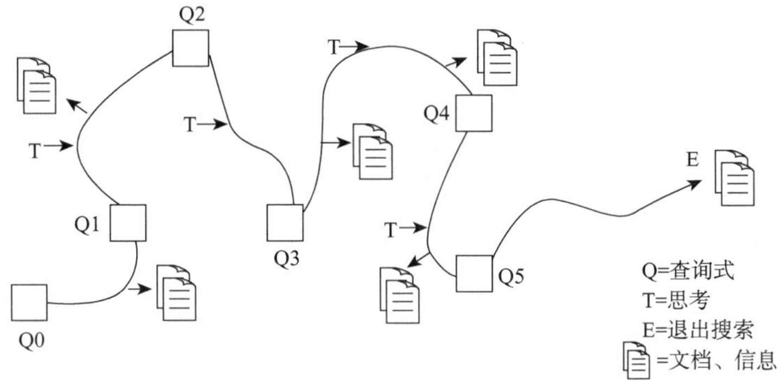

图 9-4　Bates 的演进式搜索采莓模型

资料来源：Bates（1989）

在描述采莓模式时，Bates（2002）还特别将其与浏览模式区分开来。信息搜寻相关文献中对于浏览的界定一直都存在着一些分歧，有人认为浏览与搜索相对，具有不确切性和探索性，也有人认为浏览是搜索的重要组成部分，甚至将其称为半结构化搜索。Bates 同意将浏览看作是独立的信息搜寻模式，搜索系统的设计应该考虑支持多种模式。后来她专门创建了信息搜寻模式模型（图 9-5），基于主动性和方向性这两个维度划分出搜索、浏览、注意和追踪四种模式。主动性指的是用户是否积极投入时间和精力去获取信息，分为主动和被动两种情况；方向性则是一个连续的概念，从无向到定向，表示信息搜寻目标从模糊到明确。

	主动	被动
定向	搜索	追踪
无向	浏览	注意

图 9-5 Bates 的信息搜寻模式模型
资料来源：Bates（2002）

4. Ellis 的信息搜寻行为模式模型

Ellis（1989，1993）先后针对社会学家、物理学家和化学家及业界工程师和研究科学家（Ellis 和 Haugan，1997）开展了一系列实证研究，采取扎根理论方法分析了他们的信息搜寻行为，发现复杂的行为模式实际上是由少数几种活动构成的，这些活动如下所述。

（1）启动：对信息的初步搜索。
（2）链接：跟踪资料之间的参考关系，如引用。
（3）浏览：在具有潜在价值的领域内进行半定向的搜索。
（4）辨别：利用信息源之间的差别过滤掉性质和质量不符合要求的资料。
（5）追踪：通过关注特定的信息源保持对领域发展的了解。
（6）抽取：在选定的信息源中系统地查找有价值的资料。
（7）验证：检查信息的正确性。
（8）结束：在接近尾声的时候搜寻额外的信息，弥补不足。

其中，前六种活动源自于最早对社会学家的研究，后两种则是在后续研究中得到的。很显然，Ellis 的关注点在于可以观察易于描述的行为，有别于当时更为盛行的认知视角。他曾强调，不应该将以上活动看作信息搜寻过程的各个阶段，它们的关系比较抽象，对于反映特定的行为模式更有意义。但是后来 Wilson 在回顾 Ellis 的研究贡献时将这些活动表示为依次发生的阶段，形成了如图 9-6 所示的图解模型（Wilson，1999）。

图 9-6 Ellis 的信息搜寻行为模式模型
资料来源：Wilson（1999）

5. Kuhlthau 的信息搜索过程模型

Kuhlthau（1988）提出的信息搜索过程描述的是心智层面上的意义搜寻过程。她尤其强调，人们为了应对复杂任务需要依次对这些阶段进行建构和学习，在各个阶段除了采取一定的行动，其思维和感受也会随之发生变化。

（1）启动：意识到自己缺乏知识和理解，经常会感到不确定和焦虑，思维也比较模糊。

（2）选择：识别有待了解的大致领域或主题，并且根据个人兴趣、任务要求、时间分配和信息的可获得性等标准选择探索问题的方法，此时乐观情绪可能暂时取代不确定性，也准备好开始进行搜索。

（3）探索：查找与问题相关的信息，在新信息和已有知识间建立联系，希望能够尽快找到方向，此时很容易产生困惑、不确定、怀疑等情绪。

（4）形成：在探索得到的信息中找到重点，形成个人的观点，思维变得越来越清晰，不确定感觉逐渐消失，而自信心逐渐增强。

（5）收集：针对中心问题收集关键的相关信息，此时已经找到明确的方向，自信心进一步增强，能够与信息系统进行有效的交互。

（6）报告：完成搜索、解决问题，能够将对问题的新理解陈述出来或是加以应用，此时无论是否满意结果都有一种如释重负的感觉（Kuhlthau，1988）。

如图 9-7 所示，Kuhlthau 的信息搜索过程模型最显著的特点在于表现了行为、认知和情感三者的相互作用，而将情感方面影响因素引入信息搜寻行为研究也是她的重要贡献之一。根据不确定性原则，焦虑、不自信等情感状态通常都是由不确定的认知状态所引起的，人们在信息搜寻过程的早期阶段一般都会产生困惑、沮丧等负面情绪，与之关联的是他们对问题的模糊理解，而随着这一过程的推进，人们知识水平的提升会使其思维和感受都朝着积极的方向发展。

任务	启动	选择	探索	形成	收集	报告
感受（情感）	不确定	乐观	困惑、沮丧、怀疑	清晰	方向感、信心	满足或失望
思维（认知）		模糊 ——→	——→ 兴趣增强 ——→	——→	具体	
行动（行为）	搜寻相关信息、搜索 ——→	——→	——→	——→	搜寻紧密相关信息、记录	

图 9-7　Kuhlthau 的信息搜索过程模型

资料来源：Kuhlthau（1988）

6. Wilson 的信息行为模型

早在 1981 年，Wilson（1981）就提出了反映信息行为的全局模型（图 9-8）。根据该模型，信息搜寻行为的发生是因为信息用户感知到了信息需求。为了满足需求，用户会诉诸正式的或非正式的信息源或信息服务，从而可能成功获取相关信息，也可能失败。接下来用户会使用所获得的信息去满足最初感知到的需求，如果需求未能得到满足，用户就必须重复这一搜索过程。这一模型还表明，其他人可能通过信息交换参与到用户的信息搜寻行为中，而用户所获得有用信息也可能传递给其他人。与其他以信息搜寻行为为中心的模型不同，Wilson的信息行为模型首次关注了信息使用、信息交换和传递等方面，但忽略了导致信息行为的诸多因素。

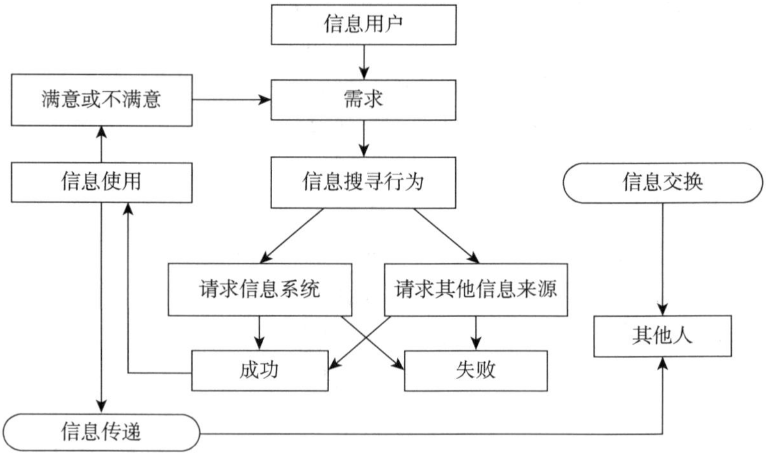

图 9-8 Wilson的信息行为模型

资料来源：Wilson（1981）

1997 年后，Wilson 借鉴决策学、心理学等领域的研究对以上模型进行了重大修改，加入了触发机制和干预变量（图 9-9），并明确了信息搜寻行为的内涵。新模型仍然以信息需求环境和处于环境中的人为核心，并将信息搜寻行为和信息处理与使用当作反馈循环的必要组成部分，不同的是通过三个相关理论对信息搜寻行为的发生进行了解释。其中，压力/应对理论可以解释为什么有的需求并没有触发信息搜寻行为；风险/奖励理论可以解释为什么有的信息源比其他的更受青睐；而社会学习理论中包含了“自我效能感”这个概念，即能够成功实施行为取得预期结果的信心。就信息搜寻行为模式而言，Wilson（1997）认为除了主动搜索外还应该包括被动注意、被动搜索及持续搜索。当然，该新模型反映的依然是宏观的信息行为，对于触发机制和干预变量的扩展有利于研究假设的提出。

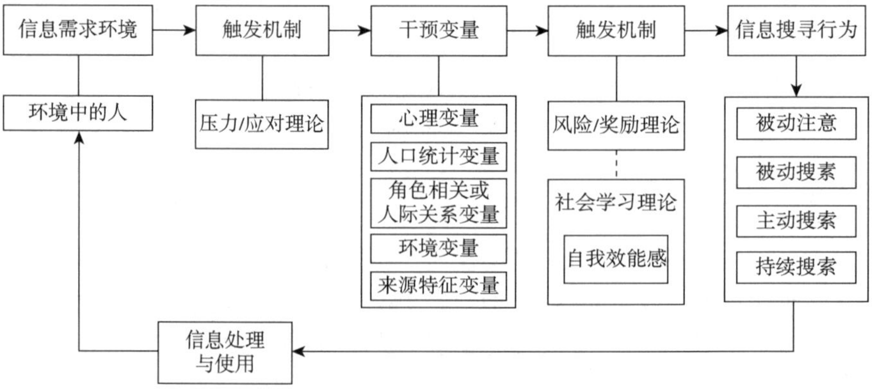

图 9-9 Wilson的信息行为模型

资料来源：Wilson（1997）

9.2.3 研究方法

尽管 20 世纪初就出现了零星的相关研究，学者普遍认同信息行为领域到 40 年代才逐渐进入萌芽阶段。1948 年在英国召开的“皇家协会科学信息会议”上，Bernal 报告了他利用多种形式的问卷了解科学家的文献阅读行为，这可能是最早的“用户研究”（Bernal，1948）。1959 年在美国召开的“科学信息国际会议”上出现了更多与信息使用相关的论文，主要考察科学家对期刊、图书馆、专利、摘要和索引服务等文献资源的使用情况，旨在为信息服务和检索系统的开发提供参考。这些相关论文基本上都属于用户研究，它们所采取的研究方法以自填问卷和访谈表为主，因而其研究数据和结果都是以定量形式呈现的。

进入 20 世纪 70 年代，用户研究的对象逐渐从科学技术领域转变到社会科学领域。英国学者的研究项目“社会服务部门的信息需求和使用”对社会服务部门的社会工作者和管理者开展了长期观察，该过程中不仅采集到了大量的定量数据，还采集到了定性数据，这也使人们开始意识到将定性方法应用于用户研究的必要性。然而，这一时期的用户研究仍然是以信息系统或服务为中心的。例如，调查用户使用图书馆的情况是为了了解图书馆作为信息传播渠道的有效性，研究结论可以为其发展实践提供依据，因此以往的研究具有较强的实用性。直到 20 世纪八九十年代，用户研究的核心才转移到用户自身上来，研究人员开始关心人类作为信息行为主体的特征，突出了研究的学术性。

在过去的 1978~2008 年时间里，信息行为研究表现出明显的多样化特征，研究主题和背景不断更新，随之而来的是新方法的引入和传统方法的革新，多种方法的组合使用已经成为信息行为研究的重要趋势（Vakkari，2008）。本节下面将对常见的用户研究方法进行简要介绍。

1）问卷法

问卷是由参与者自行回答预设问题的调查方法（Savage and Burrows，2007）。基于问卷方法的研究一般都体现出调查研究的典型过程，包括确定研究目标和形式、抽样、创建问卷表格、招募参与者、分发并回收问卷、分析数据、报告结果等阶段（Brace，2004）。印刷问卷是问卷的传统形式，通过邮寄的方式发送给符合条件的人，其不足之处在于回收周期长、回收率低。近年来，问卷在信息行为研究中的应用大多采取在线分发的形式，效率高、成本低、样本分布广泛（Sue and Ritter，2012）。在线问卷可以通过电子邮件发送，也可以使用专业的问卷调查服务，如 SurveyMonkey（https://www.surveymonkey.com/）和问卷星（http://www.sojump.com），这些服务提供的模板能够帮助研究人员快速创建问卷，其数据分析功能可以基于参与者的回复自动实时生成描述性统计结果及相关图表，方便研究人员做进一步分析（Creswell，2013）。

2）访谈法

与问卷一样，访谈也是以问答为核心的研究方法，但两者的优势分别在于广度和深度（Lazar et al.，2010）。同样的问题在问卷中可能只会得到很简短的回答，但在访谈中可以探讨得很透彻，因为口头对话让访谈对象享有较大的自由度，允许他们充分表述自己的理解和思考，很少受到篇幅限制，而研究人员在聆听的过程中可以随时发现有价值的言论并据此提出后续问题，同时留意访谈对象的非语言反应，如表情、语调、动作等。当然，访谈的灵活性也对研究人员的提问技巧和控制能力提出了更高的要求，而访谈后期的数据处理和分析工作也更加耗时、复杂（Rubin and Rubin，1995）。

开展访谈有很多种方式，根据交互媒介的不同可以分为面对面访谈、电话访谈和网络访谈（如利用电子邮件和聊天工具），从访谈对象的数量上讲又可以分为个人访谈和小组访谈（即焦点小组），但更为重要的特征在于访谈的结构。按照结构化程度由高到低依次有全结构化访谈、半结构化访谈、非结构化访谈（Brinkmann，1995）。

3）焦点小组法

焦点小组是经过正式组织、严密规划的讨论小组，小组成员聚集到一起，针对特定主题展开讨论，分享想法和观点（Marczyk et al.，2005）。自 20 世纪 30 年代开始，社会学家就注意到个人访谈的不足之处，1956 年 Merton 等发表了《焦点访谈》一书，焦点小组方法初步形成，但是在很长一段时间内未能引起学术界的重视，反而得到了商业市场研究的青睐，直至 20 世纪 80 年代才开始在学术研究中得以广泛应用（Bloor，2001）。

焦点小组的一般步骤为：①招募 6~10 位参与者，他们都具有与研究相关的某些特征；②在自由、轻松的氛围中对一个具体的主题进行讨论，整个过程由主持人负责按事前设计好的提问路线来推进（Puchta and Potter.，2004）；③一项焦点小组研究至少需要 2~3 个小组，有利于充分收集观点，也可以实现组间的比较或对照（Krueger and Casey，2000）。

与个人访谈相比，焦点小组最大的特点就是参与者之间的动态交互（Taylor et al.，2015），他们不仅需要表述自己的观点，还需要设法说服持不同观点的人，从而产生更多具有说明、解释作用的言论，这比观点本身更有价值。同时，小组讨论让参与者有更多机会相互启发，前面的言论为后续的讨论提供了方向、线索、背景，这样有利于他们打开思路，对其他人的看法和经历形成更深层次的理解（Morgan，1997）。

4）日记法

日记是一种基于时间抽样的自陈方法，一般也与其他方法一起使用（Case，2012）。参与者在目标事件发生时对其进行记录形成日记，记录的内容可以是对事件的简单描述、解释甚至是他们的个人看法（Alaszewski，2006）。参与者在日记研究中通常都需要根据预设的问题来提供日记条目，而不是自由记录，同时他们可能需要在研究指定的或是收到提醒的时间点上进行记录。他们在记录时所用到的工具包括纸笔、移动电子设备、在线日记研究工具等（Lazar et al.，2010）。

日记可以分成两种：反馈日记和引导日记。前者是数据采集的结果，是参与者根据研究要求提供相关反馈，强调的是研究人员所关心的事件，对于如何记录、何时记录等都提出了清楚的要求，因而其内容往往更加准确、客观；后者是数据采集的中间环节，目的在于获得一些关注点，用于在后续的访谈中引导参与者对这些关注点进行扩展，强调的是参与者所关心的事件，按照他们认为合适的方式进行记录，从而反映了他们的感受和观点（Carter and Mankoff，2005）。

与问卷、访谈等方法相比，日记特别适合于捕捉动态性强、容易发生变化的信息（如情绪、感知）以及一些不易察觉的隐性信息（如用户没有点击特定链接的原因）

（Alaszewski，2006）。由于事件的发生和记录之间时间间隔很短，参与者对于细节的记忆还很清晰，有利于降低个人偏见的影响，从而提高信息的准确性。有的现象无法通过受控环境中的实验或是自然环境中的观察来研究，也只能诉诸日记方法。

5）实验法

在实验研究中，研究人员通常会抽取一定数量的样本，并人为控制所有其他因素对结果的影响，旨在探索客观事实发生的原因，揭示具有解释意义的因果关系（Creswell，2013）。实验研究一般都从提出假设开始。假设是关于自变量和因变量之间因果关系的陈述，即自变量是否以及如何给因变量带来改变。实验研究是否能够获得正确有效的结果取决于实验设计，即对条件、对象和分组这三个要素的设计。

实验法分为受控实验和现场实验，前者指试图控制所有的外部因素来确定行为是否以及如何随研究所关注的因素发生变化，可是这样既难以实现又无法得到具有现实意义的结果；后者指实验条件并不是控制得到的，而是自然形成的，实验环境趋于真实世界（Leary，1991）。虽然实验法在用户中获得了广泛的应用，但是人们普遍认为，构建合理的实验假设以及做到严格地控制影响因素都是十分困难的，而且在实验室的模拟环境中进行实验很有可能造成霍桑效应（Hawthorne effect），即实验参与者会因为作为观察对象的压力、处于不同的环境，甚至是物质奖励而做出和自己平日里不一样的行为（库涅夫斯基，2010）。

6）内容分析法

内容分析法是基于结构化的研究手段和系统的研究设计，目的在于从文本中做出可复制的、有效的推理（Neuendorf，2002）。内容分析中的文本不仅仅指书面或口头文字，还泛指所有可以用来传递信息的客体，包括文字、声音、图像等一切可观察的交流产物，有的是实物，有的是数字化的（Fairclough，2003）。

内容分析方法主要包括以下三种方式：①基本内容分析。基于字词的频率或是段落的使用来确定特定内容的相对重要性，从而实现数据的描述和组织。②解释内容分析。类似于主题分析，分析不仅关注显性内容，即明确表现在信息中的内容，也关注隐性内容，即隐藏于信息中的主题和意义。③定性内容分析。遵循一定的分析规则和步骤模型，不追求量化，试图在反馈循环的编码过程中将大量内容划分到明确合理的类别中并不断修改完善，以保证其可靠性和有用性。

内容分析的过程一般由六个阶段组成，包括单元化、抽样、记录/编码、归纳、溯因推理和陈述。这些阶段不一定按照线性顺序依次发生，而是可能不断重复循环。正如定量的内容分析会使用统计分析软件，定性的内容分析在数据量较大的情况下也需要借助相关软件来完成烦琐的分析，如 NVivo、ATLAS.ti 等。

7）元分析法

元分析是对以往多项研究的结果进行综合与解释的统计工具（Hunter，2004）。在本质上，元分析是文献回顾的一种形式，但属于定量综合，研究人员采用系统的方法和程序对单个研究所得到的效应量（effect sizes）进行统计分析（Card，2011）。效应量是元分析的核心概念，是受观察效应大小的标准化测度，反映了现象的强度。最常见的效应量指标主要有三种，包括标准均数差 d、相关系数 r 和对数差异比 OR（Pigott，

2012）。一般来说，元分析的过程可以分为查找文献、研究特征编码、效应量计算、基本元分析、调节分析、报告结果六个阶段。

由于整合了多个原始研究的结果，元分析具有一些独特的优势。一方面，单个研究在抽样方面存在一定局限，但是所有研究的样本共同组成了一个规模更大、范围更广的样本，增强了分析发现的一般性；另一方面，许多统计功效不足的研究经过整合后能够表现出更强的统计功效，即接受正确的备择假设的概率（Card，2011）。

8）观察法

观察法强调的是行为的过程而不是结果，在实验室外自然发生，对观察对象的反应几乎没有什么限制（Crano and Brewer，2014）。观察作为一种独立的方法具有独特的自然性。这种自然性首先表现在行为方面，参与者的行为是无意识或不自觉做出的，而不是对研究的回应；其次表现在条件方面，研究的条件可以是人为设定的，但是参与者并不知道；最后表现在环境方面，参与者感知到的环境并不是专门为了开展研究而建立的（Crano and Brewer，2014）。

在实际执行中，观察法表现出丰富的形式，其差别主要体现在直接程度、结构化程度、揭露程度、自然程度、参与程度等方面。观察法中的记录手段多种多样，除了传统的观察清单外，现场笔记、画图、拍照、录音、录像等手段也获得了广泛应用，另外事务日志、录屏工具、眼动追踪工具，甚至是生理（如血流量、心跳、呼吸频率等）测量工具也逐步受到重视（Case，2012；Lazar et al.，2010）。

9.3 现代情报服务内容体系

情报服务根据不同的服务对象有不同的服务内容，目前，面向学术、企业和政府分别形成了科技情报服务、竞争情报服务和决策情报服务，这三类服务共同构成了现代情报服务内容体系，每一类服务都具有各自的内容和发展特点，在下文中将进行详细阐述。

9.3.1 面向学术的科技情报服务

1. 科技情报服务概述

科技情报主要是指反映科学技术相关领域和学科最新的研究成果以及研究动态的信息，具有及时、新颖、方便、简洁、信息密度大等特点。科技情报服务是指情报服务机构或人员为用户搜集、处理、研究并提供科技情报的工作，以帮助用户规避侵权、降低成本、缩短研发周期等（朱培玉和黄寅，2017）。

1950 年中国科学文献情报中心的成立标志着我国科技情报服务的诞生。早期科技情报服务主要是通过对国外文献的翻译与传递来突破国际技术封锁。随着信息革命的兴起、信息技术的高速发展及知识经济的到来，科技情报服务工作也发生了深刻的变化，总体上经过了从文献传递到信息服务、信息服务到知识服务再到智能服务的发展历程。

（1）情报 1.0 时代：从文献传递到信息服务（1950~1978 年）。

科技情报服务最早以文献传递和文献服务为主，情报服务人员从馆藏文献中查找特定的文献以满足用户在特定时间的特定需求。整个服务过程以情报服务人员为主，缺乏与用户的交互。

（2）情报 2.0 时代：从信息服务到知识服务（1979~2000 年）。

在计算机和互联网飞速发展的背景下，情报采集与管理活动中逐步引入了信息搜索、智能筛选、可视化分析等技术，从而实现了由人机共同完成情报服务，这在很大程度上提高了科技情报服务工作的效率。

（3）情报 3.0 时代：从知识服务到智能服务（2001 年至今）。

在数据挖掘、云计算、大数据等技术的推进下，科技情报服务实现了智能化的飞跃。情报人员、领域专家、用户及情报工具系统共同参与到情报服务的过程中，呈现出了全纳化的特点（吴晨生等，2015；张惠娜等，2015）。

2. 科技情报服务的内容

1）书目情报服务

书目情报是关于文献知识和效用信息的集合，产生于长期的书目交流工作实践，具有压缩性、二次性、知识性的特征。书目情报服务通过科学地揭示并有效地报道文献信息资源，以求最大限度地满足读者对各种文献信息的特定需求（彭斐章和陈传夫，2000）。在传统意义上，书目情报服务主要是对以物理形态存在的各种文献进行分析与处理。具体而言，图书馆、文献中心、情报所等作为服务机构，通过人工或单机状态下的咨询服务、定题服务、文献检索服务及编制目录、文摘、索引、述评等方式为用户提供文献的相关信息，从而提高其查找文献的速度和效率（张小兵，2009）。

可见，传统的书目情报服务由地区性服务机构提供，通过纸质载体形式传递信息，这可能导致信息陈旧、传递不及时、检索形式单一、检索结果不全等问题，从而无法充分满足用户需求。在网络环境下，信息资源的内容、形式都变得极其丰富。除文本型信息外，还出现了声音、图像、影视、动画等多媒体信息，原来的文献资源已经转变为分布在世界各地的数字化文献和非文献信息数据库。

因此，网络书目情报服务逐步表现出以下特点：①服务提供者呈现多元化。服务的提供者从本地馆藏资源向异地、远程资源扩展。②服务内容多样化。内容从书目查询向全文检索发展，从单一的书目检索向多种文献资源类型检索发展，由原来的文献检索发展到全文检索、数值检索、事实检索和超文本检索，集检索和阅读为一体的整合式书目情报服务。③服务方式个性化。网络环境下书目情报服务的目的是满足读者个性化和多样化的需求，并由差别信息服务转向个人定制个性化服务。④提供方式更加灵活化。除利用传统的服务方式，还可以通过互联网向用户提供书目情报服务。

2）科技查新服务

按照国家颁布的标准定义，科技查新是以反映查新项目主体内容的查新点为依据，以计算机检索为主要手段，以获取密切相关文献为检索目标，运用综合分析和对比方法，对查新项目的新颖性做出文献评价的情报咨询服务，并写出有依据、有分析、有对比、有结论的查新报告。科技查新主要是为科研单位、科研管理部门及相关评审机构提供鉴定依据，具有科学性、技术性和政策性。我国的科技查新服务萌芽最早可追溯到1985年，其前身为新颖性检索。

随着数字化的信息资源和信息技术手段的高速发展，科技查新服务发生了巨大变化，主要表现在以下几个方面。

（1）服务内容多样化。科技查新服务内容从单一新颖性查证向定题跟踪、竞争情报、专利分析、学科评价等多样化、多层次的信息咨询服务转变。

（2）服务对象广泛化。科技查新服务对象不仅涵盖各大中型事业单位、外资企业和合资企业、中小型民营企业、科研机构、高等学府、政府管理部门等，还包括参与科技创新的不同社会团体及创造发明的个体。

（3）服务模式趋于主动化。科技查新服务模式从静态的被动查新转变为以用户需求为目标，主动融入科研全过程的整合式、动态式服务（王会丽，2016）。典型的主动服务模式是嵌入式科技查新服务方式，它通过嵌入服务对象的物理空间和虚拟空间，主动了解不同用户的信息需求和查新需求，建立有效的联系机制，有计划、有针对性地开展查新宣传、培训和服务。

（4）对服务平台功能有更高的要求。网络开放式环境下的科技查新服务平台要求具有以下功能：采用电子商务模式，提供"一站式"科技查新服务，开发构建知识发现平台，提高数据库系统利用效率，提高自动化水平，开发科技查新报告文档撰写生成系统，完善科技查新管理系统的功能（胡明一和徐祥，2014）。

3）学科情报服务

随着大数据时代的到来，科研信息环境发生了巨大的变化，科研人员对情报服务也提出了更高的要求。他们不仅需要文献信息、查新报告等信息，同时还需要了解研究问题所在学科领域的相关知识，如学科领域的发展趋势、技术竞争关系领域热点检测等。因此，学科化情报服务变得十分重要。

学科情报服务是以用户为中心，以嵌入用户信息环境为手段，依托国家文献资源服务平台，面向一线学科的主动参与服务模式（初景利等，2013）。它具有面向科研过程、需求驱动、智力增值服务、鼓励学科馆员创新等特点（李春旺，2006）。学科情报服务的主要内容包括学科信息资源服务、学科情报综合研究服务、学科热点专题推荐服务和跟踪情报服务。

目前，我国学科情报服务主要有以下三种服务模式。

（1）学科情报定题服务模式。该服务模式以主动性、用户为中心，以专业化为原则，以收集的信息为基础，通过科学方法和专业知识，从用户的角度进行情报分析，为用户提供个性化信息（谭宗颖和张薇，2003）。

（2）嵌入式学科情报服务模式。嵌入式理论提倡把一个事物的产生、发展和特点与其周围的环境联系起来，放到更大的社会背景中去考察。嵌入式学科情报服务将学科情报服务嵌入服务对象的物理空间和虚拟空间，主动了解不同用户的学科情报需求，从而向他们提供学科态势分析、知识共享环境建设、专利技术分析等服务（吴鸣和王丽，2013）。

（3）协同化的学科情报服务模式。该模式强调的是学科理念下的学科资源、人才、服务和管理的整体协同，目标是通过多方协同参与实现情报服务的最优化（杨俊丽，2017）。

3. 科技情报服务机构

科技情报机构是专门从事科技情报的追踪、收集、加工、存储和传递服务及分析研究的机构。按照机构建立的性质可将其分为两类：企业建立的科技情报机构和政府体系下的科技情报机构。

（1）企业建立的科技情报机构。

这类科技情报机构以营利性为目的，服务对象是购买该企业数据库的用户。国内较为典型的代表是 CNKI 工程集团、万方数据和重庆维普咨询等。例如，万方数据库依托科技部和中国科学技术研究所，整合了优质检索技术资源和互联网资源，建设了近 120 个数据库，为社会发展的各个领域提供情报服务（颜丽蓉，2015）。

（2）政府体系下的科技情报机构。

这类情报机构是非营利性的，由政府创建并提供经费支持。我国于 1956 年成立了第一家科技情报机构——中国科学院情报研究所（中国科学技术信息研究所的前身），各省市也相继建立起自己的科技情报研究所（黄晓斌等，2015）。这种情报机构的服务对象是国家政府部门，主要任务是跟踪、搜集、研究、评述国内外科技发展动态，并着力于科技情报服务工作，开展传播知识、进行科研活动及战略决策等活动。

9.3.2　面向企业的竞争情报服务

1. 竞争情报服务概述

竞争情报源于经济活动中的竞争，1986 年美国竞争情报人员协会的成立标志着其成为一种专业化的研究工作（包昌火和李艳，2004）。面向企业的竞争情报服务是指以竞争环境和竞争对手为分析对象，通过科学方法搜集、整理、加工和分析企业竞争对手以及所在竞争环境的各方面资料，从而为企业提供具有目标性、专业性、及时性、综合性的参考咨询服务，并为制定适当的市场策略提供依据。竞争情报服务旨在提高用户的竞争能力与战略决策，帮助企业及时发现可能会面临的机遇与挑战（苗杰和倪波，2001）。

企业的竞争情报服务主要包括以下内容。

（1）环境情报。竞争环境是指与企业经营活动有现实或潜在关系的各种力量和相关因素的集合，具体来说，就是竞争各方所处的自然环境和社会环境。环境情报是指与企业所处的竞争环境相关的情报，此类竞争情报包括宏观环境竞争情报、中观环境竞争情报和微观环境竞争情报（赵蓉英，2012）。

（2）对手情报。竞争对手是指与本企业有共同目标市场，且有可能与其产生利益冲突的经济组织。所谓对手情报就是与竞争对手相关的情报，主要包括如何识别和选择竞争对手、竞争对手的实力、竞争对手的战略、竞争对手的反应模式（查先进，2014）。

（3）技术情报。技术情报是指对企业（机构）的竞争状态带来潜在影响的外部科学和技术威胁、机会和发展的分析性信息（McGonagle，1997）。它是企业开展创新活动的基础，主要包括技术理论、方法、标准、专利等。企业时刻关注产品技术可以帮助企业进行产品创新，从而保证企业能够在激烈的竞争环境中保持竞争优势，提高企业的经济效益（王毅，2016）。

（4）产品情报。产品情报是产品本身所承载的信息，包括产品的功能、产品的市场占有率、用户对产品的期许度、产品的相似度等。产品情报有利于企业对产品进行更新换代以及调整销售策略等，从而提高产品的市场占有率，为企业带来经济效益（王毅，2016）。

竞争情报服务的作用主要表现为以下两个方面：①预警作用。竞争情报服务可以帮助企业认识其竞争对手，了解竞争对手的内部以及外部环境，帮助其消除潜在威胁，降低决策中的不确定性以及市场活动的盲目性，以保证各项经营活动能够达到预期的效果。②提供决策支持。制定决策是企业管理的重要内容，竞争情报服务能够在管理决策的过程中帮助企业在投资、并购、经营、开发等方面做出科学合理的决策，是企业监测环境的瞭望哨以及管理决策的锋利武器（李双路，2016）。

2. 竞争情报服务过程

企业竞争情报服务的重点在情报的搜集和分析两个过程。信息和数据的搜集是竞争情报的基础性工作，这首先需要了解任务信息需求，清楚信息资源分布情况。为此竞争情报服务机构需要掌握调查、检索及信息加工处理的方法和技术。竞争情报的搜集可以分为对企业外部信息源和对企业内部信息源的信息搜集。外部信息源包括数据库、商贸期刊、分析报告、展览会、竞争对手的网站、客户调查、实地考察、外部人员访谈；内部信息源包括文档、内部数据库检索、企业内部战略发展讨论会、数据挖掘、企业内部员工调查、企业内部关键人员访谈、员工日常生活中发现有价值的信息等（Bouthillier and Shearer，2003）。

搜集只是初步的竞争情报服务，如何对从不同信息源搜集到的信息进行加工整合以及分析，才是竞争情报服务最为关键的部分。竞争情报分析能够实现信息的智能化和增值化，主要分为外部竞争情报分析和内部竞争情报分析。外部竞争情报分析包括竞争环境分析和竞争对手分析，内部竞争情报分析则主要是分析企业自身的优劣势，主要包括企业形象分析、产品特色分析和技术开发分析三个方面。竞争情报分析方法主要包括定量、定性及两者混合的方法。定性分析方法包括归纳法、演绎法、推理法、求同法、内容分析法等，定量分析方法包括统计分析法、时间序列法、外推法、极值选择法等，两者混合分析方法包括简单分析法、系统分析法、系统论证法、综合比较法、专家预测法等。此外，竞争情报分析也有一些特有的分析方法，如波特的五竞争力模型、波士顿矩阵、定标比超分析法、SWOT 分析法、专利情报分析法等（王延飞，2007）。

3. 竞争情报服务机构

1）竞争情报专门组织

竞争情报专门组织以从事竞争情报的搜集、处理及传播为主要职责，以综述、述评、资料汇编、专题研究报告等形式提供各种具有针对性的服务。成立于 1995 年的中国科学技术情报学会竞争情报分会是开展竞争情报工作的典型机构，它不仅提供竞争情报服务，而且经常组织竞争情报理论和实践的学术研究和交流活动，编辑出版竞争情报学术书刊和科普读物，并为企业提供咨询服务，帮助企业获得竞争优势。湖南省竞争情报中心[①]是我国第一个省级政府成立的竞争情报专门部门（史敏和肖雪葵，2009），该单位的重要组成部分——企业竞争情报中心是为企业决策提供竞争情报的专业服务平台，通过长期的数据信息累计，建立各种类型企业的信息数据库，为湖南省的企业提供有参考价值的竞争策略。该单位还采用先进的信息采集手段以及现代竞争情报分析方法，实时监测国内外经济、科技、行业的发展动态。

此外，一些中介机构，包括行业协会、咨询机构等，也拥有高水平的情报分析人才、完善的数据库系统及完全市场化的高效工作机制，能够为企业竞争提供建设性意见（冯强和高峰，2009）。较为著名的咨询公司有麦肯锡公司[②]、兰德公司[③]、野村综合研究所[④]等。

2）企业竞争情报服务系统

企业还可通过自身建立的竞争情报服务系统来获取情报。竞争情报服务系统，是企业竞争情报服务系统内的子系统。竞争情报服务系统是以信息网络为手段、以人的智能为主导、以增强企业竞争力为目的的人机结合的竞争战略决策支持和咨询系统（包昌火，2002）。竞争情报服务系统与企业竞争战略、竞争需求、竞争环境表现为铁三角的关系，它通过关注外部的竞争环境，了解企业内部的信息需求，从而帮助企业制定战略决策（曹如中等，2011）。

企业竞争情报服务系统的工作内容主要包括竞争对手调研、行业分析研究、市场动态监测、经营数据监测、实时信息传递等。系统的构建必须围绕情报规划、情报采集、情报加工、情报服务及评估反馈五大部分（曹如中等，2011）。和氏璧化工企业作为化工分销行业情报应用的标杆企业，目前已建立了完善的 CI 竞争情报系统，形成了成熟的竞争情报工作体系，为本企业在繁杂的信息中发现有价值的情报，并为企业关键决策提供了良好支撑。

9.3.3 面向政府的决策情报服务

1. 决策情报服务概述

面向政府的情报服务旨在为政府制定发展战略、解决现实问题提供决策支持。决策情报指的是能够提供决策依据、满足决策者需求的情报。决策情报服务，也称为决策情报咨询，是针对战略性、全局性、综合性决策开展的基于情报的咨询工作（宫宏光和许儒红，2011）。实际上，决策情报服务的对象主体可以分为政府和企业两大类，但是为

① http://www.hnci.gov.cn/.
② http://www.mckinsey.com/.
③ https://www.rand.org/.
④ http//www.nri.com.cn/.

企业提供的决策情报服务目前多用竞争情报服务这一术语来表示。面向政府的决策情报服务是本节的重点，这种服务主要是为国家社会经济发展和国家安全提供具有战略性、前瞻性、全局性的情报保障，通过广泛搜集、深入分析各方情报形成可操作的指导方针，从而提高政府决策的科学性和实用性。

政府决策者需要注意正确处理情报和决策之间的关系，既要能够依靠情报为政府决策提供指导，又要保持公正客观的立场。这首先需要提供决策情报服务的机构和决策机构之间是相互独立的，但两个机构之间又要保持良好的沟通和合作（范炜和胡康林，2014）。只有这样，决策情报服务机构才能够在政府决策工作中发挥出最大的作用。

2. 决策情报服务内容

决策情报服务主要涉及国家及区域的经济、政治、文化的发展战略，政策、法规的制定，以及社会难点、热点问题的解决。决策情报服务的内容具体包含以下几个方面。

1）态势分析服务

态势分析服务是指情报服务机构对搜集到的信息进行分析研究，总结有关国家及区域的政治、经济、文化方面重点研究对象的发展历史、现状和趋势，揭示其影响因素、发展动力等，并最终将这些分析结果整理出来提供给政府相关机构。例如，博研智尚信息咨询公司分析了我国智慧政府区域建设发展情况，将北京、上海、广东等省市在互联网、微信政务、智慧交通、智慧医疗、智慧政府网络安全等方面的发展现状进行总结分析①。

2）动态监测服务

动态监测服务是指情报服务机构搜集涉及某些国家、机构或学科领域的最新动态情报，经整理之后及时、定期地提供给政府相关部门。于 1986 年成立的中国人民大学舆论研究所，专门通过搜集并分析社会的舆论状况为政府决策提供依据。浙江省政府为实现“十一五”规划中的建筑节能任务，邀请浙江省建筑科学设计研究院开发“建筑能耗无线内网动态监测系统”，对建筑能源的消耗状况进行实时监控，并定期反馈给政府，帮助了解建筑能源利用效率和消耗水平等情况，有利于建筑可持续发展政策的制定。

3）前瞻预测服务

前瞻预测服务是指分析现有情报来预测国家相关领域的未来发展趋势，为政府相关部门的决策提供科学客观的数据支持和案例参考。2013 年，清华大学、中央编译局等联合举办了“中国政治学 30 人圆桌会议”，会议上题为《中国政府创新的趋势分析》主题演讲深入分析了政府创新实践方面的发展趋势。博研智尚信息咨询公司根据搜集到的情报所做的“博研智尚年中国污泥产量及行业发展趋势预测”提供了中国污泥领域的年度发展预测。

3. 服务于政府决策的情报机构

目前，除政府主导和学术性质的情报服务机构外，市场上出现了越来越多的商业机

---

① https://wenku.baidu.com/view/878db5f40875f46527d3240c844769eae009a360.html.

构专门从事决策情报服务以及咨询业务。因此，面向政府的决策情报服务机构可以分为以下几类。

1）政府主导的情报机构

其主要包括政府下属的信息机构、政府内部的信息机构及省政协的专门委员会。政府下属的信息机构进一步包括政府设立的信息部门、经济发展研究中心、发改委的各级信息中心，统计、物价部门以及各级委、办、厅、局的信息机构；这些机构除了搜集情报为政府相关部门提供决策支持外，还负责组织专家咨询委员会成员对政府关注的重点课题进行论证。政府内部的信息机构主要包括省市委、省市政府的信息处、政策研究室、专家咨询委员会等，这些机构协助政府组织、调查、研究有关发展战略、行业规划、方针政策、体制法规及其相关问题，并给出意见。省政协的专门委员会主要参与省级政策制度的协商制定，为政府相关部门科学决策提供参考。

2）学术性质的情报机构

其主要是指各高校的图书馆以及高校所成立的专门研究所，这些情报机构依靠高校独有的人才资源及数据资源优势，为国家经济、政治、文化方面的战略决策提供指导和支持。例如，上文提到的中国人民大学舆论研究所，还有辽宁省科技情报所，它们都是学术性质的情报机构，除了从事自身的学术研究以外，还会承担一定的决策情报服务工作。

3）兼具政府和学术性质的情报机构

这些信息机构和组织是由政府和高校联合创办，同时利用政府和高校双方的资源，做到优势互补，达到更理想的决策情报服务效果。例如，“中国政治学 30 人圆桌会议”是由中央党校和中央编译局联合北京大学、清华大学、中国人民大学等高校举办的，该会议主要用于共同讨论和交流中国政治发展的热点、难点问题。

4）市场化的专业咨询机构

近年来，越来越多的咨询公司开始提供情报与决策支持，各企业与政府部门是它们的目标客户群。博研智尚信息咨询公司面向政府开展了工业、服务业、文化产业等方面的情报分析服务，如《中国合成橡胶行业市场现状及未来发展趋势分析》《2017 年中国翻译行业市场发展趋势分析》等。

4. 决策支持系统

决策支持系统是辅助决策者通过数据、模型和知识，以人机交互方式进行半结构化或非结构化决策的计算机应用系统。决策支持系统产生于 20 世纪 60 年代后期，近年来基于 Web 的决策支持系统呈现出智能化、网络化、协同化的发展趋势。决策支持系统是指基于决策支持系统技术，将数据仓库、联机分析处理、数据挖掘、模型库、数据库、知识库等相结合，应用于支持情报服务机构为政府决策提供支持的人机结合系统（张晓和邓凡，2011）。近年来，国内面向政府的决策支持系统建设越来越多，如中国人口发展与研究中心所使用的人口综合决策系统，以人口模型为核心，关联经济、社会、环境等因素，辅助社会经济发展决策，该系统曾应用于调整完善“单独二孩”“全面二孩”等政策测算。在环境方面，保定市引进了全市环境空气网格化精准监控预警及决策支持系统，利用无线传输、大数据及数据挖掘技术，实现对市区环境的严格监测。

在建设决策支持系统时，应注意以下两个问题。

1）保证知识库的基础性建设

知识库是政府决策支持系统建立的基础，大部分的情报数据均来源于此，因而知识库的建设十分重要。决策支持系统应涵盖政府决策的全过程，需要建立起知识动态库、知识成果库、制度法规库、专家人才库等多方面的知识库，从而保证情报的全面性和丰富性。这要求同时创建内容丰富实用的静态资料库系统和基于此的知识挖掘和增值信息系统。静态资料库系统包括各类数据库、电子图书馆资源等，其主要作用是整合数据库资源，提供统一的检索工具，使各数据库配合实现效用最大化。知识挖掘和增值信息系统则旨在对静态资料库中的数据进行挖掘和分析处理，得到隐藏在数据后的规律，获得数据信息的增值价值（胡红亮，2005）。

2）注意系统的动态性及协作交互功能

政府决策支持系统应该能够实时更新，提供动态信息。目前关于社会热点以及突发事件的舆情是政府情报的一个重要来源，也是政府做决策时不可忽视的参考因素，而舆情分析对动态性、时效性的要求较高，因此政府辅助决策支持系统需要及时提取相关动态、评论信息。此外，系统除了提供客观数据之外，更需要支持人的参与，专家的参与能够进一步提升决策系统的科学性，并且有利于隐性知识发挥作用，使其与显性信息相结合为决策支持系统提供综合的、全面的且广度和深度兼备的决策指导。

目前，国内外政府已经纷纷通过采购决策支持系统来辅助政府的决策。国内比较具有代表性的有中国宏观经济学会、中宏研究中心等权威机构联合研制的政府决策支持系统，也有区域性的决策支持系统，如江西省的防汛抗旱决策支持系统、邯郸市环境保护局为防治大气污染而采购的大气污染防治网格化精准监控及决策支持系统。在国外，美国能源部开发的美国能源决策情报支持系统，能够对国内外能源信息数据进行收集和分析。

9.3.4 现代情报服务的具体要求

目前，以用户为中心的情报服务研究越来越受到重视，面向学术、企业及政府等领域的情报服务都需要以用户为核心对其服务进行优化与改革。

在学术领域，科技情报服务机构的情报服务体系正在从传统的以文献为中心向以用户为中心转型。具体来说，科技情报服务机构需要充分利用为用户服务的方法技术，建立适合用户需要和行为方式的服务（张晓林，1994）。利用为用户服务的方法技术，包括情报 3.0 时代典型的大数据技术、云计算技术及数据挖掘技术等。例如，智慧芽 PatSnap 公司开发的专利分析与管理平台，可对大量的专利数据进行多字段、多维度、可定制的检索与分析，实现对专利信息的深度挖掘并展开可视化分析，为确定研究战略和发展方向等提供有价值的定量分析依据，而建立适应用户需要和行为方式的服务，则是基于对用户需求、心理及行为的充分了解。例如，在学术数据库方面，维普数据库为检索结果提供聚类组配、引文追踪、计量分析、对象比较、引证体系梳理导图、对象趋势分析等分析工具，并且在其优化后新推出的平台上，可检索各类论文、专利、标准、专著、科技成果、政策法规、产品样本、科技报告，以及网络资源数据，实现了在一个平台上对多种类型、多种来源数据资源的统一检索（郑敏，2017）。

面向企业的竞争情报服务，注重用户服务的个性化、用户参与和用户协作。面向企业的情报服务可以通过构建个人信息中心等方式以充分了解用户，打造个性化的服务平台。此外，通过引入社交网络元素，允许用户根据研究领域创建研究群，来实现以群组为基础的好友资源共享、协同写作等服务。为了加强用户之间的互动，机构还可以提供情报服务的评论功能，用户可以针对情报内容进行讨论和评价（王伟等，2011）。而为了加强用户与服务提供方的互动，可以在竞争情报的服务体系中加入客户反馈功能模块，了解用户的满意度并不断改善情报服务的质量（彭玉芳和郑荣，2015）。

面向政府的决策情报服务，更需要情报机构充分了解服务主体——政府的需求，既要了解全党全国工作的全局，又要了解地区和部门工作的重点（黄小燕，2012）。面向政府，对以用户为中心的决策情报服务有以下要求：①进行动态信息的跟踪，为政府决策部门提供实时信息服务，如中国科学技术信息研究所分析中心所做的每日跟踪全球科技动态信息项目，向政府提供专题报送情报服务；②建立面向政府决策的快速反应机制，对于社会突发事件的决策支持、社会热点事件的舆情分析等都对情报服务的快速反应能力提出了极高的要求（于洁和武夷山，2006；胡红亮，2005）。

9.4　当代情报服务发展趋势

在“情报 3.0”时代，曾经作为情报机构核心竞争力的信息搜集与检索能力，随着数据库技术和搜索引擎技术的成熟逐渐成为一种社会能力，传统信息和资料提供的职能已在科技和其他领域的决策中被边缘化。为了发挥自身的作用，情报服务机构需要提供更加智能化的决策方案，不仅能够告诉用户“这是什么”，而且还必须快速地解释“为什么”并准确地指导他们“怎么做”。相比情报 1.0 和 2.0 时代，情报 3.0 时代呈现出了数据源的数据全息化、情报分析方法集成化、情报生产技术智能化、情报推送服务全纳化的新特点（吴晨生等，2015）。

情报 3.0 时代下的情报服务，必须从传统物理层次的信息组织转向认知层次的个性化知识组织，从提供信息服务转向提供知识服务，这要求在服务过程中引入数据挖掘、云计算、大数据等技术，从而为情报服务提供智能化支撑。

9.4.1　基于数据挖掘的情报服务

数据挖掘是指在网络环境中通过人工智能、机器学习、统计学和数据交叉等方法，从大量的、不完全的、有噪声的、模糊的数据集中寻找模式的决策支持过程，其目的是从数据集中提取信息，并将其转化为可以理解的结构，以供进一步使用。数据挖掘的方法可以分为两大类：一类是建立在统计模型基础之上的，对应的技术包括决策树分类、聚类、关联规则、判别分析、概率分析等；另一类则是以机器学习为主的人工智能模型，通过训练和学习大量的样本集得出需要的模式或参数，对应的技术包括神经网络、遗传算法等（胡昌平和乔欢，2001）。

将数据挖掘技术应用于情报服务中，可以扩展服务范围、提高服务效率和准确性，具体体现在以下两个方面：①情报获取方式从人工搜索扩展到机器自动抓取。在大数据时代，情报人员通过手工采集、获取情报已变得十分困难，元搜索技术、爬虫技术、数据清理和噪声压制等数据挖掘技术的应用带来了全新的情报思维模式和服务模式（张惠娜等，2015）。例如，Maltego 等互联网情报聚合工具可以协助完成开源情报收集和取证等工作，提高互联网情报收集效率。②情报分析上升为多维分析。利用数据挖掘技术，可以对多种资源进行自动采集、分类和去重等处理，从海量数据中及时准确地筛选出关键的情报信息（卜庆珍，2009）。

近年来，数据挖掘技术的快速发展为情报系统的建设提供了有力支持，尤其是数据获取和分析技术，大大提升了情报服务工作的效率。具体而言，数据挖掘系统包括数据收集、处理、分析、评价等多个子系统，而情报系统则包括情报规划、数据采集、信息识别、信息重组、情报分析、情报策略、情报传送、情报反馈等模块（郭华等，2015）因此可以将数据挖掘的各子系统嵌入情报系统中，即通过数据挖掘技术对来自各种信息源的信息（包括互联网的一般信息、文件系统、搜索引擎等）进行初步筛选、查重去重、分类、聚类等，以简化在情报分析过程中的数据预处理工作，随后再对数据进行筛选、编辑、加工整合等处理，并导入情报信息库，将其进一步加工成为情报产品，以提供情报服务（卜庆珍，2009）。

9.4.2 基于云计算的情报服务

云计算通过整合、管理、调配分布在网络各处的计算资源，以统一的界面同时向大量用户提供服务。借助云计算，网络服务提供者可以在瞬息之间处理成千上万甚至上亿条信息，实现超级计算机一样的强大效能，同时，用户可以按需即取地使用这些服务，从而使计算机成为一种公共设施按需而用（李德毅等，2012）。

云计算的服务模式可以分为基础设施即服务（infrastructure-as-a-service，IaaS）、平台即服务（platform-as-a-service，PaaS）、软件即服务（software-as-a-service，SaaS）。IaaS 是所有云服务的基础，通过因特网传输计算机基础设施服务（如虚拟服务器等），IaaS 提供商包括 Amazon EC2、GoGrid Cloud Servers 等。PaaS 构建于 IaaS 之上，指将软件研发的平台作为一种服务，以 SaaS 的模式提交给用户，用户在此平台上部署、运行自己的应用，PaaS 提供商包括 Google App Engine、Microsoft Azure 等。SaaS 构建于 PaaS 之上，是一种通过互联网提供服务的模式，消费者无需再购买软件，SaaS 提供商包括 Google Apps、Microsoft Online 等（李德毅等，2012）。可以看出，云计算的本质是“一切即服务”，以类似效用计算的按需分配及消费模式，并以可动态扩展、用户透明等方式，通过互联网将高度虚拟化整合的计算资源提供给大量用户（黄兰秋，2012）。

基于云计算的情报服务融合了云计算的经济性、安全性、便捷性、个性化、协同性、智能性、多样性等特征。对应于 IaaS、PaaS、SaaS 三种云计算服务模式，情报服务模式也变得更为多样化：与 SaaS 对应的一站式个性化推送、集成资源检索、情报参考咨询、专家顾问，与 PaaS 对应的情报软件开发测试平台、集成的情报知识库、情报分析与统计、情报智能采集与监测，与 IaaS 对应的桌面云、云存储。从用户角度来看，基于云计算的情报服务所支持的交互方式包括人-云、云-人、人-云-人、人-云-物（黄兰秋，2012）。

基于云计算的情报服务系统是采用虚拟化技术、组件化、中间件技术等云计算关键技术构建的。云计算技术将情报服务系统转变为面向服务的层级架构。从情报处理角度来看，面向服务的架构技术可以将各种情报处理技术独立出来，同一种功能可以由多个子服务提供服务，这样针对不同的服务需求就会有不同的服务组合，可以在最大限度中提高情报处理的针对性（石进，2013；李德毅等，2012）。国外很多情报系统都已引入了云计算技术，以 SaaS 作为其向用户提供软件和分析服务的新运作模式。例如，Strategy Software 公司采用 SaaS 模式和传统的软件提供模式服务于用户，QL2 公司通过互联网提供实时按需服务和预装系统服务等（官思发和李宗洁，2015）。

9.4.3 基于大数据的情报服务

大数据是继物联网、云计算之后的另一个应用热点。在大数据环境中，人们无法在短时间内利用传统数据库软件工具对数据集合进行抓取、处理和管理。大数据具有大规模、多样性、高速性和低价值性（李斌，2013）4V 特征。海量的数据为情报服务带来了更多的信息源，使信息的丰富性和可靠性大大提升，但同时也为数据的处理造成了巨大的挑战，如何创建更适合大数据环境的情报模式和情报系统成为研究重点。

目前，根据大数据环境特征构建的情报服务模式包括蛙跳模式（彭玉芳和马铭苑，2015）、众包模式（吴金红等，2014；张安淇和宗利永，2017；潘丽娟，2016）、动态运行模式（钟辉新等，2014）、一站式服务模式（胡笑梅和刘帅，2016）等。这些服务模式表现出以下特征：①动态性、实时性。在大数据时代，借助 RFID 射频、传感器、社交网络及移动互联网等方式，情报服务机构可以采集并实时传送海量数据，这使情报服务更强调服务能够即时满足需求（钟辉新等，2014；王洪亮等，2015；张安淇和宗永利，2017）。②智能集成性。由于已有的情报服务信息源充斥着各种结构化、半结构化和非结构化的信息，因而有必要通过智能化的手段将不同形式的信息集成在统一的平台上（王章红，2016）。③定量分析与定性分析结合。传统的情报服务以定性分析为主，而大数据环境中定量分析也开始扮演同样重要的角色，通过对大规模数据的分析统计实现对情报的处理与解读（张安淇和宗永利，2017）。

基于大数据的情报系统主要由情报采集、情报分析、情报服务等子系统组成。情报采集子系统通过物联网、移动网、人际关系网、互联网采集数据；情报分析子系统大多采用 Hadoop 这一专门针对大数据的开源数据处理方法（王洪亮等，2015；彭玉芳和马铭苑，2015）；情报服务子系统凭借大数据技术的支持，旨在保证服务的实时性、针对性和一体化，充分满足用户的个性化需求。总的来说，大数据环境要求情报服务系统更加注重海量数据之间的关联性以及数据处理的及时性，在构建多源化、智能化系统的同时，也强调用户需求和参与，以期为用户提供一体化、一站式的情报服务。

9.4.4 情报服务的智库建设

智库是提供专业知识信息的独立组织（里奇，2010）。2015 年，中共中央办公厅、国务院办公厅印发了《关于加强中国特色新型智库建设的意见》，2017 年 5 月，民政部、宣传部、组织部等 9 部门联合出台《关于社会智库健康发展的若干意见》，这为情报服务提出了新的要求和发展方向，情报服务机构应紧跟国家战略方针指引，积极向智库方向转型，充分发挥思想库的作用。

目前国内外都形成了一些发展较为完善的智库。国外的知名智库包括美国中央情报局、英国皇家国际问题研究所、德国国际政治与安全研究中心等；国内的智库代表，如中国社会科学院、中国现代国际关系研究院、中国与全球化智库等，也表现出良好的发展态势。近年来，我国社会智库在为国家政策建言献策、理论研究、社会服务、人才储备、国际交流等方面都发挥了积极作用。美国宾夕法尼亚大学智库研究项目发布的《全球智库报告 2015》显示，在全球智库 175 强中有 9 家中国社会智库上榜；通过对国内社会智库的排名分析，上海社会科学院在《2015 中国智库报告》中指出近年来智库无论是规模还是结构都较之以往有较大提升。

当前我国传统情报服务机构向智库转型，实际上是具有自身优势的，它们可以充分利用已构建好的信息采集系统，并在此基础上进行完善与发展（李纲和李阳，2015）。情报机构——在向智库转型时应该考虑以下几个方面：①加强机构管理、提高研究成果质量。情报服务机构的自我提升方式多种多样。例如，规范科研成果的评价与审核，同时也可以在与国际智库的交流合作中积极学习国外优秀智库的建设经验。②重视人才队伍建设，尤其是专家智慧。人才是情报服务机构的核心资源，要提高情报服务人员的洞察力和预判力，重视专家智慧的建设。③调整情报服务机构，加强政府决策支持。传统的情报服务机构内容较为单一，并且多处于被动模式，情报的前瞻性、战略性和决策参考价值不足，情报服务机构应加强政府的决策支持，化被动为主动。④加快技术创新，推动智库化转型。技术是智库建设的关键因素，情报服务机构应充分利用先进的技术手段，如上文提到的数据挖掘、大数据、云计算等技术，尽可能地搜集到全面、丰富的信息，并对繁杂、多结构的信息进行科学化处理，使情报充分发挥出应有的作用（凡庆涛等，2017）。

习题和思考题

1. 试析以用户为中心的情报服务特点。
2. 列举主要的用户信息行为模型。
3. 试论现代情报服务的具体要求。
4. 分析情报服务的发展趋势。

参考文献

包昌火. 2002. 企业竞争情报系统[M]. 北京：华夏出版社.
包昌火，李艳. 2004. 论竞争情报的发展[J]. 竞争情报，1（1）：1-9.
卜庆珍. 2009. 数据挖掘技术在情报分析与服务中的应用研究[J]. 图书情报导刊，19（22）：71-73.
曹如中，王立新，曹桂红. 2011. 企业竞争情报服务系统功能构建与实证研究[J]. 图书情报工作，55（4）：48-52.
陈婧，黄兰秋，吴礼龙，等. 2008. 竞争情报个性化服务框架研究[J]. 情报杂志，27（8）：112-115.
初景利，孔青青，栾冠楠. 2013. 嵌入式学科服务研究进展[J]. 图书情报工作，57（22）：11-17.
邓菲，李宏. 2013. 嵌入科研的情报研究服务新模式探究[J]. 情报理论与实践，36（7）：10-14.
邓胜利，张敏. 2008. 用户体验—— 信息服务研究的新视角[J]. 图书与情报，（4）：18-23.
凡庆涛，肖雯，杜赟. 2017. 智库视角下科技情报机构转型发展的研究[J]. 天津科技，44（1）：8-11.
范炜，胡康林. 2014. 面向突发事件应急决策的情报支撑作用研究[J]. 图书情报工作，58（23）：19-25.
冯强，高峰. 2009. 关于政府开展竞争情报工作的思考[J]. 图书与情报，153（1）：41-45.
宫宏光，许儒红. 2011. 开展决策情报服务理论研究的思考[J]. 情报理论与实践，34（2）：1-4.
官思发，李宗洁. 2015. 美国竞争情报系统研究及对我国的启示[J]. 图书情报工作，59（4）：83-92.
郭华，史健勇，曹如中，等. 2015. 基于大数据的网络竞争情报服务系统构建研究[J]. 科技管理研究，35（16）：164-169.
胡昌平，乔欢. 2001. 信息服务与用户[M]. 武汉：武汉大学出版社.
胡红亮. 2005. 传统科技情报机构如何建立面向政府的知识管理系统[J]. 中国科技信息，2（22A）：1.
胡明一，徐祥. 2014. Web 环境下科技查新服务系统的开发与设计[J]. 图书情报工作，58（s2）：183-185.
胡笑梅，刘帅. 2016. 大数据环境下中小企业竞争情报服务模式研究[J]. 湖北经济学院学报（人文社会科学版），13（1）：58-59.
黄兰秋. 2012. 基于云计算的企业竞争情报服务模式研究[D]. 南开大学博士学位论文.
黄小燕. 2012. 网络舆情分析：面向政府的决策情报服务[J]. 现代情报，32（3）：42-45.
黄晓斌，陈俊恬，张小庆. 2015. 我国科技情报网络服务的现状与创新——基于科技情报机构网站的调查分析[J]. 情报理论与实践，38（11）：1-5.
库涅夫斯基 M. 2010. 用户体验面面观：方法、工具与实践[M]. 汤海译. 北京：清华大学出版社.
李斌. 2013. 大数据及其发展趋势研究[J]. 广西教育，（35）：190-192.
李春旺. 2006. 学科化服务模式研究[J]. 图书情报工作，50（10）：14-17.
李春霞. 2015. 面向用户个性化阅读需求的书目推荐服务研究[J]. 中国中医药图书情报杂志，39（4）：36-38.

李德毅，林润华，李兵. 2012. 云计算技术发展报告[M]. 北京：科学出版社.
李纲，李阳. 2015. 情报视角下的智库建设研究[J]. 图书情报工作，59（11）：36-41.
李玲. 2013. 嵌入式参考咨询服务：特点、模式与展望[J]. 图书情报工作，57（22）：18-22.
里奇 A. 2010. 智库、公共政策和专家治策的政治学[M]. 潘羽辉译. 上海：上海社会科学院出版社.
李双路. 2016. 面向企业技术创新的竞争情报服务研究[D]. 黑龙江大学硕士学位论文.
马费成，宋恩梅. 2011. 信息管理学基础[M]. 武汉：武汉大学出版社.
苗杰，倪波. 2001. 竞争情报系统的业务模式分析研究[J]. 情报学报，20（1）：32-38.
潘丽娟. 2016. 基于众包的企业竞争情报运行机制研究[D]. 西南科技大学硕士学位论文.
彭斐章，陈传夫. 2000. 书目情报需求与服务组织[M]. 武汉：武汉大学版社.
彭宏荣，陈明红. 2008. 基于用户体验的图书情报服务[J]. 图书情报导刊，18（12）：9-10.
彭玉芳，马铭苑. 2015. 大数据环境下的企业竞争情报蛙跳模式构建研究[J]. 情报科学，（8）：142-146.
彭玉芳，郑荣. 2015. 中小企业竞争情报服务体系评价[J]. 情报理论与实践，38（8）：66-70.
石进. 2013. 基于云计算的竞争情报系统研究[J]. 情报杂志，32（7）：28-32.
史敏，肖雪葵. 2009. 湖南省竞争情报中心工作方法研究[J]. 图书情报工作，53（2）：91-95.
谭宗颖，张薇. 2003. 以用户信息需求为中心的学科情报定题服务[J]. 图书情报工作，（2）：72-74.
王洪亮，张琪，朱延涛. 2015. 大数据环境下中小企业竞争情报系统模型构建[J]. 情报理论与实践，38（7）：109-114.
王会丽. 2016. 图书馆嵌入式科技查新服务模式[J]. 图书馆学刊，（2）：66-69.
王伟，陈逢文，魏群义. 2011. 企业技术情报服务平台的架构设计与实践研究[J]. 图书情报工作，55（14）：78-83.
王延飞. 2007. 竞争情报方法[M]. 北京：北京大学出版社.
王毅. 2016. 基于需求层次理论的互联网企业竞争情报服务体系研究[D]. 华中师范大学硕士学位论文.
王章红. 2016. 大数据环境下中小企业情报服务模式研究[J]. 科技创业月刊，29（5）：36-37.
吴晨生，李辉，付宏，等. 2015. 情报服务迈向 3.0 时代[J]. 情报理论与实践，38（9）：1-7.
吴金红，陈强，张玉峰. 2014. 基于众包的企业竞争情报工作模式创新研究[J]. 情报理论与实践，37（1）：90-93.
吴鸣，王丽. 2013. 嵌入式学科情报服务实践——以支持国家重大科技专项科研创新为例[J]. 图书情报工作，57（22）：43-48.
武静. 2015. 关于科技查新个性化服务的探讨[J]. 科技创新与应用，（26）：282-283.
邢丽娟，刘莉. 2002. 为政府决策服务的信息机构的现状与对策[J]. 甘肃社会科学，（1）：122-123.
颜丽蓉. 2015. 中国科技情报机构变革与实践的调查与分析[D]. 安徽大学硕士学位论文.
杨俊丽. 2017. “互联网+”背景下图书馆学科化服务的协同创新[J]. 现代情报，37（2）：89-92.
杨志萍，陆颖. 2013. 嵌入式知识发现情报分析服务[J]. 图书情报工作，57（22）：37-42.
于洁，武夷山. 2006. 科技信息机构面向政府决策支持服务的实践[J]. 中国信息导报，（10）：27-30.
岳全华. 2017. 构建以用户为中心的档案馆信息服务模式及策略[J]. 兰台世界，（10）：60-62.
查先进. 2014. 信息分析[M]. 武汉：武汉大学出版社.

张安淇，宗利永. 2017. 大数据背景下企业竞争情报工作众包模式研究[J]. 情报理论与实践，40（1）：12-17.

张惠娜，李辉，付宏，等. 2015. 情报服务 3.0：科技情报服务的全纳化转向[J]. 天津科技，42（8）：17-18.

张晓，邓凡. 2011. 科技情报机构辅助政府决策支持系统建设的思考[J]. 软件导刊，10（1）：3-5.

张小兵. 2009. 网络环境下的书目情报服务策略分析[J]. 黑龙江科技信息，（31）：149-149.

张晓林. 1994. 建立以用户为中心的图书情报服务体系[J]. 四川图书馆学报，（6）：18-24.

赵蓉英. 2012. 竞争情报学[M]. 北京：科学出版社.

赵惟. 2014. 从用户接受到用户体验的图书馆信息服务[J]. 图书馆工作与研究，（9）：114-116.

郑敏. 2017. 大数据时代下科技情报服务的协同合作[J]. 技术与市场，24（4）：257-259.

钟辉新，张兴旺，黄晓斌. 2014. 面向大数据的企业竞争情报动态运行模式 MDD：监控、发现、决策的互动[J]. 情报理论与实践，37（3）：6-11.

朱培玉，黄寅. 2017. 科技馆科技情报服务方法的创新和应用[J]. 科技与创新，（5）：108-109.

周永红. 2009. 试析以用户为中心的信息服务[J]. 情报探索，（10）：3-4.

资维维. 2016. 大数据环境下中小企业的情报服务模式研究[J]. 科技与创新，（24）：32-32.

Alaszewski A. 2006. Using Diaries for Social Research[M]. New Delhi：SAGE Publications.

Atkin C. 1973. Instrumental utilities，information seeking//Charle P. New Models for Communication Research，Sage Annual Reviews of Communication Research，II. Beverly Hills：Sage：205-241.

Bates M J. 1989. The design of browsing，berrypicking techniques for the online search interface[J]. Online Information Review，13（5）：407-424.

Bates M J. 2002. Toward an integrated model of information seeking，searching[J]. New Review of Information Behaviour Research，3：1-15.

Belkin N J. 1980. Anomalous states of knowledge as a basis for information retrieval[J]. Canadian Journal of Information Science，5（1）：133-143.

Bernal J. 1948. Preliminary analysis of pilot questionnaire on the use of scientific literature[C]. Royal Society Scientific Information Conference，London：589-637.

Bloor M. 2001. Focus Groups in Social Research[M]. London：Sage.

Bouthillier F，Shearer K. 2003. Assessing Competitive Intelligence Software：A Guide to Evaluating CI Technology[M]. Medford：Information Today.

Brace I. 2004. Questionnaire Design：How to Plan，Structure，Write Survey Material for Effective Market Research[M]. London：Kogan Page.

Brinkmann S.1995. Qualitative Interviewing[M]. London：Sage.

Card N A. 2011. Applied Meta-Analysis for Social Science Research[M]. New York：The Guilford Press.

Carter S，Mankoff J. 2005. When participants do the capturing：the role of media in diary studies[C]. Sigchi Conference on Human Factors in Computing Systems：899-908.

Case D O. 2012. Looking for Information：A Survey of Research on Information Seeking，Needs，Behavior[M]. Bingley：Emerald Group Publishing.

Crano B W D，Brewer M B. 2014. Principles，methods of social research[J]. Journal of the Royal Statistical Society，52（3）：404-405.

Creswell J W. 2013. Research design：qualitative，quantitative，mixed method approach[J]. Manual Therapy，16（1）：223-223.

Dervin B. 1983. An Overview of Sense-Making Research：Concepts，Methods，Results to Date[C]. International Communication Association Annual Meeting，Dallas，Texas，USA，May 1983.

Drisko J，Tina M. 2016. Content Analysis[M]. Oxford：Oxford University Press.

Ellis D. 1989. A behavioral approach to information retrieval system design[J]. Journal of Information Science，45（3）：171-212.

Ellis D. 1993. Modeling the information-seeking patterns of academic researchers：agrounded theory approach[J]. Library Quarterly，63（4）：469-486.

Ellis D，Haugan M. 1997. Modelling the information seeking patterns of engineers，research scientists in an industrial environment[J]. Journal of Documentation，53（4）：384-403.

Fairclough N. 2003. Analysing discourse：textual analysis for social research[J]. Language & Literature，14（2）：199-202.

Fowler F J. 2013. Survey Research Methods[M]. Newbury Park：Sage.

Grunig J E. 1989. Publics，audiences，market segments：segmentation principles for campaigns[J]. Information Campaigns：Balancing Social Values，Social Change，18：199-228.

Hunter J E. 2004. Methods of meta-analysis[J]. Bms Bulletin of Sociological Methodology，82：48-49.

ISO. 2010. Ergonomics of human system interaction-Part 210：human-centred design for interactive systems（formerly known as 13407）[R].

Johnson J D. 1997. Cancer-Related Information Seeking[M]. New York：Hampton Press.

Krikelas J. 1983. Information-seeking behavior：patterns，concepts[J]. Drexel Library Quarterly，19（2）：5-20.

Krueger R A，Casey M A. 2000. Focus groups：a practical guide for applied research[J]. Thous，Oaks Ca Sage，14（2）：70-76.

Kuhlthau C C. 1988. Perceptions of the information search process in libraries：a study of changes from high school through college[J]. Information Processing & Management，24（4）：419-427.

Kuhlthau C C. 1993. A principle of uncertainty for information seeking[J]. Journal of Documentation，49（4）：339-355.

Lazar J，Feng J H，Hochheiser H. 2010. Research Methods in Human-Computer Interaction[M]. Hoboken：John Wiley & Sons.

Leary M R. 1991. Introduction to Behavioral Research Methods[M]. San Francisco：Wadsworth Pub. Co.

Marczyk G，Dematteo D，Festinger D. 2005. Essentials of research design，methodology[J]. Future of Logistics，2（4）：233-244.

McGonagle J. 1997. Keeping Abreast of Science，and Technology：Technical Intelligence for Business[M]. Hoboken：Wiley Online Library.

Morgan D L. 1997. The Focus Group Guidebook[M]. Thous Oaks：Sage.

Neuendorf K A. 2002. The Content Analysis Guidebook[M]. New Delhi：Sage.

Pigott T D. 2012. Advances in Meta-Analysis[M]. New York：Springer.

Puchta C，Potter J. 2004. Focus Group Practice[M]. London：Sage.

Rubin H J，Rubin I. 1995. Qualitative Interviewing：The Art of Hearing Data[M]. London：Sage.

Savage M，Burrows R. 2007. The coming crisis of empirical sociology[J]. Sociology，41（5）：885-899.

Shannon C E，Weaver W. 1949. The mathematical theory of information[J]. Mathematical Gazette，97（333）：170-180.

Sue V M，Ritter L A. 2012. Conducting Online Surveys[M]. New Delhi：Sage.

Taylor R S. 1962. The process of asking questions[J]. Journal of the Association for Information Science & Technology，13（4）：391-396.

Taylor S J，Bogdan R，DeVault M. 2015. Introduction to Qualitative Research Methods：A Guidebook，Resource[M]. Hoboken：John Wiley & Sons.

Vakkari P. 2008. Trends，approaches in information behavior research[J]. Information Research，13（4）：47.

Wilson T D. 1981. On user studies，information needs[J]. Journal of Documentation，37（1）：3-15.

Wilson T D. 1997. Information behaviour：an interdisciplinary perspective[J]. Information Processing & Management，33（4）：551-572.

Wilson T. 1999. Exploring models of information behaviour：the "uncertainty" project[J]. Information Processing & Management，35（6）：839-849.

第10章

情报教育

本章提要

本章在介绍情报学教育发展改革的基础上，重点阐述世界主要国家情报学专业教育的发展情况、情报学专业教育的课程设置体系和我国情报学专业教育的学位体系，同时阐述了目前受社会普遍关注的情报素养教育。

主要知识点

1. 各国情报学教育与图书馆学教育有密不可分的渊源。
2. 情报学的高等教育主要集中在研究生教育阶段开展。
3. 情报学教育的两次“改名潮”反映了情报学的曲折发展。
4. 情报学专业教育体现了多学科交叉融合特点。
5. 情报素养的重要性及其特征。

情报教育可以分为专业教育和普及教育两大类型。专业教育一般是指在普通教育的基础上由中等专业学校、高等院校和科研机构按照一定的规范和课程组织培养专业人才。我国情报学专业教育主要是由高等院校及科研机构开展的情报学专业大学本科，硕士、博士研究生学历教育，同时还包括这类机构开展的继续教育。我国还有一些中等专业技术学校在开展图书情报专业的初级技术人才培养。继续教育是面向学校教育之后所有社会成员特别是成人的教育活动，是对专业技术人员进行知识更新、补充、拓展和能力提高的一种高层次的追加教育，也是终身学习体系的重要组成部分。我国情报学的继续教育指的是以更新、拓展知识，提高专业技能和创造能力为目标的，面向信息与知识服务业从业人员的继续教育，主要包括各类情报学相关的在职教育和职前教育。例如，情报技术培训、在职进修、图书情报机构干部培训等，有些继续教育活动的参与者还可通过“情报学同等学力申请硕士、博士学位”教育的方式获得情报学学位。情报学的普及教育包括各类图书馆和文献情报机构开展的读者教育、高校开设的“文献检索与利用”课程，以及各类机构开展的情报素养教育等。本章主要介绍的是国内外情报学专业教育的兴起和发展，情报学专业教育的课程设置体系和我国情报学专业教育的学位体系，以及我国开展的情报学同等学力申请硕士学位教育的情况，同时也对情报学普及教育中目前受到社会普遍关注的情报素养教育加以介绍。

10.1　情报学专业教育的兴起

普遍认为，情报学作为一个学科，是在图书馆学和文献工作的基础上逐渐发展起来的，两门学科在半个多世纪的发展中经历了交叉渗透和不断整合的过程。一如情报学是产生于图书馆学一样，情报学的专业教育也是在图书馆学教育的基础上发展起来的。而且情报学的专业教育在其诞生后的很长一段时间内，始终是与图书馆学教育交织发展的。在许多国家，如英美等西方国家以及中国、澳大利亚、印度等，情报学专业教育发展无不是走的这一条路。正因为这样，国外情报教育界在谈到情报学教育时，多使用图书情报教育这样一个整体概念来表述。因此，本章在谈到国外的情报学教育时，并不严格区分图书馆学教育和情报学教育。而且，要论述情报学专业教育的产生和发展，就必然结合图书馆学教育的发展历史来进行讨论。

10.1.1　情报学教育的发端

由于美国是世界上最早开展系统的图书馆学教育的国家，并且美国的情报学教育也是直接诞生于图书馆学教育的，所以美国图书馆学教育的发展历程以及后来的情报学教育的产生和发展都具有很典型的代表意义。1887 年，美国哥伦比亚大学创办了图书馆经营学院（School of Library Economy）（Cassidy et al.，2009），这是世界上第一所图书馆学院，正式将图书馆学教育纳入大学的教育范围，它标志着图书馆学专业教育的开始。自那以后，由于社会对图书馆专业人才的需求增长，美国的图书馆学高等教育发展较快。开始时，两年制的图书馆学学士学位（the bachelor of library science，BLS）是图书馆职业的准入标准。而到了 20 世纪 40 年代，图书馆学硕士学位（the master of library science，MLS）取代了图书馆学学士学位成为该职业的准入标准（王玮，2001）。在 1928 年，芝加哥大学就最早开设了图书馆学的博士学位教育。除文献学、目录学这类传统的图书馆学基础理论外，作为现代情报学基础理论的文献计量学以及一些情报学经典定律（如布拉德福定律、齐夫定律）等一直都是图书馆学教育的重要内容。在这个阶段，教学内容主要还是围绕图书馆工作、文献管理和不同类型图书馆服务进行的，图书馆学教育是以一个独立的学科教育体系存在的。

现代情报学的理论与活动主要始于第二次世界大战前后，在美国科学家范内瓦尔·布什及英国文献学家布拉德福等奠定的情报学最初阶段的理论基础上，图书文献工作的部分内容开始向情报学发生历史性转移。情报学专业教育于 20 世纪 50 年代最早产生于美国。一些大学的图书馆院系在其课程中开设了情报学课程，情报学相关内容以独立身份正式进入图书馆学教育课程中，体现出图书馆学和情报学专业教育融合发展的主流现象。但是，在情报学作为一个学科的形成过程中，有关情报学教育如何向前发展一直存在着不同的看法。

外在的明显转变始于20世纪60年代末、70年代初。这一期间，不少未来学家从各个方面预言了通信网络和计算机技术的结合以及社会的信息化将带来的巨大影响，情报学科学也日趋成熟。“信息社会”的脚步对图书馆和图书馆学教育的影响开始逐渐加深，很多图书馆学院开设了图书馆学、情报学一体化的课程，“情报学”一词纷纷进入英美等国大学的院系名称。第一所将“情报学”加入院系名中的大学是美国的匹兹堡大学（1964年）。这种由“图书馆学”（library science）院系向“图书情报学”（library and information science，LIS）院系的改变，说明图书情报学专业已然成型，出现了学界称为的第一次“改名潮”。这应该看成是情报学专业教育的扩展和当时图书情报一体化思潮的体现。

到了20世纪90年代及21世纪初，信息技术向各行各业渗透更加快速，已经极大地改变了整个社会的信息环境，传统的图书馆、情报服务机构也更加关注对信息技术的应用，社会对图书情报学专业学生的知识结构要求发生了明显的变化，图书情报学专业教育受到了冲击。许多图书馆学院系在保留图书馆学教育模块的同时，普遍加强了情报学教育的分量，推出了许多情报学的相关课程。作为这一变化的反映，欧美国家不少大学的图书情报学院系出现了“去图书馆”现象，有些将“library and information science”中的“information”提到“library”之前，更有甚者干脆取消了名称中的“library”一词，有的则与信息技术类院系进行合并或者关闭，如美国资格最老的哥伦比亚图书馆学院于1992年宣布关闭。有资料显示（2006年2月），在美国图书馆协会（American Library Association，ALA）认证的52所大学图书情报学院中，完全没有“library”一词的学院有19所，“information”放在“library”前面的有5所，这两种情况约占学院总数的46%，比2002年上升了15个百分点（《中国情报学百科全书》编辑委员会，2010）。这就是一些学者认为的第二次“改名潮”。

世纪之交美国出现的信息学院（I-School）现象也对各国的图书情报学院开始产生影响，直接反映了信息技术对社会的深刻影响力。信息学院模式强调，以信息为中心的各类学院，特别是有关信息科学、信息技术、信息系统和图书情报学的教育应该聚集发展，课程设置要逐渐转变为主要围绕人、技术、管理和政策设立。这时候，虽然许多院系还保留着图书情报学教育模块，但它们开设了计算、网络、信息系统、信息分析、信息政策、系统分析、数据处理、数据库管理、人机交互等课程，其许多内容已经超出传统意义上的、典型的情报学教育的范畴了。可以说，此时名称中的“information”已经逐渐脱离了原来图书情报学中的情报学概念，而接近于现代信息技术范畴中信息管理或信息科学的概念了，所以国内有些学者将这些学院的名称翻译为图书信息学院就不足为奇了。虽然从图书馆学院到图书情报学院，再到改名、合并、关闭直至当前I-School运动的兴起所反映的这种改变并不是全部的、彻底的，但从中还是可以窥见美国图书情报学高等教育体系变迁脉络之一斑。

总之，从情报学教育在欧美国家的发展历程来看，先有图书馆学教育，然后才增加了情报学教育内容，到后来人们在讨论本学科教育的发展历史、现状及未来时，已经不再单独称“图书馆学”，而是将图书馆学和情报学一并表述成“library and information science”（LIS），这说明两者的发展历史和现状一直是密不可分的。因此，我们在本章中讨论情报学教育的发展历史，往往都要从图书馆学的教育开始，将国外的 LIS 教育视为一个整体的图书情报学教育加以介绍。当然，如果现在的图书情报学教育沿着 I-School 这条道路走下去，它是否将逐渐越出传统的情报学专业教育领域，图书馆学与情报学教育是否可能出现较彻底的分离，是值得密切关注的。

10.1.2 中国情报学教育的兴起

中国的图书馆学专业教育虽然发端于20世纪20年代，但前期发展相对缓慢，这与该时期社会不稳定造成中国的高等教育发展缓慢相一致。直到“文化大革命”结束以后，图书馆学专业教育才随着中国高等教育的快速发展而一同进步。早在 1963 年，国家修订出台的《高等学校通用专业目录》在文科部分就列入了图书馆学，那时尚没有情报学这一专业。在 1978 年之前，我国仅有武汉大学和北京大学开设有图书馆学专业，主要以图书馆事业和文献管理为核心组织教学内容，基本不涉及计算机和其他现代信息技术的应用，这种招生学校少、培养人数有限的现象在 1978 年恢复高考制度以后才发生了改变。相对图书馆学专业教育而言，中国的情报学专业教育发展历程更短。虽然情报学的本科教育从1958年中国科学情报大学建立就在进行尝试，但开始大规模发展也是在1978年以后，而且我国情报学专业教育也基本上是在图书馆学教育的基础上发展起来的。例如，武汉大学 1978 年由图书馆系开始招收科技情报专业的本科生和研究生，科技情报成为图书馆系的一个专业。1983 年教育部印发《关于发展和改革图书馆学和情报学教育的几点意见》也是将情报学教育和图书馆学教育相提并论。同样，中国的图书馆学、情报学教育与英美国家的图书情报学专业教育一样经历了类似的发展历程。武汉大学图书馆学系 1984 年改名为图书情报学院，设立情报科学系，其他高校的图书馆学系也纷纷改名为图书情报学系，形成了我国图书情报学专业教育的第一次“改名潮”。

1992 年 10 月，在北京召开的全国科学技术情报大会上，国家科学技术委员会决定改“科技情报”为“科技信息”，中国科学技术情报研究所更名为中国科学技术信息研究所，这对我国图书情报学教育也产生了直接的影响。当年，北京大学图书情报学系就改名为信息管理系。截至 1995 年 3 月（王知津等，2010），在全国 52 所院校的图书情报学系中，已有 26 所改名为信息管理系（或信息资源管理系、信息技术与决策科学系、文献信息管理系、信息产业系等），或者与其他院系合并，也出现了第二次“改名潮”。而 1998 年教育部颁布的《普通高等学校本科专业目录和专业介绍》则将与情报学相关的本科专业名称统一改为“信息管理与信息系统”，归于管理学门类一级学科“管理科学与工程类”之下，取消了大学本科阶段的“情报学”专业。教育部将信息管理专业的培养目标确定为：“培养具备现代管理学理论基础、计算机科学技术知识及应用能力、掌握系统思想和信息系统分析与设计方法以及信息管理等方面的知识和能力，能够在国家各级管理部门、工商企业、金融机构和科研单位从事信息管理以及信息系统分析、设计、实施、管理和评价等方面的高级专门人才。”对于我国情报学本科专业的改名是否适当，本章不做评价，但是这其中确实能看出有 I-School 的影子若隐若现。当然，情报学专业名称从我国本科教育体系中淡出并不意味着图书情报学的本科教育就此消失，不少大学，特别是那些具有图书情报学学科底蕴的大学，在“信息管理与信息系统”专业下依然从课程设置、教学实践等方面注重图书情报学的专业教育。所以，近年来常听到不少“信息管理与信息系统”本科毕业生介绍说，自己的专业是偏向图书情报学专业、信息管理专业或者偏向计算机系统等专业。

在我国图书情报学专业教育体系中，还有一类属于中等专科学校的教育机构在开展图书情报学专门人才的培养。这类学校大都在 20 世纪中期以后开始出现，当时统计共有 20 余个这样的图书情报中专教育点，它们有的由政府主管部门和图书馆主办，有的由大学或中学主办，也有的由大企业创办。例如，1983 年设立的中国第一所图书情报中等专业学校——湖南图书情报学校，1991 年建立的上海沪光图书情报中等专科学校（由原沪光中学办的职业班改名）等。这类学校一般招收应届初中毕业生，学制 2~4 年，为图书情报机构培养了一批初级专业技术人才。但是，随着我国图书情报高等教育的发展，这些图书情报中等专业学校大都在 90 年代前后出现了关停并转。例如，湖南图书情报学校于 1989 年并入湖南师范学院，上海沪光图书情报中等专科学校于 1992 年更名为上海市董恒甫职业技术学校（现在为上海市信息管理学校），目前每年仅招收少量图书信息管理专业三年制中专学生。

10.2 中国的情报学专业教育

中国的情报学专业教育主要可以分为两个大的范畴，即情报学高等教育和情报学继续教育。情报学高等教育是指纳入国家学历教育体系，专门开展图书情报专业人才培养的教育，包括各类大专院校开展的情报学本科教育，高等教育机构和科研机构开展的硕士、博士研究生教育。情报学继续教育是指各类院校、机构开展的专注于提高人员图书情报意识和专业技能的各类非学历教育，包括情报学同等学力申请硕士博士学位教育以及各类情报业务培训、在职进修等。本节主要介绍我国的情报学高等教育的情况。

10.2.1 情报学本科教育

1956 年中国科学院科学情报研究所建立之初，科技情报工作在国内是一项崭新的事业，国内当时也没有高等院校开设科技情报专业，输送专门人才。1958 年，中国科学院编译出版委员会创办了中国科学情报大学，当时开设了三个系，即科技情报系、编译出版系和图书馆学系，学制 4 年。中国科学技术情报研究所参与了该校的筹建并承担了部分教学和毕业生实习以及论文撰写指导与答辩工作。1959 年底，中国科学情报大学并入中国科技大学，成为该校的科学情报系并不再招收新生。当时的学生既学习科技专业基础知识和外语，又学习情报学相关的专业课程。这是我国第一次开展情报学高等教育的尝试，并于1963年培养出首批正规情报学专业大学毕业生200多人（中国科学技术信息研究所，2011）。同年，中国科技大学科学情报系停办。这种参照苏联的科技情报体系、基于科技情报工作，主要为科技情报机构培养人才，教学内容侧重于情报报道、加工、检索、情报研究与情报服务的情报学高等教育只能看成是情报学本科教育在中国发展的一次早期探索。

“文化大革命”结束后的 1978 年，武汉大学开始招收科技情报专业本科学生，之后吉林工业大学等一批院校相继建立了不同特色的情报专业，情报学本科教育正式在我国兴起。在 1984 年颁布的《普通高等院校本科专业目录和专业简介》中，图书馆学和情报学并列为理学门类中的一级学科。其中，“情报学”分为科学技术情报学、社会科学情报学、农业情报学和医药情报学四个专业。在这一阶段，我国的图书馆学、情报学专业教育蓬勃发展，陆续有许多院校在图书馆院系的基础上，单独创建了情报学系，培养情报学专业人才。到 1992 年，全国共有 30 多个情报学本科教学点。有学者将这一时期我国的情报学本科层次教育划分为四种类型，即综合型情报教育、图书馆情报教育、理工农医情报学教育和管理类情报学教育。其特点是情报学教育从图书馆学专业逐渐独立出来，开展情报专业教育，培养从事科技情报事业的专门人才；注重研究、借鉴世界主要国家的情报学专业教育经验，对情报学教育的方向、办学模式、人才规格和层次以及相应的培养方式进行探索；专业课程建设和教材建设迈出了重要步伐，一批专业核心课程的相继设立使课程体系逐渐完善，“情报学概论”“科技情报检索”“科技文献学”等近 10 种教材被列入国家教委统编教材（邱均平等，2002）；重视计算机的应用和情报学师资队伍的建设，确立了情报学教育的基本范式。

同时，由于情报学教育与图书馆学教育的渊源，无论在图书馆学还是在情报学教育领域，图书情报学教育一体化长时期以来也是一个讨论热点，图书馆学专业和情报学专业的课程设置呈现出交叉和渗透的倾向。当时讨论的图书馆学教学内容改革和教学大纲确立了 10 门核心课程（王知津，2001），其中就包括科技文献检索、图书馆自动化、计算机情报检索等，而情报学专业课程体系中也有图书馆学专业课程或派生课程。情报学专业必修课中也包括科技文献检索、科技文献管理、情报标引与检索语言、情报用户研究等，分别对应于图书馆学专业的科技文献检索、分类与编目、主题标引、读者研究等。直至 20 世纪 90 年代初，关于图书情报学教育一体化的讨论仍在继续，最有代表性的观点是将两个专业淡化、课程综合化。

20 世纪 80 年代末、90 年代初，由于信息技术发展的影响逐渐加深，国外出现了“信息管理”的概念和理论，传统的以文献信息管理和研究为重心的情报学教育明显受到了影响。情报学教育和学科专业为了拓宽专业面和适应范围，逐渐转向信息管理这一更广阔的领域。1993 年国家教委将“科技情报”专业调整为“科技信息”专业，隶属于理学门类，与系统科学组合为一个一级学科，即“科技信息与系统科学”，下设科技信息专业和系统科学专业。另外，把原来的图书情报学专业和社科情报专业合并为信息学专业，隶属于历史学门类之下。在这一阶段，由于强调科学技术为经济建设服务和信息管理类人才的培养升温，不少院校陆续开办了许多与信息管理相关的本科专业，形成了大学本科阶段的五个主要与信息管理相关的专业，即管理信息系统、经济信息管理、信息学、科技信息、林业信息管理。许多院校的图、情院系也进行了改名。例如，1992 年，北京大学“图书馆学情报学系”更名为“信息管理系”。随后，许多院校的图书馆学情报学系也相继易名。

这一阶段情报学教育的特点包括：在理论上提出了“大情报观”（邱均平等，2002），认为情报工作应突破科技情报的局限，与社会、经济、管理等情报信息密切结合，以满足社会日益增长的广泛的信息需求。在大情报观影响下，不仅院系名称由“情报”改为“信息”，许多课程名称和教学内容也开始由“情报”向“信息”转变。例如，将“情报学概论”改为“信息学概论”，“情报分析与预测”改为“信息分析与预测”等。在名称改变的同时，人们强调情报学教育应培养“宽口径、厚基础”的复合型人才。除专业课、外语、计算机类课程外，多数高校增设了经济学、管理学等相关课程。一些院校采取从其他专业招收二年级学生，再学习三年情报学课程的培养模式，以满足社会对特定专业信息人才的需要。有的院校医学信息系的学生前三年学习医学，后两年学习情报学，以培养从事医学情报工作的专门人才。这一阶段更加重视现代信息技术教育，各院校及时跟踪信息技术的发展，增设了诸如信息网络、多媒体技术、数字通信、网络化和数字化信息资源开发与利用等课程，更新和优化计算机类课程，使其体现出时代性和先进性。

到 1998 年，教育部颁布的《普通高等学校本科专业目录和专业介绍》则将上述五个专业合并，称为“信息管理与信息系统”，成为管理学门类一级学科“管理科学与工程类”之下的二级学科，授予管理学学士学位。至此，我国取消了大学本科阶段的“情报学”专业的名称，而图书馆学则被归于管理门类下的图书档案学类，成为一个独立的教学专业。

尽管本科阶段“情报学”的专业名称被取消了，但是不同院校的“信息管理与信息系统”专业仍在开展与情报学有关的专业教育，只是侧重点不一样。从合并专业的知识背景及目前所在院、系和教学方案的侧重点来看，大致可分为三种类型：一是以图书情报知识为背景，从“科技信息”“信息学”专业合并过来的，大多称为信息管理系（院）；二是以经济信息知识为背景，主要由“经济信息管理”专业合并而来，目前多数设在经济管理、工商管理或商学院；三是以理、工、农、医、管理学知识为背景，由“管理信息系统”“林业信息管理”等专业合并而来，目前在理、工、农、林、医学或管理学院。

对于情报学专业教育退出本科层次，无论是在情报学界还是在教育界，都有不同的解读和思考。有学者认为（赖茂生，2003），在我国情报学专业教育发展的早期，研究生教育规模小，还不能适应当时社会对情报人才的需求，所以情报学本科专业教育便有了发展的基础。再者，我国的情报学本科教育自建立以来，一些院校为了使情报学专业本科生在大学四年中既掌握好本专业的知识，又具备其他某一学科的背景知识，曾做过许多教学改革的尝试，但大都不成功而未能继续下去。当时，我国情报机构或信息机构对情报学人才的要求有了提高，需要具有一定学科背景的复合型专业人才，对情报学本科生的需求也大为减少。因此，许多高校在本科人才培养过程中，强化了通识教育，希望为学生打好更全面的知识基础，也无形中将专业领域更为精深的研究能力训练推后至研究生学习阶段。从国外来看，在很长时期内，许多国家（尤其是美国和加拿大）都把情报学专业教育放到研究生层次来进行，这样有利于培养出高素质的复合型人才，即使在本科阶段涉及图书情报学的有关教学内容，目前也大都偏向于信息技术或信息管理等方向。所以，我国将情报学专业教育退出本科层次，以培养研究生为主，也可算是情报学教育的进步。当然，此举还可以看成是情报学专业教育主动适应信息社会发展对人才的需求，更多地融入信息科学领域的体现。

10.2.2　情报学研究生教育

研究生教育在我国属于国民教育序列中高等教育的一个组成部分，分为两个层次：硕士研究生和博士研究生。中国科学技术情报研究所、武汉大学于 1978 年起开始招收科技情报专业或方向的研究生，标志着我国情报学高层次专业教育的正式开始。1984 年国务院学位办公室在第二批硕士学位授予单位及其学科、专业名单中，首次赋予了中国科学技术情报研究所和武汉大学科技情报专业硕士授予权。同年，这两个单位开始授予科技情报专业的硕士学位。此后，吉林工业大学、北京大学、中国科学院文献情报中心等单位也陆续获得了情报学硕士学位授予权。截至 2016 年底，共有 49 所高校和科研机构开展情报学（学科代码 120502）全日制硕士研究生招生工作。就目前情报学硕士点设置现状而言，情报学硕士研究生的培养已经明显呈现出多元化趋势，不局限在管理类院系或者图书情报类科研机构，而是包括理工科、人文社会科学、专业科研机构等多主体的参与，培养目标也各有偏重，有的强调信息系统、信息管理、信息服务等方面的应用能力的培养，有的强调情报学理论和基本技能的掌握，侧重于科学研究能力和教学能力的培养。总体来看，我国情报学的硕士研究生教育还是以高等院校为主，中国研究生招生信息网 2017 年硕士专业目录查询结果显示，除中国科学技术信息研究所、中国农业科学院、中国航空工业总公司第六二八研究所、中国人民解放军军事医学科学院、中国国防科技信息中心、上海社会科学院六家科研院所招收情报学硕士研究生以外，其他都是由高等院校在承担。

需要提到的是，虽然情报学专业研究生是从 1978 年开始招生，但 1984 年才开始有情报学硕士学位，所以，这期间的情报学毕业生并未全部授予情报学硕士学位。以中国科学技术情报研究所的毕业生为例，前几届的情报学研究生毕业后，有的学生是到别的院校通过论文答辩获得其他专业的硕士学位，有的是 1984 年以后回到中国科学技术情报研究所取得的情报学硕士学位。

有研究资料表明（王知津和孙立立，2005），我国目前的情报学硕士研究方向分为 11 大类，即情报学理论与方法、信息组织与检索、信息分析与研究、信息咨询与服务、信息经济（information economy）与产业、信息管理与知识管理、信息技术与系统、信息政策与法律、数字图书馆、学科情报、竞争情报。在各大类之下，排名前 10 的小类依次是：信息资源管理、信息管理、情报学理论、信息组织、信息系统、信息检索、竞争情报、信息咨询、知识管理、信息技术。

作为最高层次的学位教育，情报学博士研究生教育在一定意义上标志着情报学的学科地位。1990 年，武汉大学在我国第一个获得了情报学博士学位授予权，使我国情报学学位教育开始形成由学士、硕士、博士三级学位构成的完整体系。在此之后，南京大学与中国科学院文献情报中心联合申请（1996 年）、北京大学与中国科学技术信息研究所、中国国防科技信息中心联合申请（1998 年）也获得了情报学专业博士学位授权。其他还有吉林大学（2000 年）、南开大学（2005 年）、华中师范大学（2005 年）和中国人民大学（2005 年）也获得了情报学博士学位授予权。2003 年，中国科学院文献情报中心和南京大学分别取得了独立的情报学博士学位授予权。目前，我国拥有情报学（不含军事情报学）博士学位授权点共 8 个。从现有博士点的情况来看，我国情报学博士研究生培养主要集中在那些情报学教育基础雄厚的高校。

10.2.3 我国情报学教育的学位体系

虽然中国现代意义上的高等教育产生于清朝晚期，但直到 1935 年国民政府公布《学位授予法》，同年教育部公布了《学位分级细则》及《硕士学位考试细则》，将学位分为学士、硕士、博士三级（吴镇柔等，2001），才标志着中国近代学位教育制度的建立。但是，在1935~1949年的15年，教育部门只授予过200多名硕士学位，没有一名博士。1949 年中华人民共和国成立后，于 1954~1957 年、1961~1964 年，两次试图建立学位制度的努力都限于当时的社会大环境而未能完成。在 1964 年拟定学位条例时，基本上采取的是苏联的做法，设博士、副博士两级学位，大学本科阶段不设立学位。在“文化大革命”结束后的 1978 年，教育部等部门再次开始研究在我国建立学位制度问题，并于1981年1月1日起施行了《中华人民共和国学位条例》。《中华人民共和国学位条例》和《中华人民共和国学位条例暂行实施办法》的实施是新中国建立学位制度的标志，它采用多数国家通行的做法，规定我国学位分学士、硕士、博士三级，与高等教育不同阶段相联系。

与建立学位制度密切相关的是国家教育主管部门颁布的“本科专业目录”和硕士、博士学位的“学科专业目录”。前者规定了我国普通高等院校本科教育的专业分类体系，实施后有过几次调整，而后者是高等院校及科研机构培养硕士和博士研究生所授予的各类学位名称。上述两个“专业目录”是根据国家、社会对人才培养的需求而设置的，也是学科领域发展趋势在教育体系中的直接反映。因此，无论是在本科阶段还是在研究生教育阶段，情报学作为一个教育专业在我国正式的高等教育体系中的位置都是在上述两个“专业目录”的规范下发展、演化的。例如，我国情报学教育作为大学本科教育的一个专业名称几经变化，直至 1998 年已从“本科专业目录”中消失；而在硕士、博士的研究生教育阶段，情报学专业的名称、所属门类等在“学科专业目录”中也几经变动。在“本科专业目录”和硕博士“学科专业目录”中，情报学作为一个学科的名称调整和学科归属的变化，从一个侧面直接反映了我国情报学教育发展的历史变迁。

我国先后四次颁布过研究生教育的“学科专业目录”，其性质为研究生教育学科专业方向发展的指导性文件。具体规定是，由教育部统一设置研究生授予博士、硕士学位的学科专业，各研究生培养机构也按照该目录招收、培养研究生并授予相应的博士、硕士学位。第一次是 1983 年公布、试行的《高等学校和科研机构授予博士和硕士学位的学科、专业目录（试行草案）》，正式设立了科技情报专业，归在“理学”门类“管理科学”下；第二份是 1990 年的《授予博士、硕士学位和培养研究生的学科、专业目录》，在理学门类下设立了图书馆与情报学（0712）一级学科及图书馆学（071201）和科技情报（071202）两个二级学科；第三份是 1997 年的《授予博士、硕士学位和培养研究生的学科、专业目录》，在“管理学”门类下设立“图书馆、情报与档案管理”一级学科（1205），下设图书馆学（120501）、情报学（120502）、档案学（120503）三个二级学科，授管理学博士或硕士学位，这种设置沿袭了传统情报学的学科归属划分方法，肯定了图书馆学、情报学与档案学之间的联系。第四份则是 2011 年的《学位授予和人才培养学科目录》，将“图书馆、情报与档案管理”学科名称改为“图书情报与档案管理”（1205），仍然保留了图书馆学、情报学、档案学三个二级学科。

一个值得注意的现象是，我国的情报学教育虽然基本上是按照教育部确定的“专业目录”建设和发展的，但是，“突破”专业目录的现象近些年时有发生。一些新的专业开始在“学科专业目录”中出现。例如，1990 年的“学科专业目录”在军事门类下首次出现了“军事情报学”（110504）这个二级学科专业，国防科学技术大学、解放军国际关系学院等十多所军队院校开始招收军事情报学（110504）硕士研究生。而有些院校则根据自身情况，按照人才需求和专业特点，开设了一些并未出现在“学科专业目录”下的专业，或者在其他学科下开设了专门化的情报学专业。例如，从 2005 年起，中国人民公安大学、中国刑事警察学院先后成立公安情报学系，招收公安情报学专业本科生，目前学制 4 年，授予法学学士学位，这可以看成是情报学专业教育的细化和延伸。中国人民公安大学还在行政管理学科下（120401）招收公安情报学专业的硕士研究生。

2011 年国务院学位委员会、教育部启动了授予博士、硕士学位和培养研究生的二级学科自主设置工作。二级学科由学位授予单位自主设置与调整，是贯彻落实《国家中长期教育改革和发展规划纲要（2010–2020 年）》，优化学科结构，加快学位与研究生教育发展的一项重要改革举措。它将进一步扩大学位授予单位的办学自主权，有利于高等教育与经济社会发展相适应，有利于创新人才培养，有利于学科结构调整，有利于学科特色形成。各研究生招生单位可根据国家和区域经济社会发展对人才的需求和自身学科建设的特点，按照获得的一级学科授予权，在其下自主设立目录外的二级学科。这项工作开展以来，我国许多培养研究生的高等院校和研究机构都根据社会人才需求和学科建设特点自主设置了目录外的二级学科。例如，中国科学技术信息研究所就新增设了“信息资源管理”和“竞争情报”两个目录外二级学科，使该所拥有了“图书馆学”、“情报学”、“信息资源管理”和“竞争情报”四个二级学科的硕士授予权。中国人民大学新增设了“信息资源管理”和“信息分析”两个目录外二级学科。二级学科设置权力下放后，研究生招生单位调整二级学科设置将成为常态，招生单位在人才培养方面能够更主动地适应社会需要，这也将使我国的图书情报和档案管理一级学科下，出现更多的二级学科和招生专业。

10.2.4 图书情报专业硕士

我国的专业硕士教育属于专业教育中硕士研究生教育的一个组成部分。在 2011 年《学位授予和人才培养学科目录》中增加的专业学位（professional degree）授予和人才培养目录中就包括了图书情报（1255）一级学科的专业硕士学位，它标志着我国图书情报专业硕士学位教育开始起步。专业学位，是相对于学术型学位（academic degree）而言的学位类型，专业学位与学术学位是属于同一层次不同类型的两种学位，在培养目标上有显著的差异。专业学位以专业实践为导向，主要培养面对特定职业领域的高层次应用型专门人才。大家熟知的工商管理硕士、公共管理硕士就是典型的专业硕士学位。

西方很多国家在专业学位教育上起步较早，第二次世界大战以后专业硕士教育规模不断扩大，种类不断增加。据称，美国是世界上专业学位研究生教育最发达的国家，目前已经成为美国研究生教育的主体。到20世纪90年代，美国硕士专业学位获得者的比例已占整个硕士学位获得者人数的55%以上。很多行业，尤其在工商、教育、工程和护理等领域，把硕士专业学位看作是进入行业、个人发展提升的重要依据。英国硕士和博士层次也都是按照研究型和专业型两个导向来培养。我国自1991年开始实行专业学位教育制度以来，目前已基本形成了以硕士学位为主，博士、硕士、学士三个学位层次并举的专业学位体系。作为一种全新的研究生培养形式，我国全日制专业硕士自2009年开始招生以来，在教育主管部门的大力推动下发展迅速，专业种类不断增多，至2011年已达39个。按照教育部发展专业学位教育的要求，在国家确定的全日制硕士研究生招生规模基础上，要通过逐年削减学术型硕士研究生的招生人数，相应地增加专业型硕士研究生的招生规模。三年前还只占研究生招生数量7%的专业硕士，2015年要求达到50%。

图书情报硕士专业学位英文名称为“master of library and information studies”，简称MLIS，其培养目标是：培养具备良好的政治思想素质和职业道德素养，掌握扎实的图书情报专业知识和技能，具有较高的外语水平和较强的跨文化交际能力，具有综合运用管理、经济、法律、计算机等知识解决图书情报工作实际问题能力，适应社会信息化和国民经济建设需要的高层次、应用型、复合型图书情报专门人才。据2017年公布的数据，我国有权授予图书情报学专业硕士学位的机构共有30所高等院校，它们是：中国人民大学、南开大学、天津师范大学、河北大学、山西大学、山西医科大学、辽宁大学、吉林大学、东北师范大学、黑龙江大学、复旦大学、华东师范大学、上海大学、南京大学、南京理工大学、南京农业大学、安徽大学、福建师范大学、景德镇陶瓷大学、山东大学、郑州大学、武汉大学、华中科技大学、华中师范大学、湘潭大学、湖南大学、中南大学、中山大学、四川大学、云南大学。

许多学者都指出，图书情报专业学位教育必须有鲜明而准确的定位，这个定位就是以图书情报职业为中心，应面向宽广的图书情报职业需要来培养高层次专门人才，既要区别于学术学位，又要区别于原有的职业培训。在课程设置、培养方式、教学方法、教学特色、招生考试等各个方面都体现出职业特点。相对于图书情报学术型硕士，专业硕士的培养应该更加重视研究生教育中的实践性教学，加强学生的职业核心能力建设，培养应用型、复合型人才，使其毕业后能迅速适应图书情报机构工作岗位的具体需要。但目前我国的图书情报专业硕士教育仅限于上述18所高等院校，而具有图书情报硕士授予权的图书情报机构尽管在培养过程中注重依靠科研项目来锻炼研究生，更注重学生工作能力的培养，却没有一家被批准开展图书情报专业硕士教育。这一方面可以说明，我国图书情报专业硕士教育还处于起步阶段，另一方面说明目前的专业学位教育制度在设计上还有局限。为解决这一问题，一方面，现有开展图书情报专业硕士教育的高等院校在学生培养方式上应调整“课程学习–实践教学–学位论文”各个阶段教育的比重，使其培养的图书情报专业硕士的职业核心能力获得实质提升。另一方面，目前开展研究生教育的图书情报专业机构应继续坚持以问题为中心的教学模式，增加面向从业人员的学位、学历教育比重，使自身培养的学术型图书情报硕士研究生的学术理论功底更加扎实，职业能力和工作适应性更强，同时更加突出同等学力申请硕士学位教育等这类在职研究生教育的特点，提高培养质量，使其成为这类机构培养图书情报专业学位人才的重要方式。

10.2.5　关于我国情报学教育发展的不同观点

学科定位对学科的发展至关重要，直接影响着学科教育的发展方向。有学者认为，情报学教育的学科定位目前大约有四种主要的思路（李颖等，2008），其出发点和关注重点各有不同。

（1）立足于图书馆学情报学。图书馆学情报学是目前国内外普遍认可的一种情报学教育定位，也有称为图书情报学的。这一观点强调了情报学与图书馆学的渊源关系，情报学是在图书馆学框架内发展起来的，很多院校的图书馆学专业在课程设置上也体现了这一特色。这一定位与国外的 LIS 教育保持一致。

（2）立足于情报学的独立性定位。这一定位的立足点是把情报学看作一门独立性很强的学科，认为情报学自身有较完整的理论体系和明显的学科特色，可称为“小情报”观点。情报学界内也有不少人持有这一观点，但在本学科之外，认同的程度不是很高。从发展现状来看，情报学没有达到预想的理想状态，再加上情报学与计算机科学等相关学科的融合越来越多，核心理论体系面目不清，所以这种定位虽然出发点是强调情报学的独立学科地位，但是实行起来有一定的困难。

（3）立足于“大情报”观。相对于“小情报”观，“大情报”观试图把涉及信息科学的各个领域一统化，在“情报”改“信息”的过程中得到了强化。这一定位为改变情报学教育面临的困境有一定的积极作用，但是将进一步模糊“情报学”的学科界限，而且将与信息科学有关的众多学科都整合到一起并不是一件容易的事情。

（4）立足于信息管理。1998 年教育部把情报学和其他几个专业合并成为信息管理与信息系统专业就是这种观点的体现，情报学的学科归属发生了变化。这次变革对情报学教育带来重大影响，至少在我国本科教育阶段基本上得到了认可。不过，从目前 I-School 的实践动向看，情报学教育确实有向信息科学教育这个大范畴靠拢的趋势，即把教育目标定在更加宽广的信息管理人才培养上，改变传统的情报学课程设置，尽力拓展知识教育的范围。这有可能导致情报学失去作为一个学科整体存在的意义，情报学能否在这种定位下找到明确的发展方向是值得关注的。

以上这四种思路，从不同角度考虑了情报学教育发展的历史渊源、学科交叉融合的现实以及情报学的发展在信息技术冲击下变革的必然性，其实也体现出了现阶段情报学作为一门学科的定位模糊性及其未来发展的不确定性。

对情报学教育不同定位的思考，其实也是与当前情报学学科所受到的各种质疑密切相关的。相对于图书馆学，情报学学科定位比较模糊，情报学缺乏一个充实的、确定的“理论内核”，其大多数理论是从其他领域移植过来的。现在的情报学研究方法有很多也是借鉴、采用了其他领域的成熟方法。情报学研究还经常转换学科研究的主要对象，缺乏坚定的核心研究目标和稳定的研究方向等。对学科理论体系的争论必然要反映到学科人才培养上来，情报学界对情报学的理论基础问题、学科内涵与外延等问题不断地争论，情报学教育培养方向的易变性和追求热点的取向，说明了情报学理论体系的不稳定性。有学者认为，情报学与图书馆学、档案学等学科关系密切，不能人为地割裂它们的联系，但是情报学又不能限制在传统的图书情报学领域，应该随着信息社会的发展适当地拓展自身的领域。

当然，由于情报学的理论、方法自诞生之日起就一直处于演化之中，其学科走向目前尚未有定论，情报学的专业教育同样也面临类似困惑也就可以理解了。情报学归根到底应该是以满足用户情报需求为核心的。所以情报学的专业教育除了要满足社会对具有高度情报素养人才的普遍需求以外，如果强调情报学的“information”属性，那么情报学教育的专业定位应该向着培养满足“信息管理”需求的从业人员方向发展，向着“I-School”发展；如果强调情报的“intelligence”属性，情报学专业教育则应该向着培养既具有特定专业领域知识背景，又具备情报学理论基础、掌握情报研究方法的“专业情报”人员方向发展。我国 1990 年的《学科专业目录》在军事门类下出现“军事情报学”二级学科专业，2005 年中国公安大学设立公安情报学系等，都是后一思路的具体体现。而 2011 年国务院学位委员会推动研究生招生二级学科自主设置，中国科学技术信息研究所等单位设立“信息资源管理”、“竞争情报”及“信息分析”等自主招生专业，也是探索情报学专业教育未来发展道路的努力之一。情报学教育的存在和发展是有其必然性与合理性的，过度争论情报学专业教育究竟该向哪个方向发展其实没有多少实际意义，关键是要认清自身存在的内外部环境，按照满足社会对多种人才的需求去明确自身的专业定位和规范培养过程，相信情报学教育是能够走出困境、获得健康发展的。

10.3 国外情报学教育的发展情况

自情报学诞生以来，世界各国的情报学专业教育基本上都是在原图书馆学教育体系中逐渐发展起来的。各国的情报学教育在这期间大体都经历了由图书馆学专业增设情报学专门课程、情报学教育独成体系或图书情报一体化、部分院系关闭或者与其他院系重组等不同的过程，出现过两次的“改名潮”。由于近年来信息社会逐渐成形，信息管理、知识组织等一系列概念的兴起，情报学教育开始呈现出与传统的图书馆学教育分离的趋势，而更大的可能性则是情报学教育向着融入现代信息科学领域综合教育的方向发展，或是在其中找到自己的独立发展道路。总体来看，情报学教育如同它的诞生和发展一样，必将随着情报学未来的发展走向进行自我调整，以适应整个社会的需要和学科自身发展的变化。本节主要介绍美国、英国等图书情报教育有较长发展历史国家的情况，并对其他一些国家情报学教育情况进行简单介绍。

10.3.1　美国

美国的情报学发展与图书馆学密不可分，情报学教育更是在图书馆学教育基础上发展而来。美国图书馆学的专业化可追溯到19世纪的后半叶，其标志性事件是1876年美国图书馆协会和图书馆杂志的建立。图书馆学进一步正式学科化发生在 20 世纪初。美国的图书馆正规教育开始的标志是 1887 年麦维尔·杜威在哥伦比亚大学建立的图书馆经营学院（王玮，2001），1915 年成立了美国图书馆学校协会组织，1923 年由美国图书馆协会组成了图书馆学教育委员会，而芝加哥大学于 1926 年成立了图书馆研究生院。

从 20 世纪 60 年代开始，美国的一些图书馆学院系逐渐将“情报学”加入院系名中，这就是第一次的“改名潮”。第一所将“information science”加入院系名中的大学是美国的匹兹堡大学（1964 年）。在接下来的二十余年时间里，图书馆学院系纷纷改名。至 90 年代，美国几乎所有的图书馆学院系都将“information science”加入院系名称中。1968 年“美国文献工作学会”改名为“美国情报科学学会”（American Society for Information Science，ASIS，也有翻译为“美国信息科学学会”的）。

20 世纪的后半叶，美国图书馆学院系经历了与情报学融合、部分院系关闭、与传播学等院系重组的阶段性变化。1984年美国图书馆学情报学院系有400多个，1990年为300 多个，而到 1999 年则减少到了 159 个。其中，由 ALA 认证（acceditation）的院系20 世纪 70 年代中期有 70 个，1990 年为 60 个，1999 年则降为 49 个。在这 49 个图书情报院系中，ALA 按 1992 年标准认证的学位等级均为硕士学位，主要开展硕士以上的研究生教育。其中，图书情报学（或图书馆学与情报研究等）硕士点有 15 个，图书馆学硕士点 13 个，图书馆学服务理科硕士点 6 个、文科硕士点 6 个，图书馆与情报研究等硕士点 3 个。

到了 20 世纪 90 年代，美国的图书情报学院又兴起了第二次的“改名潮”（陈传夫，2000）。在 ALA 认证的教育机构中，越来越多的院系将自身名称中“library”去除。1998 年名称中不含“library”字样的院系只有 5 所，而至 2003 年这一数量猛增至14 所，增加了近两倍。根据 US News.Com 在 2006 年公布的专业排名，图书情报学专业中，排名前十的学校中只有一半左右名称中仍然保留了“library”字样，其他一些学校甚至已经取消了图书馆学专业，而仅保留情报学专业。还有一些学校新开设了诸如信息技术、信息学、信息系统等与“information”高度相关的学士学位课程，从而改变了其图书情报学专业教育传统。此种从基础上改变图书情报学专业教育模式的做法，被认为是 KALIPER 报告（*Kellogg-ALISE information professionals and education reform project* 1998~2000 年）[①]发表以来专业教育领域发生的最剧烈变化。

到 2007 年，美国图书馆学会硕士专业认证的 56 所北美 LIS 院系命名情况如下：以图书馆学情报学共同命名院系名称的共有 34 所（其中图书馆学在名称前的有 30 所，情报学在名称前的有 4 所）；院系名称中只有情报学字样的共有 14 所，院系名称中只有图

① KALIPER 报告是 1998~2001 年美国图书馆情报学教育协会在 Kellogg 财团的资助下，对北美图书情报学教育实施 80 年来最大规模的调查研究项目。

书馆学字样的仅有 1 所；其他院系则大多以教育学院、信息与媒体、传播学与图书情报、信息学、情报学与学习技术等名称来命名。

长期以来，美国图书情报学院一直实行的是研究生教育。但是近年来，由于飞速发展的信息产业领域需要大量的专业技术人才，图书情报教育层次向本科延伸正在成为一种趋势。本科生教育成为北美图书情报学教育近几年发展最快的领域，但多数本科生教育并不授予图书馆学的学位。一些与图书情报有关的学院本科生教育所涉及的领域有信息技术、情报学、信息系统、信息技术与信息学。例如，Syracuse 大学授予的是信息管理与技术理学士学位，Drexel 大学设立的是信息系统学士学位，新泽西州立大学设立的是信息技术与信息学文学士。俄克拉荷马州立大学信息学文学士学位的设立，适应的是信息产业对新型信息工作者——信息技术推进员（information technology facilitator）的需要。有些院系明显偏重于信息学（如华盛顿大学和 Rutgers 大学），还有一些强调管理方面（Dalhousie 和 Syracuse），或信息资源（威斯康星大学密尔沃基分校、Emporia State 大学），或情报学（匹兹堡大学、纽约州立大学奥尔巴尼分校和南密西西比大学）。本科毕业生的就业市场包括企业、政府和其他组织中的信息和技术职位，但多数都不是从事图书馆员工作。

美国曾有两种用于图书馆学博士教育的教学大纲。一种是哲学博士（PhD）学位，即主要培养适合从事教师职业的研究型人员，另一种是图书馆学博士（DLS）学位，主要目标是培养高水平的实践型图书馆员。但事实证明，以上两种培养模式经常混为一体，最终都偏向于培养研究人员。时至今日，美国图书馆学博士学位名称中已不存在 DLS，而全部为 PhD，并且大多研究范围侧重于情报学及其交叉学科领域。

美国图书情报专业教育的认证制度非常具有特色。教育认证制度是一些发达国家为保障专业教育质量与水平的一项通行教育制度，医学、法律、图书馆等几十种专业都纳入此范畴。认证是一种由高等教育机构和教学计划自愿参加的评价制度，以自评和同行评议为基础，旨在提高学术质量和对公众所承担的责任。认证保证了高等教育机构达到相应的质量和完整性标准。在美国，图书情报学教育的认证是由全国教育认证委员会授权美国图书馆学会来担任认证机构，具体负责美国图书馆学会下设的认证委员会（committee on accreditation）。现在美国 LISE 已经形成了一个比较完整的包括学士、硕士和博士各层的学位授予体系。美国图书馆协会早在 1925 年就制定了《图书馆学院标准》并多次修订。现行的标准是 ALA 认可委员会制定的《图书情报学硕士学位教育计划认证标准》，由 ALA 理事会 1992 年 1 月 28 日通过，1993 年 1 月开始实施（初景利，2008）。2002 年，ALA 还制定了《认证过程政策与程序》，是认证委员会的认证工作手册。《图书情报学硕士学位教育计划认证标准》认为认证的作用是，“认证保障了教育界、公众和其他机构和组织对一个机构或一项教学计划的目标得以实现。有了这样的标准，不仅可以评价教育过程和资源，而且可以评价这些过程和资源的成功利用，以实现既定的目标。而且，参加认证图书情报学硕士学位计划的机构有义务利用其评价的结果，对教学计划进行更全面、持续地规划、制订和改进。根据 2000 年的统计数据，美国图书情报学院、所、系共 191 所。学位等级可分为本科（BA/BS/BLS）、硕士（MA/MS/MLS）、高级硕士（Advanced MLS）或超硕士（CAS-Certificate of Advanced

Study）、博士（PhD 或 DLS）4 级。美国图书馆协会认证的硕士学位计划只限于美国和加拿大，现在又增加了波多黎各。至今共认证了三个国家 56 所大学的 58 个院系，其中美国 50 个，加拿大 7 个，波多黎各 1 个。通过认证的图书情报院系对毕业生的就业能够产生积极的影响。

总体来说，美国许多大学的图书情报学教育在培养目标上存在不同的导向。美国伊利诺伊大学厄巴纳–香槟分校图书情报学院的斯蒂芬·唐尼（J. Stephen Downie）认为，图书情报学的研究、实践与教育总体来说可以分成两派：一派以用户为中心，侧重点为图书馆学；另一派以系统为中心，侧重点为情报学。图书馆学与情报学学科内部也明显分为两派。情报学学科教育中强调用户为中心的一派倾向于人机界面问题，而强调系统为中心的一派则关注考察各种检索算式或标引方案的效益。图书馆学学科教育中又分为图书馆员类和技术类。美国图书馆协会主席迈克尔·戈尔曼（Michael Gorman）在 2004 年“图书馆情报教育的未来”专家组会议上指出，美国图书情报学教育与实践脱节，教育出现了危机，“我们需要一个新模式”，从而引发了美国关于图书情报学教育危机的讨论（朱珠，2008）。

2005 年，I-Schools 联盟正式成立，其成员包括了美国 ALA 认证的 19 所图书情报学院，明确其宗旨是强调信息、技术和人三大因素缺一不可，且三者相互作用，目的和结果是促进“人”的能力的提高和“领导人才”的培养，从而促进“社会”的发展。

10.3.2　英国

英国最早的图书馆学教育发端于 1885 年，是由英国图书馆协会（library association，LA）所组织的一次考试引发的。英国直到 1919 年才在伦敦大学设立了第一所图书馆学院。20 世纪 60 年代是英国图书馆学情报学教育发展的重要时期。这一时期英国图书馆学情报学教育的进展主要体现在以下几个方面：第一，正式确立了情报学课程，许多院校的名称中也加进了“information”的字样，如伦敦大学的图书馆档案学院在 60 年代就率先在名称中加上了“information”。第二，全日制教育得到了普遍确立。第三，完善了教育结构，在英国图书馆协会的帮助下，英国所有的图书馆学情报学院系都达到了本科和研究生的教育水平，一些还达到了博士生的教育水平。

20 世纪 70 年代是英国图书馆学情报学教育的巩固和完善时期。但是在 70 年代末期，由于社会环境的变化，经济不景气导致传统图书情报学就业市场不景气，英国的情报学教育进入了困难和动荡的时期。英国于 80 年代开始改变传统的图书馆学教学。例如，里兹大学设立图书馆学文学士和情报学理学士学位，谢菲尔德大学则将图书馆学院改为情报研究系，斯特拉斯克莱德图书馆学学院则成了斯特拉斯克莱德大学商学院情报系。英国政府 1987 年发表了题为《高等教育——应付新的挑战》的白皮书，明确提出高等教育的两个目标，即有效地为经济服务与工商界建立密切联系。英国图书馆学情报学院系一方面着手改造传统课程，使其更能适应于社会；另一方面，各院系的教师大多放下了纯理论的研究课题，转向了应用研究。为了向信息业靠拢和发展，强调情报学的重要性，英国的一些图书情报院系也更改了名称，或者将“information”提到“library”前面，或者干脆去掉了“library”这个词。到了20世纪90年代中期，在17个图书情报院系中只有两个在名称中仍保留着“library”一词，6个改为情报学（或情报研究）系，4个改为信息管理系，2个与媒体和传播系合并，1个并入了商学院。

英国图书馆学情报学的研究生教育分为两种形式（冷伏海和安新颖，2003）：一种是课程型，主要由老师在课堂上讲授知识并提出问题，针对问题的重点和难点对学生进行辅导，学生针对某一问题通过分组讨论和写论文的形式进行研究，完成毕业论文撰写后，若通过论文答辩，便可获得硕士学位；另一种是研究型，学生一般不用上课，所有学生可独立开展研究，研究项目一般为导师研究项目的一部分，在导师的指导下，学生根据自己所做的项目撰写毕业论文，通过答辩后可获得硕士学位。

10.3.3 日本

日本的图书馆学教育最早始于1903年，标志事件为日本文库协会（日本图书馆协会的前身）创办了图书馆讲习会（羊昭红，1988）。1921年，日本文部科学省开设了图书馆教习所，正式实施图书馆学教育。1925年，图书馆教习所改名为图书馆讲习所，并于1947年再次改名为图书馆员培养所。第二次世界大战后，日本的图书馆情报学教育在美国图书馆联合会协助下，有了较为正规稳定的发展，并且这一时期日本图书馆学教育几乎完全渗透着美国的教学思想。1951年，庆应义塾大学文学部最先在日本国内开展图书馆学情报学大学本科教育。日本文部科学省1964年将图书馆员培养所改建为图书馆短期大学。进入20世纪60年代中期以后，日本的图书馆学教育开始向硕士、博士的高层次发展，并实现由传统图书馆学向图书情报学的转变。1967年庆应义塾大学开设了日本第一个专攻图书馆情报学的硕士课程。1968年，庆应义塾大学文学部将“图书馆学科”改为“图书馆情报学科”，课程设置扩展到图书馆学、情报学、人文与社会科学以及自然科学和工程技术等多个学科的内容，这是日本传统的图书馆学向图书馆情报学发展过程中飞跃的一步。1973年，图书馆短期大学中增设文献情报学科，初步形成日本图书馆学与情报学合为一体的教育体制。庆应义塾大学1975年设立了日本第一个图书馆情报学博士课程。1977年，日本教育基准协会将“图书馆学教育基准”修改为“图书馆情报学教育基准”，标志着日本的图书情报学教育体制的最终确立。1979年文部科学省的图书馆短期大学正式改为四年制的图书馆情报大学，成为当时世界上少有的图书馆情报学的单科大学。1984年，图书馆情报大学设立了图书馆情报学硕士学位。爱知淑德大学文学大学院分别在1989年和1991年增设了图书馆情报学硕士和博士课程。到20世纪80年代末，开设图书馆情报学修士课程（硕士课程）的学校有庆应义塾大学、东京大学、京都大学、爱知淑德大学和图书馆情报大学五所学校，其中前四所大学还设置有博士课程。这标志着日本图书馆与情报学研究生教育体制的形成。

日本大学的图书情报学教育，主要由图书馆学情报学专门教育、司书教谕（教师）专门课程及以普及图书馆情报学知识为主要目标的一般教育构成。研究生教育主要分为硕士和博士两个层次。硕士教育一般学制2年，招生来源比较广泛，不考虑学生的专业、职业、年龄或国籍，只要有相应的本科学位并通过硕士生资格考试便可录取。硕士的培养目标是信息相关专业的高级人才，如高级信息专业人员、研究人员、科研机构的管理者、图书馆员和企业信息中心人员。博士教育学制为 3 年，要求必须是图书馆与情报学专业的硕士生才可申请。博士的培养目标则定位为专门从事图书馆与情报学发展研究的高级研究人员。

日本的研究生教育一般由大学的研究生院（日语中称大学院）负责培养。目前从事图书馆与情报学研究生教育的大学院大体可分为以下几类（周燕，2004）。

（1）信息技术类，其代表有：东京大学的情报理工学系研究科，名古屋大学大学院的情报科学研究科，京都大学大学院的情报科学研究科。

（2）人文类，其代表有：骏河台大学大学院的文化情报学研究科，三重大学大学院的人文社会科学研究科，同志社大学大学院的文学研究科。

（3）经济管理类，其代表有：北海道情报大学大学院的经营情报学研究科。

（4）图书馆情报类，其代表有：图书馆情报大学的情报和媒体学研究院，爱知淑德大学大学院的文学研究科，庆应义塾大学图书馆情报学院。

近几年，日本图书馆学教育出现学校数量缓慢减少而学生数量却有所增加的现象，而日本的情报学教育也有一些新的变化。日本唯一的国立情报大学大幅度修改了它的学科方向，把全部教学和科研领域重新组合为信息媒体社会、信息媒体系统、信息媒体管理、信息媒体开发四大领域，把硕士生培养改称为博士前期课程，博士生培养称为博士后期课程。

10.3.4　其他国家

1. 俄罗斯

俄罗斯是苏联科学教育体系的主要继承者。苏联的情报学教育同样也发端于传统的图书馆教育。在 20 世纪初的沙俄时代，图书馆学家 Л. Б. 哈芙金娜于 1913 年首次在莫斯科的沙尼雅夫斯基大学开设了图书馆学课程。十月革命后的 1918 年，列宁格勒教育学院设立了图书馆学系。1929 年 10 月，苏共中央做出了“关于改进图书馆工作的决定”，提出从工人、农民中培训图书馆员，此后苏联相继建立了莫斯科国立莫洛托夫图书馆学院等高等院校和许多专业图书馆技术学校，在教育方面采用了全国统一教学模式和教材，这在当时世界其他国家的图书馆学教育中是从未有过的形式，形成了以国家主导为特色的发展形式，也成为其他社会主义国家效法的榜样。有学者统计，到 20 世纪 80 年代，苏联有 29 所高等院校开设了图书馆学、情报学专业课程。各个图书馆学院系设立科技情报教研室，主要承担情报学及有关技术课程的教学任务，将情报学教育融入图书馆学的专业教育之中。在苏联时期，培养科技情报人员的正规情报专业培训机构主要是情报工作者进修学院以及全苏科技情报研究所、爱沙尼亚和阿塞拜疆科技情报研究所内开办的三所科技情报人民大学，形成了庞大的情报学人才培养规模。情报工作者进修学院隶属于苏联国家科委，是全苏情报教育系统中的教学、科研与教学方法协调中心。它的主要任务是为各地科技情报人员进修工作培养师资、编写教材，并制订统一的培训计划和推广情报学教育经验。举办各种短期培训班也是苏联培养在职科技情报人员普遍采用的形式（焦玉英等，1987）。

在 20 世纪七八十年代的苏联时期，为了教会大学生使用图书馆的咨询设施和科技情报的各种方法，在大学层次上开展了普遍的图书馆学情报学相关教育，曾把《情报学与目录学基础》课程列入所有高等学校教学计划，明确而系统地教授学生有关图书目录学和科技情报学方面的知识，这有些类似于我国在高校中普遍开设的文献检索课程。

20 世纪 90 年代以来，苏联解体后的俄罗斯社会、经济发生巨变，整个图书情报体系也在随着社会变革发生着持续的变化。俄罗斯图书馆学教育在保留传统，培养新型人才方面，从教育体系、内容和课程设置、培养目标与素质要求等方面正在出现一些新的趋势。例如，强调保留传统图书馆学的核心内容和课程（如图书馆学基本理论、图书分类、编目学、文献学等），并在此基础上扩充其范围，补充和加强心理学、社会学、教育学、经济学、管理学等方面的内容及基本的法律知识教育；注重培养复合型人才，拓宽学生的知识面，提高其人际沟通能力、自我约束和自我创新能力，以此构筑图书馆员专业知识的人文基础。此外，计算机等现代信息技术和手段也成为俄罗斯现代图书馆学教育必不可少的内容。

2. 法国

法国在 19 世纪时图书馆员的专业培训问题被忽略，因此当时的图书馆通常是由图书爱好者来管理。到了 20 世纪初，法国才出现了一些为图书馆工作人员开设的简单课程。1963 年，在法国国家图书馆局的努力下，成立了国家高等图书馆学院（1992 年改名为国家高等图书情报学院）。这个学校除了为基层图书馆工作人员提供课程培训外，同时也培训专业馆员（季晓林，2005）。1950 年，法国国立文献学院成立，成为培训情报工作者及文献专家的重要教育机构。

法国的图书馆学情报学专业教育是由高等教育中的“短期教育”机构（如技术学院）及“长期教育”机构（如独立专业学院或一般大学）来提供。短期教育着重知识技能的培训，属于大学教育中的基础训练。到 1990 年初，法国本土已有 68 所提供短期教育的教育单位，其中有 8 所提供咨询科学与文献学的相关课程教育。法国的长期教育强调理论研究，在图书情报学专业教育方面有国家档案管理学院、国家高等图书情报学院及附属于国家工艺博物馆的国家文献技术学院等独立的专业学院。国家高等图书情报学院的硕士学习一般需要两年时间。此外，国家文献技术学院也招收已具有一般大学教育文凭的学生，他们只需再修习一年的相应课程，即可获得技术学院颁发的文凭。法国没有图书馆的博士课程，学生要想申请博士学位需要参与和里昂综合大学合作的课程，以获得博士学位。法国的图书情报学专业教育范围广泛，其课程体系高度重视知识技能的培养。除了图书馆学以外，将更广泛的情报环境主题和管理主题纳入课程教育。法国高校图书馆情报教育属于高等职业教育体系范畴，首要任务是培养图书馆情报领域未来的人才，高度重视用户的特点和要求，培养过程中增加了文献计划管理、系统分析、需求书与规格制定、问卷调查技巧等课程，注重案例研究且偏重职业教育。2003 年，法国制定了新的标准，图书馆情报资源专业可授予图书馆学家、目录学、教师；情报资源自动化技术员；情报资源摘要员；情报资源经理人四个领域的学位。

3. 德国

德国的图书馆与情报科学教育可分为 3 个层次（潘志薇，2001）：第一个层次是职业培训，学习期限通常为 2~3 年，是一种既有理论学习又有实践实习的混合教育。培训对象为在综合学校中接受了 9~10 年教育的毕业生，培训后会被授予图书馆助理员、档案助理员、文献助理员学位或证书。第二个层次是大学本科教育，学习期限通常为全日制学习 3~4 年。培训对象为完成 12~13 年中学教育并通过高级中学毕业考试后的学生，但授予的是证书而不是学士学位。第三个层次是大学学术计划，授予大学文凭、图书馆与情报科学文学硕士学位。此外，德国的综合性大学、学院、中央机构、档案馆、图书馆和信息中心都举办了许多研究生和继续教育计划。研究生教育采用非全日制形式，学习期限为 2 年，结束时需参加加利福尼亚州组织的考试。一般而言，情报科学计划要和其他学科（学时占 50%）结合在一起，学习期限为 4 年。除了理论部分和辅修科目外，学生还必须完成 4 周至 4 个月不等的实践课，毕业后授予情报科学专业的文学硕士学位。在康斯坦兹大学则授予信息科学家证书学位。

4. 印度

印度 1911 年开办了第一个图书馆员训练班，开始了印度最初的图书馆学正规教育（李晶和谢阳群，2009）。1915 年，旁遮普大学开办了图书馆学专业培训中心，培训内容包括编目、分类、书目、图书选购和图书管理等，被认为是继哥伦比亚学院之后全世界第二所图书馆学学院。该中心出版的《旁遮普图书馆初级课本》是印度第一本图书馆学教材。印度 1937 年创办了马德拉斯大学 1 年制图书馆大学文凭的课程。20 世纪 30 年代初，印度已有 3 个机构，即马德拉斯大学、加尔各答图书馆、旁遮普大学开展图书情报教育，每年培养 50 多名学生。印度著名的图书馆学家阮冈纳赞 1946 年在德里大学首先创建图书情报系，该系 1947 年招收一年制研究生，1948 年开始设置图书情报硕士学位，1957 年设立哲学博士学位。印度独立后，一些有条件的大学开始纷纷建立图书情报系或增开图书情报方面的课程。据统计，到 2007 年，印度有超过 118 所大学和机构进行图书情报学教学和研究，其中 105 所大学授予图书情报学学士学位，78 所大学授予图书情报学硕士学位，16 所大学授予图书情报学哲学硕士学位，46 所大学授予图书情报学哲学博士学位，2 所大学授予文学博士学位。从 20 世纪 60 年代起，印度的图书情报教育进入了文献工作和情报学教育新阶段，在很多大学的硕士课程中增设了“情报存贮与检索”“文献学”“电子计算机在图书馆的应用”等新科目。印度的图书情报学硕士研究生教育主要招收已具备其他专业本科学历或拥有学士学位者，一般是 2 年制，一年级开设图书情报本科课程，二年级开设图书情报硕士课程。

5. 韩国

韩国的图书情报教育始于 1946 年。当时的国立中央图书馆着手创建国立图书馆学校，学制一年。1955 年，梨花女子大学开设图书馆学专业课程，1959 年正式设立图书馆学科。1957 年韩国延世大学开设了四年制本科图书馆学专业和两年制研究生课程，标志着韩国图书馆学高等教育的正式开始。1974 年成均馆大学首先开设了图书情报学博士教育。到 1996 年，韩国有 32 所大学设有文献情报学系或图书馆学系，有 25 所大学的研究生院设有文献情报学硕士学位点，12 所大学的研究生院设有博士学位点。另外，还有 7 所高等专科学校和 2 所图书教育学院。

韩国图书情报教育的发展过程大体可以划分为以下三个阶段：第一阶段为初创期，1945~1957 年，大学里开设图书馆学科课程的时期。第二阶段为发展期，1957~1972 年，在大学里设置图书馆学科，同时又开设硕士课程的时期。第三阶段是变革时期，1973 年以后，大学设置实行全面改革，并设置博士课程的时期。韩国部分高校在 1985 年前后也对图书馆学专业名称进行了更改，将“图书馆学”更名为“文献情报学”，20 世纪 90 年代，在一些商业管理和工科学院也出现了诸如“信息管理”之类的名称。

韩国的图书情报学专业隶属于教育学，教育学课程占有较大比重。一般来说，专业必修课占 35%，选修课占 65%。韩国图书情报教育发展借鉴美国的程度比较高，如何适应本国需要是目前该国图书情报界和教育界正在探讨的问题。

6. 澳大利亚

澳大利亚新南威尔士大学 1960 年创办了澳大利亚第一个图书馆学系。此后，在政府、专业协会和大学的支持下，各州陆续在一些大学中开设图书馆学课程。到 1974 年，各州至少有一所大学设有 LIS 专业。据 1993 年统计，澳大利亚有 13 所大学招收 LIS 专业的学生，其中 9 所可以招收硕士生，5 所可招收博士生。招生专业名称多种多样，情报学和信息管理占大多数，单纯的图书馆专业已经很少。学制一般为 3 年（全日制），在职学习需要 6 年。课程设置和教学内容日益情报化。情报学和信息管理课程占主导地位。此外，这类教育很重视实践环节，3 年中要安排 3 次（共 6 周）的专业实践课。毕业生的就业去向主要是各类图书情报机构或政府部门的记录中心。

另外，亚洲的菲律宾、马来西亚、孟加拉等国家的情报学教育仍以传统的图书馆学为主，课程设置总的来看滞后于形势的发展。然而，近些年已普遍重视信息技术发展对信息服务的影响，纷纷重构课程设置。有的国家已开始授予硕士、博士学位。

10.4 各国情报学高等教育的课程体系

国际图书馆协会联合会在 2000 年制定的《图书情报专业人员教育计划指南》中，提出了图书情报课程设置的 10 个核心要素（初景利，2008）：信息环境、信息政策与伦理；学科发展史；信息生成、传播与利用；信息需求评价与信息服务设计；信息传递过程；信息组织、检索、保存；信息研究、分析和阐释；信息与通信技术在图书馆和信息产品与服务中的应用；信息资源管理与知识管理；信息与图书馆利用结果的定量与定性评价。

就图书情报学院系课程内容而言，不同国家都受到各自不同传统文化的影响，这里面有教育主体本身的原因，也有文化上的差异。例如，欧洲国家在图书情报学专业的课程中开设有一些“软性”的课程，如文化研究、小说、媒体研究和文献社会学等，学生的选择性比较大；而亚洲一些国家的图书情报院校则更侧重情报学理论和情报技术的课程教育，学生学习的自由度相对较小。国外图书情报学课程的突出特点是采用模块化教学。以密歇根大学为例，有四个模块可供信息理学硕士（master of science in information）选择，即档案与文献管理、信息经济学、管理与政策、人机交互。无论什么国家，尽管人们对图书情报学的核心课程很难达成统一认识，但都规定了少量的核心课程。

10.4.1　美国

1999 年，美国信息情报科学与技术学会制定了《美国情报科学学会教育目标》。2001 年经过修订提出了《美国情报科学与技术学会教育指南》。该指南提出了情报学教育应在课程设置中包括情报学基础、信息利用与用户、咨询方法、信息处理、信息技术、信息服务提供和管理六个大的方面。

美国图书情报学研究生教育包括硕士学位和博士学位培养，其中可授予博士学位的学院已达30所，可颁发“后硕士证书”的学院达39所（詹德优，2001）。美国的图书情报学课程体系主要实行图书情报一体化的教育模式，但同时也存在以图书馆学为主体、图书馆学与情报学相混合、以情报学为主体等类型。以图书馆学为主的课程体系中，核心课程主要有图书情报学导论、情报学、分类学、描述性编目、藏书研究、参考咨询、人文书目学、历史、青年人文献服务、儿童文献资料服务、联机检索服务、视听资料与远程通信、高校图书情报中心管理、一般图书情报中心管理、中小学图书情报中心管理等。图书情报混合型的课程体系中，核心课程主要有图书情报学导论、情报学、分类学、描述性编目、主题编目、采访研究、参考咨询、研究方法、自动化、联机检索服务、情报系统网络与协议、图书情报专业人员（information professional）教育、社区图书情报服务、儿童文献服务、普通图书情报中心管理等。从上述两个类型的课程体系可看出，美国相当重视图书馆学的基本理论与方法的教育，同时注意图书情报现代技术的教育，如开设联机检索服务、情报系统网络、远程通信等课程。以情报学为主的课程体系基本上以计算机科学为主，其核心课程主要有图书情报学导论、情报学、自动化、数据处理、系统分析、情报系统网络与协议、通信、参考咨询、研究方法、联机检索服务等。美国图书情报课程体系中，除核心课程外，还开设了大量的相关学科课程，内容广泛，涉及经济管理、商业、法律、新闻、心理学、行为科学、音乐、艺术等知识领域。

近年来，美国图书馆情报学院为了适应信息化社会对信息管理人才的需要，努力以信息资源整体为对象建设专业课程，将教学内容深化到知识与信息管理层次。改变以往按图书馆类型或图书馆业务部门设置课程的传统，如将“藏书建设”“图书分类”等课程，改为“社会信息建设”、“知识组织”或“信息结构”等，并停开了“微机在图书馆中的应用”等课程，而增设有关“因特网图书馆学”、“因特网信息服务”、“数字图书馆”、“分布式数据库”、“远程通信”、“人工智能”和“多媒体技术”等课程。同时进一步调整了核心课程，并将其余课程设计成若干模块。例如，匹兹堡大学情报学院除开设了4门核心课程外，还设计有“图书艺术、保护、档案”“特别读者群信息资源与服务”“信息组织”“主题领域资源与服务”“信息技术”“行为领域”“个人选择”等模块。针对本科生开设的情报学相关课程有“情报学概论”“数据结构与程序设计技巧”“文档处理”“数据统计分析”“软件总体设计结构与汇编语言”“操作系统设计”“计算机语言设计”“数据库管理系统”“信息系统分析与设计”“信息存贮与检索”“人类信息处理”“系统设计中人的因素”“行为模式”“人机对话”“人工智能”“数字通信理论”等（Subramaniam and Jaeger，2011）。

以华盛顿大学情报学院情报学博士计划（2004 年度）课程设置及学分情况为例，核心课程（16 学分）包括：人的信息行为（4 学分）、知识表述（4 学分）、以用户为中心的信息系统设计（4 学分）、信息政策（4 学分）；必修课（19 学分）包括：教师专题报告（2 学分）、情报学理论基础（3 学分）、研究设计（4 学分）、情报学定量方法（5 学分）、情报学定性方法（5 学分）；实践课（12 学分）包括：教学实践Ⅰ（3 学分）、教学实践Ⅱ（3 学分）、研究实践Ⅰ（3 学分）、研究实践Ⅱ（3 学分）；选修课（16~19 学分）；博士论文（27 学分）。总计：90~93 学分。

10.4.2 英国

英国到1986年共有17所图书馆学院。课程中既有学术性较强的科目，又有专门技术科目。20世纪80年代之前，英国以1974年联合国教科文组织一份文件归纳的核心课程为蓝本所提出的核心课程包括：①基础，如社会中的图书馆、图书馆法、图书馆与图书馆教育史、用户研究、研究方法；②资料，如各种载体、参考源、书目工具、书史；③方法，如标引、内容分析、读者服务、知识组织、参考程序、系统分析、保管与修补；④管理，如行政、人事、系统组织和计划、计算机和复制技术等。

1985~1986年，英国大学拨款委员会（University Grants Committee，UGC）和全国高等教育咨询委员会联合举办的“英国图书馆学情报学教育需求”调查指出，在大学开设图书馆学情报学课程以满足社会的一般性需求，这是UGC和NAB的职责范围。推荐的课程要考虑未来的情况，即图书馆学情报学院系所开设的课程要能适应图书馆与情报工作的本质性变化。所培养的图书馆学情报学专业学生应具备全面的情报源和情报服务知识，且具有熟练的情报组织、情报检索及情报交流的技能，还要求学生应具有高度的适应性、灵活性及掌握新知识的快速性。

根据上述要求，开设的课程内容大致如下（张更平，2010）：①基础知识部分。包括图书馆管理知识、情报传播技术、情报检索技术、情报源与情报服务知识、图书馆员必备的计算机知识。②专门研究课题。学校一般还要求学生在最后一年中完成1~2个专门研究课题，如图书馆地方文献服务研究、图书馆科技文献服务研究、青年人的图书情报需求研究、图书馆系统的整体化研究、复制技术研究、社团图书馆事业研究等。整个教学过程包括课堂讲授、分别讨论、实地参观、教学实习和考试等环节。由于各校的办学特点及教师状况不尽相同，各校的硕士课程设置也并不完全一致。总的来说，硕士课程都体现出对本科课程的深化。硕士课程的考试一般由四部分内容构成：完成课程作业，按导师认可的题目完成3篇论文；完成一份研究报告，要求15 000~20 000字；提供研究准备说明，包括个人基础经验，对所研究课题的客观观察，撰写相关文献综述，提供参考书目。

英国图书馆协会与信息专业协会于 2002 年合并，变成图书信息专业协会。两协会曾于 2002 年联合修订颁布图书情报学《课程认准规程》（*Procedures for the Accreditation of Courses*），作为英国图书馆与信息本科及研究生相关课程的认证标准。受其影响，近年来图书馆学在课程体系中的主体地位逐渐消退，代之以信息系统、信息管理等面向更广泛信息环境的课程，其中图书情报学专业学生的就业市场转向信息科技与行业被认为是导致这一变革的深层原因。“课程认证规程”要求图书馆与信息研究教育课程涵盖：信息生成、传播与利用，信息管理与机构环境，信息系统与信息及传播技术，信息环境与政策，管理与交流技能五大领域。

10.4.3　日本

20 世纪 60 年代以后，随着科学和教育综合化的发展，情报学与图书馆学互相渗透，日本的图书情报学教育课程的技术背景和经济管理成分不断加强，相关课程涉及的学科领域很广泛，从文化、历史、社会、自然科学等各个角度去研究人类的信息活动。庆应义塾大学文学部于 1951 年设立图书馆科，1967 年在开设本科层次专业课程的基础上，为了顺应世界的图书情报一体化趋势，增设了日本第一个专攻图书馆情报学的修士（硕士）课程，且在课程内容上更侧重情报学方面。1975 年，该院又设立了博士课程，课程内容在重视培养研究能力的同时，也加大了图书情报服务方面的内容。为图书情报领域培养从事研究、教育和其他专业工作的高素质专门人才，这在当时的日本属首创之举。日本文部科学省 1977 年制定了《图书馆情报学教育基准》，形成图书情报教育的新格局。

日本大学专业的图书馆学情报学教育是依据有关图书馆、情报学基准（大学基准协会制定）而设置教学内容，大致分为专业科目、实习科目和相关科目三大部分。专业科目中分必修和选修两种，比例约为 20：80（图书馆情报大学），特点是可以使学生从繁多的专业选修科目中根据自己的爱好和需要自由地选择所学内容。例如，图书馆情报大学开设的专业课程共 90 多个科目，分成五大类：①图书馆学情报学的基础理论；②情报与社会的关系；③情报的内容、形态论；④情报组织、处理、技术；⑤情报系统的理论与技术。相关科目的范围很广，从人文科学、社会科学、自然科学到各种应用学科，学生可以从中选择自己所需的科目。除了开设图书馆学情报学专业的大学以外，其他的学校基本上是依图书馆法中有关司书课程的施行规则而设定教学内容，目的是为图书馆情报部门培养人才提供一个预备的教育阶段。教育内容和教育体制各学校有所不同，但大部分是采取选修课的形式。

实际上，日本的图书馆学教育的情报化、技术化和综合化趋势更为显著，他们实行的是图书情报一体化和图书情报-计算机-电子通信三位一体的教育模式。其中图书情报学课程体系的核心课程主要有图书馆情报学概论、图书情报环境论、情报科学基础、情报组织论、情报载体论、情报检索论、情报系统论、参考调查论、系统解析论、计算机系统、自然语言处理等。情报工程学院课程体系的核心课程主要有信息论、电子工程、控制工程、数值解析、计算机构成、程序设计语言、逻辑电路等。

“图书情报专业与教育更新计划”（library and information professions and educations renewal，LIPER）是日本图书情报学会为庆祝该会成立 50 周年而策划的一项共同研究课题。LIPER 采用实证方法，调查不同类型图书馆（公共图书馆、大学图书馆和小学图书馆）对专业知识、技能的特殊要求，收集所有图书情报学任课教师对当前培养计划、课程设置的评价与建议。LIPER 的主要研究成果是“图书馆情报学核心领域及相应课程方案”。新方案清晰显示，图书情报学教育正在转型，培养目标由图书馆工作人员的培养向情报专业人员的培养过渡。在 LIPER 确立的核心课程（图书馆情报学基础、情报用户、情报资源组织化、情报媒体、情报服务、情报系统、经营管理）中，面向开放信息环境和信息问题的课程占去大半，图书馆特色明显淡化。LIPER 报告指出，现在的图书情报学课程体系落后于实践，其出发点仍是纸质媒体，不能反映信息环境及信息专业领域发生的巨大变化，也不足以支持多样化职业环境中的图书馆业务。

日本图书馆情报大学 4 年制本科课程分必修课和选修课两大类，共 134 个学分。必修课包括：专业科目 A（图书馆情报学概论、情报载体论、情报系统论等 19 门）、体育和外语，共 53 个学分。选修课包括：基础科目 A（人文、社会、自然科学总论等 19 门）、基础科目 B（语言学、经营工程学、情报工程学等 21 门）和专业科目 B（计量目录学、情报系统利用论、出版技术论等 66 门），共 81 个学分。两年制研究生须从图书馆情报基础论、情报构成论、情报社会关系论、情报载体论、情报认识论、图书馆情报组织论、情报工具利用论和情报检索论八类科目中任选 1 类，再辅以其他类科目，需达到 30 个学分。

长岛大学情报学博士计划设知识组织与获取、信息研究与服务两个方向。课程要求的学分为 48 个，博士论文的学分为 12 个（包括博士论文定题、博士论文定题答辩、博士论文研究、博士论文答辩四个环节）。必修课为研究方法 I、研究方法Ⅱ、知识组织与获取、信息研究与服务；选修课为知识组织、信息存贮与检索、系统分析与设计、人机交互、信息与社会、信息政策、信息服务、组织信息管理。

10.4.4 中国的情报学高等教育的课程设置

在中国，情报学作为二级学科，在硕士研究生专业目录中归属于管理学门类下的图书情报与档案管理一级学科。这种设置沿袭了传统情报学的学科归属划分方法，肯定了图书馆学、情报学与档案学之间的联系，为建设信息管理学科群提供了支持。不过，就情报学硕士点设置现状而言，情报学硕士研究生的培养已经明显呈现出多元化趋势，不局限在管理类院系或图书情报类机构，而是包括理工科、人文社会科学、专业科研机构等多主体的参与。对不同单位比较后发现，培养目标各有侧重，有的强调信息系统、信息处理、信息服务等方面的应用能力的培养，有的强调情报学理论和基本技能的掌握，侧重于科学研究能力和教学能力的培养。

我国的图书情报学课程体系大体上可分为图书情报混合型、情报科学型、专门学科情报型三类。其中图书情报混合型的课程体系，经原国家教委审定的核心课有“图书馆学基础”“目录学”“文献资源建设”“文献分类法与主题标引”“文献编目”“读者研究”“社科文献检索”“科技文献检索”“图书馆自动化”“图书馆现代技术”“图书馆管理”“中国图书与图书馆史”。实际上，各教育点普遍开设的专业必修课有“图书馆学概论”“文献分类法与主题法”“文献编目”“目录学”“社科文献检索”“科技文献检索”“文献资源建设”“读者服务”“图书馆自动化系统”“程序设计语言”“数据库”“计算机信息网络”“计算机情报检索”“图书馆管理”“情报学概论”等。

情报科学型的课程体系，其专业必修课主要有“情报学概论”“科技文献管理”“信息服务与用户研究”“情报研究”“科技文献检索”“计算机情报检索系统”“信息经济学”“信息计量学”“计算机原理”“程序设计语言”“数据结构”“操作系统原理”“数据系统”“计算机信息系统与设计”“计算机网络与通信”“网络信息资源开发与管理”等。随着 1998 年《普通高等学校本科专业目录和专业介绍》的颁布，图书馆学和情报学（信息管理与信息系统）专业课程设置有很大变化。各教育单位参考“专业介绍”所开列的“主要课程”对原有课程加以调整。

目前，情报学硕士研究生课程设置一般采取公共必修、专业必修和方向与选修相结合的方式，但不同培养机构的课程设置差别是非常大的。有学者经过统计，把情报学硕士研究方向分为 11 大类，即情报学理论与方法、信息组织与检索、信息分析与研究、信息咨询与服务、信息经济与产业、信息管理与知识管理、信息技术与系统、信息政策与法律、数字图书馆、学科情报、竞争情报。并对大类之下的小类进行了统计，排名前 10 的小类依次是：信息资源管理、信息管理、情报学理论、信息组织、信息系统、信息检索、竞争情报、信息咨询、知识管理、信息技术。这些方向与管理、经济，技术、法律等社会生活紧密相关，体现了社会发展的需要。

相对于本科和硕士研究生层次而言，我国博士研究生培养更加注重理论水平与科研教育能力，也包括高层次的专业技术能力。但是相比较而言，不同培养机构的定位有所差异，有的注重情报科研能力和教育能力的培养，有的注重情报技能应用能力的培养。情报学博士研究生主要在从事科研工作过程中培养相应的科研能力，课程设置相对简单，一般分为公共必修、专业必修和方向选修三类课程。公共必修课是外语（包括公共外语和专业外语）和政治，专业必修课是情报学理论研究，方向选修课是各个研究方向的前沿问题研究，侧重于高水平专业科研能力的培养。与硕士研究生培养相比，博士研究方向多元分化的趋势不甚明显。情报学博士生研究方向的设置相对集中在信息检索、信息资源管理、竞争情报、信息系统、电子商务、电子政务、知识管理、信息咨询等方面，体现了博士研究生培养的高起点与前沿化的特点。

纵观世界各国情报学专业教育的发展历程，其教学内容和课程体系一直在随着情报学学科的发展进行调整，很多地方都借鉴或应用了其他相关学科的理论方法、研究手段和教学内容。近年来情报学教育的内容方面则更多地体现出了学科交叉和融合的特点，重点在向信息组织和知识管理等方向倾斜，也更加注重教育体系的实践性和适用性。

10.5 情报素养与情报素养教育

随着社会信息化的发展，情报在社会需求和科技进步中扮演着越来越重要的角色。早在 1979 年，美国前总统卡特在出席白宫图书馆代表大会发表《把道路照亮》的演讲中提到："情报，像我们呼吸的空气一样，是国家的资源。准确而有用的情报对个人和国家来说，就如同氧气对于我们的健康和幸福那样必要。目前，我国国民生产总值一半以上都与情报活动有关。情报正在迅速替换着机器制造品，成为我国经济中的一项主要商品。情报经常为我国的商业、科学、法律、医学、政府和技术当中的革新提供必需的活力。它点燃了创造天才和发明之火，因而有助于解决一个日益错综复杂的世界所存在的各种问题。"在当今时代，情报在国民经济和国家安全方面发挥着越来越重要的作用，如何有效收集、利用情报，是提高国民经济水平和保障国家安全的关键因素之一，而国民的情报素养将不可避免的发挥决定性作用。

10.5.1 情报素养的概念

在英文语境中，与情报素养概念较为对应的是 information literacy，常译作信息素养（information literacy，IL）。信息素养是美国全国信息产业协会主席保罗·泽考斯基（Paul G. Zukowski）于 1974 年在给美国全国图书馆和情报科学委员会（National Commission on Libraries and Information Science，NCLIS）的报告中首先提出①。1989 年，美国图书馆协会的报告中给出了一个使用最广泛、最权威的信息素养的定义：一个具有信息素养的人能够确定何时需要信息，能够有效地获取、评价和利用所需要的信息。2003 年 9 月 20 日至 23 日，UNESCO 和美国图书情报学委员会在捷克首都布拉格召开了"信息素养专家会议"（Information Literacy Meeting of Experts），发布了题为"走向具有信息素养的社会"的《布拉格宣言》（*The Prague Declaration：Towards an Information Literate Society*）。布拉格会议将信息素养定义为能够确定、查找、评估、组织和有效地生产、使用和交流信息，并解决面临的问题的能力。

素养（literacy）一词在《辞海》中的解释为"修习涵养"，强调素养形成的过程是一个不断"修养"过程，体现出素养是动态的、发展的概念。由此可知，情报素养的形成也是经过后天养成的，经历了从无到有、从低到高、从弱到强的过程。与其他先天的禀赋不同，情报素养是一个动态发展的概念，在不同时期，其具体展现形式会有所不同。

根据"情报是活化的知识"这一观点，情报素养应是对活化知识掌握和运用的意识与能力，即其内涵包含了人文和技术两个层面的含义：从人文角度来讲，情报素养反映了人们面对情报的心理状态，也就是面对情报时所具备的修养；而从技术层面来讲，反

① 参见维基百科 http://en.wikipedia.org/wiki/Information_literacy.

映的是人们把握情报的意识和能力。

10.5.2　情报素养的特征

情报素养不是一个单纯的概念，而是具有多层次、多维度的综合概念。王延飞（2016）认为情报素养的核心应包括情报意识、工作作风和方法技术三方面。秦殿启（2013）认为，情报素养包含三个层面九大要素，分别为文化层面（含情报理论、情报网络、情报美学三个要素）、知识层面（含情报整合、情报资源、情报理论三个要素）和能力层面（含情报意识、情报技能、情报利用三个层面）。高风华（2002）认为，情报素养应包括情报意识和情报能力两部分，其中情报意识包括积累的意识、需要的意识、检索的意识和情报共享的意识四个层次。

尽管不同学者对于情报素养的内涵理解有所不同，但相对比较认同的观点是，情报素养内涵主要应包括情报意识、情报能力和情报伦理三个方面的内容，三者之间相互联系、缺一不可。

1）情报意识

情报意识是情报素养的先导，是人们通过一些方法获取所需情报的内在动因，是对主观需求的客观表达，并对情报行为起着支配作用。

情报意识有三层含义：其一，情报意识指情报观念，是指人们对情报的初步认识以及在情报实践中形成的对情报价值的总体印象。较高的情报素养表现在应具备先进的情报观念，对情报的本质和特点有较深入的理解，能够积极地认识、熟悉和使用先进的工具和方法，并有意识地在平时对相关知识和信息进行积累，并以一定的形式使之有序化，以备在需要时对其进行组合和分析，从而减少许多不必要的重复工作，提高情报工作的效率。

其二，情报意识指情报意识过程，是人们对客观事物的感觉、知觉，经过注意、表象、记忆、想象、思维到收集、管理、检索、分析和传递等环节获取情报并用于实践的认知过程。

其三，情报意识指人们对具体情报的敏锐感受力，即从大量瞬息万变，司空见惯，甚至微不足道的事物和社会现象中发现有价值的情报；是对情报价值的判断力和洞察力，即面对浩瀚、形式多样、杂乱无章的信息，去粗存精、去伪存真，进行有效辨别，做出准确的判断和选择；是持久的关注力，即习惯性地、长时间地集中开展情报收集、管理、分析与传递。

2）情报能力

情报能力是情报素养的核心，在情报活动中起着组织与控制作用。情报能力是在开放的社会大系统中能动地驾驭客观的本领。情报能力的全面性是由情报本身的综合性所决定，它包括对情报的获取、处理、分析和传递能力。

情报获取能力是情报能力的基础，涉及能从海量的信息中获得有价值的情报，并力求情报的时效性、可靠性，这就需要对一手信息和间接信息、内部信息和外部信息进行甄别，需要懂得获取这些信息的不同途径，如期刊文献、专利标准、互联网、行业报道、实地走访、电话邮件与问卷调查等。

情报能力不仅包含情报获取，还包括对零散的、碎片化的情报进行处理，充分利用信息存储和信息检索，完成信息的汇总、归档、检索，加以分析后，使之相互逻辑关联并产生价值，其中涉及对各种工具的运用。

有价值的情报，也需分层次、以多种形式将其传递给决策者和需求方，良好的情报传递能力是情报发挥作用的根本。简单而言，即在合适的时间，合适的地点，以合适的方式，传递给合适的人，称为情报的传递能力。

3）情报伦理

在情报获取、处理、分析和传递过程中，除应遵守相应的法律法规外，还应遵守一定的道德规范，有所为有所不为。

从词源上看，伦理与道德在西方为一词，都是指人际行为应该如何的规范；但在中国却实整体与部分关系——伦理是整体，道德是部分。根据王海明对伦理的定义，可以推导认为情报伦理是具有社会效用的情报行为之事实如何的规律及其应该如何的规范。

10.5.3 情报素养教育

随着信息技术的高度发展和广泛应用，尤其是在大数据时代下，如何有效提升情报素养，教育是不可替代的重要手段。事实上，由于群体不同，所需要的情报素养教育也有所不同，可以分层次、有针对性地开展：在校学生可以通过加强理论与方法学习；从业人员在理论指导下增加实践和总结；普通大众应注重形成良好的逻辑思维习惯。

李慧蓉认为，学习和实践是培养优良情报素养的主要途径。学习是培养与提高情报素养的基本手段。这里的学习有两层含义：首先，学习是广义的。由于信息是动态发展的，这就决定了学习对象的多元化，只有从一切自己不熟悉的领域吸收新的知识、技能、本领，才能实现个人知识价值的保值和增值。其次，学习是长期的。学习将始终贯穿工作、生活，停止了学习，将导致知识内容陈旧、结构不合理，能力衰退，思维僵化，心理状态也难免会发生变化。只有不断地充实、丰富、更新、改变自己的知识成分，知识结构，才能维持生命力和战斗力。实践是完善情报素质的重要环节。情报本身有很强的应用性和实践性。所以情报素养的培养，固然离不开以学习为基础的自我完善，但绝不是单纯的闭门读书、苦心钻研所能实现的。实践出真知在情报素养培养过程中同样是一条真理。

王延飞（2016）从重塑情报学术的角度，论述了情报科学教育中的关键问题，继而为如何开展情报素养教育提供了借鉴思路。首先是教育方式。对于从事情报工作的人员，提升情报素养主要采取两种方式：一是进行正规的情报专业教育；二是进行各种形式的情报业务培训。培养方式可以不同，但是情报人员的核心业务素质组成中都少不了情报意识、工作作风和方法技术。意识养成、作风塑造和方法习得既是情报专业教育传授的内容，又是情报专业教育研究的对象。其次是教育环境。情报教学环境具有其特殊性。内容敏感、实践性强是情报教育的固有标签。营造有特色的情报教学环境，保证情报教育工作者在施教过程中既能坚持遵循一般的教育规律又能体现和适应情报教育的特殊要求，是情报专业教育中不容忽视的基本条件。情报教学环境的特别之处通过施教者的经验、教育学习资料和分析练习所用软件工具体现出来。

目前，情报素养教育的主体和领域呈现出多元化的趋势。政府、图书情报机构、教育机构、科研机构、出版机构、企业实体、信息生产和信息服务提供商、行业协会及非政府组织等都涉入了情报素养教育。其中，政府在开展情报素养教育和引导终身学习方面发挥着越来越重要的作用，其他众多机构的介入也使情报素养教育范围十分广泛。情报素养教育的内容和形式也更加多样性和个性化。特别需要注意的是，情报素养教育的技术也在新技术和新工具应用的推动下发生着变革。例如，一些知识发现、知识管理和知识分享技术，以 Facebook 和 Twitter 为代表的社会网络技术、虚拟学习环境和开源软件等都在对情报素养教育产生积极的、越来越大的影响。在新的信息环境下，各种教育资源和学习资源的获取越来越容易，而这种基于资源的教育和学习方式，教与学不同角色相互交织，通过良好的环境和技术支持，教和学的主体可以相互转换，实现主动学习和协作学习。总之，情报素养教育将更加注重教学双方的互动与实践，这将成为情报素养教育的重要发展趋势。

习题和思考题

1. 试论情报学教育与图书馆学教育之间的关系。
2. 情报学教育的两次“改名”反映了情报学学科发展的哪些阶段和特征?
3. 各国情报学教育的定位有哪些不同?
4. 如何理解情报素养的重要性?
5. 如何有效开展情报素养教育?

参 考 文 献

陈传夫. 2000. 中美图书馆与情报学教育变革的比较与启示[J]. 中国图书馆学报，（1）：41-66.

初景利. 2007. 国外图书馆学情报学教育新发展与新特点（上）[J]. 图书馆论坛，27（6）：211-136.

初景利. 2008. 国外图书馆学情报学教育新发展与新特点（下）[J]. 图书馆论坛，28（1）：17-21.

高风华. 2002. 略论情报素质教育在大学生素质教育中的地位和作用[J]. 图书馆论坛，（11）：90-91.

季晓林. 2005. 法国的图书情报学教育[J]. 图书馆工作与研究，（6）：60-62.

焦玉英，彭斐章，郭星寿. 1987. 苏联图书馆学与情报学教育的若干问题[J]. 图书情报知识，（3）：53-56.

赖茂生. 2003. 情报学教育的现状和发展[J]. 情报理论与实践，26（1）：80-88.

冷伏海，安新颖. 2003. 英国图书馆学情报学研究生教育及其对我国的借鉴意义[J]. 中国图书馆学报，（3）：70-72.
李广生，沈国强. 1999. 中国高校图书馆事业 50 年[J]. 津图学刊，（3）：1-13.
李慧蓉. 1995. 试论情报人员的素质[J]. 大学图书馆学报，79（3）：31-32.
李晶，谢阳群. 2009. 印度的图书情报学教育研究[J]. 图书馆工作与研究，（11）：21-25.
李颖，樊振佳，张丽丽. 2008. 对我国情报学教育现状与发展的回顾及反思[J]. 图书情报工作，52（5）：125-128.
潘志薇. 2001. 德国的图书馆与情报科学教育[J]. 图书情报工作，（8）：90-92.
秦殿启. 2013. 论大数据时代的情报素养[C]. 全国信息素养教育研讨会暨化工院校信息站年会交流论文.
邱均平，沙勇忠，陈敬全. 2002. 改革开放以来我国情报学教育的发展历程、现状和趋势[J]. 情报学报，21（2）：112-120.
王海明. 2003. 伦理学方法[M]. 北京：商务印书馆.
王玮. 2001. 美国图书情报学教育的发展历程[J]. 高校图书馆工作，21（4）：86-89.
王延飞. 2016. 论情报专业特色教育[J]. 情报杂志，35（11）：1-4.
王知津. 2001. 中国图书情报学教育 20 年评述[J]. 中国图书馆学报，（2）：68-72.
王知津，孙立立. 2005. 我国情报学硕士研究生教育走势分析[J]. 情报理论与实践，28（5）：449-455.
王知津，徐芳，潘永超，等. 2010. 我国图书情报学教育三十年 1978~2008 回顾与展望[J]. 图书与情报，（2）：23-30.
吴镇柔，路叔云，汪太铺，等. 2001. 中华人民共和国研究生教育和学位制度史[M]. 北京：北京理工大学出版社.
羊昭红. 1988. 日本图书馆情报学教育的现状与发展[J]. 高校图书馆工作，（4）：66-71.
杨永生. 2006. 信息素养教育的本质内涵与教育原则[J]. 图书馆学研究，（7）：93-95.
詹德优. 2001. 论图书情报学课程体系的构建[J]. 中国图书馆学报，（2）：15-19.
张更平. 2010. 中英情报学教育改革综述[J]. 企业导报，（11）：206-208.
中国科学技术信息研究所. 2011. 中国科技信息事业 55 周年（综合卷）[M]. 北京：科学技术文献出版社.
《中国情报学百科全书》编辑委员会. 2010. 中国情报学百科全书[M]. 北京：中国大百科全书出版社.
周燕. 2004. 日本的图书馆学情报学研究生教育[J]. 图书情报工作，48（2）：102-105.
朱珠. 2008. I-Schools 运动对我国情报学研究生教育的启示[J]. 图书馆学研究，（8）：2-15.
Cassidy C R，Russell T G，Grant S. 2009. Library and information science doctoral education：the landscape from 1930-2007[J]. Jornal of Education for Library and Information Science，50（3）：190-202.
Subramaniam M M，Jaeger P T. 2011. Weaving diversity into LIS：an examination of diversity course offerings in IS chool programs[J]. Education for Information，（2010/2011）：1-19（DOI 10. 3233/EFI-201 0-0891）.

第11章

行业情报

本章提要

本章介绍不同行业或组织机构体系下的情报，包括数据环境下的科技情报、现代企业竞争情报、数据环境下的公安情报，以及行业情报前沿热点。

主要知识点

1. 科技情报的数据基础、分析方法与技术、产品与服务。
2. 企业竞争情报发展现状、数据源、平台系统。
3. 公安情报要点。

11.1 行业情报概述

11.1.1 行业情报分类

情报学是一个专业，但情报行业分布在多个领域。美国从情报来源的角度将情报分为信号情报、人力情报、雷达情报、测量情报。在我国，从领域或行业来看，情报主要包括科技情报、企业竞争情报、（或商业情报）、国防军事情报及公安边防情报。科技情报包括民用科技情报以及国防科技情报，前者如中国科学技术信息研究所、中科院文献情报中心，后者如中国国防科技信息中心、中国兵器工业集团第210研究所。其中科技情报、公安情报、国防军事情报都有相当完善的体系。企业竞争情报主要分布在企业，近几年随着我国经济的飞速发展以及竞争压力的加剧，与竞争情报工作也得到了前所未有的发展。大型企业集团，甚至一些中小企业都组建了竞争情报相关的部门开展竞争情报工作。

11.1.2 各行业情报的属性

企业竞争情报非常强调情报的竞争属性，通过竞争情报工作的提升来打压竞争对手，适应竞争环境，赢得竞争优势。公安情报并不具有竞争属性，而是具有很强的对抗属性。此外，国防军事情报则兼具对抗情报与竞争情报双重属性，但与公安情报的对抗性不同，公安情报涉及双方角色是不同的，如罪犯与警察之间的对抗特征，而国防军事情报往往是具有相同的角色属性，如国家与国家之间的军事情报。科技情报虽然也具有一定的对抗属性与竞争属性，但其成分比较弱。

11.1.3 各行业情报的信息源

从情报的信息来源讲，科技情报、企业竞争情报、公安情报、边防情报都非常注重公开信息源的分析。科技情报几乎完全依赖于公开信息源，注重信息的深度挖掘与关联分析。企业竞争情报除了公开信息源，还会涉及一部分灰色信息，如通过派人参观竞争对手企业获得情报等方式。公安情报的大部分信息源都是机密的，国防军事情报原来主要通过非公开情报源，但随着互联网的发展，开源信息所占的比重大幅度提高，美国中央情报局自“9·11”事件以后，有80%以上的情报来源于公开信息。

11.1.4 行业情报的方法

在分析方法与手段上，科技情报非常注重以文献信息为主的相关方法，如文献计量、引文分析、专利分析等。企业竞争情报经常使用对标比超、人际网络、SWOT分析等方法，这些方法在科技情报、公安情报等用的并不多。公安情报使用画像的方法，并且非常注重线索分析方法，这在其他行业情报分析中使用的并不广泛。在国防军事情报领域，人力情报仍然占有相当大的比重。

11.2 现代科技情报

11.2.1 科技情报概述

1956年，为了落实国家《1956—1967年科学技术发展远景规划》中关于建立科学技术情报机构的任务，在周恩来、陈毅、聂荣臻等亲自提议下，我国成立了第一家综合性科技情报机构，即今天的中国科技信息研究所前身——中国科学技术情报研究所。我国科技情报系统经过50多年的发展，形成了国家部委、省市（直辖市、计划单列市）、地市三级科技情报系统，其中各级政府预算支持的科技信息机构近400个，从业人员近5万人（郑彦宁和宋振峰，2007）。我国科技信息事业形成了一个较为完整、系统的中国特色科技信息行业体系。

国家或典型的部委情报所包括中国科学技术信息研究所、中国科学院文献情报中心、中国农业科学院农业信息研究所、中国医学科学院医学信息研究所、机械工业信息研究院、冶金工业信息标准研究院、中国化工信息中心等，这也是NSTL主要成员单位，另外在水利、石油、铁路、建材等各个领域都具有行业级的情报研究所。在地方情报机构方面，各省市都具有较为完整的科技情报研究所，如上海图书馆上海科学技术情报研究所、北京市科学技术情报研究所、浙江省科技信息研究院、广东省科学技术情报研究所等。在国防科技情报方面，典型的机构有中国国防科技信息中心、北方科技信息研究所、中国航空工业发展研究中心、中国航天信息中心、中国核科技信息与经济研究院、中国船舶重工集团第七一四研究所、工业和信息化部电子科学技术情报研究所、卫生勤务与医学情报研究所等单位，涉及武器装备、航空航天、舰船、核材料、电子、军医六大领域（中国情报学百科全书编委会，2010），如图 11-1 所示。

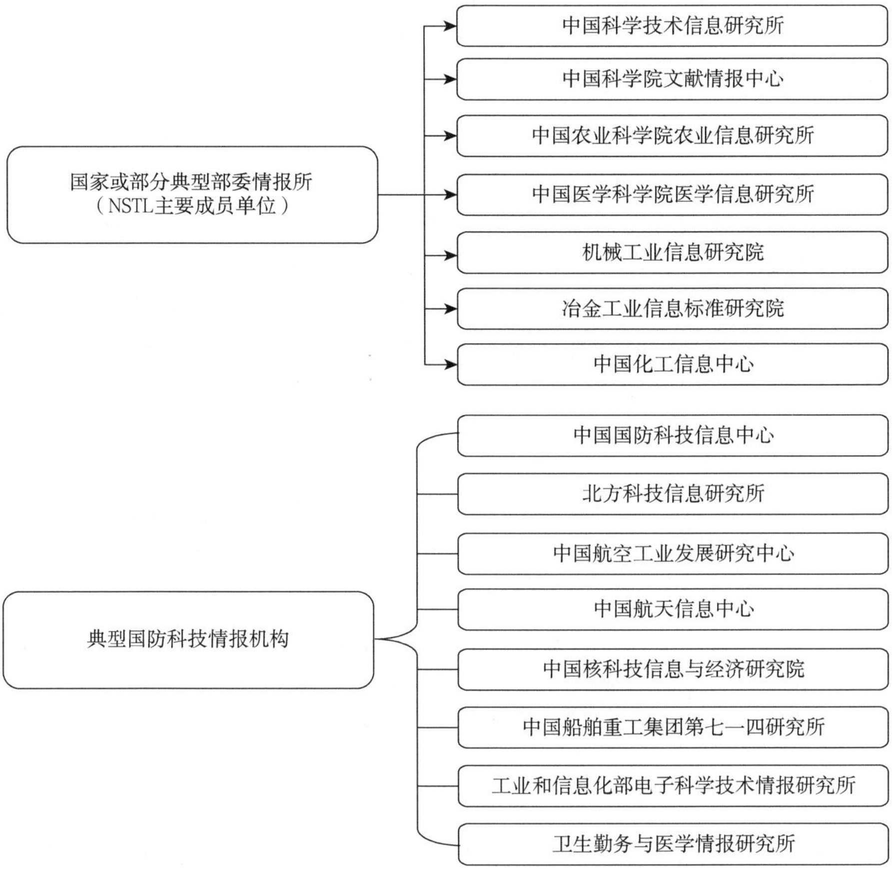

图 11-1　国家或部委典型部委及典型国防科技情报机构

我国科技信息事业为国家科学技术发展、改革创新实践发挥着“助推器”和“加速器”的作用，为推动科技、经济与社会的发展以及维护国家安全做出了重要贡献。面对国家赋予科技创新伟大而重要的使命，科技信息要成为贯彻实施好创新驱动发展战略的先行官。新的历史阶段，贯彻实施好创新驱动发展战略，要坚持面向世界科技前沿、面向国家重大需求、面向国民经济主战场，抓紧完成构筑先发优势、推动大众创业万众创新、强化科技基础、拓展创新空间、完善创新治理体系、营造良好创新生态六大战略部署，落实好科技重大项目和工程，前沿探索、原始创新、保障科技供给、深化科技体制改革、弘扬创新精神等重大任务。

创新驱动，情报先行。新时期加强科技信息工作，既是支撑科技创新的重要基础性工作，又是科技信息服务机构主动适应行业发展新特点、新趋势、新要求的必然之举。国家正着力完善科技创新基础制度，建立公开统一的国家科技管理平台，加快建立健全国家科技管理信息系统，科技信息行业要承担起这一重要的历史使命，围绕全面参与《国家大数据发展行动》，共同建设国家政府数据统一开放平台，成为引领大数据资源建设的战略制高点。要围绕全面支撑创新治理和“双创”，开展面向创新全链条的科技情报与信息服务，成为推动科技服务业发展的主要贡献点（何亮，2016）。

11.2.2 科技情报数据基础

科技信息界历来以科技信息的搜集、分析与服务为主，在行业发展的过程中积累了很多的数据，如科技论文、专利、科技报告，并在此基础上形成一些面向应用的专题库，如科技成果库、科技人才库、科技项目库等。这些数据的规模越来越大，结构也越来越复杂，对数据深入分析与挖掘的要求也越来越高。这些丰富的数据资源通过关联与融合，呈现出巨大的挖掘与决策参考价值。随着网络信息获取渠道的扩充，信息获取变得越来越容易。对于科技信息工作者来讲，传统的搜集、翻译与编辑报道等工作已不能满足情报用户的需求，科技情报工作正探索利用数据集成、分析与可视化工具，为用户提供动态监测、预测预警、定制推送、主题研究、战略决策研究等深层次专业化服务（李萌，2016）。

科技信息大数据是科技活动要素及要素之间相关关系的多源异构大规模数据。科技活动要素包括科技投入（研发投入、科技项目）、科技主体（科技机构与人员）、科技平台条件（科学仪器设备）、科技过程（科学实验数据）、科技交流（学术会议、科技新闻）、科技产出（论文、专利、报告、科技成果转化等）以及科技规划与管理（科技规划、科技政策等），这些要素所反映出的数据以及数据之间的关系所形成的整个科技活动生态的相关数据构成了科技信息大数据的内容。

围绕科技成果、科技人员、科技机构、科技项目方面的信息与数据依然是科技信息大数据的主体。科技成果数据从类型上来讲包括论文、专利、科技报告等，从数据上来讲既包括传统的题录数据，又包括全文内容数据，而且在大数据环境下，越来越重视对全文内容的分析与挖掘。科技人员信息包括科技人员的分布、科技人员的流动、科技人员之间的合作关系，围绕着科技人员的分析与挖掘不仅体现在传统的统计与计量，还体现在深度分析挖掘、关系类型与强度、人员发展潜力与趋势等也是大数据分析挖掘的重点。项目信息，既能反映研究方向与进展，又能反映各国家、各领域的科研投入情况。其实，科技信息大数据的重点并不在于以上单方面数据的建立以及在此基础上分门别类的统计分析，更重要的是这些不同数据的整合，以及相互之间关系的分析挖掘，通过分析挖掘形成一些有用的，甚至是新颖的模式。

科技信息大数据也满足大数据的一般特点，规模较大，增长速度较快，结构类型多样。除此之外，科技信息大数据还有一些自身的特点或者表现较为突出的特点，如多源异构性、动态增量性及国际性。从上述大数据类型分析来看，多源异构性成为科技信息大数据的一个突出特点。同一种类型的信息可能分布在不同的站点，由不同的数据商提供。一项情报任务或前沿领域的研究，仅仅使用一种类型的数据是不全面的。例如，在进行产业分析时，仅仅用论文、专利、项目等科技情报领域传统的数据类型是不够的，需要充分考虑会议动态、政策环境、新闻舆论、企业年报、企业网站、重点人物讲话、人才招聘、高层次人才流动等信息，把这些信息融合到一起，才可以更好地描绘产业规模、核心技术、数据资源、技术成熟度、科技实力、创新力与核心竞争力等。

科技信息具有较强的动态增量性。情报对信息的时效性有着很高的要求，因此，在情报分析时需要不断跟踪最新信息，并结合已有信息进行深度分析与挖掘，从而产出能反映最新情况的情报报告，科技信息大数据还具有较强的国际性。科学技术的国内外交流、跟踪与对比成为科技信息大数据的一个突出特点。这与电子商务大数据、交通大数据、金融大数据等一般以国内数据为主有着明显不同。

11.2.3　科技情报用户需求与任务

有了科技信息大数据的支撑，虽然情报任务的类型没有发生太大的变化，但是对情报用户的分析与情报需求的把握、情报产品的内容与情报服务的方式与传统的情报服务相比，已有很多不同与变化。

情报用户从层次的角度分为三类，即高层决策用户、中层管理用户和一般业务用户，不同层次的用户有着不同的情报需求。从国家的角度来看，科技情报服务有三类用户，不同的用户具有不同的情报需求。第一类是高端用户，即最高的决策用户，包括中央领导及国家领导，该类用户主要关注革命性的科技发展方向、需求、社会影响，世界科技发展格局、方向与影响等。第二类是中端用户，主要指科技管理部门，如科技部、国家自然科学基金委等，此类用户重点关注科技优先领域的方向，现成的技术，设施的部署等。第三类是具体的科研人员，该类用户关注科技领域的具体科技问题以及具体的技术路线。从各省市的角度来看，高层用户对应省市领导，中层用户对应各厅办局领导，一般业务用户对应科研院所、高校、企业等具体的科技创新单元。从具体的企业来看，高层用户对应企业领导层，中层用户对应各管理部门领导，一般业务用户是指具体的研发人员、市场销售等一线人员。

情报需求分析离不开情报用户的研究，情报用户的研究有任务模型、用户分类、用户信息行为等多个视角。Phillips 等（2001）为情报用户机构开发设计了情报分析过程模型，由任务目标、任务结构、涉及角色、情报效果评价因素等方面组成。Kany（2011）从理解用户、用户任务和工具使用情况等方面研究了情报分析中可视化分析系统的信息设计。宫宏光和汤珊红（2012）将情报过程划分为发现问题、情报立意等阶段，在发现问题阶段需要对用户信息进行获取和分析，对问题进行深入分析与综合评判，以确定情报需求。

情报需求是依赖于情报用户而存在的。传统的情报需求往往是由情报用户提出来，或者情报工作人员通过调查问卷或访谈的方式获取。而在大数据环境下，有可能基于多源异构的数据，既包括传统的论文、专利、报告等文献数据，又包括网络、微博、新闻等网络或新媒体数据，通过政策、科学、技术、产业、市场等多方面数据的融合分析，运用主题模型、关联规则等深度学习及文本挖掘等技术可能会捕获出一些情报需求，甚至是一些潜在的情报用户需求。情报用户的情报需求受很多因素影响，主要包括情报用户信息与情报需求情境信息。情报用户信息既包括专业背景、外语水平等静态信息，又包括最近活动、工作关系网络等动态信息。情报需求情境信息包括政策环境、前沿热点、社会焦点问题、行业形势、竞争格局等。

面向决策的情报研究与服务，需要在系统分析和定义决策需求的基础上，为决策者及时掌握重要的情报信息，进行深入分析与评判，为决策提供参考方案（徐峰和张旭，2012）。Zhang 等（2011）探讨了竞争情报任务的本质，基于任务完整性理论对情报任务进行分类与解剖。从任务的类型来看，分为情报识别、情报跟踪、情报比较、情报评价与情报预测，如图 11-2 所示。

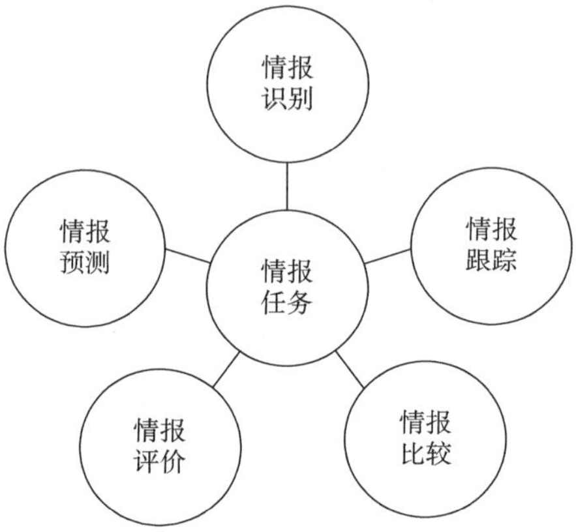

图 11-2 情报任务类型

1）情报识别

为了发挥情报的耳目功能，就需要增强对情报信息的敏感性，从各类信息源中快速识别有用的信息。情报识别的范围比较广，类型颇多，主要分为判别性识别、目标类识别、科技内容识别。判别性识别包括虚假情报的识别，敏感或关键信息的识别；实体目标类识别包括竞争对手识别、合作伙伴识别、专家人才识别、情报用户识别、新产品与新型号识别；科技内容识别，包括突破性创新的识别、研究前沿识别、关键技术识别、共性技术识别、市场机会识别等。这些识别任务需要广泛搜集论文、专利、网页等多源信息，对信息进行比对与甄别，从广泛的信息源中识别出有用的真信息。

2）情报跟踪

为了发挥情报的尖兵功能，就需要及时和准确地捕捉最新、最快的情报信息，持续地对关键技术问题、重要国家与机构进行定期或长期跟踪，把握最新进展与动向，梳理技术路线与演化规律。情报跟踪包括科学技术跟踪、战略计划跟踪、重大事件与问题跟踪、国家机构跟踪。科学技术跟踪包括跟踪世界先进科学技术，注重前沿热点监测、关键技术跟踪；战略计划跟踪主要包括重大计划跟踪、战略实施进展跟踪、政策走向跟踪等；重大事件与问题跟踪，如阿波罗计划跟踪、日本福岛核泄漏信息监测等；国家机构跟踪主要是指以重要国家或重要机构为跟踪对象，全面跟踪相关领域科技发展、战略规划等。情报跟踪需要及时采集各种渠道的信息，全面跟踪与扫描最新的信息，快而全是大数据时代科技情报跟踪的重要特点。

3）情报比较

《孙子兵法》里讲“知彼知己，百战不殆”，知道对方的情况，知道我方的情况，才能取得胜利。情报本身具有非常强烈的敌我对比的色彩，所以情报比较在情报工作中占据非常重要的地位，与情报识别和情报跟踪相比，情报比较更加注意竞争关系与态势的分析。情报比较包括竞争对手比较，国家或区域的技术水平比较、核心竞争力比较、创新能力比较。例如，对中国互联网信息技术行业发展比较研究，就需要广泛搜集中美双方在纳斯达克上市企业数量与规模（市场估值），上市企业年报，企业领导活动与演讲，围绕企业规模，发展战略，核心技术，数据资源，人员分析（包括人员结构、招聘信息、专家人才的流动情况等），国家政策环境与规划，国际顶尖学术会议上的表现，如参展、赞助、keynote speaker、best paper 等以及在产业大会上的签约合作等信息，进行汇总比较产业的规模、对社会发展的推动与影响、技术领先程度、核心竞争力、各自的优缺点以及发展潜力等。

4）情报评价

有时情报评价是情报比较的前提或基础，但有时情报评价并不是为了比较，如对合作伙伴的评价，或对自身的评价。科技情报的评价主要包括对科技现状的述评、科技实力的评估、科技机构或人才的能力评价与潜力评估，以及科技政策或举措实施以后的效果评价，如对省部会商制度的评价。例如，对《中华人民共和国促进科技成果转化法》实施及修订以后，科技成果转化促进以及科技创新主体转移的影响的评价等。由于科学计量学的快速发展，科技评价在情报中的作用很大，目前在情报学研究以及情报实践中得到了广泛的应用，许多科技情报机构都专门建有科技评价或评估中心。

5）情报预测

预测包括时间节点预测、发展趋势预测、重大事件预测，机会预测等。时间节点预测；如基金申请量预测、流量预测、峰值预测等；发展趋势预测包括技术发展预测、舆情演化预测、政策走向趋势分析等；重大事件预测包括奖项预测、结点事件预测；机会预测包括技术预见、未来技术机会分析、市场机会分析等。例如，对美国特朗普政府关于科技创新的政策走向预测分析，对我国雄安新区政策走向与发展趋势的分析等，需要广泛采集已有的政策文本、领导讲话、领导活动、人物传记等，分析出主要决策者的性格特点与决策模式，梳理影响政策走向的各个因素，用现有的信息研究分析模式，并利用一些信号信息对未来的发展趋势与走向进行预测分析。

11.2.4 科技情报产品与服务

情报的本质是情况之报告，是利用既有知识与新信息融合所形成的新认知、新判断。因此，情报产品的主要形式是报告。情报报告分为动态快报、领域或专题深度分析报告以及决策参报三种类型。动态快报一般是通过监测、采集、翻译、编辑反映国内外的最新情况，包括重要事件、最新成果、最新举措等，便于情报用户掌握最新的发展动态；领域或专题深度分析报告主要在文献信息的基础上，对某一领域或专题进行全面系统扫描、全面分析与深入总结，梳理出影响因素，厘清发展脉络，绘制技术路线图，识别关键技术，并对发展环境与竞争态势进行全方位的揭示与评估；决策参报主要针对某一特定事件或问题，通过分析与调研，形成具有战略和政策含义的报告或资料，并给出各个方案的优劣势等。

通过动态快报实现“耳目”的功能，通过领域或专题深度分析报告实现“尖兵”的功能，通过决策参报实现“参谋”的功能。基于科技信息大数据，生产各类情报产品，完成“耳目”“尖兵”“参谋”的功能，并实现情报服务。大数据环境下的情报服务呈现出以下几个新的特点。

1）由被动服务变为主动服务

传统的情报需求是由情报用户提出来，然后由情报人员去实现。这种方式存在实时性差，情报用户有时对情报需求描述困难等问题，需要尽快改变。通过多源数据融合及时捕获到情报需求，实时监测情报用户需求的变化，从而主动地提供情报服务是大数据环境下情报服务的一个新特点。

2）由单点服务变为嵌入式服务

传统的情报服务往往是针对政策或管理过程的某一个环境提供相应的服务。随着科学决策方式的转变以及情报专业水准的提升，情报嵌入式服务管理决策或业务过程会成为一种新的趋势。以嵌入过程、快速响应为原则，形成“信息分析+ 情报研究+ 专家智慧”的联合专项情报服务团队，通过建立有据可依的知识积累、数据采集、情报分析及报告完成的工作流程，从全领域的客观情报视角，按时、保质、保量地为专项科技创新提供信息情报支撑（吴鸣和王丽，2013）。针对决策用户所关心的科技规划、政策制度等重大问题，通过全方位嵌入式的情报服务，支撑重大科研项目规划论证与实施，科技决策与规定，在科研规划、课题指南、立项论证、动态跟踪、结题评价等方面做到全程的嵌入式服务。

3）由决策参考支持向情报引领转变

情报任务从服务的层次上分为动态跟踪、态势分析与前瞻预测。在动态跟踪与态势分析的基础上，广泛利用聚类分析、演化分析等方法，分析出事物发展的规律，梳理出影响发展趋势的关键要素以及要素之间的关联关系与制约关系，剖析核心技术、预测战略新兴产业、预测技术机会分析以及合作关系变迁，这不仅可以看出一个企业、一个行业、一个国家的技术演进方案，还可以分析其战略部署，把握主要趋势与次要趋势，厘清长期战略与近期目标，从而实现趋势判断、动向感知、前瞻预测与前景研判，把情报功能从战略支撑扩展到战略引领。

11.2.5 科技情报方法与技术

科技信息大数据资源是现代科技情报工作的基础，要想实现精准的情报服务，就要解决数据与服务之间的关系，而解决这个问题，就需要方法与技术的支撑。基于科技信息大数据的分析要素除了传统的统计指标、计量指标，还包括关联关系、时间变化、空间分布及差异指标等，围绕这些要素有一系列的分析方法，如科学计量、关联分析、趋势分析、聚类分析、信号分析等。在技术方面，除了分布式并行计算、多维数据关联分析技术、数据可视化展示技术通用大数据技术外，还需要重点关注多源异构数据融合技术、情报用户画像与需求探测技术、以属性计算与情景计算为主的新型计算技术、以知识抽取与本体构建为主的知识体系技术。

1）多源异构数据融合技术

政策文本、领导讲话、热点主题、科技动态、社会需求，这些内容都是影响情报用户需求的因素，每个因素有多种数据的支撑，不同的数据分布在不同的来源或渠道上。在数据时代，快速准确地获取多源数据，成为许多工作的基础与前提。多源数据从不同视角反映国家或行业的相关信息，把这些数据融合汇聚在一起进行相关分析，可以相互交叉印证与补充完善，从而更全面地揭示事物联系，为实力对比与评估、竞争环境扫描与态势分析、战略机会的选择与拓展提供有力的数据支撑与决策参考。不同数据源之间如何关联映射，异构数据之间如何统一揭示与加权分析，数据融合中所产生的数据冲突、数据遗失、数据重复等问题都需要解决，如何围绕主题或情景构建一个多源异构的数据资源，涉及一系列的技术问题。

2）情报用户画像与需求探测技术

为了出色地完成情报任务，需要对情报用户进行分析建模，对情报需求进行画像描述。在电子商务领域，运用用户的注册信息、浏览日志、检索日志、购买记录等信息为用户进行画像，准确识别用户需求并进行个性化实时推荐，取得了不错的效果。把电子商务领域的用户画像技术移植到情报领域中并加以改进，相信可以更好地探测并识别情报需求。情报用户的需求画像研究包括情报用户的类型确定、情报用户静态属性获取、情报用户动态信息监测，从不同维度为用户赋予合适的标签，既能把用户准确地分到相应的类目下，提取用户的共性群体特征，又能对情报用户的个体特征与偏好进行充分的揭示，准确地刻画出“千人千面”，以便准确地提供个性化服务与精准推荐。

情报需求由情报需求类型、情报需求主题及情报需求情境三个维度构成。情报需求是动态监测还是领域分析？是技术分析还是政策分析？这些都是情报需求定义要明确的问题。确定情报主题包括情报需求的分析范畴与主题领域等两个方面。情报需求情境包括时代环境与关键事件的发生（如新政策出台、企业兼并、竞争对手上市等）。通过搜集各种数据，构建起内部数据与外部数据融合，线上数据与线下数据融合，历史数据与实时信息融合的多源、异构、跨域的大数据，通过多源数据的融合，较为全面地认识并掌握用户特征，探测与挖掘情报需求。

3）以属性计算与情景计算为主的新型计算技术

新型计算技术包括特征或属性计算、情景计算、差异计算及信号计算，由主题计算转向属性为主的分面计算以及面向任务的场景计算为主。传统的主题计算是以关键词为核心要素的计算，包括信息检索、知识主题图、热点分析、文本聚类、信息抽取等，都是以关键词为主的。在大数据环境下，主题计算的方法与技术已较为成熟，如果进行细分领域的区分将成为新的热点。例如，搜索引擎使用技巧与搜索引擎算法改进的文章尽管都是搜索的主题，但这两类文章在写作风格、读者对象上都会有明显的区分，如果都是谈搜索结果排序算法的文章，如何区分是新算法、还是改进算法，通过阅读了解到可以借助技术手段进行区分，而这种区分的关键并不是文章的主题，而是一些特征或属性，在计算的粒度上，主题计算更多地关注名词或动词等反映内容的实体词，而特征计算或属性计算往往更关注形容词或副词等修饰词。

在大数据环境下，越来越重视用户场景，只有分析出用户的场景，并针对场景的变化实时更新服务的内容与方式，才能更好地理解并合理地满足用户需求，用户对产品与服务的接受程度、满意程度从而会有大幅度地提高。传统的计算更多地计算数据之间的共性与关联关系，如关联规则、聚类分析、社会网络分析（social network analysis，SNA）、向量空间模型等都是计算数据对象之间的共性特点。这些计算得到了很好的发展与应用，技术进步与方法研究已相对比较成熟。在信息量巨大的情况下，找出一些共性与关联并不总是很有效，由文档间的共性关联计算转向差异性对比计算将成为一个新的尝试。通过差异性对比，识别出新需求、新产品、新理论、新方法、新技术、新方案会助力现代科技情报工作。

4）以知识抽取与本体构建为主的知识体系技术

围绕知识的理论方法与技术在情报学或情报研究中一直占有很重的分量，包括知识组织、知识管理与知识服务等。在构建起科技信息大数据以后，如何从非结构化快速地获取知识，并把知识表示成计算机可以理解、可以推理的本体，与深度学习等智能算法结合起来，已经成为智能情报发展的关键。情报领域的知识服务主要从知识获取、知识整理、知识重组、知识分析、知识关联、知识咨询等角度，将知识资源优势转化为决策优势与情报竞争优势，助推行业情报知识导航、学科体系构建、科研机构及人才评估、竞争情报动态链揭示、科研趋势与研究方向跟踪（张立频，2015）。在这一系列以知识为核心对象的技术体系中，知识抽取与本体构建技术成为知识管理与服务能发挥重要作用的关键。

知识抽取是指从各种类型的数据和信息资源中获取各种知识的过程，从多种媒体资源（如文本、图像、视频、音频）中抽取出知识，从数据集中发现重要模式的过程等（张智雄等，2008）。通过知识抽取从多种数据源获得采用某种知识表示形式的，完整、正确、无歧义的知识元及其语义关系，进而作为后续知识融合的输入，这种知识抽取和组织完全依赖于对知识间的各种关系的认识、挖掘和组织，并在一定程度上体现为隐式的联系，往往涉及多种学科领域，因此需要有大量本体的支持，以及跨领域知识之间的关联分析。有了本体，可以为智能检索、机器翻译、知识地图等提供有效的支撑，但如何构建起结构良好、覆盖度高、推理方便的领域本体与通用本体，目前的技术方法还有待于提高（化柏林，2017）。

11.3 商业情报与竞争情报

11.3.1 商业情报概述

商业情报又称商务智能（business intelligence，BI），在情报界也经常称为竞争情报，这三个概念之间虽然比较接近，但也有一些区别。商业情报侧重于收集，而商业智能（或商务智能）侧重于分析。前者带有更多的情报色彩，后者带有更多的智能成分。商业情报往往是为了提高企业的竞争能力、改善竞争环境，所以在某些场景下又称为竞争情报。

1）商业情报的概念

一看到商业情报的字眼，人们的脑海里容易联想到商业间谍。实际上，二者的区别显而易见，商业情报是一个中性的字眼，是指用合乎商业伦理的方式收集、分析、传播有关经营环境、竞争者和组织本身的情报；而商业间谍，恰恰相反，采取特殊手段窃取他人的商业机密。商业情报 BI 的概念实际上比竞争情报 CI 的内涵要广，它的研究对象可以延伸到整个行业和市场，以生态链的思维看待存在的各路玩家，即通常所说的利益相关者，他们可能是竞争对手，也可能是客户和供应商，也可能是行业标准的制定者和行业的管理者（耿人健，2015）。商业情报是指在商业活动中所需要有价值的具体信息，这种信息从不同层面、不同维度的观察，包括战略的、技术的、渠道的、商品种类的、价格的、商业模式的、人才流动的等。商业情报是这些信息中提炼出来的最具价值的内容（谢友宁和杜小丹，2015）。

2）商业智能的概念与发展

商务智能 1989 年由 Gartner Group 的 Howard Dresener 首次提出，它描述了一系列的概念和方法，通过应用基于事实的支持系统，来辅助商业决策的制定。BI 技术提供帮助企业迅速分析数据的技术和方法，包括收集、管理和分析数据，将这些数据转化为有用的信息，然后分发到企业各处。BI 的出现经历了一个渐进的、复杂的演进过程，而且仍处于发展之中，它包括事务处理系统、高级管理人员信息系统，管理信息系统和决策支持系统等阶段，最终演变成今天的企业 BI（朱晓武，2007）。

商业智能通常被理解为将企业中现有的数据转化为知识，帮助企业做出明智的业务经营决策的工具。这里所谈的数据包括来自企业业务系统的订单、库存、交易账目、客户和供应商等来自企业所处行业和竞争对手的数据以及来自企业所处的其他外部环境中的各种数据。为了将数据转化为知识，需要利用数据仓库、联机分析处理工具和数据挖掘等技术。可以认为，商业智能是对商业信息的搜集、管理和分析过程，目的是使企业的各级决策者获得知识或洞察力（insight），促使他们做出对企业更有利的决策。商业智能一般由数据仓库、联机分析处理、数据挖掘、数据备份和恢复等部分组成。商业智能的实现涉及软件、硬件、咨询服务及应用，其基本体系结构包括数据仓库、联机分析处理和数据挖掘三个部分。

3）竞争情报的概念与发展

而竞争情报是关于竞争环境、竞争对手和竞争策略的信息和研究，是一种过程，也是一种产品。过程包括了对竞争信息的收集和分析；产品包括了由此形成的情报和谋略。1992 年，上海科技情报研究所发表了《中川十朗教授竞争情报报告会内容简介：竞争情报的基本概念和内容简述》和《美国竞争情报专业人员协会介绍》两篇文章，介绍了日本和美国企业竞争情报的发展情况。1994 年随着 SCIP 全球拓展工作推进小组的成立，我国开始成立“中国科技情报学会情报研究暨竞争情报专业委员会”，到 1995 年 5 月该专业委员会更名为“中国科学技术情报学会竞争情报分会”，对外称为竞争情报专业人员协会中国分会。目前中国竞争情报分会的团体会员已接近 400 家，该分会自 1994 年以来每年举办竞争情报年会，截至 2017 年已举办 23 届。

根据美国竞争情报专业人员协会的定义，竞争情报是一种过程，在此过程中人们用合乎职业伦理的方式收集、分析、传播有关经营环境、竞争者和组织本身的准确、相关、具体、及时、前瞻性及可操作的情报。竞争情报除了关注和研究有关竞争环境、竞争对手和竞争策略等问题外，它的研究对象延伸到整个产业和市场以及相关行业的知识领域，所以有很多将竞争情报与知识管理融合起来的做法，前者侧重于企业外部，后者侧重于企业内部。竞争情报不仅关注竞争对手，还关注整个产业生态链以及利益相关者、合作伙伴、用户、消费者和供应商，可能是行业游戏规则的制定者、行业的管理者，也可能是行业技术的替代者和潜在的关联者。

竞争情报包括但不限于商业情报、技术情报、市场情报等，还拓展到业务部门具体职能所涉及的方方面面，如消费者情报、设计（造型）情报、生产情报、分销商情报、专利情报、标准情报、战略情报、规划情报、公关（舆情）情报、供应商情报、人力资源情报、财务情报、专家情报、竞合情报、相关产业情报、海外市场情报、竞业调查、对标分析、市场预测、技术预见、大数据调研、技术传播写作等业务知识与情报（朱盛镭，2017）。

竞争情报具有三大核心功能：战略预警（监测、跟踪、预期、发现）、决策支持（竞争方式、生产决策、新市场、技术研发）、持续跟踪与学习（借鉴、比较、管理方法和工具，避免僵化）。竞争情报工作就是建立一个情报系统，帮助管理者评估竞争对手和供应商，以提高竞争的效率和效益。竞争情报使管理者能够预测商业关系的变化，把握市场机会，抵抗威胁，预测对手的战略，发现新的或潜在的竞争对手，学习他人成功或失败的经验，洞悉对公司产生影响的技术动向，并了解政府政策对竞争产生的影响，规划成功的营销计划。竞争情报已成为组织的长期战略资产。

涉及企业竞争情报业务的相关机构主要分为四类：第一类为企业内的情报中心，企业竞争情报机构主要在企业的相关部门里开展，如研究院、技术研发中心、战略规划部、信息部等部门，这样的部门会有一部分职能从事竞争情报相关工作，主要服务于集团企业本身。企业传统竞争情报组织机构模式包括重点式、集中式、分散式和独立式等。第二类主要为科技情报研究所相关业务部门，如湖南竞争情报中心、中国科学技术信息研究所科技报告与产业情报中心，这些部门会为企业或行业提供相关的竞争情报工作，会侧重于理论方法以及相关的竞争情报报告。第三类是专门从事竞争情报系统开发或解决方案的，如 TRS、易地平方、365Agent 等，以提供竞争情报系统或解决方案为宗旨。第四类是相关的教育培训机构。

11.3.2 商业情报的内容与过程

商业情报的实现一般包括界定竞争对手、收集商业情报、分析商业情报、采取营销行动四步过程。

1. 界定竞争对手

竞争对手可分为三类：产品层竞争对手、品类层竞争对手、属类层竞争对手。

（1）产品层竞争对手，即主推或热销产品与企业基本一致的企业。

（2）品类层竞争对手，即侵蚀企业主要品类市场份额的企业。

（3）属类层竞争对手，即对企业生存发展构成威胁的行业巨头。

2. 收集商业情报

商业情报主要包括总体情报、产品情报、渠道情报、宣传情报、市场情报、人事情报、财务情报、口碑情报等，如图 11-3 所示。

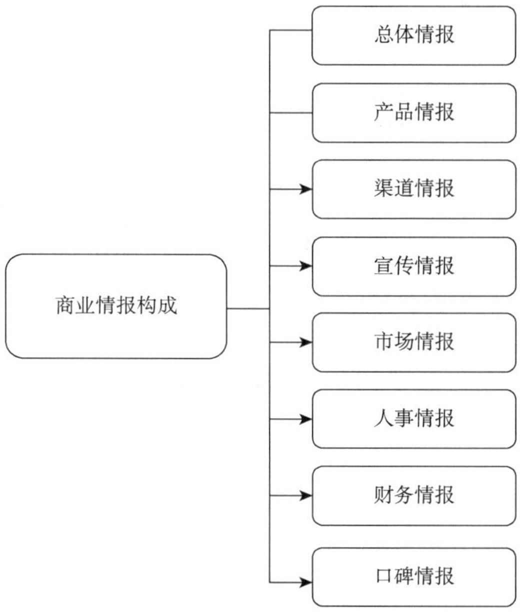

图 11-3 商业情报内容

1）总体情报

总体情报主要是从多角度综合对手的全面信息，包括关注竞争对手官网信息，通过门户网站或新闻网站，以竞争对手品牌名为搜索关键词，定期抓取，人工分类到各类情报。订阅竞争对手官方微博或微信公众号，人工不定期收集与分类；订阅竞争对手EDM与电子杂志，不定期接收情报，便于全面掌握整体情况。

2）产品情报

产品情报包括新品上市周期、新品 FAB、热销商品及其成本。新品上市周期、新品 FAB 可以通过百度新闻等，搜索关键词“品牌名+新品”，定期抓取；官网新品上市或同类栏目，定期抓取；对热销商品及其成本，可以从淘宝、京东等电商网站的销量即可界定热销商品；购买热销商品，并联系产品外包装上的生产厂商，以类似采购需求询价并进行记录。

3）渠道情报

渠道情报包括新增渠道、各渠道促销、各渠道价格、各区域市场份额及变化情况、各区域招聘情况、重点渠道情况。新增渠道及各渠道促销包括官网专柜信息、产品价格信息、促销资讯及同类页面，定期抓取；电子杂志，往往含开店信息，每发行时间间隔内人工查阅与汇总。各渠道价格包括淘宝内热销商品页面，及各分销平台旗舰店价格信息，定期抓取。各区域市场份额及变化情况包括百度指数（http://index.baidu.com），定期获取地区分布情况；可以通过阿里指数（https://alizs.taobao.com），查看买家地域分布，各季度各省、市的成交金额占比等。

4）宣传情报

宣传情报包括广告投放情况、宣传情况、百度风云榜排名。官网品牌资讯或同类栏目，定期抓取。宣传情况：新浪微指数（http://data.weibo.com/index?leftnav=1），定期人工分析与记录，一般而言每个锋值都代表一次宣传。广告投放情况：梅花网广告监测（http://adm.meihua.info/），定制梅花网的广告监测月报、双月报，或季报，即可获得广告投放渠道与数目。百度风云榜（http://top.baidu.com/）分类排名，每周抓取，如果百度风云榜分类没有排名，则人工记录每周百度指数均值。

5）市场情报

市场情报包括高管发言、营销拆解、行业资讯等。高管发言、营销拆解，多半通过百度新闻即可获得；行业资讯等，根据品牌关键词定期采集相关文章，也可获得市场情报。

6）人事情报

人事情报包括组织结构、高管社会工程学分析、近期核心岗位招聘与离职情况。微博找人（http://s.weibo.com/friend/area），按公司名称查询，整理各人员职位，分析高管能力。微博风云数据统计——微博——@提到、转发。从董事长、总经理开始，梳理上下级与人脉关系。通过搜索企业招聘、离职、高层人员变动等情况，进行汇总分析。

7）财务情报

财务情报包括行业报告、上市公司财报、行业报告等。网络上会有各类针对财务、市场等方面的咨询报告或行业调查报告，淘宝（http://www.taobao.com）搜索“201X 行业名分析报告"，即可拿到上年度的行业财务数据。百度搜索（http://www.baidu.com），"公司名 201X 年营业额""品类名 201X 年市场容量""行业名 201X 年市场容量"即可。定期监测，可算出营业额增长率、市场份额增长率。上市公司财报：证券之星（http://www.stockstar.com），搜索公司名或股票代码——新闻动态——定期报告，查看公司财报。淘宝数据魔方——热销品牌排行，将竞争对手的成交金额除以前 100 名成交金额的总和。

8）口碑情报

口碑情报包括百度相关搜索数、微博相关结果数、好评率、核心利益与主要不满。百度相关搜索数：百度搜索品牌名，页底的"百度相关搜索结果"数即是。微博相关结果数：新浪微博搜索（http://s.weibo.com/）品牌名，搜索框下方找到结果数即是。好评率，即随机抽取 20~100 条微博做定性分析；负面+0 分，正面+1 分，参半+0.5 分。总分数/总抽样数，即为好评率（波旬，2017）。

当然这些信息也可以通过技术手段实现，详情请见后续的竞争情报系统一节中的讲述。

3. 分析商业情报

搜集这些信息以后就可以进行后续的情报分析。产品情报分析主要包括产品研发能力、供应链能力、产品策略、价格策略等。例如，新品上市周期越短，则产品研发能力越强；供应链能力中热销商品利润率越高，则供应链能力与成本动因越强。渠道情报分析包括渠道开拓能力、渠道管控能力、促销管控力、价格管控力、渠道策略等。例如，新增渠道数量越多，则渠道开拓能力越强；过新增渠道的类型与区位，促销政策的倾斜，以及消费者的地区分布与变化情况，即可评估竞争对手的渠道优势及重心所在。宣传情报分析包括公关与广告能力、品牌影响力等。市场情报分析包括市场动态、新产品研发动态、市场变化趋势分析等。

人事情报分析包括管理能力、队伍稳定性、对外合作交流能力等。财务情报分析包括营利能力、成长能力（行业市场份额及增长率），以及抗风险能力（负债率及成本费用占比）等。

4. 采取营销行动

根据上述情报分析，结合当前企业现状与当前环境，采取相关的营销活动等，如降价促销等。

11.3.3　商业情报的数据支撑

大数据环境下的竞争情报从数据来源来看，包括三个方面的数据，即企业自身数据、第三方数据、公开信息源数据，如图 11-4 所示。

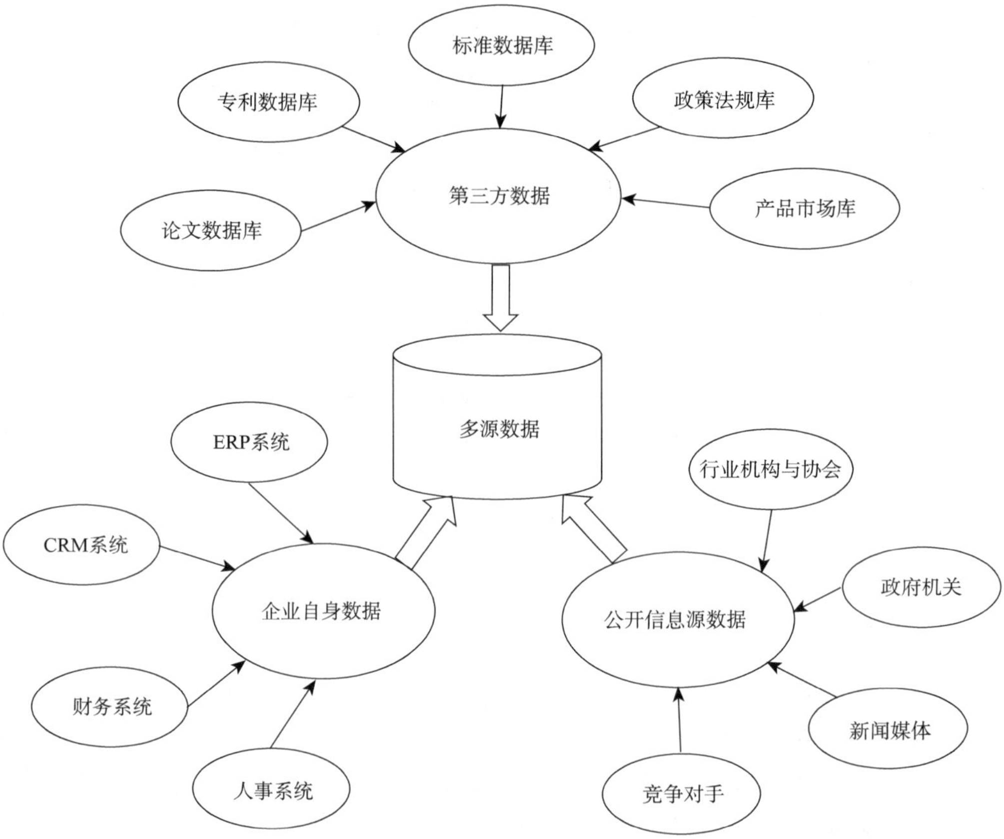

图 11-4 企业竞争情报的数据来源

1）企业自身数据

企业自身数据是企业的核心资产，具有非常重要的分析价值，具体是指企业多年以来累积的生产、业务与管理等各方面的数据，存在于 ERP（enterprise resource planning，企业资源计划）系统、CRM 管理系统、财务系统、人事系统等。这些数据真实地记录着企业的运行历史与现状，对这些数据进行充分分析与挖掘，可以更加清楚地认识企业本身的发展路径、薄弱环节、核心竞争力等。

2）第三方数据

就目前来讲，大多数企业的数据管理与分析能力并不是很强，即使有着很强的数据管理与分析能力，但在资源获取与渠道方面也不能实现全覆盖，必然有一些企业需要的数据自身又难以建设，这就需要获取外部资源。企业购买的数据既有基础数据，又有分析数据、结论报告等，如专利数据、道琼斯指数数据库、行业分析与市场预测分析报告、美国政府四大套报告等。这些数据的来源既有各级各类情报研究所、政府智囊机构，又有一些咨询公司等。例如，国务院发展研究中心建设的国研网、万方数据的文献数据库、汤森路透公司的论文与专利数据库，等等。这些数据一般是专门的数据库，数据质量较高。

3）公开信息源数据

竞争情报需要监测的网络采集范围包括竞争对手、行业机构与协会网站、政府机关、新闻媒体。从这些公开信息源可以及时发现最新动态、政策变化、产品评论、合作网络等。采集网络公开信息涉及 URL 列表构建、采集周期、词表构建，以及后期的过滤、分类、汇总等环节。其中 URL 列表与词表是关键要素，URL 列表决定着采集范围，而词表决定着采集的内容。词表构建得好，采集的内容就准确，相关度高；词表构建得不好，采集的内容就难以满足需求。在词表中，每个词都有同义词、相关词等，构成一个词系，根据词系就决定采集内容。收集到的数据需要评估，包括数据规模、时效性、相关度、真伪性、权威性等。要对数据的规模是否满足情报需求进行评估，对信息是否新颖有效、客观真实、信息类型是否全面多样、信息与情报主题是否密切相关、信息来源的权威性等进行评估，以确保信息能够满足情报需求（化柏林和李广建，2015）。

除了以上信息，还可以广泛利用各类专门的数据网站，除了政府开放数据以外，近几年也兴起了很多以数据为核心的企业或平台，如 CEIC、万得、数据堂、优易数据、搜数网等。在实际情报工作中，不可能通过一家数据网站或平台获得所需要的全部数据，一般都需要汇总多家网站数据才能掌握得更全面一些。

11.3.4 商业领域的情报分析方法

商业情报更侧重于情报的收集与渠道，分析方法并没有形成体系。在竞争情报领域已形成了较为完善的分析方法。因此在方法论述方面以竞争情报分析方法为主。竞争情报分析方法很多，目前常用的方法有 SWOT 分析法、定标比超方法、专利分析法、财务报表分析法、波特五力模型、核心竞争力分析等方法，而最近竞争情报分析领域也越来越重视关联分析、社会网络分析等。

关联分析作为大数据分析的突出特点，在竞争情报领域有着很强的应用。不同文献类型之间的关联分析也是常用分析方法之一。例如，论文与专利的之间存在一定的时间滞，根据论文的热点可以预测专利的热点，根据专利的热点可以预测市场的增长与爆发。不同机构之间的关联分析，如根据论文的合著分析企业、研究所、高校之间的合作关系等，根据企业的上下游企业或供销存关系来分析产业链、识别竞争对手。

社会网络分析中基于空间关系的融合包括同类关系和网络关系。通过聚类找出类内元素之间的共性，利用共性进行用户分群、领域细分等研究。在互联网时代，通过对用户进行聚类与画像，准确把握用户的类型与特点，针对用户的兴趣偏好等特点去投放广告、定制产品，以更好地满足用户需求，提高市场占有率等。

除了发现同类关系以外，绘制网络关系也是竞争情报研究的重要内容。在网络社会，组织机构或人物都会置身于某种网络中，如社交网络、合作网络、引文网络、共词网络、知识网络、链接网络、人际竞争情报网络等。竞争情报需要关注机构合作网络、人际网络等；专利分析需要关注技术合作网络、同族专利网络等。通过网络分析可以寻找网络中的重要节点、主要关系、发现网络规律，甚至预测新兴产业与热点主题，捕获潜在机会与有利战机。网络分析在竞争情报领域的应用不容忽视。

11.3.5 竞争情报系统

竞争情报系统（competitive intelligence system，CIS）是基于信息采集、全文检索、文本挖掘等核心技术，对企业自身、竞争对手和企业外部环境的情报信息进行收集、存储、处理、分析的应用管理系统，为企业提供坚实的战略决策支持，从而提高企业的核心竞争力。企业竞争情报系统是以人的智能为主导、以信息网络为手段、以增强企业竞争力为目标的人机结合的企业竞争战略决策支持与咨询系统。典型的竞争情报系统有 Knowledge Works，TextAnalyst，百度的 eCIS、北京拓尔思公司的 CIS 系统、谷尼企业竞争情报系统、才思竞争情报系统等。

企业竞争情报系统一般具有以下特点或功能：以有形智能软件为技术载体，将实时资讯、经营数据监测、市场动态监测、竞争对手调研、行业分析研究等竞争情报内容服务，系统地集成为一个企业竞争情报整体解决方案，以灵活的人机协作工作体系和强大的竞争情报管理体系，实现对企业所处整体竞争环境的全面监测、分析与掌控。

竞争情报系统一般支持多层分类体系规划，用户可以采用多种灵活的方法定义和维护分类体系，并可设定规则建立分类和情报源之间的自动关联。支持完整的 KIT/KIQ 模型，用户可以根据需求建立关键情报课题，并将一个 KIT 分解为多个 KIQ。通过情报关联功能建立 KIQ 和情报之间的关系，最后辅助用户生成情报报告。

可采集内外网上的网页信息、本地文件系统或内网上共享的格式文件，电子邮件、RSS 分发等来自多种信息源的多种格式的信息。提供基于内容和基于规则的两种自动分类。前者，通过加载训练样本，进行分类训练，自动生成特征分类模板；后者基于关键词，通过编辑规则，进行识别和分类。可利用完整内容的相似性进行排重判断，准确性高。自动摘要和提取关键词，CIS 可自动提取关键词和生成摘要，实现自动标引和快速浏览。

企业竞争情报系统是企业的竞争情报管理门户，帮助企业规划、收集、处理、分析、管理及应用竞争情报；实现对内部情报文档、第三方情报数据、网络情报信息的智能分类管理与检索；增进情报在企业内部之间的共享与沟通，同时有效保障信息安全与保密性；协助企业竞争情报工作并提高其实效性，降低情报管理难度，促进情报的价值挖掘和提升，有利于企业管理市场预警及支持企业战略决策。

11.3.6 商业情报的困难与边界

商业情报存在一些困难与工作的边界问题，商业情报与情报间谍存在一定的界限。商业间谍是原原本本拿到一个东西交给雇主，而商业情报是通过情报分解、交叉认证、比对，通过人脑做分析和判断得出结论，客户看到的是情报对企业带来的机会和预警。

一些客户获取情报的愿望非常强，指向性也很明确——就是要某某公司的某个东西。事实上，商业情报人员不可能直接把某个公司的某个资料给客户，这是商业间谍行为，涉及法律问题。商业情报主要是通过分析给客户做情报背后的建议性报告，要实现这一目标，需要和客户做很多沟通。

在有些企业专门设有情报部或数据情报中心，有些企业在研究院下，也有的在战略规划部下。有些国企为了避嫌叫信息部或联络部。公司会根据情报人员配备数据为每人分配几个企业进行长期跟踪。工作流程是每个月月初出差，根据锁定的几个公司，组织人际资源搜集信息，回来就进行情报分析，月底提交报告，并策划下个月的计划。有的企业会有信息分析师，就将情报交给他来处理，有的是跟踪收集与分析报告一体化。同时要做半年度、年度的情报总结，提交给高层做战略决策支持。

有些企业的情报部门处于可有可无的地位，谁有需求都来找它们，甚至一个销售人员也可以提需求，然后情报部门就提供一些网上整理的资料。由于有些企业公开在网络上的信息较少，所以很多情况下依然需要人工获取。网上的公开资料，大多情况只能作为情报课题的导入背景，真正要获得有价值的情报还是要通过人的谋略，通过各种人际关系获取。

11.4 数据环境下的公安情报

11.4.1 公安情报的概述

公安情报学是情报学理论与公安警务情报工作实践相结合而形成的一门特色情报学学科。公安情报学是研究公安情报的产生、传递、存贮、检索、分析、利用的活动规律，以及用现代化信息技术和手段，使公安情报流通过程、情报系统保持最佳效能状态的一门应用学科，属于新兴的、综合性交叉学科，与情报学、法学、信息科学、计算机科学、统计学、指挥学、决策学、控制论、语言学等诸多学科关系密切，其价值取向主要是为了指导和解决公安情报工作实际问题，本质上属于应用情报学范畴。公安情报学的研究内容分为公安情报基本原理研究、应用研究（含情报搜集、情报传递、情报鉴别、情报存储、情报检索、情报分析、情报应用 7 个方面）、公安情报工作管理研究三个方面（张平，2005）。

构建公安情报学学科的关键是要把握公安情报活动的过程，突出公安情报工作的特殊性。在公安警务领域，情报的作用在于准确掌握犯罪分子的动向、情况，通过构筑一条从情报获取——情报传递——情报分析与研判——情报决策的“数据链”，实现对犯罪目标的快速反应和精确打击。公安情报的研究内容是围绕“情报主导警务”这一主旨展开的。公安情报是警务的灵魂，是公安机关发挥职能作用的前提和克敌制胜的法宝。在当今信息时代的背景下，开放式的、全方位的公安情报信息已成为一种历史的必然和社会的客观需要（陈亮，2007）。

11.4.2 公安情报的数据基础

公安数据资源已获取了一定数量的信息资源，包括常住人口信息、暂住人口信息、旅店住宿、登记信息、网吧上网人员信息、房产、案件信息、机动车 / 驾驶人信息、涉毒人员信息等，如图 11-5 所示。要进一步统一数据标准、规范信息录入、增加数据关联性。通过采集和对接方式，让种类繁多、结构各异且极具价值的数据，实现互通共享与关联，提高数据资源处理效率，并建立统一的情报信息共享平台。

常住人口	暂住人口	工作对象	入所人员
刑事看押	治安拘留	旅馆住宿	网吧上网
出租房屋	涉案人员	戒毒人员	收容教育
卡口登记	车辆登记	驾驶人员	交通违法
典当交易	特种行业	全国违法	在逃人员
接警案件	刑事案件	涉案物品	盘查信息
手机基站	监控探头	地理信息	车辆轨迹
工商信息	社保信息	税务信息	医疗信息
教育信息	燃气信息	有线信息	计生信息

图 11-5 公安情报数据信息示意

公安信息化是现代公安情报的基础，信息化的过程大致经历了摸索起步、整体建设、整合发展、联动应用四个发展阶段，信息化水平不断加强，但是随着建设工作的不断推进，越发成为制约整个公安工作发展的瓶颈，也渐渐暴露出数据资源、手段建设、业务功能没有充分整合等问题。目前公安信息化现已开始重视基础数据的汇总对接，情报信息的共建共享。

大数据环境下的公安情报平台需要着力汇聚整合对公安作战、情报研判等工作能发挥重要作用的各类社会数据，精心研究各类数据的转换加工，更好地发挥数据的交叉二次比对效果，提高数据的有效利用率。通过汇总各警种的情报信息流，畅通情报信息的流转渠道，打破以往情报各自封闭无法共享的难题，整个平台内的信息全部公开共享，任何一个民警都可以提供线索，依托平台中海量的情报信息资源，使合成研判在更深的层次上开展，进一步提高了情报线索的利用率。实现跨区域、跨部门、跨警种的信息共享与业务协同，形成规模化应用。平台实现系统建设向下延伸、数据资源向上汇聚，形成了部省市县四级情报平台联动的应用体系。

11.4.3 公安情报的分析方法

公安情报除了和科技情报、企业情报有些共同的方法外，也形成了一些领域内的分析方法，在公安情报中常用的分析方法有碰撞比对方法、频率分析方法、数据挖掘方法、分词技巧方法以及多维分析方法。

1）碰撞比对方法

将需要关注的人、物、案（事）件、组织的重要属性特征，与各类数据库中的信息资源进行一对一、一对多、多对一或多对多的关联碰撞比对，以满足在逃抓捕、高危预警、动态掌控等工作需要。

2）频率分析方法

将需要关注对象的某一具体要素特征发生出现的次数，进行多种方式的排序、筛选分析，以满足对重点人员、重点方面管控的需要。

3）数据挖掘方法

通过建立相应的侦查工作模型，在孤立的、零散的海量信息中围绕犯罪活动构成要素，找出表面上看似没有关联事物之间的内在联系，以发现异常，揭示犯罪活动的原因和条件，为侦查工作提供依据。

4）分词技巧方法

将非结构化的文本类情报线索按其重要属性特征分解成结构化的数据，满足对同一类人员作案、同一特征案件信息自动识别归类，以及情报线索与海量数据等碰撞比对的需要。

5）多维分析方法

通过对各类数据仓库中的基础数据多角度、多侧面的观察、分析，实现各类要素之间的深度关联，提升准确预测和评估能力，以满足专题研判或综合研判的需要。

11.4.4 公安情报的任务

公安情报的任务主要体现在防务与侦破上，注重线索分析，对有效线索进行深入分析是公安情报的关键。公安情报主要包括反黑情报、反恐情报、禁毒情报及群体事件情报。

1）反黑情报

反黑情报信息系统是反黑基础业务建设的一项重要内容，主要内容包括：①机构建设，由搜集机构、录入机构、综合分析机构组成。②模块组成，包括已破“两黑”（境外黑社会组织和境内黑社会性质组织）犯罪案件信息资料库、“两黑”嫌疑情况信息资料库、“两黑”在逃人员情况信息资料库、“两黑”信息情况汇总资料库、反黑秘密力量信息情报资料库、阵地控制信息情况资料库。③系统功能的综合开发和运用，包括录入功能，查询、自动比对与报警功能、统计报告审批功能、法律文书生成功能、联网的功能、控制的功能。

2）反恐情报

反恐情报分析的工作内容包括对恐怖犯罪活动的分析、恐怖犯罪活动中犯罪嫌疑人的分析、反恐控制途径的分析。反恐情报分析的方法包括关系图分析法、恐怖活动主要嫌疑人的电话分析、恐怖犯罪案件分析与并案分析。要始终坚持情报先行，加强涉恐情报归口管理，积极运用大数据、云计算技术，着力提升情报感知、研判、分析能力，从海量的人流、物流、信息流、资金流中及时发现涉恐线索，做到预警在先、预防在前、敌动我知、先发制敌。加强涉恐情报信息整合共享和综合研判，努力将国家反恐怖情报信息平台建设成反恐怖工作的“千里眼、顺风耳”，要强化反恐情报信息整合共享，把涉恐人员、物品等关键信息纳入平台，并加强专门人才建设。

3）禁毒情报

禁毒情报信息贯穿于禁毒工作的整个过程，是控制、经营毒品案件，提高打击效率的关键，是正确、客观预测毒品犯罪形势的主要依据，是领导及有关部门科学决策的前提。禁毒斗争是一项对抗性很强的工作，禁毒与毒品犯罪双方始终处于一种侦查与反侦查、情报与反情报的较量之中。涉毒违法犯罪人员会采取一些反情报活动的手法，如特殊的联络方式、多样化的运输方式、多变的交易方式、反线人、破外线、防打入、反窃听，在犯罪特征方面具有主动性、隐蔽性、针对性、复合性，因此侦查对策要强化禁毒人员的情报意识、建立快速反应机制、加强情报安全、严防新闻媒体泄密、加强禁毒谋略的运用。

4）群体事件情报

加快推进情报信息工作与基层基础工作、治安防控体系建设和侦查打击、应急指挥等工作的对接，将预警预防的要求落实到源头管理、社会防范和应急处置各个环节中，使情报信息工作真正活起来、强起来。立足基层应用，简化操作流程，服务基层实战，为公安机关在警务指挥、打防管控、情报分析等方面提供强有力的信息化支撑，促使公安业务流、信息流、管理流和机制流更加有机融合，推动公安信息化稳步高效地向前发展，全面提高公安机关业务管理能力和服务社会水平（彭知辉，2006）。

11.4.5 公安情报技术与系统产品

随着近来数据采集更加便捷容易，公安情报工作也越来越依赖于大数据技术与情报系统。

1）大数据技术用于公安情报系统

情报分析系统在公安基础信息数据集中和整合的基础上，经过各种挖掘、分析模型帮助，通过数据传输、抽取同步、数据清洗、标准化转换、数据整合等方法整合资源，对资源进行数据挖掘分析，辅助决策，发现数据的内在规律，最终实现数据的深度利用，起到辅助领导决策、指导基层实战的作用（邢轶清，2007）。采用云计算、面向服务的体系架构等新技术，实现面向事前预测预警、事中指挥辅助、事后刑侦破案。该类型系统能实现公安数据采集整合、分析挖掘和综合利用，有效提高公共安全数据管理和情报分析能力，为预防打击犯罪提供信息支持和决策支持（李毅，2014）。通过文本挖掘技术中决策树算法和神经网络算法，建立适合地面战场复杂背景下的情报数据分类算法模型（王卓君，2011）。提取并建立情报信息的特征向量，自动构建犯罪网络模型，采用中心度测度算法，定量分析各成员在犯罪网络中的地位和角色，使用 RNN-CLINK 聚类算法发现和分割出高内聚的紧密型犯罪团伙，以有效揭示出犯罪团伙内部的关系和特征，为准确的情报研判提供重要的线索和方向（周景等，2011）。公安情报系统设计实现了情报文本预处理模块、案件串并模块和情报自动聚类模块，构建了情报的知识图谱，发现了情报素材中蕴含的某些知识（李强，2012）。

2）典型公安情报信息系统

典型公安情报信息系统有浪潮大数据警务云平台、江苏中科惠软信息技术有限公司开发的智慧公安安全网情报信息化作战平台等。浪潮大数据警务云平台利用资源虚拟化、分布式计算、分布式存储等云计算、大数据处理技术，对公安基础信息化进行升级改造，优化运行环境，整合数据资源，推进信息共享，完善安全体系，全面提升公安信息化软硬件资源服务、信息资源服务、软件开发服务及安全保障服务能力。该方案融合各类数据资源，构建形成了安全可靠、管理集约、资源共享、应用创新、一体化运维的警务大数据生态体系，实现了传统信息化架构向云计算架构的转变；全面提升了公安信息化基础资源服务、信息资源服务、软件开发服务、数据处理服务及安全保障服务能力。

典型公安情报信息系统中正在发展的智慧公安全网情报信息化作战平台是集基础信息采集、情报信息研判、数据查询、全警种配合作战等功能于一体的多功能综合应用平台，从底层数据采集到高端研判应用贯穿公安局全部情报信息化业务，其中包括四重采集平台、网上作战平台、情报研判平台、合成作战平台四大功能模块，为公安局信息化作战提供了有力的技术支持，丰富了民警办案的手段，提高了办案的效率。

3）公安情报系统集成平台

当今公安情报分析工作面临的情报缺失而信息过剩，公安情报分析系统应用数据仓库和数据挖掘技术，通过运用Apriori算法和ID3算法对犯罪记录进行分析，反映治安形势，发现犯罪行为的规律、趋势及不同犯罪行为之间的关联，有序地整合公安信息资源、充分挖掘和运用外部社会信息，实现信息互通和资源共享，将信息资源转化为公安情报，转换为犯罪预警信息及情报信息，真正实现情报信息主导警务的工作目标，对提高警务资源效率、减少公安运行成本、服务基层公安工作具有深远意义（杨郑涛，2012）。平台包含可视化智能轨迹分析查询、异常活动人员研判分析、智能统计分析、警情动态监测及分析预警、智能情报检索等功能。

公安情报系统集成平台以公安情报分析业务为指导，实时汇总各类社会信息、公安信息、互联网信息等，打造分析模型、人群碰撞与分析精灵等工具，信息按照一定规则产生关联关系，并形成信息的可视化分析，最终使社会各类基本信息产生有价值的情报信息，并智能化地产生研判结果，为公安情报业务提供了“事前预警、事中报警、事后指导”，是公安部门的一个超级侦查员，为公安办案人员快而准的提供情报。

总之，公安情报系统集成平台实现了对公安部定义的人、事、物、组织和地点五要素的信息数据分析和研判，并在这些信息数据之间建立起内在关联，可帮助公安干警梳理各类分散的、独立的情报线索，可应用于公安情报、刑侦等业务部门。可视化智能轨迹分析将大量的存在于组织内的各类数据以图形的方式展现出来，通过图形的方式对数据和数据间的关联进行描述和展现，更进一步地，运用众多图形分析的方法（关联分析、网络分析、路径分析、时间序列分析、空间分析等）来发现和揭示数据中隐含的公共要素和关联。简而言之，通过可视化分析的解决方案，帮助客户将大量的、未知质量的、低关联性的、低价值的信息转化为少量的、易于理解的、高关联性的、高价值的可操作的情报，从而为分析调查工作提供帮助。

11.5 行业情报前沿研究动向

11.5.1 大数据情报分析

随着大数据等新技术的推动，关于情报的研究也呈现出了新的特征。李广建和杨林（2012）认为大数据环境下情报研究的发展趋势有单一领域情报研究转向全领域情报研究、综合利用多种数据源、注重新型信息资源的分析、强调情报研究的严谨性及情报研究的智能化五个特点。裴雷等（2015）认为大数据的离散分布和开放可得、用户信息需求向深度广度发展以及资源服务一体化，弱化了科技情报机构的资源优势，给科技情报机构的服务能力提出了挑战，为应对这种挑战应从资源保障体系建设与情报服务模式创新两个方面入手，在资源保障体系方面，建立信息资源保障的大数据理念、扩展多元数据来源和新型数据存储、加强多源科技情报资源的集成与聚合等。贺德方（2013）认为基于大数据、云服务的科技情报工作挑战包括科技情报研究方法的突破、科技情报分析模型工具的开发、科技情报工作全新应用场景的设定、科技情报工作与创新主体的结合及国家科技情报服务体系的构建。王飞跃（2012）带领的团队着力构建面向大数据和开源信息的科情监测与协作创新平台，在异构、多模态的科技情报资源之上，生成科情获取传感网络、科情语义网络、科研协作社会网络三个核心网络，实现智能采集、处理、分析与挖掘科技情报等功能。

从这些文献中也可以看出，情报工作所需要的数据支撑不再局限于文献数据、事实型数据，虽然这是科技情报机构的传统优势，但随着网络化与数字化进程的推进，这个传统优势在逐渐被摸平。如何构建全领域跨库异构的科技信息大数据，打通并整合好这些数据成为科技情报服务的基础。从数据规模来讲，一般认为 PB 以上的数据才称为大数据；从技术方法视角看，传统数据库技术与方法无法处理的海量或非结构化的数据集，称为大数据；从应用价值视角看，大数据是基于多源异构、跨域关联的海量数据分析所产生的决策流程、商业模式、科学范式、生活方式和观念形态上的颠覆性变化的总和。因此，大数据是具有体量大、结构多样、时效性强等特征的数据。处理大数据需采用新型计算架构和智能算法等新技术；大数据的应用强调重视相关而不是因果等新理念，目的在于发现新的知识与洞察，并进行科学决策（化柏林和李广建，2016）。

科技信息大数据主要包括三类，一类是科技信息核心数据，也就是科技活动核心要素所形成的数据，如论文、专利等科技成果数据。第二类是科技信息支撑数据，是在科技信息大数据分析过程中所需要的数据资源，如科技主题词表、情感词表等。第三类是科技信息外围数据，如科研机构的博客、官方微博、微信公众号及科学家的微博、微信等互联网数据及社会媒体数据。从结构化程度来看，科技信息大数据既有结构化数据，如研发投入数据，又有半结构化数据、非结构化数据。从数据的载体格式分为数值型数据、文本型数据（如论文、专利等）、图形图像数据、音频数据与视频数据（如科技宣传片、学术会议视频等）。

大数据环境下的科技情报服务不仅要借助大数据的理论方法，更要从实际应用中去践行大数据的理念，围绕科技活动构建科技信息大数据，这既是社会发展所需，又是行业形势所迫。围绕科技信息大数据进行各种分析与挖掘，要充分结合科技信息大数据的特点，并扩展实现一些新的技术，包括多源数据融合技术、情报用户画像与需求探测技术、属性计算与情景计算技术、知识抽取与本体构建技术，让这些新的计算技术充分发挥，挖掘出科技信息大数据的价值，为各类情报用户提供及时全面、客观准确的情报产品，完成识别、跟踪、比较、评价与预测等各类情报任务，实现动态跟踪、态势分析、前瞻预测等“耳目”“尖兵”“参谋”的情报功能，基于科技信息大数据的情报服务如图 11-6 所示。

11.5.2 智能情报分析

情报、智能与智慧间的关系在情报产品的生产、投送和评价中得到充分体现。正是由于情报、智能与智慧有着内在的紧密联系，而这种联系又对情报管理工作产生着影响，使情报机构在提升情报产品智慧品质和情报业务管理水平的发展进程中不可避免地要关注和使用智能技术手段。致力于智能信息技术的研究发展来应对大数据信息环境所带来的挑战，提升情报产品和情报服务的智慧水平，是情报机构在转型改革中的重要抓手（王延飞等，2016）。

近年来，人工智能、机器人、无人机等智能科学与技术引起了社会和产业界的极大关注，从美欧的第三次工业革命、工业 4.0 到中国的创客与互联网，新兴的智能产业正开始改变整个社会及其经济的结构与生态（图 11-6）。如何顺应科技发展的大趋势，将情报科学与智能科学深度融合，从形而上的新时代、新体系，形而中的新理论、新方法，形而下的新技术、新产业等三个层次，提出如何构建智能化的情报科学与技术体系，即平行情报体系（王飞跃，2015）。

图灵发表过一篇划时代的论文，文中预言了创造出具有真正智能的机器的可能性。由于注意到“智能”这一概念难以确切定义，他提出了著名的图灵测试，即如果一台机器能够与人类展开对话（通过电传设备）而不能被辨别出其机器身份，那么称这台机器具有智能。这一简化使图灵能够令人信服地说明“思考的机器”是可能的。论文中还回答了对这一假说的各种常见质疑。图灵测试是人工智能哲学方面第一个严肃的提案。计算机是否智能，他解释为如果跟他聊了足够长的时间仍不能判断与自己聊天的是计算机还是人，那么这个计算机就达到了人工智能的水平，通过了图灵测试。目前智能最大的问题是难以理解人类复杂的语言，不能广泛获取常识知识。

这是广泛的人工智能，从情报的领域来看，如果情报用户不能确定所见报告是由人写的还是计算机写的，即是人工智能在情报领域的最大化应用。当然，真正实现这一天还有很长的路要走。目前的所谓智能技术还比较简单粗暴，想要完全替代专家几乎不可能。不过，智能将越来越多地嵌入情报系统中执行部分功能已成为不可逆转的趋势，如主题分析、趋势分析、概念关系挖掘等。情报具有智能属性，情报需求智能感知、情报所需信息智能获取、信息智能分析及报告智能生成。第三轴心时代的平行情报与平行智能，将主要体现在算法智能、语言智能及想象智能等方面，智能的真正标识不是知识，

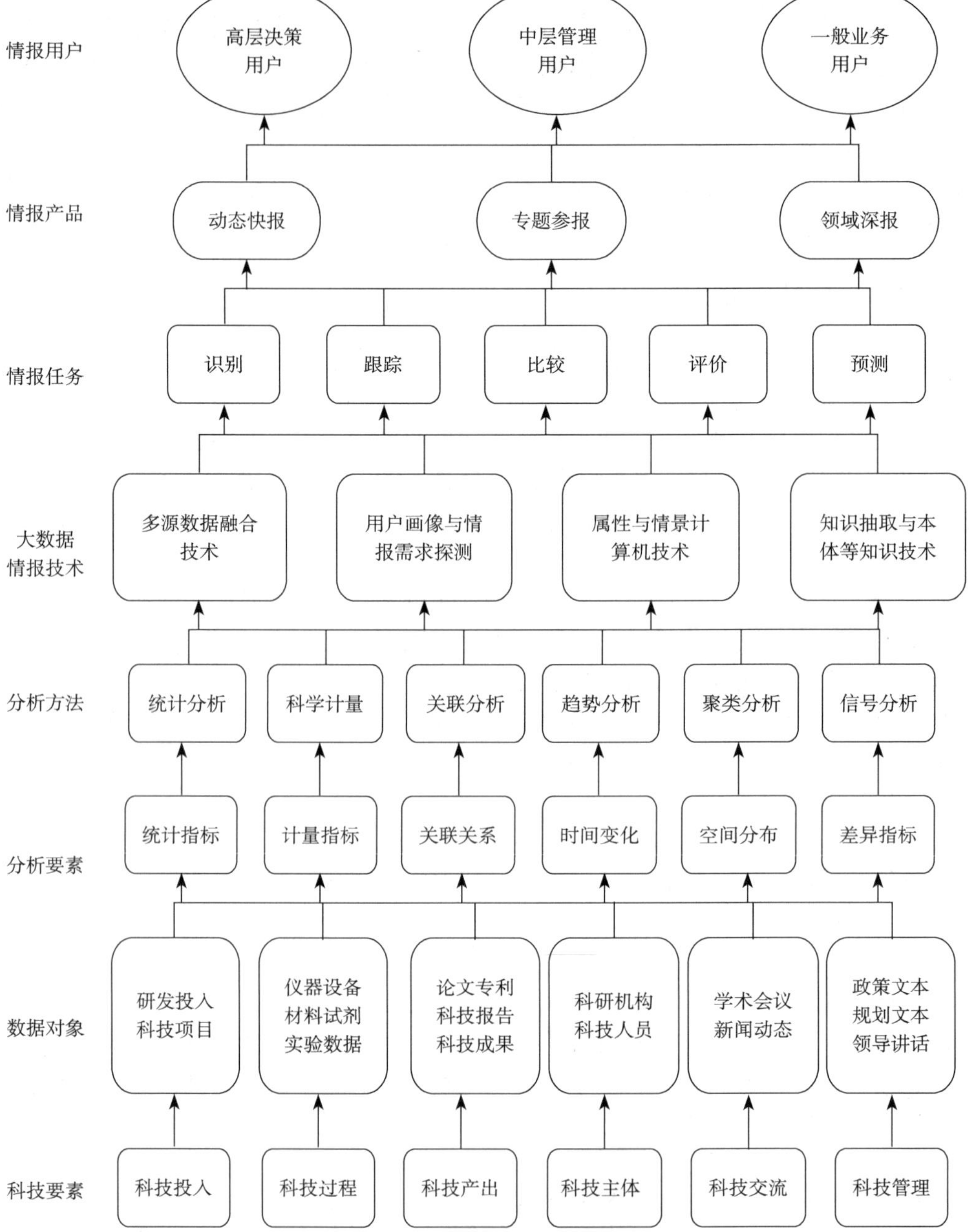

图 11-6　基于科技信息大数据的情报服务

而是在颠覆性时代创造可行的竞争创新和科技见解。

通过多方面的数据集成汇聚、相互关联并进行深度融合，对用户进行多维度描述，形成用户画像，即“人脑+电脑，数据比你的朋友更懂你”。计算机能接触到我们的许多相关信息并且具有很强的记忆能力，而且计算机可以做出一个一贯的系统性的判断。人脑提供规则与经验，并在数据分析的结果上进行前瞻预测、形势研判；电脑提供强大的存储能力与高效的计算能力，并且通过神经网络、机器学习、深度学习等新型智能算法，也可以修正错误、学习规则并进行系统改进与优化。通过人脑与电脑的结合，实现定性与定量的结合、规则与统计的结合，对确定性问题与不确定性问题都寻找更优的解决方案，实现优势互补。

在大数据时代，专家智慧的价值体现在情报生产的各个环节，专家智慧与机器智慧融合，数据分析师的作用突显，将逐渐走向前台。情报不可能只依靠人脑，也不可能只依靠电脑。只有人脑，没有电脑，那是传统的情报；只有电脑，没有人脑，那是“天才傻瓜”，会在某些方面很出色，但却因缺少常识而犯一些低级错误。传统情报依靠专家对信息的甄别与遴选，知识的积累，凭借对信息的敏感以及行业知识的熟悉。真正的智能情报一定是电脑与人脑的有机结合，只不过人脑与电脑在情报工作中有不同的分工和比重（化柏林和李广建，2016）。

人工智能取得重大进展的关键在于知识工程与搜索算法。而现在的深度学习有效地促进了计算机知识获取能力与搜索知识运用知识的能力。知识工程的获取除了传统的规则与统计的获取方法外，可以基于多源异构的大数据进行深度学习，总结出规则与知识，并在运用过程中通过学习实时更新。搜索算法包括深度搜索、广度搜索及启发式搜索，其中启发式搜索常见的算法有：A*搜索、state-space representation，pruning strategy，beam search，game tree search，alpha-beta 搜索。在学习机制方面，原来的机器学习呈现百花齐放的局面，包括被告告知和指令学习（learning by being told & from instruction），有通过改正学习（learning by correcting mistakes），也有基于神经网络学习的。而当前几乎全部是卷积神经网络学习，即通过深层卷积网络进行学习，也称深度学习。在深度学习的基础上又进行了扩展，包括增强学习、增量学习、迁移学习等。

习题和思考题

1. 现代科技情报工作会涉及哪些数据？
2. 如何运用数据支撑情报用户的需求？
3. 企业竞争情报系统的主要功能有哪些？
4. 科技情报系统、企业竞争情报系统与公安情报系统具有哪些共性和差异性？

参 考 文 献

波旬．2017-10-20. 创业者如何合法的打造一个自己的商业情报网络[EB/OL]. http://tech.hexun.com/

2013-10-08/158529002.html.
陈亮. 2007. 公安情报学学科构建探析[J]. 情报杂志，（6）：88-90.
耿人健. 2015. 商业情报工作是不是间谍?[J]. 竞争情报，11（2）：46-47.
宫宏光，汤珊红. 2012. 面向决策需求建立基于过程的情报研究知识化支持系统[J]. 情报理论与实践，35（2）：1-5.
何亮. 2016-10-15. 创新驱动情报先行[N]. 科技日报.
贺德方. 2013. 基于大数据、云服务的科技情报工作思考[J]. 数字图书馆论坛，（6）：2-9.
化柏林. 2017. 科技信息大数据在情报研究服务中的应用[J]. 图书情报工作，61（16）：150-156.
化柏林，李广建. 2015. 大数据环境下的多源融合型竞争情报研究[J]. 情报理论与实践，38（4）：1-5.
化柏林，李广建. 2016. 从多维视角看数据时代的智慧情报[J]. 情报理论与实践，39（2）：5-9.
李广建，化柏林. 2016. 大数据时代：新思维与新管理[M]. 北京：中国人事出版社.
李广建，杨林. 2012. 大数据视角下的情报研究与情报研究技术[J]. 图书与情报，（6）：1-8.
李萌. 2016. 大数据时代对我国科技情报事业发展的新思考[J]. 中国软科学，（12）：1-4.
李强. 2012. 基于内容分析法的情报分析系统研究与实现[D]. 国防科学技术大学硕士学位论文.
李毅，刘兴川，孙亭. 2014. 基于大数据的公安情报分析系统研究[A]//中国指挥与控制学会. 2014 第二届中国指挥控制大会论文集（下）[C]. 北京国防工业出版社：858-862.
裴雷，孙建军，肖璐，等. 2015. 大数据时代科技情报服务的挑战与思考[J]. 图书与情报，（6）：26-32.
彭知辉. 2006. 近十年公安情报研究综述[J]. 现代情报，（5）：153-156.
王飞跃. 2012. 知识产生方式和科技决策支撑的重大变革——面向大数据和开源信息的科技态势解析与决策服务[J]. 中国科学院院刊，27（5）：527-537.
王飞跃. 2015. 情报 5.0：平行时代的平行情报体系[J]. 情报学报，34（6）：563-574.
王延飞，赵柯然，何芳. 2016. 重视智能技术凝练情报智慧——情报、智能、智慧关系辨析[J]. 情报理论与实践，39（2）：1-4.
王卓君. 2011. 基于分类数据挖掘技术的情报分析系统研究[J]. 情报杂志，30（6）：115-122，141.
吴鸣，王丽. 2013. 嵌入式学科情报服务实践——以支持国家重大科技专项科研创新为例[J]. 图书情报工作，（22）：43-48，36.
谢友宁，杜小丹. 2015. 商业情报价值实现与影响因素研究[J]. 情报科学，33（1）：80-83.
邢轶清. 2007. 公安情报分析系统的设计与实现[D]. 内蒙古大学硕士学位论文.
徐峰，张旭. 2012. 面向决策的情报研究与服务探析[J]. 情报学报，31（11）：1124-1130.
杨郑涛. 2012. 基于数据仓库的公安情报分析系统的研究和实现[D]. 电子科技大学硕士学位论文.
张立频. 2015. 知识链视角下嵌入式知识服务构成体系框架研究——以公安行业领域为例[J]. 图书情报工作，（3）：35-41.
张平. 2005. 公安情报学学科建设思考[J]. 江苏警官学院学报，（4）：146-148.
张智雄，吴振新，刘建华，等. 2008. 当前知识抽取的主要技术方法解析[J]. 现代图书情报技术，（8）：2-11.
郑彦宁，宋振峰. 2007. 我国科技情报行业现状与发展对策分析[J]. 情报学报，26（5）：790-795.
《中国情报学百科全书》编委会. 2010. 中国情报学百科全书[M]. 北京：中国大百科全书出版社.

周景，王瑛，王勇. 2011. 基于犯罪网络的情报分析系统的研究与应用[J]. 现代计算机（专业版），（7）：3-6.

朱盛镭. 2017-09-20. 业务情报的“下沉式”生存与发展[EB/OL]. http://blog.sina.com.cn/s/blog_621023990102x1od.html.

朱晓武. 2007. 商务智能的理论和应用研究综述[J]. 计算机系统应用，（1）：114-117.

Kany Y. 2011. Informing design of systems for intelligence analysis：understanding users，user tasks，and tool usage[C]. CHI'11 Extended Abstracts on Human Factors in Computing Systems：1025-1028.

Phillips J，Liebowitz J，Kisiel K. 2001. Modeling the intelligence analysis process for intelligent user agent development[J]. Research and Practice in Human Resource Management，9（1）：59-73.

Zhang L，Currim S，Currim F. 2011. Competitive intelligence task analysis and retrieval：an end-user approach[J]. Review of Business Information Systems （RBIS），15（2）：15-24.

第 12 章

当代情报学发展

本章提要

本章择要阐述几个具有代表性的情报学研究前沿和热点领域——知识管理和竞争情报、科学计量学与学术评价、信息可视化与科学知识图谱、信息经济学与政策分析、网络信息管理与商业数据分析，其研究进展、学科交叉及应用问题对当代情报学发展具有重要意义。

主要知识点

1. 知识管理和竞争情报的整合策略与进展。
2. 科学计量学与学术评价的研究进展与应用。
3. 信息可视化与科学知识图谱的研究进展与应用。
4. 信息经济学与政策分析的研究进展与前沿问题。
5. 网络信息管理与商业数据分析的研究进展与前沿问题。

当代情报学在学科交叉、方法移植的普遍学术背景上呈现多维度、跨领域的发展趋势，在研究广度和深度不断拓展过程中，研究热点频出，本章择要阐述几个具有代表性的情报学研究前沿或热点应用领域，以体现当代情报学发展。

12.1　知识管理和竞争情报

随着知识经济时代的来临，相继于 20 世纪 80 年代和 90 年代迅速发展起来的知识管理（knowledge management，KM）和竞争情报正在成为社会组织重要的管理工具和竞争手段，是现代企业核心能力的重要组成部分，也是情报学范式和方法在组织中产生作用的重要领域。

关于知识管理的定义有近 50 种之多，学者众说纷纭，但其核心内容已基本达成一致，即知识管理是指通过知识共享，运用集体的智慧提高应变和创新能力，为组织实现显性知识和隐性知识共享提供新的途径。它是为了提高组织的适应性、生存能力、创新能力和核心竞争力，将知识看作是一种可开发资源，对组织的知识资产及相关事物进行有效管理的科学。知识管理以人为中心、以信息和知识为基础、以知识共享和知识交流为手段、以知识创新为目标。

对于竞争情报，比较有代表性的是包昌火研究员和美国竞争情报从业者协会的定义。包昌火（1998）定义：竞争情报是指关于竞争环境、竞争对手和竞争策略的信息和研究，是一种过程，也是一种产品。过程包括了对竞争信息的收集和分析；产品包括了由此形成的情报和谋略。定义：竞争情报是对整体竞争环境的一个全面监测过程，通过合法的手段收集和分析商业竞争中有关商业行为的优势、劣势和目的的信息。

从以上知识管理和竞争情报的定义上即可看出，知识管理侧重于对内部知识的发掘和创造，注重将隐性知识显性化，实现企业隐性知识的交流和共享，基本目标是为企业建立知识交流的平台和方法。竞争情报主要解决竞争环境、竞争对手、竞争态势与竞争战略方面的问题，侧重于对外部环境的关注，将竞争信息转化为情报和谋略，基本目标是为企业决策提供情报和技术。两者可共同构成社会组织和企业在内部和外部知识与信息整合应用的重要工具，对组织适应信息时代与数据时代的管理要求，有着重要的作用。

近年来，知识管理和竞争情报在我国乃至全球都得到了迅速的发展和广泛的应用。然而，无论是在知识管理和竞争情报的学术研究，还是在具体实践活动中，都会面临着同样的问题和困惑：这两个不同的领域和阵营，彼此之间应如何看待对方，在组织的管理活动中，知识管理和竞争情报的活动应如何协调，是有你无我、有我无你呢，还是你中有我、我中有你，或是相辅相成、共存发展？这些构成了企业的知识与情报策略的新问题。

事实上，知识管理和竞争情报在知识的收集、组织与利用等活动环节上存在着明显的差异。

（1）收集：两者都注重使用所有可利用的资源，但知识管理主要侧重于在组织内部挖掘知识，竞争情报则是从组织的内外部全方位地挖掘信息。

（2）组织：知识管理重在编目与建档，其目标是提升检索与协作能力，促进知识共享与重复利用，而竞争情报则在此基础上更进一步，进行分析研究，制定竞争策略，提供决策参考和指导行动。

（3）使用：知识管理重在传播，竞争情报重在行动。知识通过行动变为情报，行动进而影响战略决策和战略及战术行动的执行，竞争情报通过实施和行动，提升了知识利用的水平。

通过对知识管理的深入考察，我们还会发现：①传统的知识管理定义过于狭隘。智力资本中的人力资本、结构资本、合作资本、竞争性知识也应成为管理的核心。②知识管理在知识收集、共享和存储方面做得很好，但在知识利用和建立彼此之间的关系上还远远不够，而这正是知识发挥作用的关键所在。③知识管理侧重于对已有知识的采集，知识被创造出来后才对其实施采集和组织，而竞争情报则是以任务为导向，先确定知识缺口，然后展开行动并填平缺口。④知识管理一般更多侧重于现有知识的挖掘和共享，不太考虑对知识资产的保护，这可能会为对手的竞争情报活动大开绿灯。

于是我们发现，知识管理系统只能完成组织为未来谋划所需的一部分工作。它们捕捉、组织和传播知识，为知识创新创造条件，而竞争情报系统则为知识转变为可供行动的情报提供了路径。知识管理系统与竞争情报系统结合可对组织的倡议和外部环境做出反应，并能够提供情报、方案和对策，因此将知识管理和竞争情报结合起来，可以将知识转化为活化的情报，从而建立核心竞争优势。

因而可以认为，不管是在实践活动还是在理论研究中，知识管理和竞争情报之间不应是互不相干、单独存在的关系，也不是完全的相互包含、相互替代的关系，而应是相互补充、相辅相成的关系。

12.1.1 竞争情报和知识管理的整合策略

既然知识管理和竞争情报是相互补充、相辅相成的关系，那么它们就应从以往的相互对立隔离走向互动融合。将知识管理和竞争情报相结合，能够将知识转化为情报，从而指导行动，进而提升组织的战略能力和核心竞争力，这个观点已成为人们的共识，但在实践中操作起来却非易事，问题的关键在于，知识管理和竞争情报两者如何集成和整合，如何平衡组织中的知识管理和竞争情报活动，知识管理和竞争情报整合的路径是什么，集成和整合的策略是什么？因此，整合的路径和方法是问题的关键。

初始时，知识管理和竞争情报都是在各自领域和学术团体中独自展开研究与实践，直到 20 世纪末才有学者将竞争情报与知识管理结合起来研究。近年来，国内也有多位学者展开探讨和讨论，并提出了不同的路径和方法，如基于知识管理的思想或理念来构建竞争情报的工作模型/平台/系统/组织/流程；在知识管理中利用竞争情报方法来提高绩效；建立知识库、知识网络、知识社区、知识地图；竞争情报与知识管理系统的整合共建及流程的整合协调；用知识价值链理论对竞争情报与知识管理进行整合研究；建立竞争情报与知识管理互动双赢的和谐机制；等等。

这些研究工作为知识管理和竞争情报的整合提供了指导思想和方法措施。遗憾的是，虽然在理论上知识管理和竞争情报应当整合集成的观点已经得到认可，但在实践中操作起来却并非易事。无论是高层管理者还是具体的执行者，无论是知识管理领域还是竞争情报领域，如何找到两者结合的平衡点，在充分发挥两者各自的优点并将组织开展知识管理和竞争情报的风险最小化方面，还缺乏行之有效的策略和方法论指导。

为此，张新民（2010）提出一种将知识管理和竞争情报有机整合的路径和方法论，为组织实施相关活动提供了一个实用框架，从而将知识转化成为适合组织需要的、可指导行动的情报。其要点可概括为：以战略保护因素及其策略框架为基础，以“国家－行业－组织”三层分析框架为流程来确定组织的战略保护系数（strategic protection factor，SPF）值，全面评估和平衡组织所面临的知识管理和竞争情报的风险，并据此制定相应的知识资产开发和保护政策，同时辅以影子团队（shadow team）作为组织机制，从而实现知识管理和竞争情报的集成和整合。

12.1.2 知识管理和竞争情报整合的方法—— SPFs 策略框架

在知识管理理论中，知识被当作资产进行管理，如何尽可能多地开发系统的知识资源是人们关注的焦点。但是现实的情况是，在开发系统资源的时候，我们首先必须要保证组织有能力去保护这些知识资源。因为如何分析和了解竞争对手也是现代组织发展的重要环节，而如何获取竞争对手的知识资源并加以利用是其中的重中之重。如何获取对手的知识资源是竞争情报研究的一个重要方面，因此竞争情报和知识管理必须加以整合才能起到更好的效果。

1. 知识管理风险与竞争情报风险

在理想状况下，越来越多的知识被开发和使用，说明组织开发知识的活动非常有效。知识管理的风险随着知识被开发程度的推进而不断地降低。在传统知识管理理论假定的理想情况下，一个组织乐意充分开发自己的知识资产以获取最大的优势，因为如果公司没有开发自己的知识资产而竞争对手这样做了，那么公司便会处于不利的地位，而竞争对手可以从知识开发的时间差中获益，在其他组织还在准备时便已收获利润，这也就是所谓的先发优势。

但是，除了知识管理风险外，由竞争情报行为带来的风险同样也是存在的，并且竞争情报的风险与知识管理的风险是反向存在的，公司在减少知识管理风险不断开发自己知识资源的同时，也将面临因为大量知识暴露在外所带来的竞争情报风险方面的压力，反之亦然。

由于组织中同时存在着知识管理风险和竞争情报风险，而且两者逆向而行，组织的管理者制定知识战略以及开展活动的难度便增大了。因此，组织在制定知识战略时，必须综合考虑这两种风险，争取找到一个最佳的平衡点，从而使竞争情报和知识管理的整体风险降到最低，同时又能充分发挥这两者的优势和长处。因此，对于一个组织来说，最重要的是在知识管理活动和竞争情报活动之间达到完美的平衡。

在图 12-1 中，知识管理风险由一条向下的曲线表示，随着更多的知识被开发和使用，知识管理风险逐渐降低。图中的知识管理风险曲线说明如果公司不积极开发自己的知识资产，将会面临竞争对手知识开发优势所带来的越来越大的危险，而随着知识资产被开发（曲线向右方移动），知识管理风险降低。

但是，理想情况下全部知识资产的开发被竞争情报活动的现实情况所妨碍。图 12-1 所示的竞争情报风险曲线展示了对方情报部门获得本方专有知识带来的风险，它与知识管理风险曲线朝着相反的方向运动。正如图 12-1 所示的那样，随着知识不断地被公司开发和利用，竞争情报风险将会增加，公司开发和分享的知识越多，知识越有可能被发现。在行业中参与竞争情报活动的公司越多，知识被获得的可能性就越大。

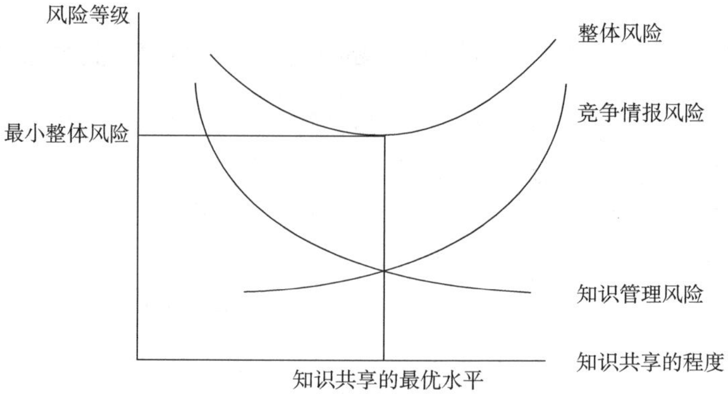

图 12-1　知识管理风险和竞争情报风险

因为风险曲线向相反的方向移动，组织需要开发一个考虑到这些风险的知识资产管理战略。风险管理是一个整体的过程，并且这些风险随着各种复杂环境的变化而变化。对组织面临的总体风险地位的理解为管理者提供了战略性地使用和保护知识资产的策略。当风险曲线升高时，需要巧妙地加以应对。

优势的建立离不开一个健全的知识资产风险管理战略。即使一个公司在开发知识资产上处于领先地位，这种优势也是短暂的，因为成功者会吸引其他的公司做同样的事情，竞争对手也会总结出最佳实践，最终，先行者的知识优势不复存在。变化的环境要求公司根据自己整体的风险水平持续地进行检测并且调整。在制定决策之前我们需要对组织所处的环境进行分析，从而确定组织所处的地位，下述 SPFs 策略框架可为组织的自我分析以及决策制定提供参考。

2. 战略保护系统的引入

为了平衡知识管理风险与竞争情报风险，国外学者提出了战略保护系数的概念（Rothberg and Erickson，2005）。SPF 可用来描述和分析公司对于环境的敏感度，显示公司整体的知识状况和风险状况，以及在开发知识资产管理战略时所面临的挑战。

战略保护系数 SPF 与防晒用品中的防晒系数有一些相似之处，后者通过设定不同的防晒系数值指导人们根据自身的肤质和环境的紫外线强度选择合适的防晒产品，前者通过在不同情形和场景中 SPF 值的设定帮助我们启用相应的知识管理和竞争情报策略。

战略保护系数 SPF 的数值代表着知识管理风险与竞争情报风险的不同组合。每一种 SPF 都对应着明确的挑战和应对策略。SPF 可以作为一个量化的指标对企业在不同环境下的决策起到指导作用。企业可以结合具体的情况将自己的知识管理风险与竞争情报风险通过专家调查法、头脑风暴法等给予适当的分数，然后结合下面提到的知识管理风险与竞争情报风险的四种组合方式，得到适合自己的策略。

3. 知识管理风险与竞争情报风险的不同组合

企业或组织所面临的知识管理风险和竞争情报风险，可以有四种不同的组合方式：①低知识管理风险/低竞争情报风险；②高知识管理风险/低竞争情报风险；③低知识管理风险/高竞争情报风险；④高知识管理风险/高竞争情报风险。这四种组合方式都对应着什么样的场景，在此情况下应当如何采取合适的策略？以下将对此进行具体说明。

1）低知识管理风险/低竞争情报风险

知识可以让组织成为行业的先行者，而先行者通常都具有显著的优势，并且这种优势是无法复制的。在这种情况下，被对手获得自己的知识资产无关痛痒，因为这些是隐性知识，是不可转移的。当然，我们并不否认竞争的存在，但有时候，比起组织的私有财产来说，成功更依赖于某一位或几位管理者非凡的才能，这些非凡的管理者通常不需要也不想需要其他人的知识和技术，他们的成功靠的是一部分的天分、一部分的机遇和一部分的运气，这些管理者取得的成功并不能从本质上提高同行业竞争对手运作类似组织的能力，即使我们知道那些卓越的先行者所做的完整细节，也不能实质性地帮助我们超越先行者。

其实，不仅仅是管理者有着难以复制的知识，一些艺术家、设计师等有着独特天赋的人在组织中也同样处于一种十分特殊的地位。例如，在 2003 年，Gucci 的 CEO 和顶尖设计师因为新合同的分歧离开了公司，带来问题的关键是公司如何保留两个离去领导的才能，公司是否会因为人才的流失受到沉重打击，因为这种类型的创造力在很大程度上很难获取（Galloni et al.，2003）。Gucci 的案例说明，天才的领导者能够使企业处于低知识风险/低竞争情报风险中，因为对手无法复制这些领导者的知识，这些企业需要重点考虑的问题是设法留住这些天才的管理者，尤其是不要让他们流失到竞争对手阵营中去。

对于此情境下的组织来说，天赋、才能甚至先行优势都是一种难易被复制的知识资产，组织可以安全的彰显自己员工的才能和知识，完全不必担心知识资产流入竞争者手中。但是，组织的决策者需要认识到，成功在很大程度上源于才能和环境的完美匹配。

2）高知识管理风险/低竞争情报风险

在成熟工业中，有一些统治市场的公司，在这些公司中，知识资产需要在价值链和伙伴网络中持续发展，因此需要通过有效地知识管理将“信息孤岛”组织成为“信息网络”，保证知识资产在价值链和伙伴网络中高效的流动。如果公司不发展开发知识资产的能力，将会处于不利的地位。

但是，与组织面临的高知识管理风险相比，面临的竞争情报的风险不是很大。因为市场上主要的公司很少，对私有知识资产的监控比较容易，而且在这种情况下，新的进入者很少，如果有新的进入者，他们也只能填补大公司不感兴趣的领域，或者与大公司共生协作。

对处于垄断地位的公司来说，如何深层次的开发知识从而进一步巩固自己的垄断地位是首要任务，因为新的挑战者进入该市场的壁垒很高，所以开发知识带来的竞争情报方面的风险不是很大。考虑到垄断企业具有的规模优势、品牌优势及先发优势，它不必特别关注竞争情报方面的风险。

对于试图与垄断企业竞争的公司来说，首要关注的是进一步开发自己的知识资产避免与垄断企业的差距越拉越大，对于与垄断企业共生协作的公司来说，首要关注的是合作的双方分享敏感的竞争信息，因此这两种企业所面临的来自知识管理的风险远比来自竞争情报的风险更多。

在这种工业的价值链中，开发深层次的知识资产本身就比保护知识产权更重要，成功源于对知识资源的倾力开发，可靠供应链的获取，分销渠道的拓展，市场支配能力的增强。

3）低知识管理风险/高竞争情报风险

在一些商业环境中，如银行和一些为公共事业服务的机构，它们在成熟的行业中进行运作，其行为是透明的，很容易模仿。自身的知识资产被发现的所带来的风险很高，因此与这种高风险相比，开发知识资产所带来的优势并不十分明显。当然这并不是说深层次的开发知识资产并不重要，只是认为考虑到竞争情报的风险，构建复杂的知识管理系统和合作网络有时候得不偿失。

在这种低知识管理风险，高竞争情报风险的情境下，公司应当注意的是选择性价比较高的知识资产进行开发，并且努力地保护自己的知识资产。这些知识资产不仅包括内部的资料文件、视频录像，也包括公司员工，因为有很多内部的知识储存在他们的大脑中。在这种情景下的公司应采取的对策是在法律上对雇员和公司的智力资产进行仔细的描述，谨慎地向外界披露公司信息，对公司的文件进行权限设置，以及在公司内部开展反商业情报的训练，等等。

4）高知识管理风险/高竞争情报风险

在一些高技术行业和制药行业中，竞争十分激烈，知识资产的深度开发以及知识资产的小心保护都是非常必要的，一旦公司开发出了新的产品，这些产品便很容易被大家发现，因为公司的成功需要全面展示自己的知识资产，与此同时，公司的竞争对手也在尽一切可能地搜集对方的知识资源。因此，公司在不断深入开发自己知识资产的同时，应当有足够的能力和投入来保护自己的知识资源。在这种情景下，没有深度开发自己知识资产的公司，或者没有采取有效措施保护自己知识资产的公司将很快被淘汰。

例如，在制药企业中，开发和研制新药是不可避免的任务，需要巨大的资金和人力投入。与此同时，竞争对手可以通过药品审批、专利分析等多种手段获取情报。在这种情境下公司应当采取的措施是对公司知识资源使用权限的详细规定，对公司内部员工以及合作伙伴的情报与反情报训练，以及管理人员们对情报价值的正确认识。

4. SPF 策略框架

SPF 策略框架的设定需要考虑知识管理和竞争情报活动中不同的场景和组合。根据知识管理风险和竞争情报风险的四种组合方式，可以大致确定出其对应的 SPF 值，进而采取相应的知识开发和保护措施。从竞争情报和知识管理相结合的角度，可将企业面临的情景分成四个维度进行分析，每个情境对应着不同的 SPF 值，以及对应着不同的情报策略（表 12-1）。

表 12-1　战略保护系数（SPFs）

风险高低	知识管理风险（分享）低	知识管理风险（分享）高
竞争情报风险（保护）低	低 CI/低 KI SPF5：一枝独秀	低 CI/高 KM SPF15：谨慎行事，与巨人共生协作
竞争情报风险（保护）高	高 CI/低 KM SPF30：建立防护罩或玻璃屋	高 CI/高 KM SPF45：全面封锁，冷战

表 12-2 总结了这四种维度的特点和我们应当注意采取的策略。

表 12-2　四种维度的特点和应当注意采取的策略

维度	特点	措施
低 KM 风险/低 CI 风险	（1）公司是行业的先行者 （2）充满天赋的管理者 （3）被对手获得自己的知识无关痛痒	（1）保护好自己优秀的管理者和员工 （2）将员工的才能和环境完美的匹配
低 KM 风险/高 CI 风险	（1）成熟产业中具有垄断地位的公司 （2）需要不断优化完善价值链和伙伴网络 （3）新的竞争者进入市场的壁垒很高	（1）完善供应链体系 （2）拓展分销渠道 （3）增强市场支配力
低 KM 风险/高 CI 风险	（1）处于非常成熟的行业中 （2）公司的行为是透明的，很容易模仿	（1）选择性价比高的知识资产进行开发 （2）对公司的文件进行权限设置 （3）对员工进行反商业情报训练 （4）谨慎地向外界披露信息 （5）从法律上对公司的智力资产进行描述和保护
高 KM 风险/高 CI 风险	（1）利润丰厚，竞争白热化 （2）情报与反情报活动非常频繁	（1）对公司知识使用权限的详细界定 （2）对公司内部员工以及合作伙伴的情报与反情报训练 （3）管理人员对情报价值的正确认识

5. SPFs 分析框架

那么，如何确定组织 SPF 的具体数值，进而明确组织在知识战略上所面临的综合风险呢？可以从国家、行业和组织（企业）这三个层面来分析，每个层面里又有一些需要考虑的具体变量。SPFs 的分析框架见表 12-3。

表 12-3　确定 SPFs 的分析框架

考虑层面	具体变量及考查因素
国家层面	政府、基础设施、经济文化、其他
行业层面	与国家变量的互动、知识应用、知识产业、价值链协作、竞争舞台与竞争激烈程度、其他
组织层面	与国家与行业变量的交互、资源、执行、竞争对手、合作网络、其他

通过在“国家、行业和组织”这三个层面的分析，可以全面系统地分析知识管理风险与竞争情报风险的组合关系，然后再确定出相应的 SPF 值，并据此制定相应的知识资产的开发和保护政策。

在分析过程中，每个组织或企业需要仔细考量自身所处环境的特殊性。关键在于要找到与本企业密切相关的变量，并分析它们的可能影响。

“国家－行业－企业”的三层分析框架为企业确定 SPF 并进而实现知识管理和竞争情报的结合提供了方法论的指导。

通过 SPF，决策者可以识别他们面临的相关风险，更好地平衡内外部的协作，开展情报和反情报活动，以最优的方式来开发知识资产，从而使知识管理和竞争情报的整体风险最小化。

12.1.3 知识管理和竞争情报整合的组织机制——影子团队

影子团队的概念早在20世纪90年代国外学者就已经提出，其中在1997年，美国纽约州波基普西市玛里亚大学管理学院战略管理副教授罗丝伯格（Rothberg，1997）发表了影子团队强化竞争情报系统的文章，介绍了影子团队的作用。同年，夏肖（Shaw，1997）发表了组织中影子团队的干预作用——从复杂角度谈咨询的文章，从咨询的角度谈影子团队的作用和功能，阐述了影子团队的新颖性。此后，关于影子团队的研究和应用渐多。影子团队是获取竞争情报和加强知识管理的手段，主要应用于竞争情报和知识管理领域，并在实践当中起到了很重要的作用，是知识管理特别是竞争情报工作中的一种重要方法。

所谓影子团队，是由来自不同部门、不同职位的具有不同背景和知识结构的人员组成的情报小组。它是一个小型的跨职能、跨边界的实体，旨在了解关于竞争对手的所有情况。通过运用组织内部和外部知识资源、凭借个人经验、人际网络及竞争情报实践，开展竞争情报活动和进行信息分析。从竞争对手角度出发，深入学习和掌握竞争对手的战略决策和竞争活动，根据竞争对手的战略决策和动态模拟、预测其未来战略，并及时做出应对策略，得出战术和战略情报，为高层决策者提供决策支持。它被称为竞争情报系统中非常重要的智囊团。

一个完善的竞争情报系统既包括来自公司内部的各种信息和数据，又包括来自外部的信息和公共信息，竞争情报成功的关键是整合来自各方面的信息和数据。其目的是提供适当的情报以支持高水平的战略思考。图12-2示例了一个基本的竞争情报系统。

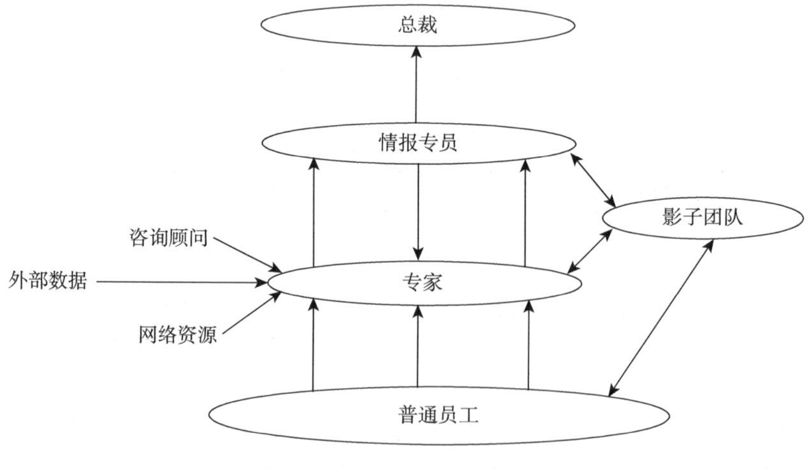

图12-2 竞争情报系统

普通员工、专家、情报专员、总裁、影子团队，以及来自公司外部的数据、咨询顾问、网络资源构成了一个完整的竞争情报系统，对公司的决策层提供战略决策支持。让普通员工参加各种活动，自发、自愿地贡献他们的信息和智慧，使公司内部的信息和智慧得到充分的获取。这是一个竞争情报系统成功的基础。其中，专家利用个人的知识和经验对各种信息进行分析并发现其中的关系，辨别信息的真伪，从而将信息转化成情报，使竞争情报系统流畅的运作。专家可以是公司内部的雇员，也可以是公司外部的顾问。竞争情报专员将各种数据和信息进行融合，综合利用各种资源，对市场信号进行解读，形成具有战略意义的情报，公正客观地、及时地向高层决策者反映。

影子团队利用人际关系情报网络，可以收集到来源于不同的职能部门、网络、地域、层次、合作方和宏观环境的知识和数据。影子团队的每个成员都善于跟不同层级的员工沟通，从公司的普通员工到公司的中高层主管，甚至公司的最高层都能够跟他们有良好的互动关系。因此，影子团队是竞争情报系统的智囊团，其功能和意义主要体现在以下三方面。

1）影子团队能够从竞争性知识中创造智力资本

知识资产要产生价值就必须通过竞争情报实践来完成，因此影子团队的出现为完成这一任务提供了便利。它能够使公司更愿意用竞争性知识资产来创造可持续竞争优势，使公司的知识集中起来，形成战略性资产，从而发挥公司知识资产的价值。这样，公司就会在很长的一个时期内获得竞争优势。

2）影子团队能够将知识转化成情报

情报小组通过鼓励员工积极参与各种活动，贡献自己的知识，把公司隐藏的知识挖掘出来，使公司已有的知识活跃起来，形成有价值的情报，将知识转变成有形资产。这些活动可以为公司节约成本，提高竞争力。

3）影子团队是竞争情报与知识管理系统的黏合剂

竞争情报和知识管理有很多共同之处。虽然两者的目标都是围绕信息和知识，加上人的作用，提高企业的竞争力，但是它们又有不同之处。知识管理系统是公司内部的员工围绕知识、利用知识、创造知识、产生新的知识的过程，在这基础上实现知识的共享。知识在知识管理系统中会被编目、存储、固定于某个位置。知识管理针对的是已经形成成果的存储、分享和创新。而竞争情报系统则是信息转化的过程，从信息的收集、加工、分析，形成有价值的信息，这些信息可以是内部的信息，也可以是来自外部的信息和公开的信息。竞争情报是围绕着信息展开，信息不是知识，它通过对信息的分析，得出相关的结论和成果，从而使信息产生价值。两者正是因为影子团队的出现，才实现了真正的结合。

影子团队实现了知识管理和竞争情报的共同目标，即提高企业的竞争力。在这个过程中，影子团队充分利用了知识管理所产生的知识，创造了新的知识，实现了这些知识的共享，又同时运用了竞争情报的一切方法，产生了有价值的情报，使企业从中获利。因此，影子团队一出现，就受到高级管理者的欢迎和重视。

我国古代伟大的军事家孙子在其《孙子兵法·谋攻篇》中提出过“知己知彼，百战不殆”的光辉思想，这既是指导战争的普遍规律，是指导情报工作的指南。针对企业的情报活动，我们可以理解为知识管理就是解决“知己”的问题，发掘和管理组织自身的知识资产，练好组织的内功，使自身立于不败之地；而竞争情报就是解决“知彼”的问题，了解外部环境和竞争对手的实际情况，并采取相应的对策。将知识管理和竞争情报结合起来，就能做到“知己知彼，百战不殆”。这也正是知识管理和竞争情报成为情报学前沿热点的缘由。

12.2 科学计量学与学术评价

科学计量学是当代情报学发展的重要方向之一，是情报学领域著名的“三计学（文献计量学、科学计量学和信息计量学）”之一，与文献计量学和信息计量学之间有一定的交叠。关于科学计量学与相关学科之间的关系，学者各抒己见，情报学领域学者多认为科学计量学属于情报学，科学学领域学者则倾向于认为科学计量学是科学学的一部分。从方法的角度，科学计量学目前所用的核心方法（如引文分析），均来自于图书情报学的文献计量学。从应用的角度，科学计量学在科学规律发现、科学探索辅助和学术评价等领域的快速发展，又与科学学和科技政策密不可分。在国际上，科学计量学的研究专家来源专业甚广，几乎涉及了大部分主流专业。而在国内，主要的科学计量学研究者来源于图书情报学、管理科学与工程、科技哲学、公共管理、教育学等。从此可见，至今科学计量学虽有较明确的核心，但交叉性也较强。

12.2.1 科学计量学的产生和研究进展

科学计量学术语最早由苏联学者穆利钦科（Mulchenko）和纳利莫夫（Nalimov）在1969年提出，该术语因1978年创刊的《科学计量学》（*Scientometrics*）而获得广泛认知。该杂志主编布劳温（T. Braun）对其做出初步解释：科学计量学是一门试图利用科学文献产生、传播和利用过程中的数据，定量化描述科学及科学研究活动特征的学问（布劳温等，1989）。普赖斯奖获得者温克勒（P. Winkler）将科学计量学解释为用定量方法处理科学领域中的人员、群体、事件、现象和它们之间关系的科学领域，并认为指标是科学计量学的核心要素（温克勒，2014）。河南师范大学梁立明和中国科学技术信息研究所武夷山教授对科学计量学的概念进行了拓展和延伸，指出科学计量学是用定量方法处理和计算科学活动的投入（如科研人员、研究经费）、产出（如论文数量、被引数量）和过程（如信息传播、交流网络的形成）的研究领域。

科学计量学自诞生之初就与学术期刊结下不解之缘。学术期刊至今是科学计量学最重要“计量”的对象之一。1665年，法国意愿参事丹尼斯·戴萨罗（Denis de Sallo）在巴黎创办了世界最早的期刊《学者杂志》（*Le Journal des Savants*），并创造了全世界第一个由科学家组成的编委会，帮助编辑评审稿件，并开始了期刊同人评审体制的雏形，“同行评议”（peer review）的方法由此产生并得到完善和发展，逐渐成为知识学术评价的重要方法。以《学者杂志》《哲学汇刊》为始，各类学术期刊如雨后春笋般涌现，知识传播体系得到跨越性的发展，个体研究成果迅速成为社会化、国际化成果。随着学术期刊的出现和发展，与科学计量学相关的测度和评价工作在期刊行业中逐渐开展，先后出现了布拉德福“文献离散定律”、加菲尔德“加菲尔德引文集中定律”、普赖斯“文献老化指数和引文峰值理论”等文献计量学重要原理并成为学术期刊定量评价的理论基础，理论与实践的不断结合，使科学计量学逐渐得到发展，并在很大程度上受益于期刊这一学术论文的主要载体。

科学计量学在我国研究起步稍晚，但研究广泛，发展较快。其中重要的原因如下所述。第一，我国的科研管理体制是自上而下构建，统计与测评需求相对较多，应用需求迫切。第二，国内 1995~2015 年的评价定量化趋势，也促成了科学计量和评价在各基层单位受到普遍的重视。第三，同行评议这一学术评价制度虽然在我国已经深入人心，被承认是学术评价的主流方法，但在某些领域的实际实施中，效果欠佳，使以科学计量学为基础的定量评价方法成为重要辅助决策工具。当前，我国的科学计量学研究已开始有一定的国际影响力和话语权，叶鹰、邱均平、梁立明和武夷山等我国当代著名科学计量学家都有相当的国际影响，多位国内学者出任了国际相关领域顶级期刊编委，叶鹰还以在科学计量学等领域的成就入选了欧洲文理科学院院士。

科学计量学既在理论方面涉及科学发展规律这一学术界普遍关心的议题，又在应用方面聚焦了学术评价问题。特别是近年来，科学计量学涌现了诸多新发展，其中关于引文测评方法的创新一直是科学计量学的研究重点。作为学术影响力评价的基础视角之一，科学计量学中的引文测评指标和方法在 2005~2015 年取得了一定的突破，具体表现为诸多新型评价指标和方法的涌现。首先，最为突出的当数 h 指数，美国加利福尼亚大学物理学家 Hirsch（2005）提出 h 指数的原始论文“*An Index to Quantify an Individual's Scientific Research Output*”在 10 年间被引次数超过 4 000 次，迅速超越了齐夫和加菲尔德关于引文分析和影响因子的经典文献，成为科学计量学当前最高被引的论文。而 h 指数也一跃成为除了影响因子之外最为著名的复合型引文指标，在学者个人、期刊、机构甚至网络分析（Zhao et al.，2011）中都有了广泛的应用和拓展。其次，考虑领域或平均水平的相对指标也开始受到关注。例如，Schubert 和 Braun（1996）提出的相对引用指标（relative citation rate，RCR）、Glänzel 等（2003，2009）提出 NMCR 指标，荷兰 CWTS 团队提出皇冠指数（crown indicator）（van Raan，2003）等。最后，新的评价数据开始进入实用，最为典型的包括文献下载与使用数据（Zhao et al.，2016）。此外，加权引文测评也在近年中得到了发展和应用，代表性的包括特征因子（赵星，2009a）和 SJR（赵星等，2009a）。此外，近年科学计量学在测评视角和场景应用上均有突破，下文以补充计量学（altmetics）和科学基金的计量为例分别进行阐述。

12.2.2　计量学学术评价研究新发展

在互联网的新时代，伴随着 Web 2.0 技术和应用的发展与推广，学术信息交流与传播的载体从传统的文献变为多元化的各类电子媒介，学者在新媒体社会网络上的科研交流日益普遍，相应的传统文献计量评价方式表现出越来越多的问题和缺陷。在图书时代，以期刊来传播科学研究成果极大地提高了知识传播的发展效率，而在网络时代，人们对科研成果传播与评价的及时性、有效性有了更高的要求，科学交流的网络化也提高了科学交流的效率，相应评价也应顺应网络时代的发展。

当今时代背景下，补充计量学应运而生，它整合了论文层面评价（article-level metrics）、科学发现计量（erevnametrics）、科学成果计量（eurekometrics）、科学计量学 2.0（scientometrics 2.0）等众多研究的思想、技术和方法，与科学交流的网络化密切联系（邱均平，2006）。

1. 补充计量学内涵及特征

Altmetrics一词是"alternative metrics"的缩写，也有学者用"alt-metrics"表示，国内学者对其翻译有"替代计量学""选择性计量学"等，"Altmetrics"仿照"scientometrics""informetrics"等以"-metrics"结尾，它的提出是为传统计量学学术评价提供替代性方案，属于计量学范畴，随着 Altmetrics 的发展，其概念内涵和外延也在不断地演变，这里将其称为"补充计量学"。

补充计量学用于评估学术研究的社会影响力，是新的评价方法，用来描述基于网络的学术材料，将社会媒体视为数据来源，区别是传统计量学大多仅是对论文被引用情况进行研究，而补充计量学主要用于统计科学研究成果在网络中被浏览、下载、点击、注释、保存、推送、分享、收藏、分类、评论、讨论、引用等的情况（Liu et al., 2013）。狭义的补充计量学特指其对社会网络中学术交互行为的测度，而广义上则涵盖了引用数据以外的所有信息源，即使用、获取、提及、社交媒体等。

补充计量学虽出现较晚，但由于其对于网络环境优越的适应性而发展迅速，很快得到了突破性的进展和广泛的发展。邱均平和余厚强（2015）将补充计量学内涵演变总结为三个阶段，归纳起来：第一阶段，提出者对"补充计量学"的界定阶段。Priem 和 Haustein（2010）在察觉社会网络等在线交流媒介对学术交流产生了影响之后，伴随着"科学计量学2.0"的发展逐渐将观察结果进行统一，欲以专业的术语进行概括，便开始了由"alternative metrics"到"alt-metrics"再到"Altmetrics"的表述变化，尽管这个最终定义仍存有争议，但为补充计量学后来的研究和发展奠定了基础。第二个阶段，学者对"补充计量学"异议阶段。"Altmetrics"术语被逐渐推广，同时也产生了颇多批判，归结起来主要是对其能完全代替传统引文指标还是仅为传统体系的补充，存在分歧。研究者众说纷纭，补充计量学内涵的多样性给人们带来了困扰，同时也对其内涵做出了丰富多样的诠释。第三个阶段，学界对补充计量学逐渐达成共识。补充计量学的研究不断累积和完善，内涵上形成了广义和狭义之分，学术地位确立，未来也将会获得更多的发展。

尽管补充计量学的基础是为评价论文影响力的测度指标，其在理论上应用于评价研究绩效的多种层面，与传统计量学引用指标相比，补充计量学具有以下特征及优势。

1）信息源多样化

补充计量学不仅能够用于对已出版论文进行计量评价，还可以对开放式获取论文、研究数据集、电子类书籍、开源软件、演示文稿、课件、网络开放性文章等网络学术资源进行计量评价，从不同层面对所有研究成果的被浏览、点击、下载、评价、引用等情况进行分析，以评价其社会影响力。

2）计量时效性强

补充计量学的计量数据来源于网络，充分利用互联网的便利，实时获取和跟踪用户使用网络产生的操作数据，计算结果、发现规律、得出结论，充分弥补了传统计量学评价结果时滞性的缺陷。

3）计量影响力全面

随着学术社交网络的开放和普及，获取学术成果的途径不断增加，更多的研究成果对学术研究者和非学术人员（如应用企业员工、新闻媒体工作者等）全面开放，专业学术研究者通过浏览、点击、下载、评价、引用等行为来利用网络中的学术成果，而非专业学术研究人员大多对学术成果进行阅读、下载、讨论等，大多情况下，对于学术成果的使用并非只有引用才会给学习者带来影响，阅读、推荐、传播、讨论等也会扩展人们的认知，影响社会的发展，同属于研究成果的社会影响力表现。补充计量学正是发挥其计量独特性测量影响力，扩大影响力范围，使评价结果更加准确可靠。

4）应用价值更大

除了同传统计量学一样可应用于学术评价，挑选优秀的学术研究成果，为决策科学基金资助提供意见，为科研人员的评估考核提供依据等，补充计量学具有更多的应用价值：展现科研人员的社会影响力；发现潜在合作机会，参考补充计量学的研究结果来寻找对研究成果感兴趣或对其影响力的产生提供贡献值的人，建立合作关系或带动更多的人参与学术研究；促进科学研究的开放、公平，以补充计量学的结果来反映相关研究成果的开放性水平，进而通过对比提高学术研究的整体开放性水平。补充计量学多元化的计量数据源、计量方法及广泛的影响力表现，使学术研究更加的公平、公正，这种方法不仅适用于学术研究人员，还适用于公司企业等机构，它们使用各种在线资源实时地关注其相关信息发布后的影响等。

2. 补充计量学指标研究及意义

近年来文献计量学和网络计量学中一些替代性指标，包括下载使用（usage）、在专利中被提及（mentions in patents）等逐渐成为评价科学论文影响力的重要指标，随着 Web2.0 时代的到来和发展，网络中的学术交流日益频繁，一些网络指标，如文章被浏览、添加标签、收藏、被网络中其他文章提及和使用的次数等开始被考虑，评价数据的客观性、广泛性配合替代性指标等多角度分析反映了研究成果的综合影响力。

目前，国内外已有许多研究提出了不同的替代性指标。2007 年 Jensen（2007）提出未来在 Web3.0 的环境中建立学术评价“Authority 3.0”，强调用户参与和技术进步，并将博客、帖子、评论、标签、浏览、检索等作为学术评价“Authority 3.0”的重要参考指标。2008 年，Taraborelli（2008）认为互联网时代下同行评议前途堪忧，期刊影响因子的弊端也不断出现，提出软同行评议（soft peer review），推崇社会网络书签系统，Connotea 和 CiteULike 等的评价指标也已作为学术评价的重要指标。2009 年，Anderson（2009）再次提出对于期刊影响因子的质疑，并提出以推特、博客、维基百科及其他百科中的评论和引用来完善 JIF 评价指标。同年，Patterson（2009）提出从文章自身的特点中评价研究其影响力，提出将书签、评论、“星级”等作为基本评价指标。2011 年，J.Priem 和 B. H. Hemminger 归纳“科学计量学 2.0”评价指标来源包括书签、文献管理工具、推荐系统、评论、博客、百科、微博、社交网络和开放数据平台等。2014 年 Haustein 等（2014）研究证明推特作为有效反映学术影响力的评价指标需要将其用户群体、情境及引文转化率等深层次因素考虑在内。Altmetric.com 创始人 Euan 则表示 Altmetrics 指标反映了网络中学术文章的知名度和人们对其的关注度。2016 年，Gregori 等将传统与补充计量学指标相关联的高级测量指标用于研究意大利 SIMPAR 小组与个人的科学出版物的影响力，体现应用价值。

补充计量学不断丰富和完善传统的计量学评价体系，替代性指标从多角度揭示影响力的内涵、扩充影响力的范围，评议人员不再局限于同行人员，而是更多领域的人员一起参与到测评工作中来，使测评数据及分析结果更具代表性和客观性。归功于补充计量学的特性，其将会产生更多的应用价值和意义。

1）为读者筛选优质文章

补充计量学相当于为读者提供了一个实时、开放、个性化的过滤器，帮助读者选择各个领域的优质研究成果，读者不仅可以发表自己的见解还能够与其他读者进行讨论，促进读者对文章的理解、对知识的掌握。

2）为作者展示作品影响力水平

补充计量学更为广泛和开放的影响力让作者了解其读者群体和受关注程度，通过捕捉读者浏览、使用等数据来获知影响力产生过程。作为对期刊影响因子的补充，替代计量指标定位自己的科研成果影响力水平，便于其总结自己和制定个人简历，同时作者和读者有关研究成果的交流互动有利于相关研究的宣传和有效利用。

3）为资源管理者个性化服务提供参考

补充计量学为资源管理系统用户提供针对性的个性化服务，有利于巩固老用户开发新用户，资源库中成果不断增加的使用率和被引率机理科研人员更多的高品质研究及开放获取，补充计量学相关指标数据为馆藏建设、资源分配、市场推广等提供重要的参考依据。

4）为科研管理层人员开展评价工作提供便利

补充计量学为衡量学术影响力提供了补充信息，对于有效评价科研成果、科研人员、科研组织机构、科研院校等的学术水平具有一定补充评价意义。

12.2.3 计量学在科学基金资助中的应用

科学基金作为科技研究特别是基础研究最重要的公共资源之一，是科技创新与发展的重要动力。科学基金通过对科研项目、机构、人才以各种形式的资助，实现国家政府或私人机构对于科研创新的支持，保障国家自主创新能力的增强，提高科学技术发展水平，促进高层次学科发展，完善学科体系建设，促进人才成长，推动全世界科技快速发展和进步（张爱军等，2010），其对科研创新、人才培养、学科发展、学术机构建设等方面的财政支持与激励作用无可替代。

近年来，作为基础研究的重要支持，科学基金在促进研究成果和科学知识产出取得了优越的进步。如图 12-3 所示为总体论文数（N）、基金论文数（N_F）、基金资助率（F_r）随年份变化情况（数据统计时间 2017 年 8 月），从图中可以看出，2010~2016 年以来 SCI 收录论文数和基金论文数随年代变化逐年增加，基金资助率除 2016 年较 2015 年略有下降外，其余各年则逐年增加，且 2017 年目前的基金资助率较历年总体都高，当前世界范围内科学基金资助已有相当的覆盖面。

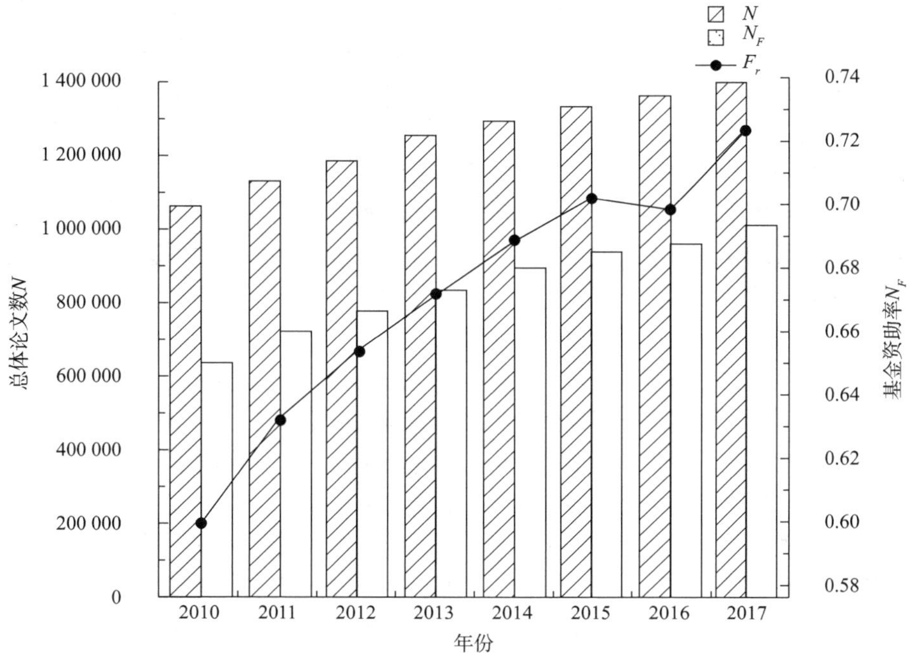

图 12-3　2010~2017 年 SCI 基金资助论文及基金资助率情况

数据来源于 Web of Scienre 中 SCI-EXPANDED 数据库；限定文献类型为“ARTICLE”

1. 科学基金资助论文的计量学研究

科学基金资助的研究成果主要包括论文、专著、专利、软件、数据库等多种形式，也包括研究基地和人才的建设等，目前其中最主要的是能反映基础研究原创性研究进展的科技论文，而对于大多数学科来说，论文是科学成果最主要的内容载体和出版形式，因此，科学基金资助的成果主要体现在基金论文中。基金论文是指受到基金项目或课题资助而取得阶段性成果并以科研论文形式表述出来的论文，通常会标识相应基金项目或课题的名称和编号。基金论文是表征基金项目或课题研究进展的风向标，是评审基金结项的重要参考依据，也是开展基金项目或课题的重要组成部分（陈留院，2009）。世界各个国家/地区、学科及主要机构的科学基金论文产出、分布及影响力情况，对于评估科学基金资助及使用效率、进一步实施科学基金投入和提高研究成果水平具有重要的现实意义。

对科学基金资助产出成果的评价逐渐成为资金管理者、纳税人、基金机构和学术界的重要关切对象。实践表明，绩效评估对于科学基金资助效果的衡量，为科学基金分配提供参考，对提高科学基金管理水平等方面具有重要的意义，然而，随着科学的发展，同行评议、案例分析等定性研究方法作为传统评价方案，其对于如今大量基金资助成果的评价表现出较大的难度。而对于科学基金成果的计量研究逐渐受到学术界、基金相关部门和社会部门的关注，近年来，世界主要科技大国都对科学研究予以大量资金和社会资源作为投入，使研究科学基金资助研究具有重要的意义。

2008 年，世界著名的科学论文数据库 Web of Science 开始全面记录所收录论文的基金资助信息字段，将论文致谢部分的科学基金资助信息进行了单独标注，并实现了对基金字段的统计、检索功能，Web of Science 增加的这一新功能促成和提升了相关研究学者对国家、学科、机构等不同层面的科学基金成果产出力和影响力及科学投入总体绩效、实证量化评估分析等的研究。利用此类数据可以使用计量学方法进行分析，此外，CNKI 等中文文献数据平台也已标注收录文献的基金资助信息。基础数据的有效统计对今后的科学基金资助情况研究，国家基金投入总体绩效评估，科学基金成果产出力及影响力和相关科学计量学研究工作的开展具有重要的意义，并进一步推进科学基金制度的完善和良好运行，促进世界科学技术良好发展。

有了较为规范的数据作为基础，基金计量研究逐渐从各个层面开始展开，针对科学基金的计量学研究成为科学计量学的重要研究议题之一，科学基金的计量逐渐成为科技发展投入现状和绩效评估学研究的重要手段。Jowkar 等（2011）以计量学方法统计并研究了伊朗的国家科学基金资助对科学研究中的影响作用。Ubfal 和 Maffioli（2011）实证说明基金资助对科研成果产出、科研人员写作等产生了显著而积极的影响。Wang 等（2012）对 2011 年 SCI 论文数排名前十名的国家科学基金资助情况进行分析，将国家科学基金资助机构模式分为单一机构主导型、双机构主导型、多元型；Zhou 和 Tian（2013）基于 Web of Science 和 CNKI 中数据对中国数据领域各个地区基金资助状况进行分析，发现各地区间基金分布极不均衡，其中北京、上海、江苏和浙江获益最大。此外科学基金的计量还可以用于发现各个国家/地区之间的科研资助水平和科研合作关系，如 Wang 等（2012）对比并分析了 SCI 收录论文数排名前十的国家/地区科研产出情况，发现中国、美国、日本平均基金资助率居于世界领先水平。苏林伟等（2015）基于 SCI 数据发现各个国家/地区不同学科的高被引论文之科学基金资助率存在结构差异，中国和美国则同属全面覆盖型基金资助结构。Gök 等（2016）以六个欧洲国家为研究对象分析科学基金资助对科学研究成果的影响，论文第一被引与其所受科学基金资助无关，但总体引用次数与其显著相关，引用影响与资助基金种类呈正相关，与资助基金强度呈负相关。Zhao 等（2016）的研究表示经济学领域研究的科学基金资助使全球各大洲间形成了三个三角形合作关系，分别为：以欧美合作为核心的欧洲、亚洲及北美洲三角合作关系；亚洲、北美洲和大洋洲三角合作关系；亚洲、欧洲和大洋洲三角合作关系。冯磊等（2017）则以文献计量学方法通过评价国家自然科学基金的实施效果，了解我国医药卫生方面研究的现状及发展趋势、研究成果及存在的问题，为学术发展与交流提供指导。

2. 科学基金资助的计量指标测度

基于传统科学计量学指标，研究的学者结合科学基金的特点提出了用于评估科学基金的专门指标。目前，科学基金计量学研究中特定的测度指标主要有基金资助率、科学基金 h 指数、基金论文零被引率等。其中，基金资助率是最为典型的科学基金计量指标，用来衡量学术研究收到科学基金资助的力度和广度，进而展现基金资助的概况，并反映科学研究收到的支持和重视程度。科学基金指数由赵星等（2009a）根据 h 指数衍变而成，是综合衡量基金论文数量和影响力的指标。如果将基金资助率和科学基金 h 指数等作为衡量科学基金绩效的正向指标，那么科学基金零被引率则可看作是相关研究的负向指标。科学研究中，低被引、零被引论文普遍存在（Egghe et al.，2011），图书情报领域零被引论文率基本稳定在 0~0.1（Liang et al.，2015），数学学科表现出较其他学科更高的零被引率（Glänzel et al.，2003）。

当然，应指出的是，目前利用 Web of Science 等数据库中的基金信息标引的计量学研究本质上主要是针对竞争性基金的分析，部分常规性或无须在研究中注明的基金信息很难涵盖。因此，实际的基金资助情况仍难以使用当前方法和指标完美测量。数据范围局限是科学计量测评的固有难题，目前即使是引文数据，也没有一个数据源能在实际上确保完整。

12.3　信息可视化与科学知识图谱

随着情报学的迅速发展，新领域、新方向、新成果不断出现，信息可视化便是近些年形成的情报学新的研究领域，也是具有重大意义的研究领域。在计算机软硬件的支持下，对数据进行可见性、交互性的表示即为信息的可视化，其目的是研究数据、发现信息、解释数据和做出决策，因此其关键是将信息转化成有意义的图形形式表示，便于人们进行观察、思考和决策，其要研究的数据涉及社会科学和现实社会生活的各个领域，如期刊文献、网络信息、商业数据、社会发展数据等。如今，国内外有关信息可视化的研究已十分广泛，图书情报专业等尤为突出。

信息可视化的起源来自多个方面。一方面是源于电气和电子工程师学会的两个高影响力的国际研讨会，IEEE 自 1995 年开始，每年 10 月在美国召开“IEEE Symposium on Information Visualization”，IEEE 成立了信息可视化组织，并已出版了一系列会议论文集，创办刊物《信息可视化》（*Information Visualization*）。另一方面，IEEE 自 1997 年起，每年 7 月在英国伦敦召开信息可视化国际研讨会，并出版一系列相关会议论文集。这两个系列的国家学术研讨会持续进行，推动信息可视化理论研究与实践应用的高速发展。欧美国家的可视化研究早先开始并已取得一系列具有领先地位的成果，理论研究方面较为注重可视化模型，不断推出创新发展的原型系统并投入实际应用。其次，信息可视化在亚洲地区的开始和发展中，较为典型的是日本，成立了日本可视化学会（The Visualization Society of Japan），研究并出版了《可视化杂志》（*Journal of Visualization*）、可视化手册，并创建了可视化数据库（visual database），通过举办可视化国家学术研讨会，使研究成果互通互享并不断取得创新。我国对信息可视化的研究和应用在20世纪90年代也得到了发展，如今在地理信息可视化、医学信息可视化等方面都取得重大成果。数字化时代的到来，以“数字中国”“数字城市”“数字故宫”等工程投产建设为代表，可视化技术的应用具有关键的作用。我国首例全数字化“可视人”的诞生使我国成为全球第三个拥有本国可视化人体可视化数据集的国家，信息可视化成果有目共睹。但是，我国目前在可视化领域的研究和应用尚处于起步阶段，国内没有可视化学会性质的组织，也没有全国性的类似专题期刊、学术年会、专题网站等的学术交流平台，更缺乏全国性的攻关计划、与国际组合作计划、主办国际学术会议等。

12.3.1 信息可视化研究进展与趋势

近年来，国外信息可视化研究人员根据大量的理论研究和实践已取得大量先进研究成果，人们在不同领域、不同学科、不同理论方面进行信息可视化研究，具体包括：对可视化系统的研究、评价指标的研究、可视化算法和技术改进的研究、可视化显示方面的研究等。国内信息可视化技术领域方法开始较晚，我国相关研究主要集中在信息可视化相关研究领域的理论概念介绍以及信息可视化技术在国内文献资料、网络数据库多媒体等各方面的概念性介绍。随着我国学术研究整体水平的不断提高，信息可视化的研究重点逐渐转向理论算法、各个领域的实际应用、信息检索技术等具体使用的科研问题中，目前主要研究方向有：信息可视化的维度、信息可视化的系统架构、信息可视化的检索平台、信息可视化的技术应用等。

下面分别以Web of Science核心集数据库和中国知网数据库中以“信息可视化”为主题词，通过发文情况来研究信息可视化在国际、国内研究进展与趋势。

1. 信息可视化国际研究进展与趋势

选择 Web of Science 的核心集数据库 SCI、SSCI 和 A&HCI，检索主题为“information visualization”，时间跨度为所有年限。检索到 17 301 条记录（检索时间为2017年8月）。国际有关科学计量学研究领域主要涉及计算机科学，工程学，生物化学与分子生物学，放射核及医学成像，数学与计算生物学，化学，生物技术与应用微生物学，生态环境科学，等等。图 12-4 是以“information visualization”为主题的国际研究发文数量随年份变化情况。由图可知，国际信息可视化研究整体呈增长趋势。伴随数据时代的到来，信息可视化及密切相关的数据可视化将继续保持为研究和应用热点，并有望在三维、动态甚至VR等模式上取得新的突破。

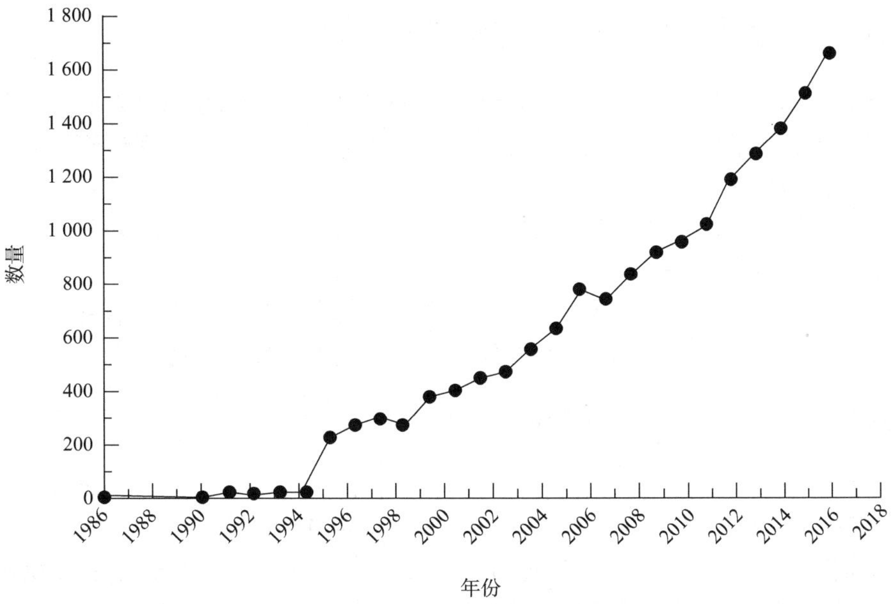

图 12-4　国际信息可视化发文年代分布

2. 信息可视化国内研究进展与趋势

以中国知网数据库为数据源，检索主题为“信息可视化”，时间跨度为所有年限，共得到 3 133 条记录（检索时间为 2017 年 8 月）。图 12-5 是以“信息可视化”为主题的国内研究发文数量随年份变化情况，由图可知，国内有关“信息可视化”主题的研究呈现总体上升的趋势。

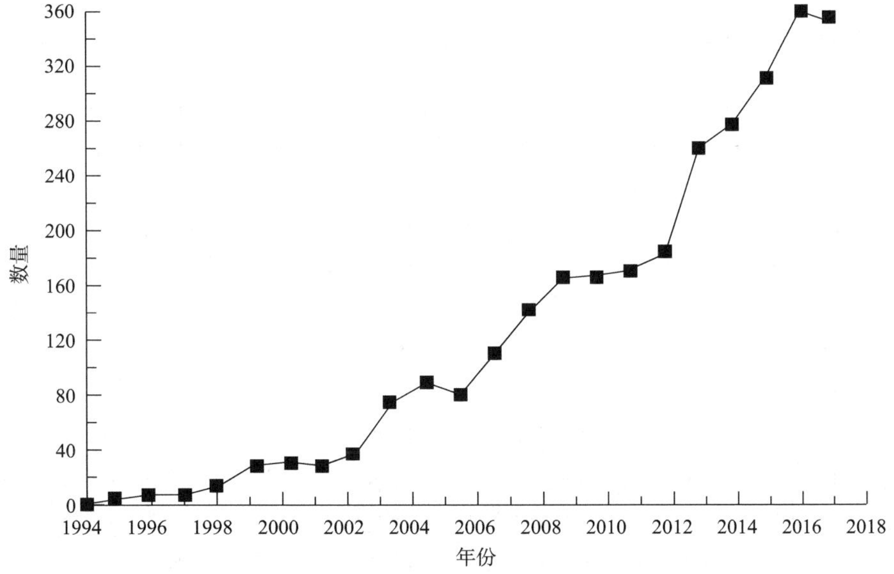

图 12-5　国内信息可视化发文年代分布

12.3.2 图书情报领域信息可视化分析

信息可视化是人机交互技术的重要组成部分，其主要目的是以高效的方式与大规模的数据进行交互，发掘信息内部的特征及规律。信息可视化被提出后逐渐引起理论界到产业界的广泛关注，在图书情报领域也尤为突出。如今在大数据时代背景下，数据信息被广泛使用，图书情报学领域研究人员亟待对这些数据信息进行处理和利用，以快速获取海量数据信息之间的关系和内在规律。同时，图书情报学领域研究人员不断探索新的技术和方法，使数据分析的结果以全面、直观形象的形式展示出来。信息可视化则以其特有的优势，作为一种新兴的信息处理分析方法被图书情报界广泛使用。

1. 微观层次——基于内容的可视化分析方法

该类方法主要是基于科学文献之关键词、主题词等若干知识单元，通过各种分析方法，从微观层次分析学科知识结构，主要包括词频分析法、共词分析法等。

（1）词频分析法包括所有以词或词组为单元的分析技术，是利用能够揭示或表达文献可信内容的关键词或主题词在某研究领域文献中出现的频次高低来确定该领域研究热点及发展动向的文献计量学传统分析方法。由于一篇文献的关键词或主题词是整篇文献核心内容的浓缩和提炼，若某一关键词或主题词在其所在领域文献中反复出现，则可以说明该关键词或主题词所表征的研究主题是该领域的研究热点（马费成和张勤，2006）。

（2）共词分析法是内容分析方法之一，主要是两两统计一组词在同一篇文献中出现的次数，并以此为基础对其做聚类分析，从而反映这些词之间的亲疏关系及其所代表的学科和主题的结构变化情况（冯璐和冷伏海，2006）。

2. 中观层次——基于利用过程的可视化分析方法

该类方法的核心思想是以多篇文献之间的联系程度为研究对象，从中观层次分析知识的累积和传递，研究知识的利用过程，主要包括引文分析法、共引分析法、引文耦合分析法等。

（1）引文分析法属于文献计量分析法，利用数学和统计学的方法及比较、归纳、抽象、概括等逻辑方法，分析科学文献的引用和被引现象及规律，以此来揭示其数量特征和内在规律（邱均平，2006）。引文分析主要包括对引文进行简单的加和计算并根据结果对研究对象的重要性进行评估，是以引文耦合法和被共引分析法为代表的引文网络分析的两种方法（Bar-Ilan，2008）。

（2）共引分析法是指两篇文献同时被其他文献所引用。以共引强度来体现具有共引关系的文献之间的关联度和相似性，以共引网络来体现共引文献所属学科之间的关联度和亲疏度。由共引概念延伸至文献相关的各种特征对象上，形成不同类型的共引分析：文献共引、作者共引、期刊共引、关键词词共引、主题共引等。

（3）引文耦合分析法是指共同引用了一篇或多篇文献的两篇文献之间存在的共引

关系，共引数量值称作引文耦合强度，以耦合强度体现学科之间内在的关联度。引文耦合分析是基于特定研究领域的研究前沿的常用方法。

3. 宏观层次——基于知识网络的可视化分析方法

知识网络是由众多知识节点与知识联系构成的知识空间结构的集合。基于知识网络的理论主要是从宏观层来研究知识点及其之间的关联，用于识别核心知识点，挖掘特有的知识网络组织和结构，主要包括社会网络和复杂网络等。

（1）社会网络是指社会行动者及其间关系的集合，社会网络分析即对社会网络中行动者（节点）及其间关系（联系）进行量化研究的一种分析方法。社会网络分析集线性代数、统计学方法、计算机科学和图论技术于一体（Alhajj et al.，2014），将节点之间的关联结构以可视化形式输出，提供直观描述和显性化呈现信息结构和信息关系的多维视角（Yoon et al.，2012）；

（2）复杂网络是介于规则网络和随机网络之间的一种更为接近真实网络的网络模型，具有幂律分布、小世界和无标度等特性。以小世界和无标度特性的发现为标志，复杂网络的领域逐渐扩大，研究重点涉及社会、技术、生物、信息等不同网络的网络基础模型、实证研究、网络演化与动态性、计算与测度方法等。

12.3.3　信息可视化应用——科学知识图谱

随着科学计量学、信息可视化等的发展，以图形的方式来揭示科学理论、方法及应用早已成为学术研究的基本表现形式。近年来，如何在准确、有效地传达知识信息的基础上以可视化图像的形式来直观、形象地向人们揭示科学及学科之间的联系成为科学计量学、文献计量学及信息可视化领域等的研究热点，由此，科学知识图谱（mapping knowledge domain）应运而生。

1. 科学知识图谱概念

科学知识图谱是一种显示科学知识发展进程、现状和结构关系的图形，属于数据科学计量学分范畴，是对科学知识的信息可视化表示。最初的知识图谱是在以数学方程表示科学发展的某些规律，进而以曲线图的形式绘制二维图形来表示的。广义上讲，科学知识图谱包括教育中的任职地图、生物中的基因图谱、模拟人脑的神经网络图、各种金属图谱、描绘地形的 GIS 图、探索太空的天体图等，这些都是对科学知识的可视化展示。狭义上讲，知识图谱主要是运用文献计量学方法对文献知识单元进行分析，将科学知识的结构、关系和演化过程进行可视化，主要包含“文献图”（literature mapping）、“文献计量图”（bibliometric mapping）、“科学图”（science mapping）等（Debo et al.，2011），陈超美（2014）认为知识图谱是揭示知识演化进程及机制的信息可视化方法。我们常对狭义的知识图谱进行分析，随着科学计量学的发展，表示科学知识和科学发展规律的数学模型逐渐从二维空间发展为三维空间，再加上信息可视化技术和方法的不断创新，科学知识图谱也从简单的曲线图发展为越来越复杂和多元化的三维立体图形，著名的德国科学计量学家克雷奇默（H. Kretschmer）对科学合作的三维空间模型的深入研究，极大地推动了科学知识图谱的发展。科学知识图谱的出现和发展是科学计量学的发展与创新，也使信息可视化的重要性得到了极大的表现。

2. 科学知识图谱绘制方法与软件

科学知识图谱的绘制是将知识和信息中的最前沿领域或学科研究热点以可视化的图像形式直观展现出来的一种研究方法，主要包含如下方法。

1）科学知识图谱绘制方法

类似于信息可视化研究，科学知识图谱的使用方法具体包括引文分析、共引分析、共词分析、词频分析、社会网络分析、聚类分析、多维尺度分析等。类似分析在前文信息可视化方法分析中已有介绍，这里不再赘述。其中，聚类分析是以一定的方法将分类信息按相似程度进行归类的过程，是数据挖掘和知识发现的重要工具之一。聚类分析是多元统计方法中最常用的降维技术，归为降低维数技术的范畴，其结果常为网树状图或网络图，可以从图中分析得出需要预测和判断的目标。多维尺度分析主要凭借观测量之间距离的测定来发现各观测量（如文献中的作者）之间的结构，通过观测量来定位概念空间（常为二维或三维空间）中的特定位置，使空间中各观测量之间的距离相似性越来越好。科学知识图谱中，各观测量的位置表示了它们之间的相似性，相似性高的观测量聚集在一起，便形成科学前沿。处于中心位置的观测量与其他观测量之间的联系越多，其在该学科里的位置越核心，反之越孤立则越处于图像的外围。科学知识图谱分析方法繁多，各类方法之间并不完全独立而是相互配合使用，如共词分析法集成了聚类分析，作者耦合分析的研究需在文献耦合的基础上进行，社会网络分析中常使用作者被共引分析、耦合分析等，每种方法在具体应用中具有一定程度的交叉融合。知识单元系统分析与网络结构息息相关，密不可分，研究者需要根据实际情况选取合理有效的方法。

2）科学知识图谱绘制常用软件

随着科学知识图谱研究的发展和进步，相关研究工具也在不断地创新和完善。目前图书情报领域科学知识图谱绘制工具大致分为通用软件、专用软件两大类。通用软件，如统计软件 SPSS，科学知识图谱绘制时常用到聚类分析和多维尺度分析等、社会网络分析软件，如 UCINET 和 Pajek，常用于展示科学知识结构、GIS 等可视化软件；专用软件有文献计量软件，如 Bibexcel 和 Histcite；知识图谱绘制分析工具，如 CiteSpace 和 VOSviewer；文本挖掘软件，如 TDA 和 Loet Leydesdorff 系列软件等。在进行相关科学研究过程中，科研人员为科学知识图谱准确合理、形象生动的绘制选择合适的工具极为重要。

3. 科学知识图谱的主要应用

有学者将科学知识图谱归纳为发现、理解、交流、教育四个目的，以及围观展示特定领域、学科的宏观可视化、协助教育者进行课程教学、协调文献知识的存储、促进数字图书馆的利用、展示知识传播六方面应用（Hook，2007）。也有学者认为科学知识图谱可应用于展示学科领域知识的整体结构、信息可视化分析结果、学科知识的整体把握、可视化知识领域的发展情况等（Zhang et al.，2011）。

1）科学知识图谱在科研评价与研究中的应用

科学知识图谱对于科学研究热点、研究趋势及学术影响力等方面的研究具有独特的优势，主要包括分析研究内容、描述科研合作、进行科学评价、促进科研管理等。

VOSviewer 软件的开发为信息可视化、科学知识图谱等的研究提供了极大的便利并推动其创新和发展，在科学研究内容分析上，学者充分利用对于文献主题、关键词的分析，以可视化的形式展现科学领域研究状况。Velasco 等（2011）以论文关键词为分析对象，以地图的形式对欧洲医疗系统进行可视化研究，对各国具体情况一一呈现。“大科学”时代，合作研究已成为一种主流的科研模式，科学知识图谱逐渐成为科学合作研究的重要工具，Noyons 和 Calero-Medina（2009）对荷兰的三个研究机构进行了可视化分析，主要从三个方面展开：以作者合作网代表过去和现存的合作以展示合作情况、通过三个机构之间的相互引证图代表潜在合作研究交流情况、通过共词网络来观察研究相似性等。科学作为现代社会的驱动力，而科学评价是改善和提升科学质量的重要途径，科学知识图谱成为其中必不可少的研究方法。Medina 和 Leeuwen（2012）运用社会网络分析理论及方法，可视化识别与特定种子期刊有重要关系的相关期刊，认为与传统的期刊分类系统不同，该图片具有更新的视角和应用。科研活动的灵活性和不确定性促进其不断创新和发展，同时也给科研管理带来了较大的挑战，科研管理是对以创造性和探索性为主的脑力劳动的管理。目前，以科学知识图谱展现重要科学期刊、网站等的学术研究发展与内在结构模式，并以此为参考调整相关科研政策与意见，知识可视化形成的科学知识图谱对于科研管理产生了重大的意义。

2）科学知识图谱在学科分析中的应用

目前科学知识图谱主要集中的学科领域有图书馆、情报与文献学、管理学、教育学、经济学、统计学、生物与医学信息学、工程技术领域、体育学等，其中图书馆、情报与文献学、管理学的研究程度和成果更为突出。科学知识图谱对于学科体系建设中的应用主要包括明晰学科结构、揭示学科关系、探究学科历史、预测学科前沿、用于学科分类等。

具体来说，科学知识图谱的研究和应用实现了较为客观、自动化、大规模、可重复性地快速展示学科及其结构，知识可视化将非空间型数据转换成空间图，便于人们认知和理解，明晰学科知识结构模式和趋势。通过绘制学科关系图谱，如从不同学科学者间合作与交流、学者对其他学科的概念和方法的借鉴与评价形成的关系，进行可视化分析以揭示学科关系。对于学科历史的探究，则是利用科学知识图谱相关方法及软件研究某一学科领域的文献及其相互引用情况，来分析和判定其中的关联及学科发展，并产生编年图谱。例如，Larivière 等（2012）从三个方面对图书情报学 100 年的历史进行可视化分析：一是期刊、作者、引文、参考文献的变化情况；二是研究术语和主题的变化情况（词语的新增、稳定、下降等）；三是通过与其他学科的相互引用，研究作者的跨学科分布变化等。

科学知识图谱的研究主要源于三个领域：计算机科学领域的数据、信息、知识和知识域可视化研究；图书情报学领域的引文分析可视化、知识网络和知识地图等研究；复杂网络、社会网络分析等的研究。随着科学知识图谱的发展，三者的研究内容和方向将不断走向融合。目前，科学知识可视化的研究正处于探讨阶段，科学知识图谱的应用与发展具有很大的随意性和潜力，未来将在广度和深度上不断发展和完善。

12.4 信息经济学与政策分析

信息经济学是当代情报学发展的重要方向之一。关于两者之间的关系，国外学者倾向于认为信息经济学属于经济学范畴，国内经济学领域学者倾向于认为信息经济学属于经济学范畴，图书情报学领域学者则倾向于认为其属于情报学范畴。因此，在国内，信息经济学具有同时隶属于经济学和情报学的特殊学科性质。

12.4.1 信息经济学的产生和研究热点

信息经济学分为宏观信息经济学和微观信息经济学。国内外研究成果中，关于信息经济和信息产业等领域的研究属于宏观信息经济学研究范畴，而关于信息不对称，价格分散与信息搜寻，信息不对称与市场博弈，选择与决策等方面的内容属于微观信息经济学研究范畴，不过国内外学者在对信息经济学概念进行界定时并未明确区分宏观信息经济学和微观信息经济学。宏观信息经济学是关于信息经济之“学”的研究，侧重于信息经济、信息产业和信息技术等宏观性领域，主要利用宏观经济学和产业经济学的一些理论和方法，如投入产出分析方法和经济规模测度方法等，从宏观性的角度研究以下典型问题：信息这一特殊商品的价值、生产、流通、利用及其经济效益；信息经济和信息产业相关的问题，如信息经济和信息产业的理论、方法、分类、指标体系构建、测度与评估及投入产出分析；信息技术的经济评估及其对经济发展的作用等。微观信息经济学是关于信息之“经济学”的研究，重点考察运用信息提高市场经济效率的种种机制，主要利用微观经济学的理论和方法，如不对称经济学的理论和方法，从具体应用和微观的角度，研究以下典型问题：不对称信息环境下的经济问题和经济行为，如信息不对称对商品定价、用户市场交易选择和职工工资等的影响；信息搜寻的成本效益，信息搜寻与市场参与者之间相互博弈做出最优决策，市场参与者的投机行为、合约与道德风险、逆向选择和拍卖等之间的相互作用机制；信息的成本和价格，信息与决策、选择和风险等之间的关系；等等。

近些年国内外有关信息经济学的研究中，微观信息经济学研究的热点主要集中于不对称信息“经济学”研究，而随着互联网应用的快速发展和知识经济时代的到来，宏观信息经济学领域除了信息经济和信息产业经济研究之外，电子商务经济、网络经济和知识经济也成为国内外学者关注的焦点，并有引领信息经济学时代发展潮流的趋势。现对上述主要研究方向做简要阐述。

（1）不对称信息经济学研究。其主要包含医院中信息不对称与绩效倾斜之间关系的研究［如健康医疗提供者（医院）与消费者之间的信息不对称，使绩效向掌握信息较多的医院方倾斜］，信息不对称对市场交易价格博弈的影响及博弈过程中信息搜寻的成本效益研究，不完全或不对称信息环境下市场参与者的投机行为、逆向选择、合约与道德风险、拍卖和声誉模型研究，不对称信息经济学模型研究等。

（2）信息经济和信息产业经济研究。其主要研究内容有信息经济背景下的各类问题，如信息经济下的产业结构优化、信息经济的测度与评估、信息产业政策的经济效益分析、信息产业对国民经济增长的贡献等。

（3）电子商务经济研究。其主要研究内容有电子商务的成本效益及可行性分析，电子商务经济规模的测度与评估，新兴经济体，如中国和印度等国的电子商务经济模型，电子商务经济成熟度及安全性模型，各行业，如金融服务和零售业等的电子商务规划、实施及其成本效益研究，电子商务经济影响因素研究等。

（4）网络经济研究。其主要研究内容有网络经济背景下的各类问题，如网络经济政策与法律，网络经济的影响因素分析及其测度，网络对科研、技术创新、市场贸易、电子商务、信息商品、信息服务和组织效益等的经济影响，数字网络经济研究，网络服务和网络基础设施的成本效益及其对各国经济增长的贡献研究。

（5）知识经济研究。其主要研究内容有知识经济的测度与评估（如产品、企业或产业中知识含量的测度），知识经济的管理、核算、发展战略与政策，从知识经济角度研究各类问题，如经济转型、技术创新和转移、企业创新绩效、知识服务、产学研合作、知识型员工激励和高等教育改革等，知识与经济之间的关系，全球知识经济中的价值创造、创新、技术鸿沟、高等教育和国际人才流动。

12.4.2　信息经济学与政策分析研究进展与趋势

政策分析源于政策科学。20 世纪 50 年代左右，西方政治学家将微观经济学有关效率问题的分析研究方法应用于社会政治领域，建立起政策分析的基本框架。因此，政策分析最初是一种效率研究，研究最优对策。自 20 世纪 90 年代起，政策分析逐渐在我国学术界兴起，并从西方引进了有关政策研究和政策分析的理论。国外学者大多将政策分析作为一门应用社会科学来进行定义，较为具体的解释为：政策分析试图将现代科学技术应用于社会问题的解决中，寻求切实可行的行动过程，产生信息，列出有利证据，并预测行动过程的可能结果，帮助决策者选择最优行动方案（Quade and Carter，1989）。国内学者则主要从政策分析的过程、目的来对其进行定义，对政府相关活动的原因和结果进行描述和解释，检验公共政策因果关系，为决策者提供政策决策过程中需要的相关知识。当今信息环境中，信息、信息技术、信息人、信息政策等要素相互作用，共同推动着人类社会信息化进程的发展，而信息经济学相关理论与方法的应用则为行政管理与政策分析等带来便利。

国内外以信息经济学与政策分析为主题的相关研究在近些年不断涌现，本章通过检索 Web of Science 核心集数据库和中国知网数据库中研究主题为信息经济学与政策分析的相关研究，了解和分析信息经济学在政策分析中的应用与实践。

1. 信息经济学与政策分析国际研究进展与趋势

Web of Science 的核心集数据库 SCI、SSCI 和 A&HCI，检索式为“TS=（information economics）and TS=（policy analysis or policy）”，时间跨度选择“所有年份”，检索国际文献。检索到 1 916 条记录（检索时间为 2017 年 8 月），其中商业经济学、生态环境学、政府法律、卫生保健科学与服务、农学、公共环境职业健康等领域相关研究的发文数量最多，检索记录中，“论文”文献类型数量最多为 1 744 条。总体上，该领域的研究体量并不小。经济学、情报学和物理学等领域的研究者都有涉及，但在范式上存在一定差异。

图 12-6 展示了国际有关信息经济学与政策分析的发文数量年代分布图，从图中看出，2002 年后，国际有关信息经济学与政策分析的研究成果虽年份变化总体呈上升态势，但近年发文量有一定波动。

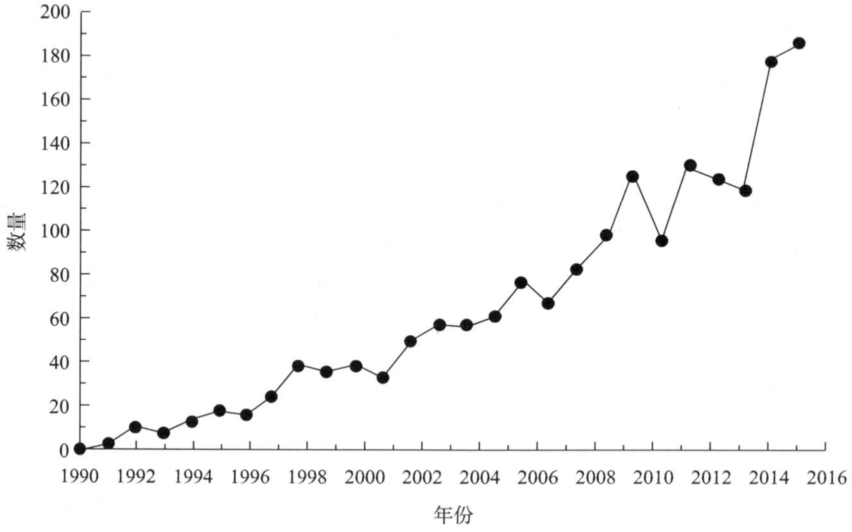

图 12-6 国际信息经济学与政策分析发文数量年代分布

2. 信息经济学与政策分析国内研究趋势

选取数据源来自中国知网数据库，检索条件为：“主题=信息经济学并且主题=政策分析或含政策（精确匹配）”，时间跨度为“所有年份”，检索国内文献，共得到 217 条记录（检索时间为 2017 年 8 月）。

图 12-7 展示了国内信息经济学与政策分析的发文数量年代分布图，从图中看出，国内有关信息经济学与政策分析的研究成果数量随年份变化呈现先上升后下降的态势，2007 年达到最高，近年来研究成果数量变化不定，但 2017 的数量已超过 2016 年。总体上，虽然研究文献和核心已有分散趋势，但信息经济学作为经济学的重要分支和情报学的重要宏观与政策方向，该领域仍值得关注。

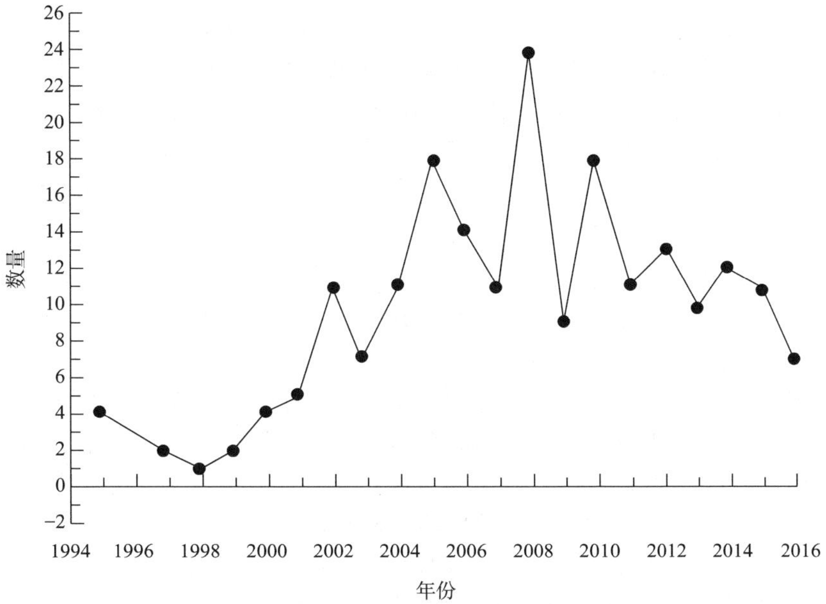

图 12-7　国内信息经济学与政策分析发文数量年代分布

12.5　网络信息管理与商业数据分析

信息伴随着人类的出现而出现，是事物存在状态和运动属性的表现形式。情报学的主要研究对象即为信息，主要研究内容则是信息的收集、加工、存储、处理、检索、传递、交流和利用等。自原始社会人类通过在石头上刻下图案来记录发生的事情，发展到现在通过计算机等技术来记录信息，信息管理也随着人类的发展和技术的进步而不断优化和创新。

12.5.1　网络信息管理的出现和发展

信息管理一直是学术界十分关注的热点问题，对于其概念有多种含义和解释。大多数情况下，人们将“信息管理”理解为“信息的管理”，即是将“信息”作为对象，对其实施“管理”；也有人理解为“信息与管理”，即主要研究两者之间的关系及相互作用。李端瑜等（2016）将我国信息管理的发展历程分为古代信息管理、近代信息管理和现代信息管理三个不同时期。古代信息管理需要管理的信息量少并且单调，大多以纸质的手抄本来呈现，但长期的信息累积也使我国古代整体的信息量十分庞大。这一时期的信息管理多依靠人以手工为主，主要是储存而非传递或使用，但信息存储的封闭性和私有化极大地限制了信息的交流与传送。进入近代之后，机器大生产替代手工生产，社会信息资源因为科学的进步而迅速增加，信息存储和传递的途径都不断增多。这一时期出现的图书馆体现了人类文明的一大进步，同时也将信息管理的目的从简单的存储发展到存储与使用相结合。现代社会中，随着计算机和网络等现代化信息技术的不断变革和发展，信息管理模式也发生了巨大的变化，信息资源呈现多样化，传播途径也不断创新。在这一时期，网络信息管理成为主流，各类咨询公司、信息管理系统等在不同领域中起着信息管理的作用。

近年来，云计算、移动互联网、大数据等概念和技术方法逐渐被提出并得到应用，网络信息管理的重要性和意义被不断实践和深化。一方面，大数据的应用为网络信息管理带来了巨大的机遇。首先，它提高了网络信息管理的效率，通过对数据的广泛收集和高效利用，研究者能够快速地实现网络信息管理一系列综合性工作，使信息管理工作持续处于良好状态下，改善信息管理的实际模式。其次，它体现了网络信息管理的科学性，大数据技术将数据信息整合为一个整体，实现分类管理，根据信息特点和特质进行针对性的管理，使信息管理更具科学性和有效性，同时网络信息管理的流程更加有序，分布式的信息管理使信息规范性更强。最后，突出了网络信息管理的人性化。在实际的信息管理过程中，信息管理者需要遵循大数据技术平台的基本管理规则和事项，提升信息管理的有效性并满足对于信息高效利用的需求，大数据技术平台事项信息可视化操作，降低了信息管理的年劳动量，增强网络信息管理操作的专业性。但另一方面，大数据的发展也给网络信息管理带来了一些较为实际的问题。一是数据的收集和汇总工作更加复杂，大数据的一个显著特点就是信息数据极具多样性，信息数据来源广泛，数据类型复杂，在这样的环境下，网络信息管理面临更大的挑战。二是对于数据分析的要求更高。网络信息管理的重点和核心是对数据进行分析，大数据的价值的产生也在于对数据的有效分析，从异构数据源的抽取到集成数据形成了数据分析的基础数据，再根据不同应用中的实际需求，从这些具体数据中选择全部或者部分数据进行相应的对比和分析，大数据在规则等方面发生了较大变化使数据分析类别化差异明显，结合实际应用，有针对性的实现数据分析为网络信息管理提出了更高的要求。三是数据信息解析和管理更加多元化。数据信息分析和管理是大数据的技术核心，其运算规则复杂多变，对形成的数据信息的存储管理也具有一定的复杂性和多样性，大数据时代信息管理在数据信息解析和管理等方面需要积极应对其多元化的需求，进而提升网络信息管理的水平和质量。

在当前时代背景下，网络信息管理工作需要不断完善和发展，信息管理者首先要保持时代意识，大数据时代，在互联网等应用的推动下，网络信息管理要时刻围绕数据的持续增长和规则的不断增强而获得提升，信息管理的思维要随着大数据技术的不断应用和丰富而调整，进而满足新时期信息管理的新需求。另外，信息管理者要认识到，网络信息管理的发展离不开对大数据技术的有效利用，如今，网络信息管理的针对性与科学性的提升依赖于丰富的大数据技术。积极运用大数据技术能够不断建立新的信息管理框架，是数据信息收集、分析、存储、处理、应用、交流等各个环节都能够更加的灵活高效并具有专业性。此外，在充分利用互联网进行信息管理的同时也要注重信息管理的安全性。大数据时代，数据信息来源和传输的渠道层出不穷，建立符合大数据规则的网络信息管理安全体系，确保海量数据信息应用的安全性和可靠性是当前以及未来网络信息管理发展进步的基本需求和重要保障。

12.5.2 商业数据分析及其研究进展与趋势

商业分析（business analytics，BA）这一术语发源于 19 世纪，但直到近年才真正被关注，主要来自两方面的原因。一方面，明智的商业决策常建立在数据分析基础之上：当今的数据量飞速增长，相关信息已逐渐被纳入企业的决策考量中，并以原始数据的形式存储下来，具有非凡价值的数据分析由曾经只能被政府和大型企业掌握转变为目前各个企业都能够负担和获得，大数据环境也进而成为商业分析发展的温床。另一方面，云计算环境下，相互关联的全球数据被存储和利用，在先进的计算机软硬件的支持下，各企业以惊人的速度进行着商业数据分析，数据分析、预测、挖掘相关算法和工具的产生和全面应用也推动了商业分析的落地。

传统数据分析指的是以统计学和概率论相关内容为基础，研究、分析、处理当前经济管理领域中的实际问题，为这些问题设计统计报表、财务预测、投资风险预测、市场预测、质量管理评估和投资效益分析与决策等。传统商业分析的目的是通过对数据的分析来反映市场对企业产品的需求、资源的成本及需求情况、市场条件及整体经济运行状况，进而强化企业经营管理并使企业经济效益不断提高。19 世纪 60 年代决策支持系统的产生使传统商业分析开始更多地被人们关注，并与 ERP 系统、数据仓库、数据挖掘、商业智能及其他的软硬件工具和应用一起完善和发展。随着数据量的不断加大，特别是大数据的出现，商业分析逐渐与商业智能关联在一起。

美国运筹学与管理学研究学会将商业分析分为三种类型。

（1）描述性分析：描述在分析之前发生了什么。

（2）预测性分析：预测在将来会发生什么。

（3）规范性分析：描述能够产生最佳结果的最优方法。

王仁武等（2014）将商业分析归纳为：基于对业务问题的理解，利用信息技术对数据进行处理并呈现，应用分析模型对数据进行分析和挖掘，进而描述业务现状、预测业务未来并提出业务解决办法。

商业数据分析对象相当广泛，包含数据库和数据仓库中的结构化数据以及文本信息和网络信息中的非结构化数据，其分析手段不仅包括传统数据分析和挖掘的方法，还包含对文本、音频和视频等多种信息进行分析的方法。

在大数据环境下，产业界表现出对商业分析前所未有的需求，学术界也开始对商业分析和大数据分析等进行广泛的研究，通过对全球该领域相关研究进行分析，可以了解商业分析的学术研究进展。本章分别以 Web of Science 核心集数据库和中国知网数据库的文献信息为数据源，研究国际、国内以“商业分析”为主题的研究发文情况。

1. 商业分析国际研究进展与趋势

选择 Web of Science 的核心集数据库 SCI、SSCI 和 A&HCI，以“business analytics”为主题词，设定时间跨度为“所有年份”，以此检索国际文献，共得到 793 条文献记录（检索时间为 2017 年 8 月），其中计算机科学、商业经济学、运筹学、管理科学、工程学和图书情报学领域关于“business analytics”的发文数量最多，且检索记录中“论文”文献类型数量最多为 719 条。

图 12-8 展示了国际商业分析主题文献发文数量年代分布图。从图中可以看出，

2002 年后，有关商业分析的研究成果 2016 年前总体呈递增趋势，尤其是 2013~2016 年，增速在不断上升，可见国际上对于商业分析的研究情况逐渐转热。

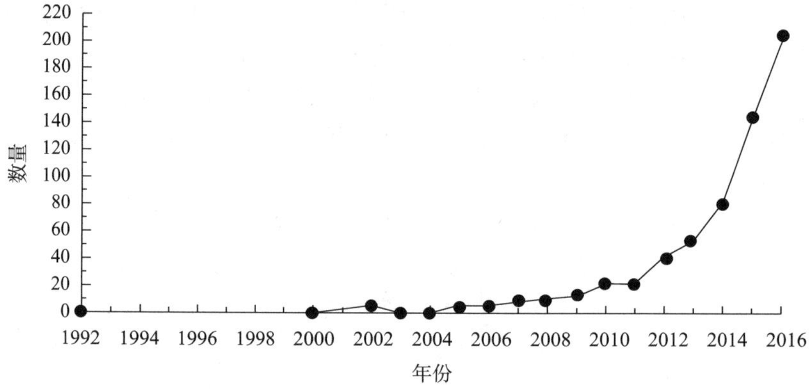

图 12-8 国际商业分析主题文献发文数量年代分布

2. 商业分析国内发展趋势

选择中国知网数据库，以“商业分析”为主题词，设定时间跨度为“所有年份”，以此检索国内文献。考虑到中文中“商业分析”一词含义丰富，故去除重复和不相关文献后，共得到 158 条记录（检索时间为 2017 年 8 月）。

图 12-9 展示了国内商业分析的发文数量年代分布图。从图中看出，国内有关“商业分析”的研究成果数量随年份变化而变化。目前华东师范大学信息管理系已于 2015 年起在国内率先开设“商业分析”二级自设硕士点，重点研究方向包括基于情报学方法的商业数据挖掘、“互联网+”商业数据分析、创新性金融模式的数据分析及新能源汽车等新兴产业数据分析等。此外，国外麻省理工学院、卡耐基梅隆大学等校也已开设商科、信息学和计算机结合的“商业分析”硕士项目。该领域有望伴随数据时代的到来和世界经济转型成为重要的情报学和数据分析应用领域，并为情报学弥补长期以来的行业缺失问题提供了新的机会。

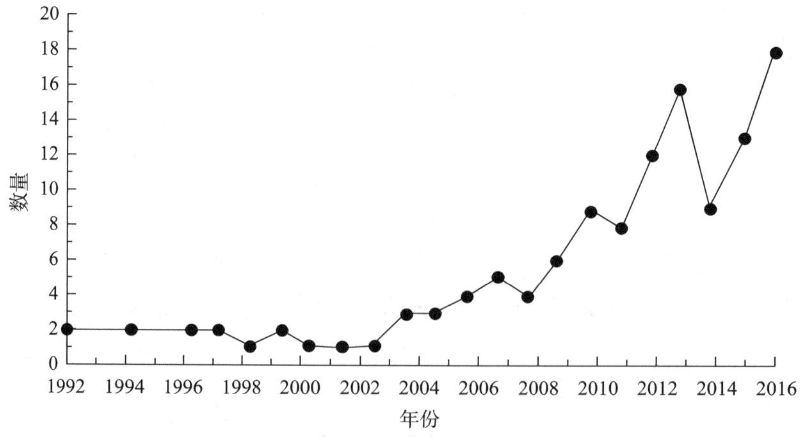

图 12-9 国内“商业分析”主题文献发文年代分布

以上所选当代情报学发展前沿只是结合应用较常见的领域，还有不少重要发展前沿未及概述，诸如数据科学与情报学、全球战略与情报学、国家安全与情报学等，皆留待将来扩充，也留给读者思考。

习题和思考题

1. 科学情报学与科学可视化有何区别和联系？
2. 试析数据科学发展对当代情报学的影响。

参 考 文 献

包昌火. 1998. 加强竞争情报工作，提高我国企业竞争能力[J]. 中国信息导报，（11）：33-36.

布劳温 T，格伦采尔 W，舒伯特 A. 1989. 科学计量学指标：32 国自然科学文献与引文影响的比较分析[M]. 赵红州，蒋国华译. 北京：科学出版社.

陈超美. 2014. 科学前沿图谱：知识可视化探索[M]. 第二版. 北京：科学出版社.

陈留院. 2009. 人为因素对科技期刊基金论文比评价指标的影响[J]. 中国科技期刊研究，20（4）：634-636.

冯璐，冷伏海. 2006. 共词分析方法理论进展[J]. 中国图书馆学报，32（2）：88-92.

冯磊，朱宇华，吕相征，等. 2017. 国家自然科学基金资助产出 SCI 医药卫生论文的计量分析[J]. 科技与出版，（3）：112-118.

李端瑜，高鹏程，甘利刚. 2016. 论对信息管理和信息系统的认识[J]. 中小企业管理与科技，（33）：47-48.

马费成，张勤. 2006. 国内外知识管理研究热点——基于词频的统计分析[J]. 情报学报，25（2）：163-171.

邱均平. 2006. 信息计量学[M]. 武汉：武汉大学出版社.

邱均平，余厚强. 2013. 替代计量学的提出过程与研究进展[J]. 图书情报工作，57（19）：5-12.

邱均平，余厚强. 2015. 论推动替代计量学发展的若干基本问题[J]. 中国图书馆学报，41（1）：4-15.

苏林伟，田盛慧，赵星. 2015. 国家/地区高被引论文的科学基金资助研究[J]. 中国科学基金，（5）：371-377.

谭旻. 2014. 基金资助论文的计量测度与合作网络研究[D]. 浙江大学博士学位论文.

王仁武，蔚海燕，范并思. 2014. 商业分析：商业数据的分析、挖掘和应用[M]. 上海：华东师范大学出版社.

温克勒 P. 2014. 基于科学计量学指标的科研评价[M]. 马峥，潘云涛，郭红，等译. 北京：科学技术文献出版社.

岳晓旭，袁军鹏，高继平，等. 2014. 常用科学知识图谱工具实例对比[J]. 数字图书馆论坛，（5）：66-72.

张爱军，高萍，刘素芳. 2010. 世界各国社会科学基金论文产出绩效分析[J]. 情报科学，（5）：705-708.

张新民. 2010. 论知识管理与竞争情报的整合与集成[J]. 图书情报工作，（16）：6-9.

赵星. 2009. 期刊引文评价新指标 Eigenfactor 的特性研究——基于我国期刊的实证[J]. 情报理论与实践，（8）：53-56.

赵星. 2017. 学术文献用量级数据 Usage 的测度特性研究[J]. 中国图书馆学报，43（3）：44-57.

赵星，高小强，何培. 2009a. 科学基金 h 指数：基金论文成果数量与影响力的综合衡量[J]. 中国科学基金，23（1）：15-18.

赵星，高小强，唐宇. 2009b. SJR 与影响因子、h 指数的比较及 SJR 的扩展设想[J]. 大学图书馆学报，（2）：80-84.

Alhajj R，Memon N. 2011. Introduction to the second issue of social network analysis and mining journal：scientific computing for social network analysis and dynamicity[J]. Social Network Analysis & Mining，1（2）：73.

Alhajj R，Alhajj R，Hardware H C. 2014. Encyclopedia of Social Network Analysis and Mining[M]. New York：Springer.

Anderson K. 2009-06-29. The impact factor：a tool from a bygone era[EB/OL]. http://scholarlykichen.sspnet.org/2009/06/29/is-the-impact-factor-from-a-bygone-era.

Bar-Ilan J. 2008. Informetrics at the beginning of the 21st century——a review[J]. Journal of Informetrics，2（1）：1-52.

Chen H，Chiang R H L，Storey V C. 2012. Business intelligence and analytics：from big data to big impact[J]. MIS Quarterly，36（4）：1165-1188.

Cobo M J，Lopez-Herrera A G，Herrera-Viedma E V，et al. 2011. Science mapping software tools：reviews，analysis，and cooperative study among tools[J]. Journal of the American Society for Information Science and Technology，62（7）：1382-1402.

de Gregori M，Scotti V，de Silvestri A，et al. 2016. Does a research group increase impact on the scientific community or general public discussion? Alternative metric-based evaluation[J]. Journal of Pain Research，9（1）：391-395.

Egghe L，Guns R，Rousseau R. 2011. Thoughts on uncitedness：nobel laureates and fields medalists as case studies[J]. Journal of the American Society for Information Science and Technology，62（8）：1637-1644.

Galloni A，Carreyrou J，Rohwedder C. 2003-11-05. Stripped of stars at top，will Gucci still be Gucci?[N]. The Wall Street Journal，A1，A14.

Glänzel W，Schlemmer B，Thijs B. 2003. Better late than never? On the chance to become highly cited only beyond the standard bibliometric time horizon[J]. Scientometrics，58（3）：571-586.

Glänzel W，Thijs B，Schubert A，et al. 2009. Subfield-specific normalized relative indicators and a new generation of relational charts：methodological foundations illustrated on the assessment of institutional research performance[J]. Scientometrics，78（1）：165-188.

Gök A，Rigby J，Shapira P. 2016. The impact of research funding on scientific outputs：evidence from six smaller European countries[J]. Journal of the Association for Information Science & Technology，67（3）：715-730.

Haustein S，Peters I，Sugimoto C R，et al. 2014. Tweeting biomedicine：an analysis of tweets and citations in the biomedical literature [J]. Journal of the Association for Information Science and Technology，65（4）：656-669.

Hirsch J E. 2005. An index to quantify an individual' s scientific research output[J]. Proceedings of the National Academy of Sciences of the United States of America，102（46）：16569-16572.

Hook P A. 2007. Domain maps：purposes，history，parallels with cartography，and applications[C]. Conference Proceedings of 11th Annual Information Visualization. Internation Conference：442-446.

Jensen M. 2007. The new metrics of scholarly authority[J]. Chronicle of Higher Education，53（41）：1.

Jowkar A，Didegah F，Gazni A. 2011. The effect of funding on academic research impact：a case study of Iranian publications[J]. Aslib Proceedings，63（6）：593-602.

Larivière V，Sugimoto C R，Blaise C. 2012. A bibliometric chronicling of library and information science' s first hundred years[J]. Journal of the American Society for Information Science and Technology，63（5）：997-1016.

Liang L，Zhong Z，Rousseau R. 2015. Uncited papers，uncited authors and uncited topics：a case study in library and information science[J]. Journal of Informetrics，9（1）：50-58.

Liu C L，Xu Y Q，Wu H，et al. 2013. Correlation and interaction visualization of altmetric indicators extracted from scholarly social network activities：dimensions and structure[J]. Journal of Medical Internet Research，15（11）：e259.

Medina C M C，Leeuwen T N V. 2012. Seed journal citation network maps：a method based on network theory[J]. Journal of the American Society for Information Science and Technology，63（6）：1226-1234.

van Noorden R. 2015-11-10. Twitter buzz about papers does notmean citations later [EB/OL]. http://www.nature.com/news/twitter-buzz-about-papers-does-not-mean-citations-later-1.14354.

Noyons E C M，Calero-Medina C. 2009. Applying bibliometric mapping in a high level science policy context[J]. Scientometrics，79（2）：261-275.

Patterson M. 2009. Article-level metrics at PLoS–addition of usage data[J]. PLoS Blogs，（9）：315-317.

Priem J，Haustein B H. 2010. Scientometrics 2.0：new metrics of scholarly impact on the social web [J]. First Monday，15（7）：379-382.

Quade E S，Carter G M. 1989. Analysis for Public Decisions[M]. Englewood Cliffs：North-Houand.

Rothberg H N. 1997. Fortifying competitive intelligence systems with shadow teams[J]. Competitive Intelligence Review，8（2）：3-11.

Rothberg H N，Erickson G S. 2005. From Knowledge to Intelligence：Creating Competitive Advantage in the Next Economy[M]. Oxford：Butterworth-Heinemann.

Schubert A，Braun T. 1996. Cross-field normalization of scientometric indicators[J]. Scientometrics，36（3）：311-324.

Shaw P. 1997. Intervening in the shadow systems of organizations：consulting from a complexity perspective[J]. Journal of Organizational Change Management，10（3）：235-249.

Taraborelli D. 2008. Soft peer review：social software and distributed scientific evaluation[C].

Ubfal D，Maffioli A. 2011. The impact of funding on research collaboration：evidence from a developing country[J]. Research Policy，40（9）：1269-1279.

van Raan A F J. 2003. The use of bibliometric analysis in research performance assessment and monitoring of interdisciplinary scientific developments[J]. Technology Assessment-Theory and Practice，1（12）：20-29.

Velasco G M，Hansen J，Busse R. 2011. Mapping research on health systems in Europe：a bibliometric assessment[J]. Journal of Health Services Research & Policy，16（2）：27.

Vinkler P. 1996. Model for quantitative selection of relative scientometric impact indicators[J]. Scientometrics，36（2）：223-236.

Wang X，Liu D，Ding K，et al. 2012. Science funding and research output：a study on 10 countries[J]. Scientometrics，91（2）：591-599.

Yoon J，Kim K. 2011. Identifying rapidly evolving technological trends for R&D planning using SAO-based semantic patent networks[J]. Scientometrics，88（1）：213-228.

Yoon M，Srirambalaji R，Kim K. 2012. Homochiral metal-organic frameworks for asymmetric heterogeneous catalysis[J]. Chemical Reviews，112（2）：1196.

Zhang Y，Dang Y，Hu P. 2011. Knowledge mapping for rapidly evolving domains：a design science approach[J]. Decision Support Systems，50（2）：415-427.

Zhao S X，Rousseau R，YeF Y. 2011. H-degree as a basic measure in weighted networks[J]. Journal of Informetrics，5（4）：668-677.

Zhao S X，Yu S，Tan A M，et al. 2016. Global pattern of science funding in economic[J]. Scientometrics，109（1）：1-17.

Zhou P，Tian H. 2013. Funded collaboration research in mathematics in china[J]. Scientometrics，99（3）：695-715.

第三版后记

《情报学基础教程》于 2006 年、2012 年先后出版第一、二版，被国内有关教学科研机构选用，六年后的第三版，希望能提供更新后的内容。

由于工作单位变动，很遗憾本书第二版共同主编武夷山先生不再担任第三版共同主编。承蒙中国科学技术信息研究所领导赵志耘研究员大力支持，具体承担了大量协调和辅助工作，使修订工作顺利进行，特此致谢!

第三版各章修订稿作者如下所述。

第一章、第二章、第三章：南京大学叶鹰

第四章：中国科学技术信息研究所赵筱媛；上海交通大学谭旻

第五章、第八章：浙江大学潘有能

第六章：上海交通大学潘卫

第七章：中国科学技术信息研究所徐峰

第九章：武汉大学姜婷婷

第十章：中国科学技术信息研究所张泽玉

第十一章：北京大学化柏林

第十二章：华东师范大学赵星（12.1 节中国科学技术信息研究所张新民）

初稿经主编初审后部分返回作者修订，再由主编统稿后汇总成书提交出版。

在本版修订过程中，国家《情报法》于2017年6月发布，让本教材刻意回避的非公开情报处理有了依据，而情报学的基础理论与技术方法应能同时适用于互为表里的公开情报和非公开情报，因此期望本教材修订版能适合情报学教学的一般需要。

我们深知好的教材是学生的良师益友，而一本好教材将有持续生命力，故值得尽力完善。我们感谢所在单位南京大学、浙江大学、上海交通大学、北京大学、武汉大学、华东师范大学、中国科学技术信息研究所提供的支持条件。对教材中存在的不足，欢迎读者批评指正，以利继续修订。

编委会

2018 年 6 月 18 日